여러분의 합격을 위한
해커스공무원만의 특별 혜택!

단기 합격을 위한
해커스 커리큘럼

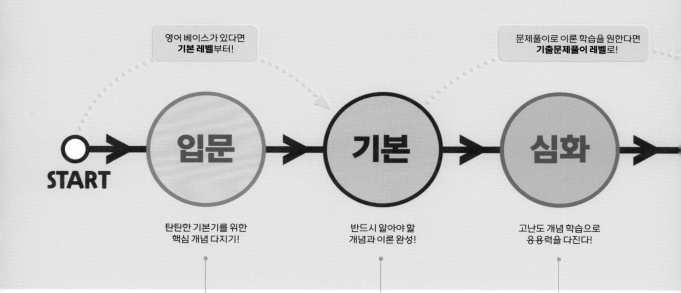

영어 베이스가 있다면 **기본 레벨**부터!

문제풀이로 이론 학습을 원한다면 **기출문제풀이 레벨**로!

입문

START

기본

심화

탄탄한 기본기를 위한
핵심 개념 다지기!

반드시 알아야 할
개념과 이론 완성!

고난도 개념 학습으로
응용력을 다진다!

강의 쌩기초 입문반

이해하기 쉬운 개념 설명과 풍부한
연습문제 풀이로 부담 없이 영어의
기초를 다질 수 있는 강의

사용교재

· 그래머 게이트웨이 베이직
· 해석이 쉬워지는 해커스 구문독해 100
· 해커스 보카 어원편
· 해커스공무원 쌩기초 입문서 영어
· 해커스공무원 영어 기초 영문법
· 해커스공무원 영어 기초 독해

강의 기본이론반

반드시 알아야 할 문법 포인트와
독해 문제 풀이 전략을 학습하여
핵심 개념 정리를 완성하는 강의

사용교재

· 해커스공무원 영어 기본서 (세트)
· 해커스공무원 기출 보카 4800 (세트)
· 해커스공무원 김우택 영문법
  합격생 필기노트

강의 심화이론반

심화이론과 중·상 난이도의 문제를
함께 학습하여 고득점을 위한
발판을 마련하는 강의

사용교재

· 해커스공무원 영어 고득점 문법 완성
· 해커스공무원 영어 고득점 독해 완성
· 해커스공무원 영어 문법 고득점 핵심노트
· 해커스공무원 영어 고득점 문법 777제
· 해커스공무원 영어 고득점 독해 337
· 해커스공무원 김우택 영문법
  합격생 필기노트

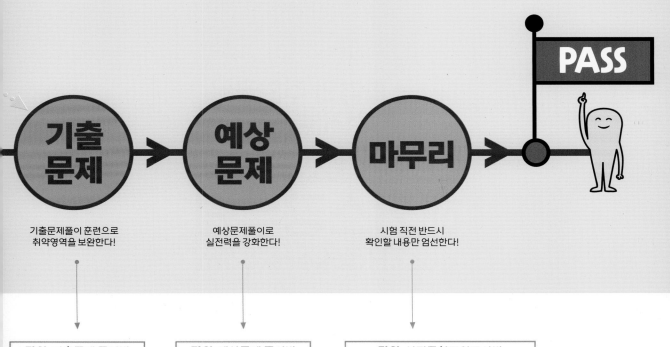

기출문제풀이 훈련으로
취약영역을 보완한다!

예상문제풀이로
실전력을 강화한다!

시험 직전 반드시
확인할 내용만 엄선한다!

강의 **기출문제 풀이반**

기출문제의 유형과 출제 의도를 이해
하고, 본인의 취약영역을 파악 및
보완하는 강의

사용교재

· 해커스공무원 유형별 기출문제집
  영어 (세트)

· 해커스공무원 7개년 기출문제집 영어

· 해커스공무원 최신 1개년 기출문제집 영어

· 해커스공무원 8개년 기출문제집
  공통과목 통합 국어+영어+한국사

강의 **예상문제 풀이반**

최신 출제경향을 반영한 예상 문제
들을 풀어보며 실전력을 강화하는
강의

사용교재

· 해커스공무원 단원별 적중 700제 영어

· 해커스공무원 하프모의고사 영어

강의 **실전동형모의고사반**

공무원 영어 시험의 최신 출제경향을 완벽하게
반영한 모의고사를 풀어보며 실전 감각을 극대화
하는 강의

사용교재

· 해커스공무원 실전동형모의고사 영어 1, 2

강의 **봉투모의고사반**

시험 직전에 실제 시험과 동일한 형태의 모의고사를
풀어보며 실전력을 완성하는 강의

사용교재

· 해커스공무원 FINAL 봉투모의고사 영어

· 해커스공무원 FINAL 봉투모의고사 필수과목
  통합 국어+영어+한국사

해커스 공무원 영어
기초 영문법

해커스공무원

gosi.Hackers.com

서문

합격을 목표로 첫걸음을 내딛는 공무원 영어 입문자들이 고득점의 초석이 될 기초 영어 실력을 탄탄히 쌓을 수 있게 돕고자, 「해커스 공무원 영어 기초 영문법」을 출간하게 되었습니다.

「해커스 공무원 영어 기초 영문법」은 공무원 영어 초보 학습자들이 꼭 익혀야 할 영문법 이론을 체계적으로 정리하여 공무원 영어 문법의 기초를 4주만에 완성할 수 있도록 하였습니다. 기초 학습자들이 쉽게 이해할 수 있도록 풀어 설명한 영문법 이론을 제공하였고, 공무원 영어 문법 영역에 자주 출제되는 문법 포인트들을 모아 정리한 '핵심 빈출 포인트 잡기' 코너를 통해 학습자들이 기초를 다지는 동시에 실제 공무원 영어 시험에 충분히 대비할 수 있도록 하였습니다. 또한, 학습자들이 기초 영문법을 단계적이고 체계적으로 학습할 수 있도록 기초 개념 잡기와 핵심 빈출 포인트 그리고 다양한 TEST를 수록하였습니다. 더불어 상세한 오답해설을 통해 공무원 영어 문법을 확실하게 이해하고 넘어갈 수 있도록 하였습니다. 따라서 목표를 세우고 교재에서 제공하는 학습 플랜에 맞추어 매일 꾸준히 학습해 나가면, 공무원 영어 고득점의 밑거름이 될 기초 실력을 탄탄히 다질 수 있으리라 확신합니다.

더불어, 공무원 시험 전문 사이트인 해커스 공무원(gosi.Hackers.com)에서 교재 학습 중 궁금한 점을 나누고, 다양한 무료 영어 학습 자료를 함께 이용한다면 학습 효과를 더욱 높일 수 있을 것입니다. 「해커스 공무원 영어 기초 영문법」과 함께 기초를 확실히 다져 합격을 향한 위대한 첫걸음을 내딛기 바랍니다.

해커스 공무원시험연구소

목차

Final Test

[해설집] 정답 · 해석 · 해설

01

공무원 영어 문법 기초 4주 완성

공무원 영어 초보자를 위한 필수 입문서로, 공무원 영어 시험을 처음 접하거나 공무원 영어의 기초를 다지고자 하는 학습자들이 문법의 기초를 4주 만에 확실히 다질 수 있도록 꼭 필요한 내용을 선별하여 구성하였습니다.

02

9 · 7급 각종 공무원 시험 최신 출제 경향 완벽 반영

9 · 7급 각종 공무원 시험 영어 문법 영역의 최신 출제 경향을 철저히 연구, 분석하여 교재의 모든 학습 요소에 반영하였으며, 이 분석을 근거로 한 기초 영문법 이론과 다양한 문제를 제시하였습니다. 이를 통해 학습자들이 기초를 다지는 동시에 최신 공무원 영어 시험에 충분히 대비할 수 있도록 하였습니다.

03

공무원 문법 핵심 빈출 포인트 완벽 정리

공무원 영어 시험 문법 영역에 자주 출제되는 문법 포인트들을 철저히 분석하여 '핵심 빈출 포인트 잡기' 코너로 정리하여 수록하였습니다. 학습한 핵심 빈출 포인트마다 예제를 풀어보며 문제 적용능력을 키워 학습자들이 기초를 다지는 동시에 최신 공무원 영어 시험에 충분히 대비할 수 있도록 하였습니다.

04

이해하기 쉬운 영문법 이론 제공

'기초 개념 잡기' 코너를 통해 가장 기초적인 개념을 먼저 학습한 후, 본격적인 학습에서는 이해하기 쉽게 풀어 설명한 영문법 이론을 예문과 함께 제공하여 기초 학습자들이 어려운 영문법 이론을 쉽게 학습할 수 있습니다.

무료 동영상강의 제공 - gosi.Hackers.com

공무원 영어 입문자들의 학습을 돕고자 해커스 공무원(gosi.Hackers.com)에서 무료 동영상강의를 제공합니다. 교재의 핵심 내용을 알기 쉽게 설명한 강의를 통해 혼자서도 효과적으로 학습할 수 있습니다.

기초문법부터 실전유형까지 단계적이고 체계적인 학습

공무원 영어 문법을 처음 접하는 학습자들이 영문법 이론을 단계적이고 체계적으로 학습할 수 있도록 기초 개념 잡기와 핵심 빈출 포인트 그리고 다양한 TEST를 수록하였습니다. 학습한 기초 문법을 Hackers Practice로 확인하고, Hackers Test로 다양한 문제를 풀어본 후, Final Test에서 최종적으로 자신의 실력을 점검할 수 있습니다.

상세하고 이해하기 쉬운 해설 수록

해설집에서는 Hackers Test와 Final Test에 수록된 모든 문제의 문장 성분을 표시한 '문장 구조'를 제공하여 학습자들이 영어 문장에 대한 이해력을 높일 수 있도록 하였습니다. 또한, 교재에 수록된 모든 문제에 대해 상세하고 이해하기 쉬운 해설로 틀린 문제를 쉽게 복습할 수 있도록 하였습니다.

공무원학원 및 시험 정보·동영상강의 제공 - gosi.Hackers.com

해커스 공무원(gosi.Hackers.com)을 통해 매일 새로운 공무원 영어 문제와 해설 강의 및 교재의 동영상강의를 제공하고 있습니다. 또한, 공무원 시험에 관한 전반적인 정보를 공유하거나 공부하는 중에 생기는 의문점에 대한 해답을 구할 수 있습니다.

책의 구성

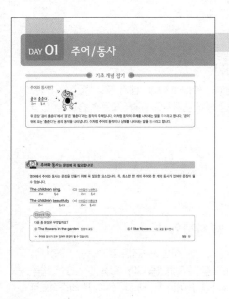

1 기초 개념 잡기

매 DAY 학습의 시작에서 초보 학습자들이 반드시 알고 넘어가야 하는 기초적인 문법 개념을 정리하여, 포인트별 학습을 하기 전에 기초를 탄탄히 다질 수 있도록 하였습니다.

2 포인트별 학습

공무원 영어 시험에 필수적인 영문법 이론을 포인트별로 제시하여 엄선한 예문과 함께 효율적으로 학습할 수 있도록 하였습니다.

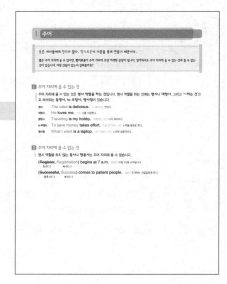

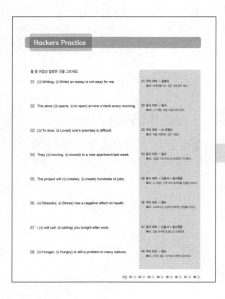

3 Hackers Practice

포인트별 학습에서 학습한 내용을 간단한 연습 문제를 통해 확인하고 점검해 볼 수 있도록 하였습니다.

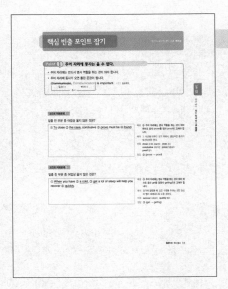

4 핵심 빈출 포인트 잡기

공무원 영어 문법 시험에 자주 출제되는 포인트를 학습하고, 예제를 통해 학습한 포인트를 문제에 적용해 볼 수 있도록 하였습니다.

5 Hackers Test & Final Test

Hackers Test의 실전 문제를 통해 각 DAY에서 학습한 내용을 확인하며 실력을 다지고, Final Test에서는 최종적으로 자신의 실력을 점검하고 배운 내용을 총정리할 수 있도록 하였습니다.

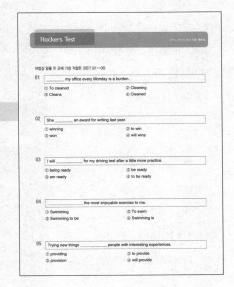

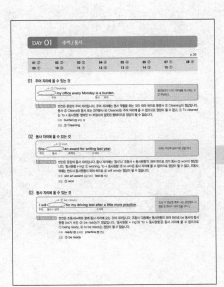

6 정답·해석·해설

정답 및 정확한 해석과 상세한 해설을 제공하였습니다. 또한, 각 문제의 문장 성분이 쓰인 '문장 구조'를 제공하여 영어 문장에 대한 이해력을 높일 수 있도록 하였습니다.

혼자 공부할 때
더 집중이 잘 되는
당신이라면!

개별 학습형

1. 다음 페이지에 나오는 학습 플랜을 활용하여 매일, 매주 단위로 학습량을 정합니다.
2. 계획을 세워 공부하고, 한 번 세운 계획은 절대 미루지 않습니다.
3. 본 교재를 기본으로 해커스 공무원(gosi.Hackers.com)에서 제공하는 정보 및 학습 자료를 적극적으로 활용합니다.

직접 강의를 들으며
체계적인 관리를 받고 싶은
당신이라면!

학원 학습형

1. 학원 강의를 듣고, 24시간 온라인 학습 관리가 이루어지는 반별 게시판을 활용하여 교수님과 담임선생님의 지속적인 관리를 받습니다.
2. 학원에 마련된 쾌적한 스터디룸에서 교수님의 관리하에 진행되는 스터디 그룹에 적극적으로 참여하여 예습, 복습을 철저히 합니다.
3. 궁금한 것은 해커스 공무원 교수님께 직접 질문하여 해결하고 넘어가도록 합니다.

때와 장소에
구애받고 싶지 않은
당신이라면!

동영상 학습형

1. 동영상강의를 들으면서 놓쳤거나 다시 한번 들어야 하는 부분은 반복 수강하여 모든 내용을 완벽히 이해합니다.
2. 해커스 공무원(gosi.Hackers.com)에서 제공하는 동영상강의와 각종 학습 자료를 적극적으로 활용합니다.
3. 모르는 개념이나 보충 설명이 필요한 부분은 온라인상에서 교수님의 도움을 받습니다.

여러 사람과 함께
공부할 때 학습 효과가 높은
당신이라면!

스터디 학습형

1. 스터디 시작 전에 미리 공부할 분량을 정해 해당 부분을 각자 예습합니다.
2. 잡담으로 인하여 휴식시간이 늘어지지 않도록 하며, 틀린 문제에 대한 벌금제도 등을 정하여 학습에 건전한 자극이 되도록 합니다.
3. 스터디원들과 계획을 세울 때는 다음 페이지에 나오는 학습플랜을 활용합니다.

교재	선택한 학습 플랜에 맞추어 일정 계획 → 기초 개념 잡기와 포인트별 학습을 마치고 Hackers Practice로 배운 내용을 확인 → 핵심 빈출 포인트를 학습하고 Hackers Test로 실전 문제에 적용 → 틀린 문제는 해설집을 참고하여 철저히 복습
gosi.Hackers.com	무료강좌 〉 교재 무료특강에서 기초영어문법 무료특강을 수강하며 교재 학습
	무료강좌 〉 매일 영어 학습에서 제공하는 매일 문법 문제풀기를 통해 자신의 실력을 점검한 후, 틀린 문제는 해설 강의를 통해 완벽히 이해

교재	스터디원들끼리 수업 진도에 따라 분량을 정하여 학습 → 자주 틀리거나 이해가 어려운 개념은 서로 설명해주며 완벽히 이해
학원	데일리 테스트와 월말고사, 출결 체크 및 철저한 성적 관리와 1:1 맞춤 상담으로 이루어지는 담임 관리 시스템으로 실력 향상
스터디	교수님이 직접 참여하고 지도해주시는 스터디 그룹에서 학습 수준에 맞는 최적의 스터디 방법을 찾고, 담임 선생님께 스터디 스케줄, 출석 체크, 학습 커리큘럼 등의 관리를 받으며 체계적으로 학습
gosi.Hackers.com	강남역/노량진 〉 고객센터 〉 반별게시판을 통해 집에서도 교수님께 지도받고 스터디원들과 교류

교재	동영상강의 일정에 맞추어 매일의 학습 분량 결정 → 교재에 꼼꼼하게 필기하며 동영상강의 수강 → 이해하기 어려운 문제는 교재에 표시해 두고 해설집을 참고하여 철저히 복습
gosi.Hackers.com	나의강의실 〉 인터넷강의 〉 수강 중인 강의에서 현재 강의를 듣는 교수님께 직접 질문하여 의문점 해결
	무료강좌 〉 매일 영어 학습에서 제공하는 매일 문법 문제풀기를 통해 자신의 실력을 점검한 후, 틀린 문제는 해설 강의를 통해 완벽히 이해

교재	스터디원들끼리 수업 진도에 따라 매일의 학습 분량 결정 → 스터디 전 당일 학습 부분 예습 → 팀원끼리 교재의 내용을 퀴즈로 만들어 쪽지 시험 → 자주 틀리거나 이해가 어려운 개념은 서로 설명해 주며 완벽히 이해
gosi.Hackers.com	무료강좌 〉 매일 영어 학습에서 제공하는 매일 문법 문제풀기를 통해 자신의 실력을 점검한 후, 틀린 문제는 해설 강의를 통해 완벽히 이해

완성 학습 플랜

1. 매일 정해진 분량을 학습하고 그날그날 복습을 하도록 합니다. 이때, 틀린 문제는 반드시 해설을 참고하여 다시 한번 꼼꼼히 확인합니다.

2. 해커스 공무원(gosi.Hackers.com)에서 제공되는 무료 동영상강의를 들으며 학습하면 보다 효율적으로 학습할 수 있습니다.

☑ 학습을 완료한 날에는 체크 표시를 합니다.

	1일	2일	3일	4일	5일	6일
1주	☐ 기초 문법 DAY 1	☐ DAY 2	☐ DAY 3	☐ DAY 4	☐ DAY 5	☐ DAY 6
2주	☐ DAY 7	☐ DAY 8	☐ DAY 9	☐ DAY 10	☐ DAY 11	☐ DAY 12
3주	☐ DAY 13	☐ DAY 14	☐ DAY 15	☐ DAY 16	☐ DAY 17	☐ DAY 18
4주	☐ DAY 19	☐ DAY 20	☐ FT 1	☐ FT 2	☐ FT 3	☐ FT 4

※ FT: Final Test
※ 8주 학습 플랜을 진행하고 싶다면, 4주 학습 플랜의 하루 학습 분량을 이틀에 걸쳐 공부합니다.

6주 완성 학습 플랜

1. 매일 정해진 분량을 학습하고, 복습일에는 이해가 잘되지 않는 DAY를 위주로 학습합니다. 이때, 틀린 문제는 반드시 해설을 참고하여 다시 한번 꼼꼼히 확인합니다.

2. 5주에는 DAY 1부터 20까지의 '핵심 빈출 포인트 잡기' 코너를 다시 한번 복습하여 Final Test를 풀기 전에 빈출 문법 포인트들을 확실히 익힐 수 있도록 합니다.

3. 해커스 공무원(gosi.Hackers.com)에서 제공되는 무료 동영상강의를 들으며 학습하면 보다 효율적으로 학습할 수 있습니다.

☑ 학습을 완료한 날에는 체크 표시를 합니다.

	1일	2일	3일	4일	5일	6일
1주	☐ 기초 문법 DAY 1	☐ DAY 2	☐ DAY 3	☐ DAY 4	☐ DAY 5	☐ 복습일
2주	☐ DAY 6	☐ DAY 7	☐ DAY 8	☐ DAY 9	☐ DAY 10	☐ 복습일
3주	☐ DAY 11	☐ DAY 12	☐ DAY 13	☐ DAY 14	☐ DAY 15	☐ 복습일
4주	☐ DAY 16	☐ DAY 17	☐ DAY 18	☐ DAY 19	☐ DAY 20	☐ 복습일
5주	☐ 핵심 빈출 (DAY 1-4)	☐ 핵심 빈출 (DAY 5-8)	☐ 핵심 빈출 (DAY 9-12)	☐ 핵심 빈출 (DAY 13-16)	☐ 핵심 빈출 (DAY 17-20)	☐ 복습일
6주	☐ FT 1	☐ FT 2	☐ 복습일	☐ FT 3	☐ FT 4	☐ 복습일

※ FT: Final Test
※ 핵심 빈출: 핵심 빈출 포인트 잡기

기초 문법

문장 성분
문장의 5형식
8품사
구와 절

1. 문장 성분

문장의 필수 성분인 주어, 동사, 목적어, 보어와 부가 성분인 수식어에 대해 자세히 알아볼까요?

1 주어

He walks에서처럼 영어 문장을 만들기 위해서는 주어가 반드시 필요합니다. 주어는 우리말의 '누가/무엇이'에 해당하는 말로, 주어 뒤에는 '~은/는/이/가'를 붙여 해석합니다.

He walks. 그는 걷는다.
주어

2 동사

The students study에서 동사 study(공부하다) 없이 주어 The students(학생들이)만 있으면 문장이 어색하지요? 영어 문장을 만들기 위해서는 주어는 물론 동사가 반드시 필요합니다. 동사는 항상 주어 뒤에 따라 오며, 문장에서 '~하다/~이다'에 해당하는 말입니다.

The students study. 학생들이 공부한다.
동사

3 목적어

I like(나는 좋아한다)는 주어와 동사 모두를 썼는데도 뭔가 빠진 것 같은데, 바로 '무엇을'에 해당하는 목적어가 없기 때문입니다. 여기에 내가 좋아하는 대상인 bananas(바나나를)를 넣으면 완전한 문장이 됩니다. 목적어는 주로 동사 뒤에 따라 오며, 문장에서 '무엇을/를'에 해당하는 말입니다.

I like bananas. 나는 바나나를 좋아한다.
목적어

4 보어

Amy is happy에서 Amy는 주어이고 is는 동사인데, happy(행복한)는 '무엇을'에 해당하지 않으므로 목적어는 아니지요? 이 문장에서 happy(행복한)는 주어 Amy의 상태를 설명하고 있습니다. 또한, She makes John happy에서 happy는 목적어 John의 상태를 설명해주고 있습니다. 이처럼 보어는 주어나 목적어의 성질이나 상태 등을 보충 설명해주는 말입니다. 이때, 주어를 보충 설명해주는 말을 주격 보어, 목적어를 보충 설명해주는 말을 목적격 보어라고 합니다.

Amy is happy. Amy는 행복하다.
보어(주격)

She makes John happy. 그녀는 John을 행복하게 만든다.
목적어 보어(목적격)

5 수식어

지금까지 문장의 필수 요소(주어, 동사, 목적어, 보어)를 다 배웠습니다. 이러한 필수 요소의 의미를 자세하게 설명해주는 다른 요소가 있습니다. They laugh loudly에서 loudly(크게)는 그들이 어떻게 웃는지 더 자세하게 설명해주고 있습니다. 이때, loudly(크게)를 수식어라고 합니다.

They laugh loudly. 그들은 크게 웃는다.
수식어

다음 문장을 읽고 밑줄 친 부분의 문장 성분을 적어보세요.

01 I love <u>dogs</u>.

02 <u>The bag</u> is expensive.

03 Yoga makes me <u>calm</u>.

04 Alex drives <u>carefully</u>.

05 The weather is <u>bad</u>.

06 <u>That bridge</u> is very long.

07 He breathed <u>deeply</u>.

08 The birds <u>fly</u>.

09 Harry bought <u>a car</u>.

10 We <u>went</u> to the beach.

정답 및 해석

01 **목적어** | 나는 <u>개를</u> 좋아한다.

02 **주어** | <u>그 가방은</u> 비싸다.

03 **목적격 보어** | 요가는 나를 <u>차분하게</u> 만든다.

04 **수식어** | Alex는 <u>조심스럽게</u> 운전한다.

05 **주격 보어** | 날씨가 <u>나쁘다</u>.

06 **주어** | <u>저 다리는</u> 매우 길다.

07 **수식어** | 그는 <u>깊게</u> 호흡했다.

08 **동사** | 새들이 <u>난다</u>.

09 **목적어** | Harry는 <u>차를</u> 샀다.

10 **동사** | 우리는 해변에 <u>갔다</u>.

2. 문장의 5형식

영어 문장은 어떤 필수 성분이 쓰였는지에 따라 다섯 가지 형식으로 나뉘는데, 이를 문장의 5형식이라고 합니다. 각각의 형식이 어떻게 구성되는지 자세히 알아볼까요?

1 1형식 주어 + 동사

1형식은 주어와 동사만으로도 완전한 의미를 갖는 문장입니다. sleep(자다), laugh(웃다), go(가다)와 같은 동사들이 주로 1형식 문장을 만듭니다.

Girls laugh. 소녀들은 웃는다.
주어 동사

2 2형식 주어 + 동사 + 주격 보어

2형식은 주어와 동사 뒤에 주격 보어가 와야 완전해지는 문장입니다. become(~이 되다), look(~처럼 보이다), is(~이다)와 같은 동사들이 주로 2형식 문장을 만듭니다.

She became a teacher. 그녀는 선생님이 되었다.
주어 동사 주격 보어

3 3형식 주어 + 동사 + 목적어

3형식은 주어와 동사 뒤에 목적어가 와야 완전해지는 문장입니다. find(~을 찾다), like(~을 좋아하다), meet(~을 만나다)과 같은 동사들이 주로 3형식 문장을 만듭니다.

Andy found his book. Andy는 그의 책을 찾았다.
주어 동사 목적어

4 4형식 주어 + 동사 + 간접 목적어 + 직접 목적어

4형식은 주어와 동사 뒤에 간접 목적어와 직접 목적어가 와야 완전해지는 문장인데, 간접 목적어는 우리말 '~에게'에 해당하는 말이고 직접 목적어는 '~을/를'에 해당하는 말입니다. give(~에게 -을 주다), send(~에게 -을 보내다)와 같은 동사들이 주로 4형식 문장을 만듭니다.

Brad gave her a present. Brad는 그녀에게 선물을 주었다.
주어 동사 간접 목적어 직접 목적어

5 5형식 주어 + 동사 + 목적어 + 목적격 보어

5형식은 주어와 동사 뒤에 목적어와 목적격 보어가 와야 완전해지는 문장입니다. make(~을 -하게 만들다), call(~을 -라고 부르다)과 같은 동사들이 주로 5형식 문장을 만듭니다.

His letter made me smile. 그의 편지는 나를 웃게 만들었다.
주어 동사 목적어 목적격 보어

확인 문제

다음 문장을 읽고 문장의 형식과 밑줄 친 부분의 문장 성분을 적어보세요.

01 He met his wife.

02 The baby sleeps.

03 The book is interesting.

04 The movie made me cry.

05 Peter gave me flowers.

06 Children go to school.

07 My mother sent me a letter.

08 I found my cell phone.

09 The dress looks pretty.

10 My friends call me Rob.

정답 및 해석

01 3형식 | He met his wife. 그는 그의 아내를 만났다.
　　　　　주어　동사　목적어

02 1형식 | The baby sleeps. 그 아기는 잠을 잔다.
　　　　　　주어　　　동사

03 2형식 | The book is interesting. 그 책은 재미있다.
　　　　　　주어　　동사　주격 보어

04 5형식 | The movie made me cry. 그 영화는 나를 울게 만들었다.
　　　　　　주어　　　동사　목적어 목적격 보어

05 4형식 | Peter gave me flowers. Peter가 나에게 꽃을 주었다.
　　　　　주어　동사 간접목적어 직접목적어

06 1형식 | Children go to school. 아이들은 학교에 간다.
　　　　　　주어　　동사　수식어

07 4형식 | My mother sent me a letter. 엄마는 나에게 편지를 보냈다.
　　　　　　주어　　　동사 간접목적어 직접목적어

08 3형식 | I found my cell phone. 나는 내 휴대폰을 찾았다.
　　　　　주어 동사　　목적어

09 2형식 | The dress looks pretty. 저 드레스는 예뻐 보인다.
　　　　　　주어　　동사　주격 보어

10 5형식 | My friends call me Rob. 나의 친구들은 나를 Rob이라고 부른다.
　　　　　　주어　　동사 목적어 목적격 보어

3. 8품사

영어 문장을 구성하는 단어들은 여덟 가지 종류로 분류할 수 있고, 이를 영어의 8품사라고 합니다. 영어 문장을 구성하는 8가지 품사들에 대해 자세히 알아볼까요?

1 명사 모든 것들을 지칭하는 말 | Susan, apple, success

Susan(수잔), apple(사과)처럼 눈에 보이는 사람이나 사물을 지칭하는 모든 이름을 명사라고 합니다. 물론, success(성공)처럼 눈에 보이지 않는 것들을 지칭하는 이름도 명사입니다.

Susan ate apples. Susan은 사과를 먹었다.
Success is important to me. 성공은 나에게 중요하다.

2 대명사 명사를 대신하는 말 | he, she, her

Tom is my son. He is a doctor(Tom은 내 아들이다. 그는 의사이다)에서 He는 앞에 나온 명사 Tom을 반복하지 않기 위해 Tom 대신 쓴 말입니다. 앞에 나온 명사를 반복하지 않고 대신할 때 쓰는 말을 대명사라고 합니다.

Tom is my son. **He** is a doctor. Tom은 내 아들이다. 그는 의사이다.
Jenny lost **her** keys. Jenny는 그녀의 열쇠를 잃어버렸다.

3 동사 움직임이나 상태를 나타내는 말 | run, have, be

She runs(그녀는 달린다)에서 run(달리다)는 움직임이나 상태를 나타내고 있습니다. 이처럼 사람이나 사물의 동작, 상태를 나타내는 말을 동사라고 합니다.

She **runs**. 그녀는 달린다.
I **have** a ticket. 나는 표를 가지고 있다.

4 형용사 명사를 꾸며주는 말 | small, delicious, funny

It is a small clock(그것은 작은 시계이다)에서 명사 clock을 small이 꾸며주면서 어떤 시계인지 더 잘 알 수 있습니다. 이처럼 명사의 상태나 성질을 나타내는 말을 형용사라고 합니다.

It is a small clock. 그것은 작은 시계이다.

The delicious apples are on the table. 맛있는 사과가 식탁 위에 있다.

5 부사 더 자세하게 꾸며주는 말 | fast, very, early

He speaks fast(그는 빨리 말한다)에서 speaks를 부사 fast가 꾸며주면서 '빨리 말한다'라는 의미로 그 의미가 더 자세해집니다. 이처럼 꾸미는 대상의 의미를 더욱 자세하게 해주는 말을 부사라고 합니다. 형용사는 명사만 꾸며주는 반면에 부사는 동사, 형용사, 다른 부사, 문장 전체까지도 꾸며줄 수 있습니다.

He <u>speaks</u> fast. 그는 빨리 말한다.

She is very <u>pretty</u>. 저 여자는 매우 예쁘다.

6 접속사 서로 이어주는 말 | and, or, but

Jay likes milk and cookies(Jay는 우유와 쿠키를 좋아한다)에서 milk와 cookies가 and로 이어집니다. 이처럼 두 요소를 이어주기 위해 사용한 and(~과/와)를 접속사라고 합니다.

Jay likes <u>milk</u> and <u>cookies</u>. Jay는 우유와 쿠키를 좋아한다.
I want to eat <u>oranges</u> or <u>cherries</u>. 나는 오렌지 또는 체리가 먹고 싶다.

7 전치사 명사 앞에 놓이는 말 | in, to, on

Ted lives in America(Ted는 미국에 산다)에서 in(~에)는 America(미국) 앞에 와서 장소를 나타냅니다. 이처럼 명사 앞에 놓여서 장소, 시간, 방향, 이유 등의 뜻을 나타내는 말을 전치사라고 합니다.

Ted lives in America. Ted는 미국에 산다.
She will go to France. 그녀는 프랑스로 갈 것이다.

8 감탄사 감탄할 때 쓰이는 말 | wow, oh, oops

Wow! He is very tall!(와! 그는 정말 키가 크다!)에서 Wow는 놀란 감정을 나타냅니다. 기쁠 때, 놀랐을 때 등 자기도 모르게 자연스럽게 입에서 나오는 말을 감탄사라고 합니다.

Wow! He is very tall! 와! 그는 정말 키가 크다!
Oh! I forgot to call her! 아! 그녀에게 전화하는 것을 잊어버렸어!

다음 문장을 읽고 밑줄 친 단어의 품사를 적어보세요.

01 This recipe is <u>very</u> easy.

02 We want to live <u>in</u> the city.

03 He sings a song about <u>love</u>.

04 She is wearing gloves <u>and</u> a muffler.

05 Eric told me a <u>funny</u> story.

06 The apples are at the <u>market</u>.

07 Your children <u>are</u> so polite.

08 <u>Oh</u>! I don't want to leave!

09 <u>He</u> checks the mailbox every day.

10 She <u>has</u> many hats.

정답 및 해석

01 **부사** | 이 조리법은 <u>매우</u> 쉽다.
02 **전치사** | 우리는 그 도시<u>에서</u> 살고 싶다.
03 **명사** | 그는 <u>사랑</u>에 관한 노래를 부른다.
04 **접속사** | 그녀는 장갑<u>과</u> 목도리를 하고 있다.
05 **형용사** | Eric은 나에게 <u>재미있는</u> 이야기를 했다.
06 **명사** | 사과가 <u>시장</u>에 있다.
07 **동사** | 당신의 아이들은 정말 예의 바르<u>다</u>.
08 **감탄사** | <u>아</u>! 난 떠나기 싫어!
09 **대명사** | <u>그</u>는 우편함을 매일 확인한다.
10 **동사** | 그녀는 많은 모자를 <u>가지고 있다</u>.

4. 구와 절

단어가 두 개 이상 모이면 하나의 의미를 가진 말 덩어리가 됩니다. 'in a car'처럼 둘 이상의 단어가 〈주어 + 동사〉 관계가 아니면 구라고 하고, 'This is the car that I saw.'라는 문장에서 'I saw'처럼 둘 이상의 단어가 〈주어 + 동사〉 관계이면 절이라고 합니다. 이러한 구와 절은 문장 안에서 명사, 형용사, 부사 역할을 합니다. 구와 절에 대해 자세히 알아볼까요?

1 구

주어와 동사의 관계가 아닌 두 개 이상의 단어가 모여서 하나의 의미 단위를 이루는 것을 구라고 합니다. 구에는 명사구, 형용사구, 부사구가 있습니다.

① 명사구

명사구는 명사처럼 문장 안에서 주어, 목적어, 보어로 쓰입니다.

To watch a movie is interesting. 영화를 보는 것은 재미있다.
주어

I like listening to music. 나는 음악을 감상하는 것을 좋아한다.
목적어

My goal is to become an actor. 나의 목표는 배우가 되는 것이다.
보어

② 형용사구

형용사구는 형용사처럼 명사를 꾸며줍니다.

Lucy likes the singer on the stage. Lucy는 무대 위에 있는 가수를 좋아한다.
명사

③ 부사구

부사구는 부사처럼 동사, 형용사, 다른 부사, 문장 전체를 꾸며줍니다.

Mary dances with her sister. Mary는 그녀의 언니와 함께 춤을 췄다.
동사

She was angry at his response. 그녀는 그의 반응에 화가 났다.
형용사

He moved slowly like a turtle. 그는 거북이처럼 느리게 움직였다.
부사

In an hour, the meeting will begin. 한 시간 안에, 회의가 시작될 것이다.
문장

2 절

주어와 동사를 포함한 두 개 이상의 단어가 모여서 하나의 의미 단위를 이룬 것을 절이라고 하며, 하나 이상의 절이 모여 문장을 만들 수 있습니다.

I go to school.　→　하나의 절 = 문장

I go to school after I have breakfast.　→　두 개의 절 = 문장
　　　절1　　　　　　　절2

(1) 주절

문장에서 핵심이 되는 절입니다.

I go to school after I have breakfast.　나는 아침을 먹은 후에, 학교에 간다.
　　주절　　　　　　종속절

(2) 종속절

▍문장에서 부가적인 역할을 하는 절로, 혼자서는 문장을 만들 수 없습니다.

I go to school after I have breakfast.　나는 아침을 먹은 후에, 학교에 간다.
　　주절　　　　　　종속절

▍종속절은 그 역할에 따라 명사절, 형용사절, 부사절로 나뉩니다.

① 명사절

명사절은 명사처럼 문장 안에서 주어, 목적어, 보어로 쓰입니다. 이때, 명사절은 주로 '~(하는) 것', '~(하는)지' 등으로 해석됩니다.

She knew.　　⋯⋯⋯▶　　She knew that he was sick.

그녀는 알았다.　　무엇을?　　그녀는 그가 아프다는 것을 알았다.

② 형용사절

형용사절은 형용사처럼 명사를 꾸며줍니다. 이때, 형용사절은 주로 '~한 (명사)' 등으로 해석됩니다.

This is the picture.　　⋯⋯⋯▶　　This is the picture that she drew.

이것은 그림이다.　　어떤?　　이것은 그녀가 그린 그림이다.

③ 부사절

부사절은 부사처럼 주절을 더 자세하게 꾸며줍니다. 이때, 부사절은 앞에 나오는 부사절 접속사에 따라 '~한 때', '~때문에,' '~한다면' 등으로 해석됩니다.

I was late.　　⋯⋯⋯▶　　I was late because I got up late.

나는 늦었다.　　왜?　　늦게 일어났기 때문에, 나는 늦었다.

확인 문제

다음 밑줄 친 부분이 명사구/명사절, 형용사구/형용사절, 부사구/부사절 중 어느 것인지 적어보세요.

01 <u>To play the guitar</u> is interesting.

02 This film <u>about a pianist</u> is so impressive.

03 I met my friends <u>on Friday night</u>.

04 Your neighbor said <u>that you are moving</u>.

05 The bank was closed <u>when I arrived</u>.

06 <u>What he needs</u> is a pen.

07 Fred found a key <u>that he had lost</u>.

08 <u>Because I was thirsty</u>, I ordered a drink.

09 Jessie wears the ring <u>that I gave her</u>.

10 We know <u>that he is studying law</u>.

정답 및 해석

01 **명사구** | <u>기타를 치는 것</u>은 재미있다.

02 **형용사구** | <u>한 피아니스트에 관한</u> 이 영화는 매우 인상적이다.

03 **부사구** | 나는 <u>금요일 밤에</u> 친구들을 만났다.

04 **명사절** | 당신의 이웃이 <u>당신이 이사를 갈 것이라고</u> 말했다.

05 **부사절** | <u>내가 도착했을 때</u> 그 은행은 문을 닫았다.

06 **명사절** | <u>그가 필요한 것</u>은 펜이다.

07 **형용사절** | Fred는 <u>그가 잃어버렸던</u> 열쇠를 찾았다.

08 **부사절** | <u>나는 목이 말랐기 때문에</u>, 음료를 주문했다.

09 **형용사절** | Jessie는 <u>내가 그녀에게 준</u> 반지를 끼고 있다.

10 **명사절** | 우리는 <u>그가 법학을 공부한다는 것</u>을 알고 있다.

문장 성분

DAY 01 주어/동사

주어와 동사란?

곰이 춤춘다.
주어   동사

위 문장 '곰이 춤춘다'에서 '곰'은 '춤춘다'라는 동작의 주체입니다. 이처럼 동작의 주체를 나타내는 말을 주어라고 합니다. '곰이' 뒤에 오는 '춤춘다'는 곰의 동작을 나타냅니다. 이처럼 주어의 동작이나 상태를 나타내는 말을 동사라고 합니다.

 주어와 동사는 문장에 꼭 필요합니다!

영어에서 주어와 동사는 문장을 만들기 위해 꼭 필요한 요소입니다. 즉, 최소한 한 개의 주어와 한 개의 동사가 있어야 문장이 될 수 있습니다.

The children sing.   (O) 아이들이 노래한다.
주어   동사   주어   동사

The children beautifully (X) 아이들이 아름답게
주어   동사X   주어   동사X

Check Up

다음 중 문장은 무엇일까요?

ⓐ The flowers in the garden 정원의 꽃들   ⓑ I like flowers. 나는 꽃을 좋아한다.

➔ 주어와 동사가 모두 있어야 문장이 될 수 있습니다.   정답 ⓑ

문장에서 주어의 자리를 알아봅시다!

주어는 주로 문장 맨 앞에 옵니다.

<u>The students</u> wear uniforms.   학생들은 교복을 입는다.
　　주어

Check Up

다음 중 주어는 무엇일까요?

<u>The baby</u> <u>is</u> cute.   그 아기는 귀엽다.
　　ⓐ　　　ⓑ

➡ 주어는 주로 문장 맨 앞에 옵니다.　　　　　　　　　　　　　　　정답 ⓐ

 문장에서 동사의 자리를 알아봅시다!

동사는 주로 주어 다음에 옵니다.

They <u>go</u> to school.   그들은 학교에 간다.
　　동사

Check Up

다음 중 동사 like가 들어갈 위치는 어디일까요?

ⓐ I ⓑ chocolate.   나는 초콜릿을 좋아한다.

➡ 동사는 주로 주어 다음에 옵니다.　　　　　　　　　　　　　　　정답 ⓑ

1 주어

꽃은 여자들에게 인기가 많다. 향기로운이 기분을 좋게 만들기 때문이다.

꽃은 주어 자리에 올 수 있지만, **향기로운**이 주어 자리에 오면 어색한 문장이 됩니다. 영어에서도 주어 자리에 올 수 있는 것과 올 수 없는 것이 있습니다. 어떤 것들이 있는지 살펴볼까요?

1 주어 자리에 올 수 있는 것

주어 자리에 올 수 있는 것은 **명사 역할을 하는 것**입니다. 명사 역할을 하는 것에는 **명사**나 **대명사**, 그리고 '~하는 것'으로 해석되는 **동명사, to 부정사, 명사절**이 있습니다.

명사	The cake **is delicious.** 그 케이크는 맛있다.
대명사	He **loves me.** 그는 나를 사랑한다.
동명사	Traveling **is my hobby.** 여행하는 것은 나의 취미이다.
to 부정사	To save money **takes effort.** 돈을 절약하는 것은 노력을 필요로 한다.
명사절	What I want **is a laptop.** 내가 원하는 것은 노트북 컴퓨터이다.

2 주어 자리에 올 수 없는 것

명사 역할을 하지 않는 **동사**나 **형용사**는 주어 자리에 올 수 없습니다.

(~~Register~~, Registration) begins at 7 a.m. 등록은 아침 7시에 시작됩니다.
　동사(X)　　　명사(○)

(~~Successful~~, Success) comes to patient people. 성공은 인내하는 사람들에게 온다.
　형용사(X)　　　명사(○)

2 동사

> 나는 독서를 좋아한다. 그래서 매일 밤 책을 읽는
>
> **좋아한다**는 동사 자리에 올 수 있지만, **읽는**이 동사 자리에 오면 어색한 문장이 됩니다. 영어에서도 동사 자리에 올 수 있는 것과 올 수 없는 것이 있습니다. 어떤 것들이 있는지 살펴볼까요?

1 동사 자리에 올 수 있는 것

▌동사 자리에 올 수 있는 것은 **동사**나 **조동사 + 동사원형**입니다.

동사   We swim every day.   우리는 매일 수영한다.

조동사 + 동사원형   My friends will go to Paris.   내 친구들은 파리에 갈 것이다.

2 동사 자리에 올 수 없는 것

▌'**동사원형 + ing**'나 '**to + 동사원형**'은 동사 자리에 올 수 없습니다.

She (liking, likes) her new jeans.   그녀는 그녀의 새 청바지를 좋아한다.
동사원형 + ing(X) 동사(O)

Sharks (to live, live) in cold water.   상어들은 차가운 물에서 산다.
  to + 동사원형(X) 동사(O)

▌**명사**나 **형용사**는 동사 자리에 올 수 없습니다.

We (agreement, agree) with your opinion.   우리는 너의 의견에 동의한다.
    명사(X)   동사(O)

Volunteer workers (helpful, help) poor people.   자원봉사자들은 가난한 사람들을 돕는다.
      형용사(X) 동사(O)

Hackers Practice

둘 중 어법상 알맞은 것을 고르세요.

01 (ⓐ Writing, ⓑ Write) an essay is not easy for me.

02 The store (ⓐ opens, ⓑ to open) at nine o'clock every morning.

03 (ⓐ To love, ⓑ Loved) one's enemies is difficult.

04 They (ⓐ moving, ⓑ moved) to a new apartment last week.

05 The project will (ⓐ creates, ⓑ create) hundreds of jobs.

06 (ⓐ Stressful, ⓑ Stress) has a negative effect on health.

07 I (ⓐ will call, ⓑ calling) you tonight after work.

08 (ⓐ Hunger, ⓑ Hungry) is still a problem in many nations.

---

01 주어 자리 → 동명사
해석 | 에세이를 쓰는 것은 내게 쉽지 않다.

02 동사 자리 → 동사
해석 | 그 가게는 매일 아침 9시에 연다.

03 주어 자리 → to 부정사
해석 | 적을 사랑하는 것은 어렵다.

04 동사 자리 → 동사
해석 | 그들은 지난주에 새 아파트로 이사했다.

05 동사 자리 → 조동사 + 동사원형
해석 | 그 사업은 수백 개의 일자리를 창출할 것이다.

06 주어 자리 → 명사
해석 | 스트레스는 건강에 부정적인 영향을 미친다.

07 동사 자리 → 조동사 + 동사원형
해석 | 오늘 저녁에 일 끝나고 전화할게.

08 주어 자리 → 명사
해석 | 기아는 많은 국가에서 여전히 문제이다.

정답 **01** ⓐ **02** ⓐ **03** ⓐ **04** ⓑ **05** ⓑ **06** ⓑ **07** ⓐ **08** ⓐ

Point ① 주어 자리에 동사는 올 수 없다.

- 주어 자리에는 반드시 명사 역할을 하는 것이 와야 합니다.
- 주어 자리에 동사가 오면 틀린 문장이 됩니다.

(~~Communicate~~, Communication) is important. 소통은 중요하다.
     동사(X)   명사(O)
          └─── 주어 ───┘

포인트 적용문제 1

밑줄 친 부분 중 어법상 옳지 않은 것은?

① To close ② the case, conclusive ③ prove must be ④ found.

해설 ③ 주어 자리에는 명사 역할을 하는 것이 와야 하므로 동사 prove를 명사 proof로 고쳐야 합니다.

해석 그 사건을 마무리 짓기 위해서, 결정적인 증거가 발견되어야 한다.

어휘 close 끝내다, 완료하다   case 사건
conclusive 결정적인   prove 입증하다
proof 증거

정답 ③ (prove → proof)

포인트 적용문제 2

밑줄 친 부분 중 어법상 옳지 않은 것은?

① When you have ② a cold, ③ get a lot of sleep will help you recover ④ quickly.

해설 ③ 주어 자리에는 명사 역할을 하는 것이 와야 하므로 동사 get을 동명사 getting으로 고쳐야 합니다.

해석 감기에 걸렸을 때, 많은 수면을 취하는 것은 당신이 빨리 회복하도록 도울 것이다.

어휘 recover 회복하다   quickly 빨리

정답 ③ (get → getting)

- 하나의 절에는 반드시 하나의 동사가 있어야 합니다.
- 명사나 '동사원형 + ing' 또는 'to + 동사원형'이 동사 자리에 오면 틀린 문장이 됩니다.

The scientist (~~knowing~~, knew) that the theory was wrong. 과학자는 그 이론이 틀렸음을 깨달았다.
주어 동사원형 + ing(X) 동사(O)

포인트 적용문제 1

어법상 밑줄 친 곳에 가장 적절한 것은?

The guests _____ at the dinner party 15 minutes early.

① arrival   ② arriving
③ to arrive   ④ arrived

해설 하나의 절에는 반드시 하나의 동사가 있어야 합니다. 동사 자리에 명사 ① arrival, '동사원형 + ing' ② arriving, 또는 'to + 동사원형' ③ to arrive는 올 수 없으므로 동사 ④ arrived가 정답입니다.

해석 그 손님들은 저녁 파티에 15분 일찍 도착했다.

어휘 **arrive** 도착하다 **early** 일찍, 빨리

정답 ④ arrived

포인트 적용문제 2

밑줄 친 부분 중 어법상 옳지 않은 것은?

The ① foreign visitors ② saying they wanted ③ to learn more ④ about Korean history when we did the tour yesterday.

해설 ② 하나의 절에는 반드시 하나의 동사가 있어야 합니다. 동사 자리에 '동사원형 + ing'(saying)는 올 수 없고, 문장에 과거 시점을 나타내는 시간 표현 yesterday(어제)가 왔으므로 saying을 과거 동사 said로 고쳐야 합니다.

해석 외국인 방문객들은 어제 우리가 관광을 할 때 한국 역사에 대해 더 많이 배우고 싶다고 말했다.

어휘 **foreign** 외국의 **history** 역사 **tour** 관광

정답 ② (saying → said)

Point ③ 형태가 비슷한 명사와 동사를 혼동하지 말자.

● 형태가 비슷한 명사와 동사를 혼동하지 않도록 주의합니다.

명사	동사
effect 영향	affect 영향을 미치다
company 동료, 동행	accompany 동행하다
advice 조언	advise 조언하다
discovery 발견	discover 발견하다

● 주어 자리에 명사가 아닌 동사가 오거나 동사 자리에 동사가 아닌 명사가 오면 틀린 문장이 됩니다.

The (affects, effects) of the oil spill will remain for years. 석유 유출의 영향은 수년간 남아 있을 것이다.
    동사(X)   명사(O)
        주어

포인트 적용문제 1

어법상 밑줄 친 곳에 가장 적절한 것은?

_____ people to brush their teeth after every meal.

① Dentists advice
② Dentists advise
③ Advise dentists
④ Dentists' advice

해설 주어 자리에 올 수 있는 것은 명사(Dentists)이고, 동사 자리에 올 수 있는 것은 명사(advice)가 아닌 동사(advise)이므로 ② Dentists advise 가 정답입니다.

해석 치과의사들은 사람들에게 매 식사 후에 이를 닦으라고 조언한다.

어휘 meal 식사

정답 ② Dentists advise

포인트 적용문제 2

밑줄 친 부분 중 어법상 옳지 않은 것은?

① The discover of electricity ② has made ③ our lives ④ easier.

해설 ① 주어 자리에 올 수 있는 것은 명사이고 동사(discover)는 올 수 없으므로 The discover를 명사 The discovery로 고쳐야 합니다.

해석 전기의 발견은 우리의 삶을 더 쉽게 만들었다.

어휘 discover 발견하다

정답 ① (The discover → The discovery)

어법상 밑줄 친 곳에 가장 적절한 것은? (01 ~ 06)

01 _____ my office every Monday is a burden.

① To cleaned　　　　　　② Cleaning

③ Cleans　　　　　　　　④ Cleaned

02 She _____ an award for writing last year.

① winning　　　　　　　② to win

③ won　　　　　　　　　④ will wins

03 I will _____ for my driving test after a little more practice.

① being ready　　　　　② be ready

③ am ready　　　　　　④ to be ready

04 _____ the most enjoyable exercise to me.

① Swimming　　　　　　② To swim

③ Swimming to be　　　④ Swimming is

05 Trying new things _____ people with interesting experiences.

① providing　　　　　　② to provide

③ provision　　　　　　④ will provide

06

_____ the environment is necessary for future generations.

① Protective   ② To protect

③ Protected   ④ Protect

밑줄 친 부분 중 어법상 옳지 않은 것은? (07~13)

07

① Happy does not ② depend on the amount of money that ③ you ④ have.

08

My sister ① learned ② to play the violin after ③ she ④ to become interested in classical music.

09

① Ride a bike is ② my hobby, and ③ reading books ④ is my brother's hobby.

10

① I didn't know what career to choose, ② but his ③ advise ④ helped me a lot.

11 You can ① borrowing my umbrella if ② you ③ return ④ it to me tomorrow.

12 ① Buying something online ② is ③ convenient, but the ④ deliver often takes a few days.

13 ① Before Heather goes ② to bed, ③ she always ④ doing yoga.

다음 문장 중 어법상 옳지 않은 것은? (14 ~ 15)

14 ① The little girl's story made me happy.
② They advise cyclists to wear helmets for protection.
③ Find reliable information on the internet can be difficult.
④ You should enter the building through the side door.

15 ① Workers to repair the roof next week.
② What is important to her is achieving her dream.
③ We prefer to live in the city.
④ The price of gas increased this summer.

정답·해석·해설 **p.2**

DAY 02 목적어/보어

● 기초 개념 잡기 ●

목적어와 보어란?

나는 <u>댄스 가수를</u> 좋아한다.
　　　목적어

그는 <u>댄스 가수가</u> 되었다.
　　　보어

첫 번째 문장 '나는 댄스 가수를 좋아한다'에서 '댄스 가수'는 내가 좋아하는 대상입니다. 이처럼 동사의 대상이 되는 말을 목적어라고 합니다. 두 번째 문장 '그는 댄스 가수가 되었다'에서 '댄스 가수'는 주어인 '그'를 보충 설명해주고 있습니다. 이처럼 주어나 목적어를 보충 설명해주는 말을 보어라고 합니다.

 문장에서 목적어의 자리를 알아봅시다!

목적어는 주로 동사 뒤에 옵니다.

Frank likes pizza. Frank는 피자를 좋아한다.
　　동사　목적어　　　　목적어

Check Up

다음 중 목적어는 무엇일까요?

He borrowed a book. 그는 책을 빌렸다.
ⓐ　　 ⓑ　　　 ⓒ

➔ 목적어는 동사 borrowed 뒤에 옵니다.　　　　　　　　　　　　　　　　　　정답 ⓒ

문장에서 보어의 자리를 알아봅시다!

보어는 무엇을 보충 설명하는지에 따라 자리가 달라집니다. 주어를 보충 설명하는 주격 보어의 자리는 동사 뒤이고, 목적어를 보충 설명하는 목적격 보어의 자리는 목적어 뒤입니다.

Mr. Smith is my teacher. Mr. Smith는 나의 선생님이다.
　　　　 동사 　(주격)보어 　　　　 (주격)보어

He made me laugh. 그는 나를 웃게 만들었다.
　　　 목적어 (목적격)보어 　(목적격)보어

> **Check Up**
>
> 다음 중 보어는 무엇일까요?
>
> The girl looks happy. 그 소녀는 행복해 보인다.
> 　ⓐ 　　 ⓑ 　　 ⓒ
>
> → 주어를 보충 설명하는 주격 보어는 동사 looks 뒤에 옵니다. 　　　　　정답 ⓒ

1 목적어 자리

나는 매일 운동을 한다. 건강한을 중요하게 생각하기 때문이다.

운동은 목적어 자리에 올 수 있지만, **건강한**이 목적어 자리에 오면 어색한 문장이 됩니다. 이처럼 영어에서도 목적어 자리에 올 수 있는 것과 올 수 없는 것이 있습니다. 어떤 것들이 있는지 살펴볼까요?

1 목적어 자리에 올 수 있는 것

목적어 자리에 올 수 있는 것은 **명사 역할을 하는 것**입니다. 명사 역할을 하는 것에는 **명사**나 **대명사**, 그리고 **'~하는 것'**으로 해석되는 **동명사, to 부정사, 명사절**이 있습니다.

명사	She wrote a letter. 그녀는 편지를 썼다.
대명사	My parents welcomed him. 나의 부모님은 그를 환영했다.
동명사	Sam enjoys writing poetry. Sam은 시 쓰는 것을 즐긴다.
to 부정사	My father decided to sell his car. 나의 아버지는 그의 차를 팔 것을 결정했다.
명사절	I know that she graduated last year. 나는 그녀가 작년에 졸업한 것을 알고 있다.

여기서 잠깐!

목적어 자리에 to 부정사나 명사절처럼 긴 목적어가 온 경우, 이 목적어를 목적격 보어 뒤로 보내고 목적어 자리에는 가목적어 it을 씁니다. 특히 아래의 동사들이 가목적어 it을 자주 취합니다.

make ~을 -하게 만들다	think ~을 -이라고 생각하다	find ~이 -임을 알게 되다

I found to pass the exam difficult. 나는 그 시험을 통과하는 것이 어렵다는 것을 알게 됐다.
　　　　목적어(to 부정사)　　목적격 보어

I found **it** difficult to pass the exam.
　　　가목적어 목적격 보어　　진목적어(to 부정사)

2 목적어 자리에 올 수 없는 것

명사 역할을 하지 않는 **동사**나 **형용사**는 목적어 자리에 올 수 없습니다.

The manager accepted the (~~resign~~, resignation) of Mr. Brown. 부장은 Mr. Brown의 사표를 수락했다.
　　　　　　　　　　　　　동사(X)　　명사(O)

The president praised the (~~wise~~, wisdom) of the team's decision. 사장은 팀 결정의 지혜로움을 칭찬했다.
　　　　　　　　　　　　형용사(X)　　명사(O)

2 보어 자리

이 꽃은 장미이다. 장미는 아름답게

장미는 보어 자리에 올 수 있지만, **아름답게**가 보어 자리에 오면 어색한 문장이 됩니다. 이처럼 영어에서도 보어 자리에 올 수 있는 것과 올 수 없는 것이 있습니다. 어떤 것들이 있는지 살펴볼까요?

1 보어 자리에 올 수 있는 것

보어 자리에 올 수 있는 것은 **명사 역할을 하는 것**입니다. 명사 역할을 하는 것에는 **명사**나 **대명사**, **'∼하는 것'**으로 해석되는 **동명사**, **to 부정사**, **명사절**이 있습니다. 또한 **형용사**도 보어 자리에 올 수 있습니다.

명사   John is <u>a doctor</u>.   John은 의사이다.
                (주격)보어

          People elected Mr. Evans <u>mayor</u>.   사람들은 Mr. Evans를 시장으로 선출했다.
                                (목적격)보어

대명사   The little boy in the picture is <u>me</u>.   그 사진 속에 있는 작은 소년은 나이다.
                          (주격)보어

동명사   My concern is <u>writing the report</u> on time.   나의 걱정은 제시간에 보고서를 작성하는 것이다.
                   (주격)보어

to 부정사   Daisy's goal is <u>to improve her grades</u>.   Daisy의 목표는 그녀의 성적을 올리는 것이다.
                      (주격)보어

명사절   The problem is <u>that James lost his key</u>.   문제는 James가 그의 열쇠를 잃어버렸다는 것이다.
                     (주격)보어

형용사   Your ideas sound <u>interesting</u>.   너의 생각은 흥미롭게 들린다.
                     (주격)보어

          She thinks her vase <u>pretty</u>.   그녀는 그녀의 꽃병이 예쁘다고 생각한다.
                  (목적격)보어

2 보어 자리에 올 수 없는 것

동사나 **부사**는 보어 자리에 올 수 없습니다.

The seminar was a (~~present~~, presentation) on economics.   그 세미나는 경제학에 관한 발표였다.
                       동사(X)   명사(O)

Her dress looked (~~beautifully~~, beautiful).   그녀의 드레스는 아름답게 보였다.
                   부사(X)   형용사(O)

Hackers Practice

둘 중 어법상 알맞은 것을 고르세요.

01 The children like (ⓐ playing, ⓑ playful) with the puppies.

02 I want (ⓐ send, ⓑ to send) this letter by express mail.

03 The roses in the vase smell (ⓐ sweet, ⓑ sweetly).

04 I saw the (ⓐ advertise, ⓑ advertisement) in the newspaper.

05 Her praise made him (ⓐ confidently, ⓑ confident).

06 We go to school to gain (ⓐ knowledge, ⓑ knowledgeable).

07 I thought his story (ⓐ amuse, ⓑ amusing).

08 Saving money makes (ⓐ it, ⓑ that) easier to retire.

---

01 목적어 자리 → 동명사
해석 | 그 아이들은 강아지와 노는 것을 좋아한다.

02 목적어 자리 → to 부정사
해석 | 저는 이 편지를 속달 우편으로 보내고 싶습니다.

03 주격 보어 자리 → 형용사
해석 | 그 꽃병의 장미들은 달콤한 냄새가 난다.

04 목적어 자리 → 명사
해석 | 나는 신문에서 그 광고를 보았다.

05 목적격 보어 자리 → 형용사
해석 | 그녀의 칭찬은 그를 자신감있게 만들었다.

06 목적어 자리 → 명사
해석 | 우리는 지식을 얻기 위해 학교에 간다.

07 목적격 보어 자리 → 형용사
해석 | 나는 그의 이야기가 재미있다고 생각했다.

08 진짜 목적어 to retire → 가목적어 it
해석 | 돈을 저축하는 것은 은퇴하는 것을 더 쉽게 만들어 준다.

Point ① 목적어 자리에는 형용사가 올 수 없다.

- 목적어 자리에는 반드시 명사 역할을 하는 것이 와야 합니다.
- 목적어 자리에 형용사가 오면 틀린 문장이 됩니다.

His actions show his (~~generous~~, generosity). 그의 행동은 그의 관대함을 보여준다.
　주어　　　동사　　　형용사(X)　　명사(O)
　　　　　　　　　　　└─── 목적어 ───┘

포인트 적용문제 1

어법상 밑줄 친 곳에 가장 적절한 것은?

> He stopped _____ old coins when he was 15.
>
> ① collectable　　　　　　　② collects
> ③ collective　　　　　　　　④ collecting

해설　목적어 자리에는 형용사 ① collectable, ③ collective나 동사 ② collects는 올 수 없고 반드시 명사 역할을 하는 것이 와야 하므로 동명사 ④ collecting이 정답입니다.

해석　그는 15살 때 옛날 동전을 수집하는 것을 그만두었다.

어휘　collect 수집하다　collectable 수집 가치가 있는　collective 집단의

정답　④ collecting

포인트 적용문제 2

밑줄 친 부분 중 어법상 옳지 않은 것은?

> People ① were unable ② to tell the ③ different between the two ④ brands of soda.

해설　③ 목적어 자리에 형용사(different)는 올 수 없고 반드시 명사 역할을 하는 것이 와야 하므로, 형용사 different를 명사 difference로 고쳐야 합니다.

해석　사람들은 두 상표의 탄산음료의 차이점을 구별하지 못했다.

어휘　tell 구별하다　different 다른　difference 차이점

정답　③ (different → difference)

- 보어 자리에는 반드시 명사나 형용사 역할을 하는 것이 와야 합니다.
- 보어 자리에 부사가 오면 틀린 문장이 됩니다.

Her answer was (~~correctly~~, correct). 그녀의 답은 옳았다.
주어　　　동사　　부사(X)　형용사(O)
　　　　　　　　└─── 주격 보어 ───┘

Innovations in transportation made traveling (~~easily~~, easy). 교통의 혁신은 여행하는 것을 쉽게 만들었다.
주어　　　　　　　　　　　　동사　　목적어　부사(X) 형용사(O)
　　　　　　　　　　　　　　　　　　└─ 목적격 보어 ─┘

포인트 적용문제 1

밑줄 친 부분 중 어법상 옳지 않은 것은?

That ① new digital camera ② is very ③ expensively to ④ buy.

해설 ③ 주격 보어 자리에 부사(expensively)는 올 수 없고, 반드시 명사나 형용사 역할을 하는 것이 와야 하므로, 부사 expensively를 형용사 expensive로 고쳐야 합니다.

해석 저 새 디지털 카메라는 구매하기에 너무 비싸다.

어휘 expensively 비싸게　expensive 비싼

정답 ③ (expensively → expensive)

포인트 적용문제 2

밑줄 친 부분 중 어법상 옳지 않은 것은?

In Singapore, ① the government made ② chewing gum ③ illegally except in the case that a doctor ④ prescribes it.

해설 ③ 목적격 보어 자리에 부사(illegally)는 올 수 없고, 반드시 명사나 형용사 역할을 하는 것이 와야 하므로, 부사 illegally를 형용사 illegal로 고쳐야 합니다.

해석 싱가포르에서, 정부는 의사가 껌을 처방한 경우를 제외하고는 껌을 씹는 것을 불법으로 만들었다.

어휘 chew 씹다　illegally 불법적으로　illegal 불법적인 except in the case ~한 경우를 제외하고는 prescribe 처방하다

정답 ③ (illegally → illegal)

Point ③ 가목적어 it을 취하는 동사에 주의하자.

- 아래와 같이 가목적어 it을 취하는 동사의 경우, 동사 뒤에 가목적어 it 없이 목적격 보어가 바로 오면 틀린 문장이 됩니다.

> make ~을 –하게 만들다　　　think ~을 –이라고 생각하다　　　find ~이 –임을 알게 되다

> I (think, think it) difficult to become a leader. 나는 지도자가 되는 것을 어렵다고 생각한다.
> 　　　　　　　　목적격 보어

포인트 적용문제 1

어법상 밑줄 친 곳에 가장 적절한 것은?

> The engineers think ＿＿＿＿＿＿＿＿ to invent smart robots that can care for the elderly.
>
> ① to necessary　　　　　② necessary
> ③ that necessary　　　　④ it necessary

해설 가목적어 it을 취하는 동사(think)의 경우, 동사 뒤에 가목적어 it 없이 목적격 보어(necessary)가 바로 올 수 없으므로 'think + it + 목적격 보어(necessary) + 진목적어(to invent ~ elderly)'의 형태로 나타내야 합니다. 따라서 ④ it necessary가 정답입니다.

해석 공학자들은 노인들을 보살필 수 있는 똑똑한 로봇을 발명하는 것이 필요하다고 생각한다.

어휘 engineer 공학자　necessary 필요한
care for ~을 보살피다　the elderly 노인

정답 ④ it necessary

포인트 적용문제 2

밑줄 친 부분 중 어법상 옳지 않은 것은?

> The Internet ① makes possible ② to communicate with people ③ living ④ all over the world.

해설 ① 가목적어 it을 취하는 동사(make)의 경우, 동사 뒤에 가목적어 it 없이 목적격 보어(possible)가 바로 올 수 없습니다. 따라서 makes possible을 makes it possible로 고쳐야 합니다.

해석 인터넷은 세계 도처에 살고 있는 사람들과 의사소통하는 것을 가능하게 한다.

어휘 possible 가능한　communicate 의사 소통하다

정답 ① (makes possible → makes it possible)

어법상 밑줄 친 곳에 가장 적절한 것은? (01~06)

01 Adding honey and lemon makes tea _____.

① sweetly and delicious   ② sweetly and deliciously

③ sweet and deliciously   ④ sweet and delicious

02 People praise the _____ of her artwork.

① creativity   ② create

③ creative   ④ creatively

03 Making no mistakes in life is not _____.

① be easy   ② easy

③ easily   ④ ease

04 She _____ to admit her faults than to deny having made them.

① better   ② finds better

③ it better   ④ finds it better

05 One of his favorite hobbies is _____ his own furniture, such as tables and desks.

① be designing   ② be designed

③ have designed   ④ designing

06

| The poor economy makes_____ that I will get a raise this year. |

① it doubtfully   ② it doubtful

③ doubtful   ④ doubtfully

밑줄 친 부분 중 어법상 옳지 않은 것은? (07 ~ 13)

07

| ① I like ② go ③ to the theater ④ to watch the opera. |

08

| The sea ① looks very ② beautifully ③ because the sun ④ is shining down on it. |

09

| He accepted the sincere ① apologize from the ② international airline for ③ losing his ④ luggage. |

10

| ① To keep your vegetables ② freshly, you should ③ put ④ them in the refrigerator. |

11

> In Spain, animal rights ① laws ② have caused the ③ prohibit of ④ bullfighting.

12

> Colonists found ① hunting ② necessarily because there was no ③ regular supply of ④ food at that time.

13

> The article claimed ① that listening to classical music ② can help improve ③ intelligent, but it did not provide ④ proof.

다음 문장 중 어법상 옳지 않은 것은? (14 ~ 15)

14 ① I heard that you are moving to another city.

② Speaking in front of an audience makes me nervous.

③ What he said during the discussion is illogically.

④ She left the window open to see outside.

15 ① I consider him a nice person.

② Lifelong friendships are very rare.

③ Someday I want climb that mountain.

④ He thought it strange that no one was home when he arrived.

정답·해석·해설 p.5

gosi.Hackers.com

품사

DAY 03 명사와 관사

기초 개념 잡기

명사와 관사란?

Jane wears a hat every day.
　명사　　　　　관사 명사
Jane은 매일 모자를 쓴다.

Jane, hat처럼 사람이나 사물의 이름을 나타내는 말을 명사라고 합니다. 그리고 a처럼 명사 앞에 쓰여서 명사의 의미를 한정하는 말을 관사라고 합니다.

명사와 관사의 종류는?

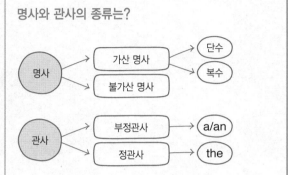

 명사의 종류에 대해 알아봅시다!

명사에는 desk, pen처럼 개수를 셀 수 있는 명사(가산 명사)와 air, love처럼 개수를 셀 수 없는 명사(불가산 명사)가 있습니다.

셀 수 있는 명사 (= 가산 명사)	일반적인 사물이나 사람	desk, pen, man, student
셀 수 없는 명사 (= 불가산 명사)	세상에 하나밖에 없는 지명이나 인명	Korea, London, Tom
	형태가 분명치 않은 것	air, water, cotton, gas
	추상적인 개념	love, anger, peace

My brother made those desks. 내 형이 저 책상들을 만들었다.
　　　　　　　　　　가산 명사

I drank some water. 나는 약간의 물을 마셨다.
　　　　　　불가산 명사

> **Check Up**
>
> 다음 중 셀 수 없는 명사는 무엇일까요?
>
> ⓐ joy 기쁨　　　　　　　　ⓑ table 탁자　　　　　　　　ⓒ dog 개
>
> ➡ 추상적인 개념을 나타내는 명사는 셀 수 없습니다.　　　　　　　　　　정답 ⓐ

단수 명사와 복수 명사에 대해 알아봅시다!

가산 명사에는 단수 명사와 복수 명사가 있습니다. 단수 명사는 명사가 오직 하나임을 나타내고, 복수 명사는 명사가 둘 이상 있음을 나타냅니다. 복수 명사는 주로 단수 명사의 뒤에 (e)s를 붙여 씁니다.

단수 document 서류   복수 documents 서류들

그러나 복수 명사의 경우 마지막 철자가 어떻게 끝나느냐에 따라 형태가 조금씩 달라지기도 합니다.

-ch, -s, -sh, -x로 끝나는 명사	es를 붙인다.	bus → bus**es**, dish → dish**es**
자음 + y로 끝나는 명사	y를 i로 고치고 es를 붙인다.	city → cit**ies**, factory → factor**ies**
-f, -fe로 끝나는 명사	-f나 -fe를 v로 고치고 es를 붙인다.	half → hal**ves**, knife → kni**ves**
불규칙 변화	형태가 바뀐다.	man → **men**, foot → **feet**

Check Up

다음 중 복수 명사는 무엇일까요?

I watched a <u>movie</u> with my <u>friends</u>. 나는 내 친구들과 한 편의 영화를 보았다.
　　　　　ⓐ　　　　　　　　ⓑ

➜ 복수 명사는 둘 이상을 나타내며, 주로 단수 명사의 뒤에 s를 붙여 씁니다.　　　　　　　정답 ⓑ

 관사의 종류에 대해 알아봅시다!

관사에는 부정관사와 정관사가 있습니다. 부정관사 a/an은 명사 앞에서 정해지지 않은 하나를 나타내고, 정관사 the는 명사 앞에서 이미 언급되었거나 정해진 것을 나타냅니다.

I bought <u>a</u> nice <u>coat</u>. <u>The</u> <u>coat</u> has a hood. 나는 하나의 멋진 코트를 샀다. 그 코트는 모자가 있다.
　　　　　부정관사　　명사　정관사　명사

Check Up

다음 중 부정관사는 무엇일까요?

<u>The</u> girl received <u>a</u> ring on Saturday. 그 소녀는 토요일에 하나의 반지를 받았다.
ⓐ　　　　　　　　　ⓑ

➜ 부정관사의 형태는 a 또는 an 입니다.　　　　　　　　　　　　　　　　　　　정답 ⓑ

1 명사 자리

1 명사가 오는 자리

명사는 **주어, 목적어, 보어** 자리에 옵니다.

주어 자리	The bags are small and light. 그 가방들은 작고 가볍다.
목적어 자리	Wendy dropped a pencil. Wendy는 연필을 떨어뜨렸다.
보어 자리	My uncle is a writer. 내 삼촌은 작가다.

명사는 주로 **관사, 소유격, 형용사, 전치사** 뒤에 옵니다.

관사 뒤	A stranger approached me. 낯선 사람이 나에게 다가왔다. 관사
소유격 뒤	She was satisfied with my reports. 그녀는 나의 보고서에 만족했다. 소유격
형용사 뒤	I bought an expensive wallet. 나는 값비싼 지갑을 구매했다. 형용사
전치사 뒤	He dreams of fame more than money. 그는 돈보다 명예를 꿈꾼다. 전치사

2 명사 자리에 올 수 없는 것

명사가 와야 하는 자리에 **동사**나 **형용사**는 올 수 없습니다.

I explained the (differ, difference) between the two classes. 나는 그 두 수업의 차이를 설명했다.
관사   동사(X)   명사(O)

The (informative, information) about this program is helpful. 이 프로그램에 대한 정보는 유용하다.
관사   형용사(X)   명사(O)

가산 명사와 불가산 명사

나뭇잎들이 모두 떨어진 겨울 나무 사이로 바람들이 불고 있다.

셀 수 있는 **나뭇잎**은 복수형인 **나뭇잎들**이라고 쓸 수 있지만, 셀 수 없는 **바람**을 복수형인 **바람들**이라고 쓰면 어색합니다. 영어에서는 가산 명사와 불가산 명사를 어떻게 나타내는지, 서로 혼동하기 쉬운 가산 명사와 불가산 명사에는 어떤 것이 있는지 살펴볼까요?

1 가산 명사와 불가산 명사의 형태

가산 명사는 하나(단수)인지 여러 개(복수)인지를 반드시 표시해 주어야 합니다. 단수일 때는 **명사 앞에 관사 a/an**을 쓰고, 복수일 때는 **명사 뒤에 (e)s**를 꼭 붙여야 합니다.

a/an + 가산   I brought (~~umbrella~~, an umbrella).   나는 한 개의 우산을 가지고 왔다.

가산 + (e)s   He has two (~~brother~~, brothers).   그는 두 명의 형제가 있다.

불가산 명사는 앞에 관사 a/an을 쓰거나, 뒤에 (e)s를 붙일 수 없습니다.

a/an + 불가산   She has (~~a homework~~, homework) to do.   그녀는 해야 할 숙제가 있다.

불가산 + (e)s   Max gets (~~advices~~, advice) from his father.   Max는 아버지로부터 조언을 얻는다.

> 💡 **여기서 잠깐!**
>
> 불가산 명사는 각 명사마다 고유의 단위를 이용해 셀 수 있습니다.
>
> | a glass of 한 잔의 | a sheet of 한 장의 | a piece of 한 조각의, 한 건의 | a loaf of 한 덩어리의 |
> |---|---|---|---|
>
> I drank **two glasses of** water. 나는 두 잔의 물을 마셨다.
> I heard **a piece of** news. 나는 한 건의 뉴스를 들었다.

2 혼동하기 쉬운 가산 명사와 불가산 명사

셀 수 없는 것처럼 보이지만 셀 수 있는 가산 명사와, 셀 수 있는 것처럼 보이지만 셀 수 없는 불가산 명사를 구분해서 알아둡니다.

가산 명사		불가산 명사	
excuse 변명	result 결과	homework 숙제	advice 충고
disaster 재해	agreement 합의	equipment 장비	information 정보
price 가격	discount 할인	furniture 가구	news 뉴스
noise 소음	belonging 소지품	baggage 수하물, 짐	luggage 수하물, 짐
measure 수단, 대책	problem 문제	clothing 의류	trouble 곤란, 문제

Paul made (~~excuse~~, excuses) for his lateness.   Paul은 그의 지각에 대한 변명을 했다.
The flight attendant did not bring (~~a luggage~~, luggage).   그 승무원은 수하물을 가지고 오지 않았다.

3 명사 앞의 수량 표현

나는 **많은** 책에서 건강에 대한 **많은** 정보를 얻었다.

우리말에서는 가산 명사인 **책**과 불가산 명사인 **정보** 앞에 똑같이 **많은**이라는 수량 표현을 쓸 수 있습니다. 하지만 영어에서는 뒤에 어떤 명사가 오는지에 따라 함께 쓰이는 수량 표현이 달라집니다. 어떻게 달라지는지 살펴볼까요?

1 가산 명사와 불가산 명사 앞에 오는 수량 표현

가산 명사 앞에 쓰이는 수량 표현과, 불가산 명사 앞에 쓰이는 수량 표현을 구분해서 알아둡니다.

가산 명사 앞에만 쓰이는 수량 표현			불가산 명사 앞에만 쓰이는 수량 표현
one of the ~중 하나	each 각각의	both 둘 다의	little 거의 없는
few 거의 없는	a few 적은	several 몇몇의	a little 적은
every 모든	one, two 등 수 표현	many 많은	much 많은
a number of 많은 ~	a variety of 다양한 ~	the number of ~의 수	the amount of ~의 양

(~~Much~~, Many) underline{flights} were delayed because of the storm.　많은 항공편들이 태풍 때문에 지연되었다.
　　　　　　　　가산명사

He does not have (~~many~~, much) underline{money} for the trip.　그는 여행을 위한 많은 돈을 갖고 있지 않다.
　　　　　　　　　　　　　　불가산명사

다음의 수량 표현은 가산 명사와 불가산 명사 앞에 모두 쓰일 수 있습니다.

가산/불가산 명사 앞에 모두 쓰이는 수량 표현				
some 몇몇의	other 다른	a lot of 많은 ~	most 대부분의	all 모든

A lot of people ride the subway.　많은 사람들이 지하철을 탄다.

Most paper is made from trees.　대부분의 종이는 나무로 만들어진다.

2 단수 명사와 복수 명사 앞에 오는 수량 표현

단수 명사 앞에 쓰이는 수량 표현과, 복수 명사 앞에 쓰이는 수량 표현을 구분해서 알아둡니다.

단수 명사 앞에만 쓰이는 수량 표현	복수 명사 앞에만 쓰이는 수량 표현		
one 하나의	one of the ~중 하나	both 둘 다의	some 몇몇의
each 각각의	other 다른	few 거의 없는	a few 적은
another 또 다른	several 몇몇의	most 대부분의	many 많은
every 모든	a number of 많은 ~	a lot of 많은 ~	a variety of 다양한 ~

Factory workers checked underline{each} (~~items~~, item).　공장 근로자들은 각각의 물품을 확인했다.
　　　　　　　　　　　　　복수 명사(X)　단수 명사(○)

One of the (~~student~~, students) didn't bring his lunch box.　학생들 중 한 명은 도시락을 가져오지 않았다.
　　　　　　단수 명사(X)　복수 명사(○)

4 관사

나는 어제 한 제과점에 들렀는데, 그 제과점은 매우 유명하다고 한다.

한 제과점은 이 세상의 많은 제과점 중 막연한 하나를, **그 제과점**은 명확히 정해진 특정한 제과점을 나타냅니다. 영어에서는 이처럼 명사 앞에 쓰여서 **하나의**라는 의미를 나타내는 부정 관사와 **그**라는 의미를 나타내는 정관사가 있습니다. 자세히 살펴볼까요?

1 부정관사 a/an의 쓰임

부정관사 **a/an**은 단수 명사 앞에만 오며, 복수 명사나 불가산 명사 앞에는 올 수 없습니다.

a/an + 단수 명사	My father has (~~car~~, a car).	아빠는 한 대의 자동차를 가지고 있다.
~~a/an~~ + 복수 명사	My father has two (~~a cars~~, cars).	아빠는 두 대의 자동차들을 가지고 있다.
~~a/an~~ + 불가산 명사	My father has (~~a baggage~~, baggage) in his car.	아빠는 차에 짐을 가지고 있다.

2 정관사 the의 쓰임

정관사 **the**는 단수 명사, 복수 명사, 불가산 명사 모두의 앞에 올 수 있습니다.

the + 단수 명사	The carpet is old.	그 카펫은 오래됐다.
the + 복수 명사	Did you buy the balloons for the party?	파티를 위한 그 풍선들을 샀니?
the + 불가산 명사	Bring the garbage outside.	그 쓰레기를 밖에 내다 놓아라.

3 정관사와 함께 쓰이는 표현

정관사 **the**와 함께 쓰이는 표현을 알아둡니다.

the same + 명사 같은 ~	We went to the same school when we were children. 우리는 어렸을 때 같은 학교에 다녔다.
the only + 명사 유일한 ~	Peanuts are the only food that she can't eat. 땅콩은 그녀가 먹지 못하는 유일한 음식이다.

둘 중 어법상 알맞은 것을 고르세요.

01 (ⓐ Many, ⓑ Much) movies present peace as an ideal.

02 I need (ⓐ advices, ⓑ advice) from you.

03 (ⓐ Baggages, ⓑ Baggage) must be checked by security.

04 My friends have been to several (ⓐ country, ⓑ countries) in Europe.

05 Bullying is one of the most common (ⓐ problems, ⓑ trouble) in many schools.

06 Earth is (ⓐ the, ⓑ an) only planet that is known to support life.

07 The passenger transferred to (ⓐ other, ⓑ another) bus to get to City Hall.

08 Global climate change is (ⓐ result, ⓑ a result) of human activity.

---

01 many + 가산 복수 명사
해석 | 많은 영화들이 평화를 이상적인 것으로 묘사한다.

02 불가산 명사 advice
해석 | 나는 네 조언이 필요해.

03 불가산 명사 baggage
해석 | 수하물은 경비원에 의해 확인되어야 한다.

04 several + 가산 복수 명사
해석 | 내 친구들은 유럽에 있는 몇몇 나라에 가봤다.

05 one of the + 가산 복수 명사
해석 | 따돌림은 많은 학교에서 가장 흔한 문제들 중 하나이다.

06 'the only + 명사'(유일한~)
해석 | 지구는 생명이 존재하는 유일한 행성으로 알려져 있다.

07 another + 단수 명사
해석 | 그 승객은 시청에 가기 위해 다른 버스로 갈아탔다.

08 가산 명사 result
해석 | 세계 기후 변화는 인간 활동의 결과이다.

정답 **01** ⓐ **02** ⓑ **03** ⓑ **04** ⓑ **05** ⓐ **06** ⓐ **07** ⓑ **08** ⓑ

Point ① 불가산 명사의 형태에 주의하자.

- 불가산 명사는 앞에 부정관사 a/an이 붙은 단수형으로 쓸 수 없습니다.

  I heard (a music, music) coming from house next door.   나는 옆집에서 들리는 음악을 들었다.

- 불가산 명사는 뒤에 (e)s가 붙은 복수형으로 쓸 수 없습니다.

  Government provides (helps, help) to the poor.   정부는 가난한 사람들에게 도움을 제공한다.

포인트 적용문제 1

어법상 밑줄 친 곳에 가장 적절한 것은?

She paid an extra fee because her _____ was too heavy.

① luggages   ② an luggage
③ a luggage   ④ luggage

해설 불가산 명사 luggage는 부정관사 a/an이나 복수형을 만드는 (e)s와 함께 쓸 수 없으므로 ④ luggage가 정답입니다.

해석 그녀의 짐이 너무 무거워서 그녀는 추가 요금을 지불했다.

어휘 **extra** 추가의   **fee** 요금   **luggage** 짐, 수하물

정답 ④ luggage

포인트 적용문제 2

밑줄 친 부분 중 어법상 옳지 않은 것은?

① He needed ② to buy some ③ equipments ④ to join the hockey team.

해설 ③ 불가산 명사 equipment는 부정관사 a/an이나 복수형을 만드는 (e)s와 함께 쓸 수 없으므로 equipments를 equipment로 고쳐야 합니다.

해석 그는 하키팀에 합류하기 위해서 약간의 장비를 구입해야 했다.

어휘 **equipment** 장비, 용품   **join** 합류하다

정답 ③ (equipments → equipment)

● 정관사 the와 함께 쓰이는 아래 표현들에 the 대신 부정관사 a/an이 쓰이면 틀린 문장이 됩니다.

the same + 명사 똑같은 ~	the only + 명사 유일한 ~

They share (a, the) same birthday. 그들은 같은 생일을 갖는다.
Soccer is (an, the) only sport he likes. 축구는 그가 좋아하는 유일한 스포츠이다.

포인트 적용문제 1

밑줄 친 부분 중 어법상 옳지 않은 것은?

① My best friend ② and I called ③ each other at ④ a same time.

해설 ④ 'the same + 명사'에서 정관사(the) 대신 부정관사(a/an)는 쓰일 수 없으므로 a same time을 the same time으로 고쳐야 합니다.

해석 나의 제일 친한 친구와 나는 서로를 동시에 불렀다.

어휘 at the same time 동시에

정답 ④ (a same time → the same time)

포인트 적용문제 2

밑줄 친 부분 중 어법상 옳지 않은 것은?

① During the Elizabethan era, plays ② were ③ an only form of entertainment ④ enjoyed by all levels of society.

해설 ③ 'the only + 명사'에서 정관사(the) 대신 부정관사(a/an)는 쓰일 수 없으므로 an only form을 the only form으로 고쳐야 합니다.

해석 엘리자베스 시대에, 연극은 사회 각계각층이 즐겼던 유일한 형태의 오락거리였다.

어휘 era 시대 play 연극 entertainment 오락거리
society 사회

정답 ③ (an only form → the only form)

Point ③ 수량 표현 뒤에 오는 명사의 종류에 주의하자.

- 수량 표현 the number of 뒤에는 가산 명사가, the amount of 뒤에는 불가산 명사가 와야 합니다.

  (~~The amount of~~, The number of) people at the concert was over 300.
  가산 명사

  그 콘서트에 있던 사람들의 수는 300명이 넘었다.

- 수량 표현 every, each 뒤에는 단수 명사가, one of the 뒤에는 복수 명사가 와야 합니다.

  Every (~~facts~~, fact) about the case should be checked. 그 사건에 관한 모든 사실은 확인되어야 한다.
  복수 명사(X) 단수 명사(O)

포인트 적용문제 1

어법상 밑줄 친 곳에 가장 적절한 것은?

_____ available on the Internet is growing over time.

① The number of information
② The amount of information
③ A number of informations
④ The number of informations

해설 불가산 명사(information)는 수량 표현 The amount of 뒤에 올 수 있으므로 ② The amount of information이 정답입니다. 불가산 명사 (information)는 복수형을 만드는 (e)s와 함께 쓰일 수 없으므로 ③, ④번은 정답이 될 수 없습니다.

해석 인터넷에서 이용할 수 있는 정보의 양이 시간이 지날수록 증가하고 있다.

어휘 available 이용할 수 있는

정답 ② The amount of information

포인트 적용문제 2

밑줄 친 부분 중 어법상 옳지 않은 것은?

One of the ① <u>volunteer</u> at the animal shelter ② <u>has</u> ③ <u>worked</u> there ④ <u>for</u> six years.

해설 ① 수량 표현 one of the(~중 하나) 뒤에는 복수 명사가 와야 하므로 단수 명사 volunteer를 복수 명사 volunteers로 고쳐야 합니다.

해석 동물 보호소의 자원 봉사자 중 한 명은 그곳에서 6년 동안 일해왔다.

어휘 volunteer 자원 봉사자 shelter 보호소

정답 ① (volunteer → volunteers)

어법상 밑줄 친 곳에 가장 적절한 것은? (01~06)

01

_____ comes from a combination of knowledge and experience.

① Wise   ② Wisdom
③ A wisdom   ④ Wisdoms

02

The Taj Mahal is a popular _____ for tourists.

① attractions   ② attraction
③ attractive   ④ attract

03

The underground music shop is _____ store in town that still sells records.

① an only   ② only
③ the only   ④ a only

04

After looking at it closely, she found _____ to solve the problem.

① each ways   ② several way
③ another way   ④ every ways

05

The library had _____ on the book I was looking for.

① few information   ② little informations
③ few informations   ④ little information

06

He gave his teacher _____ for being late to the class.

① much excuse   ② much excuses

③ many excuse   ④ many excuses

밑줄 친 부분 중 어법상 옳지 않은 것은? (07~13)

07

Every ① <u>people</u> must ② <u>pay</u> ③ <u>taxes</u> on time and will ④ <u>be fined</u> if he or she doesn't.

08

A real estate agent can ① <u>offer</u> ② <u>an advice</u> on how to sell ③ <u>a house</u> and help you ④ <u>find</u> a new one.

09

① <u>Studies</u> have found ② <u>that</u> ③ <u>the number of</u> stress people ④ <u>deal</u> with on a daily basis has been increasing.

10

One of the ① <u>benefit</u> of ② <u>recycling</u> bottles ③ <u>is that</u> it helps ④ <u>to preserve</u> the environment's resources.

11

① Moving to a new house will not be ② difficult ③ since I have ④ few furnitures.

12

① Much ② discounts will ③ be offered to the customers ④ who subscribed to the special membership service.

13

The ① results of the group's experiment ② have caught the ③attention of other cancer ④ researcher.

다음 문장 중 어법상 옳지 않은 것은? (14~15)

14

① Babies need a lot of care from their parents.

② Both cars have similar designs and safety features.

③ The nuclear power could cause a disaster.

④ A number of child wear glasses these days.

15

① We had a fun time at the amusement park.

② Each person tells the story from a different perspective.

③ There was a lot of baggages stored in the box.

④ She discovered she had little clothing for winter.

gosi.Hackers.com

DAY 04 대명사

기초 개념 잡기

대명사란?

나는 삼촌을 좋아해.
그는 자상하거든.
대명사

'삼촌'이라는 명사를 다시 쓰지 않기 위해 '그'라는 표현을 썼습니다. 이처럼 앞에 나온 명사를 반복하지 않기 위해 해당 명사를 대신해서 쓰는 말을 대명사라고 합니다.

대명사의 종류는?

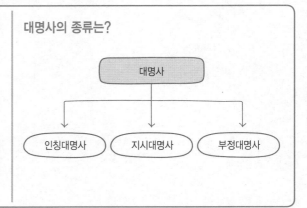

 인칭대명사에 대해 알아봅시다!

인칭대명사는 '그', '그녀', '당신'처럼 사람을 나타내는 대명사입니다. 인칭대명사는 인칭, 수, 성, 격에 따라 형태가 달라집니다. 인칭대명사에는 '소유격 + 명사'를 대신하는 소유대명사와 self(selves)가 붙는 재귀대명사도 있습니다.

인칭/수/성	격		주격 (~은/는, ~이/가)	소유격 (~의)	목적격 (~을/를, ~에게)	소유대명사 (~의 것)	재귀대명사 (~자신)
1인칭	단수(나)		I	my	me	mine	myself
	복수(우리)		we	our	us	ours	ourselves
2인칭	단수(당신)		you	your	you	yours	yourself
	복수(당신들)		you	your	you	yours	yourselves
3인칭	단수	남성(그)	he	his	him	his	himself
		여성(그녀)	she	her	her	hers	herself
		사물(그것)	it	its	it	–	itself
	복수(그들, 그것들)		they	their	them	theirs	themselves

Check Up

다음 중 우리말과 인칭대명사가 바르게 연결된 것은?

ⓐ 그는 – she ⓑ 우리의 – our

➜ '그'는 남성을 가리키고, 'she'는 여성을 가리킵니다.

정답 ⓑ

지시대명사에 대해 알아봅시다!

지시대명사는 '이것', '저것'처럼 가까이 있거나 멀리 있는 대상을 가리킬 때 쓰이는 대명사입니다. 가까이 있는 사물이나 사람을 가리킬 때는 this나 these가 쓰이고, 멀리 있는 사물이나 사람을 가리킬 때는 that이나 those가 쓰입니다. 이러한 지시대명사는 뒤에 나온 명사를 수식하는 지시형용사로도 사용됩니다.

| 가까이 있는 사물이나 사람 | this 이것, 이 사람 – these 이것들, 이 사람들 |
| 멀리 있는 사물이나 사람 | that 저것, 저 사람 – those 저것들, 저 사람들 |

<u>This</u> is my suitcase. 이것은 내 여행 가방이다.
지시대명사

<u>Those</u> cars are expensive. 저 차들은 비싸다.
지시형용사 명사

Check Up

다음 우리말과 지시대명사를 바르게 연결하세요.

1. 저것   ⓐ these
2. 이 사람들   ⓑ that

➜ '저것'을 의미하는 지시대명사는 that, '이 사람들'을 의미하는 지시대명사는 these입니다.   정답 1. ⓑ 2. ⓐ

 부정대명사에 대해 알아봅시다!

부정대명사는 '어떤 사람', '어떤 것'처럼 정해지지 않은 것을 막연하게 말할 때 쓰는 대명사입니다. 즉, 부정대명사의 '부정'은 '아니다'라는 뜻이 아니라 '정확히 정할 수 없다'는 뜻입니다. 이러한 부정대명사는 뒤에 나온 명사를 수식하는 부정형용사로도 사용됩니다.

| each 각각 | both 둘 다 | some 어떤 것, 어떤 사람들 | all 모든 것, 모든 사람 |

<u>Some</u> of the food was pretty delicious. 음식 중 어떤 것은 꽤 맛있었다.
부정대명사

<u>All</u> my friends are kind to me. 모든 나의 친구들은 나에게 친절하다.
부정형용사 명사

Check Up

다음 우리말과 부정대명사를 바르게 연결하세요.

1. some   ⓐ 모든 것
2. all   ⓑ 어떤 것

➜ '모든 것'을 의미하는 부정대명사는 all, '어떤 것'을 의미하는 부정대명사는 some입니다.   정답 1. ⓑ 2. ⓐ

1 인칭대명사와 지시대명사

나는 그녀를 좋아해서 이 선물을 샀다. 나는 이것을 그녀에게 줄 것이다.

목적어 자리에 인칭대명사 그녀를이, 선물이라는 명사를 반복하지 않기 위해 지시대명사 이것이 쓰였습니다. 영어에서는 인칭대명사와 지시대명사가 어떻게 쓰이는지 살펴볼까요?

1 인칭대명사

인칭대명사의 주격은 주어 자리, 목적격은 목적어 자리와 전치사 뒤, 소유격은 명사 앞에 옵니다.

주격   They went on a walk.   그들은 산책을 하러 갔다.
       주어 자리

목적격   The host showed me the living room.   주인은 나에게 거실을 보여주었다.
                 목적어 자리

전치사 뒤   I wrote a letter to her today.   나는 오늘 그녀에게 편지를 썼다.
                 전치사

소유격   The man was satisfied with his salary.   그 남자는 그의 급여에 만족했다.
                           명사

소유대명사는 '～의 것'이라고 해석하며 주어, 목적어, 보어 자리에 옵니다.

My room has one window and hers has two.   내 방은 창문이 하나이고, 그녀의 것에는 창문이 두 개이다.
                           주어 자리(=her room)

재귀대명사는 '～자신'이라고 해석하며 주어와 목적어가 같은 대상일 때 목적어 자리에 옵니다.

Bob introduced himself to the new employee.   Bob은 신입 사원에게 그 자신을 소개했다.
주어   목적어 자리(=Bob)

2 지시대명사

지시대명사 **that/those**는 앞에 나온 명사를 대신해서 쓰입니다. 이때 **that**은 단수 명사를 **those**는 복수 명사를 대신합니다.

China's population is greater than that of the U.S.   중국의 인구는 미국의 것보다 더 많다.

Our strategies are superior to those of our rivals.   우리의 전략은 경쟁사의 것들보다 더 우수하다.

2 부정대명사

몇몇 사람들이 신호등 앞에 서 있다.

몇몇 사람들은 정해지지 않은 사람들을 막연하게 나타내는 부정대명사입니다. 영어에서는 정해지지 않은 막연한 것을 나타내는 부정대명사에 어떤 것이 있고, 어떻게 쓰이는지 살펴볼까요?

1 some/any

some과 **any**는 '어떤 것, 어떤 사람들, 몇몇, 약간'을 의미하는데 **some**은 주로 긍정문에, **any**는 주로 부정문, 의문문에 쓰입니다.

긍정문 I invited some of my friends to my birthday party. 나는 나의 친구들 중 몇몇을 나의 생일 파티에 초대했다.

부정문 Sarah has not read any of these books. Sarah는 이 책들 중 어떤 것도 읽지 않았다.

2 one/another/other

사람이나 사물이 둘이 있을 경우 그 중 **하나**는 **one**으로, **나머지 하나**는 **the other**로 나타냅니다.

Jim bought two shirts. One is black and the other is white. Jim은 셔츠를 두 장 샀다. 하나는 검정색, 나머지 하나는 흰색이다.
   하나(=one shirt)   나머지 하나(=the other shirt)

사람이나 사물이 셋 이상 있을 경우 그 중 **하나**는 **one**, 또 **다른 하나**는 **another**, 그 중 **다른 몇 개**는 **others**, **나머지 전부**는 **the others**로 나타냅니다.

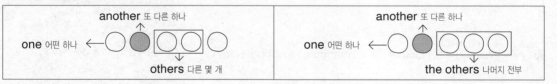

I have many friends. One is a doctor, another is a teacher, and others are chefs.
               하나   또 다른 하나(=another friend)   다른 몇몇(=other friends)
나는 많은 친구들이 있다. 한 명은 의사이고, 또 다른 한 명은 선생님이고, 다른 몇몇은 요리사이다.

➡ others는 나머지 전부를 나타내지는 않으므로, 의사, 선생님, 요리사 말고도 다른 친구들이 더 있습니다.

I met five clients. One is Korean, another is French and the others are English.
               하나   또 다른 하나(=another client)   나머지 전부(=the other clients)
나는 다섯 명의 고객들을 만났다. 한 명은 한국 사람이고, 또 다른 한 명은 프랑스 사람이고 나머지 전부는 영국 사람이다.

➡ the others는 나머지 전부를 나타내므로, 한국 사람, 프랑스 사람, 영국 사람 외에 다른 고객들은 없습니다.

둘 중 어법상 알맞은 것을 고르세요.

01 (ⓐ Our, ⓑ We) office is close to the downtown area.

01 명사(office) 앞 → 소유격 대명사
해석 | 우리 사무실은 시내와 가깝다.

02 We have two pets. One is a dog and (ⓐ another, ⓑ the other) is a cat.

02 '둘 중 나머지 하나' → the other
해석 | 우리는 두 마리 애완동물이 있다. 하나는 강아지이고 다른 하나는 고양이이다.

03 The gloves on the table are (ⓐ hers, ⓑ her).

03 보어 자리 → 소유대명사 hers
해석 | 탁자 위의 장갑은 그녀의 것이다.

04 (ⓐ Some, ⓑ Any) people left the concert before it was over.

04 '몇몇'(긍정문) → 부정형용사 some
해석 | 몇몇 사람들은 콘서트가 끝나기 전에 떠났다.

05 The Pacific Ocean's depth is greater than (ⓐ those, ⓑ that) of other oceans.

05 단수 명사(depth) → 단수 지시대명사
해석 | 태평양의 깊이는 다른 바다의 것보다 깊다.

06 (ⓐ This, ⓑ These) factors have contributed to global warming.

06 복수 명사(factors) 앞 → 복수 지시형용사
해석 | 이러한 요소들이 지구온난화에 기여했다.

07 Dogs wag (ⓐ its, ⓑ their) tails to express feelings of happiness.

07 복수 명사(Dogs) → 복수 소유격 대명사 their
해석 | 개들은 행복감을 표현하기 위해 그들의 꼬리를 흔든다.

08 There are three suspects. One suspect is missing, but (ⓐ the other, ⓑ the others) have been arrested.

08 세 명 중 '나머지 전부' → 부정대명사 the others
해석 | 세 명의 용의자가 있다. 한 용의자는 놓쳤지만, 나머지 용의자들은 전부 체포되었다.

정답 **01** ⓐ **02** ⓑ **03** ⓐ **04** ⓐ **05** ⓑ **06** ⓑ **07** ⓑ **08** ⓑ

Point ① 대명사의 수 일치에 주의하자.

- 대명사가 지시하는 명사가 단수이면 단수 대명사를, 복수이면 복수 대명사를 써야 합니다.

  We hung the clothes until (~~it~~, they) were dry.   우리는 옷이 마를 때까지 그것들을 걸어두었다.
        복수 명사   단수(X) 복수(O)

- 지시하는 명사가 단수일 때 복수 대명사 those를 쓰거나, 복수일 때 단수 대명사 that이 오면 틀린 문장이 됩니다.

  Her clothes are more expensive than (~~that~~, those) of her friends.   그녀의 옷은 그녀의 친구들의 옷보다 더 비싸다.
      복수 명사   단수(X) 복수(O)

포인트 적용문제 1

밑줄 친 부분 중 어법상 옳지 않은 것은?

Elephants ① normally live for 70 years, but ② it can live ③ even longer ④ under favorable circumstances.

해설 ② 대명사가 지시하는 것이 복수 명사 Elephants 이므로, 단수 대명사 it을 복수 대명사 they로 고쳐야 합니다.

해석 코끼리는 보통 70년을 살지만, 좋은 환경에서는 훨씬 더 오래 살 수 있다.

어휘 normally 보통   favorable 좋은, 우호적인 circumstance 환경

정답 ② (it → they)

포인트 적용문제 2

밑줄 친 부분 중 어법상 옳지 않은 것은?

① Her science experiment results ② were more ③ accurate than ④ that of her rival.

해설 ④ 대명사가 지시하는 것이 복수 명사 Her science experiment results이므로, 단수 대명사 that을 복수 대명사 those로 고쳐야 합니다.

해석 그녀의 과학 실험 결과는 그녀의 경쟁자의 것보다 더 정확했다.

어휘 experiment 실험   accurate 정확한   rival 경쟁자

정답 ④ (that → those)

Point ② 대명사의 격 일치에 주의하자.

- 주어 자리에는 주격 대명사, 목적어 자리와 전치사 뒤에는 목적격 대명사가 와야 합니다.
- 특히, 전치사 뒤에 주격 대명사가 오면 틀린 문장이 됩니다.

I sometimes think of (he, him).   나는 때때로 그를 생각한다.
주격 대명사(X) 목적격 대명사(O)

포인트 적용문제 1

어법상 밑줄 친 곳에 가장 적절한 것은?

> He looked at _____ with concern as I complained about my
> headache.
>
> ① I   ② my
> ③ me   ④ she

해설 전치사(at) 뒤에는 목적격 대명사가 와야 하므로
　　목적격 대명사 ③ me가 정답입니다.
해석 내가 나의 두통에 대해 불평하자 그는 나를 염려
　　하며 바라보았다.
어휘 with concern 염려하여   complain 불평하다
정답 ③ me

포인트 적용문제 2

밑줄 친 부분 중 어법상 옳지 않은 것은?

> My mother ① used to sing ② to my brother and ③ I when we
> ④ were babies.

해설 ③ 접속사 and로 연결된 전치사(to) 뒤에는 주
　　격 대명사 (I)가 올 수 없으므로, 주격 대명사 I를
　　목적격 대명사 me로 고쳐야 합니다.
해석 나의 어머니는 우리가 아기였을 때 나의 남동생
　　과 나에게 노래를 불러주곤 했다.
어휘 used to ~하곤 했다
정답 ③ (I → me)

- '두 개 중 하나'는 one, '두 개 중 나머지 하나'는 the other로 나타내야 합니다.
- the other 자리에 other(다른~)나 another(또 다른 하나)가 오면 틀린 문장이 됩니다.

  I like two cities the most. One is London, and (~~another~~, the other) is New York.
  나는 두 도시를 가장 좋아한다. 한 곳은 런던이고, 나머지 한 곳은 뉴욕이다.

포인트 적용문제 1

어법상 밑줄 친 곳에 가장 적절한 것은?

We accept two kinds of payment. One is cash and _____ is credit card.

① others   ② other
③ another   ④ the other

해설 사물이 둘(two kinds of payment)일 경우 '그 중 하나'는 one, '두 개 중 나머지 하나'는 the other로 나타내므로 ④ the other가 정답입니다.

해석 우리는 두 종류의 결제 방법을 허용한다. 하나는 현금이고 나머지 하나는 신용카드이다.

어휘 **kind** 종류 **payment** 결제, 지불 **cash** 현금 **credit card** 신용카드

정답 ④ the other

포인트 적용문제 2

밑줄 친 부분 중 어법상 옳지 않은 것은?

I held ① <u>my</u> cell phone in ② <u>one</u> hand ③ <u>and</u> my umbrella in ④ <u>another</u> hand.

해설 ④ 사물이 둘(hands)일 경우 '두 개 중 하나'는 one으로, '두 개 중 나머지 하나'는 the other로 나타내므로 another를 the other로 고쳐야 합니다.

해석 나는 한 손에는 휴대전화를 들고 나머지 한 손에는 우산을 들었다.

어휘 **cell phone** 휴대전화

정답 ④ (another → the other)

어법상 밑줄 친 곳에 가장 적절한 것은? (01 ~ 06)

01

Your earrings look similar to _____.

① me   ② my

③ mine   ④ myself

02

Some university students have part-time jobs, while _____ get allowance from their parents.

① others   ② the others

③ the other   ④ another

03

Spartan military exercises required more effort than _____ of Athens.

① these   ② that

③ this   ④ those

04

We wondered what had happened between _____.

① he and her   ② him and her

③ he and she   ④ him and she

05

The automobile that had been struck by a truck needed _____ bumper replaced.

① it   ② they

③ their   ④ its

06

If you are sick, you should take better care of _____.

① your   ② you're

③ yourself   ④ yours

밑줄 친 부분 중 어법상 옳지 않은 것은? (07 ~ 13)

07

① She wanted a cup of coffee, ② so I gave ③ her ④ ones.

08

With the curtains ① closed, she couldn't ② see ③ some light ④ from outside.

09

① In 2011, the population increase in Seattle was ② greater than ③ those in other coastal ④ cities.

10

We own two cars. ① One ② is red, and ③ other is ④ white.

11   Many ① satellites ② are sent into the atmosphere ③ to measure ④ their levels of pollution.

12   ① This storms ② that have reached the eastern coast ③ have been the cause of ④ much damage.

13   The Black Plague is ① historically ② significant for ③ their great ④ effect on the world population.

다음 문장 중 어법상 옳지 않은 것은? (14 ~ 15)

14   ① He quit his job and is looking for another.
　　② Please speak quietly for the sake of others.
　　③ The umbrella under the table is mine.
　　④ The water in the bay is warmer than those of the ocean.

15   ① He accidentally cut himself while he was shaving.
　　② These area is closed to the public.
　　③ I asked my friends to recommend some books.
　　④ Authorities do not have any idea how the bridge collapsed.

정답·해석·해설 p.13

gosi.Hackers.com

DAY 05 형용사와 부사

기초 개념 잡기

형용사란?

멋진 **자동차**

자동차가 멋지다.

단순히 '자동차'라고 말하는 것보다 '멋진 자동차' 또는 '자동차가 멋지다'라고 말하면 사물의 모습을 구체적으로 표현할 수 있습니다. 이처럼 명사의 모양이나 상태, 성질 등을 설명해 주는 것을 형용사라고 합니다.

부사란?

말이 빨리 **달린다**.

단순히 '달린다'라고 말하는 것보다 '빨리 달린다'가 더 분명하고 자세한 상황을 표현합니다. 이처럼 형용사, 동사, 다른 부사 또는 문장 전체를 수식하여 의미를 강조하거나 풍부하게 하는 것을 부사라고 합니다.

 형용사와 부사의 형태에 대해 알아봅시다!

형용사는 주로 -able, -tive, -sive, -ous, -tic, -y와 같은 꼬릿말로 끝납니다.

change**able** 변하기 쉬운	protec**tive** 보호하는	progres**sive** 진보적인
advantage**ous** 유리한	realis**tic** 현실적인	wealth**y** 부유한

형용사 뒤에 꼬릿말 -ly가 붙어 있으면 부사입니다.

형용사	perfect 완벽한	quick 빠른
부사	perfect**ly** 완벽하게	quick**ly** 빠르게

참고 | '명사 + -ly = 형용사'인 아래의 단어를 부사로 혼동하지 않도록 주의합니다.

manly 남자다운	friendly 친절한	timely 시기 적절한	likely ~할 것 같은
lovely 사랑스러운	lonely 외로운	monthly 매월의	yearly 매년의

Check Up

다음 중 형용사와 부사를 골라보세요.

ⓐ **dangerous** 위험한   ⓑ **danger** 위험   ⓒ **accurately** 정확하게

➡ 형용사는 주로 -ous와 같은 꼬릿말로, 부사는 주로 -ly와 같은 꼬릿말로 끝납니다.

정답 형용사: ⓐ 부사: ⓒ

형용사의 역할에 대해 알아봅시다!

형용사는 크게 두 가지 역할을 합니다. a cute doll에서처럼 명사 doll을 앞에서 꾸며주기도 하고, The doll is cute에서처럼 동사 is 뒤에서 주어 The doll의 성질이나 상태를 설명해주기도 합니다.

a cute doll 귀여운 인형
　형용사　명사

The doll is cute. 그 인형은 귀엽다.
　　　동사　형용사

Check Up

다음 중 형용사 expensive가 꾸며주는 것은 무엇일까요?

This is an expensive bag. 이것은 비싼 가방이다.
　　　　ⓐ　　　　　　　ⓑ

➡ 형용사는 명사를 꾸며줍니다.　　　　　　　　　　　　　　　　　　　정답 ⓑ

 부사의 역할에 대해 알아봅시다!

부사는 very kind와 freshly baked처럼 형용사나 분사를 꾸며주기도 하고, runs fast처럼 동사를 꾸며주거나 so gently처럼 다른 부사를 꾸며줍니다. 또한, Usually, I wake up at 7 a.m.처럼 문장 전체를 꾸며주기도 합니다.

Anna is very kind. Anna는 매우 친절하다.
　　　부사　형용사

The freshly baked cookies smell delicious. 갓 구워진 쿠키는 맛있는 냄새가 난다.
　　부사　분사

She runs fast. 그녀는 빠르게 달린다.
　　동사　부사

He spoke so gently. 그는 매우 부드럽게 말했다.
　　　부사　부사

Usually, I wake up at 7 a.m. 보통 나는 오전 7시에 일어난다.
　부사　　　　　문장

Check Up

다음 중 부사 easily가 꾸며주는 것은 무엇일까요?

Sam easily solved the problem. Sam은 그 문제를 쉽게 풀었다.
　ⓐ　　　　ⓑ

➡ 부사는 동사를 꾸며줍니다.　　　　　　　　　　　　　　　　　　　정답 ⓑ

나는 겨울에 **따뜻한** 커피를 즐겨 마신다.

형용사 **따뜻한**이 명사 **커피** 앞에 와서 명사를 구체적으로 표현하고 있습니다. 영어에서도 형용사가 올 수 있는 자리가 있습니다. 어떤 자리에 오는지 살펴볼까요?

1 형용사가 오는 자리

명사를 수식할 때는 수식하는 명사 앞에 옵니다.

명사 앞   She owns a nice <u>house</u>.   그녀는 멋진 집을 가지고 있다.
                               명사

> 💡 **여기서 잠깐!**
>
> -thing, -one, -body로 끝나는 명사는 형용사가 뒤에서 수식합니다.
>
> | everything 모든 것   something 어떤 것   anything 아무것   someone 누군가   somebody 누군가 |
> | --- |
>
> I want <u>something</u> **sweet**. (O)   나는 달콤한 어떤 것을 원한다.
>   명사   형용사
> I want **sweet** <u>something</u>. (×)
>   형용사   명사

주어의 성질이나 상태를 설명할 때는 주격 보어 자리에 옵니다.

주격 보어 자리   Jack is <u>kind</u>.   Jack은 친절하다.
                    주격 보어

목적어의 성질이나 상태를 설명할 때는 목적격 보어 자리에 옵니다.

목적격 보어 자리   He made <u>me</u> <u>happy</u>.   그는 나를 행복하게 만들었다.
                  목적어 목적격 보어

2 형용사 자리에 올 수 없는 것

형용사 자리에 부사, 동사는 올 수 없습니다.

I am looking forward to your (~~quickly~~, quick) <u>response</u>.   저는 당신의 빠른 답장을 기대합니다.
                              부사(X)   형용사(O)   명사

The performance was (~~create~~, creative).   그 공연은 창의적이었다.
                      동사(X)   형용사(O)

2 부사 자리

나는 신나게 **춤췄다.**

부사인 **신나게**가 동사 **춤췄다** 앞에 와서 동사의 의미를 풍부하게 하고 있습니다. 영어에서도 부사가 올 수 있는 자리가 있습니다. 어떤 자리에 오는지 살펴볼까요?

1 부사가 오는 자리

형용사·분사나 다른 부사, 문장을 수식할 때는 수식하는 단어나 문장 앞에 옵니다.

형용사 앞	My dog is very <u>smart</u>. 나의 개는 매우 영리하다.
	형용사

분사 앞	He opened the finely <u>wrapped</u> gift. 그는 멋지게 포장된 선물을 열었다.
	분사

부사 앞	I get up really <u>early</u>. 나는 아주 일찍 일어난다.
	부사

문장 앞	Often, <u>I call my friend at night</u>. 종종, 나는 친구에게 밤에 전화를 건다.
	문장

동사를 수식할 때는 동사 앞이나 뒤에 옵니다.

동사 앞	He slowly <u>walked</u> to the door. 그는 천천히 문 쪽으로 걸었다.
	동사

동사 뒤	He <u>walked</u> slowly. 그는 천천히 걸었다.
	동사

2 부사 자리에 올 수 없는 것

부사 자리에 형용사, 명사, 동사는 올 수 없습니다.

The team (~~final~~, finally) <u>started</u> to win some games. 그 팀은 마침내 몇몇 경기에서 이기기 시작했다.
형용사(X) 부사(O) 동사

Our neighborhood is (~~peace~~, peacefully) <u>quiet</u>. 우리 동네는 평화롭게 조용하다.
명사(X)   부사(O)   형용사

(~~Calm~~, Calmly), <u>the students listened to the teacher</u>. 조용히, 그 학생들은 선생님에게 귀를 기울였다.
동사(X)   부사(O)   문장

3 강조 부사와 빈도 부사

나는 매우 건강하다. 운동을 자주 하기 때문이다.

매우는 형용사의 의미를 앞에서 강조하는 강조 부사이고, **자주**는 얼마나 자주 일이 발생하는지를 나타내는 빈도 부사입니다. 영어에서는 이러한 강조 부사와 빈도 부사를 어떻게 나타내는지 살펴볼까요?

1 강조 부사의 역할과 자리

강조 부사는 '매우', '너무' 등의 의미로 **형용사, 부사를 앞에서 강조**합니다.

very 매우	**much** 너무, 많이	**even** ~조차, 심지어 ~까지도
too (부정적 의미로) 너무	**so** (긍정적·부정적 의미로) 매우, 너무	**much/even/still/far** (비교급 앞에서) 훨씬

형용사 강조 The baby is very small. 그 아기는 매우 작다.
└→ 형용사

부사 강조 The children shouted too loudly. 아이들은 너무 크게 소리를 질렀다.
└→ 부사

2 빈도 부사의 역할과 자리

빈도 부사는 얼마나 **자주 일이 발생하는지**를 나타내며, 보통 **일반 동사 앞**, 또는 **be 동사나 조동사 뒤**에 옵니다.

always 항상	**often** 자주	**usually** 보통	**sometimes** 때때로	**never** 결코 ~않다

일반 동사 앞 My friends always help me. 내 친구들은 나를 항상 도와준다.
└→ 일반 동사

be 동사 뒤 David is usually busy on weekdays. David는 평일에 보통 바쁘다.
└→ be동사

조동사 뒤 You should never tell a lie. 당신은 결코 거짓말을 해서는 안 된다.
└→ 조동사

> ☀여기서 **잠깐!**
>
> 부정의 의미를 나타내는 아래의 빈도 부사는 not, never 같은 부정어와 함께 쓰일 수 없습니다.
>
> | | | | | | |
> |---|---|---|---|---|---|
> | hardly | rarely | seldom | scarcely | barely | 거의 ~않다 |
>
> I **hardly** ever go to sleep early. (O) 나는 거의 일찍 잠자리에 들지 않는다.
> I **hardly** never go to sleep early. (×)

4 주의해야 할 형용사와 부사

Studying law is hard. But I study hard.

hard는 **어려운**이라는 형용사의 의미와 **열심히**라는 부사의 의미를 모두 가집니다. 영어에서는 이처럼 형태는 같지만 의미가 다르거나 특정 표현으로 쓰여 주의해야 할 형용사와 부사가 있습니다. 어떤 것들이 있는지 살펴볼까요?

1 혼동하기 쉬운 형용사와 부사

한 단어가 **형용사와 부사의 의미를 모두 가지는 경우**를 주의하여 알아둡니다.

early (형) 이른	**late** (형) 늦은	**fast** (형) 빠른	**long** (형) 긴
(부) 일찍	(부) 늦게	(부) 빨리	(부) 오래, 오랫동안
hard (형) 힘든, 단단한	**far** (형) 먼	**high** (형) 높은	**near** (형) 가까운
(부) 열심히, 심하게	(부) 멀리	(부) 높게	(부) 가까이, 근처에

형용사 early He jogs in the early morning. 그는 이른 아침에 조깅을 한다.
명사

부사 early Eva always gets up early. Eva는 언제나 일찍 일어난다.
동사

형태는 비슷하지만 의미가 다른 부사들을 구분해서 알아둡니다.

high — highly (부) 높게 — (부) 매우	late — lately (부) 늦게 — (부) 최근에
near — nearly (부) 가까이 — (부) 거의	hard — hardly (부) 열심히, 심하게 — (부) 거의 ~않다

My boss arrived late for the year-end party. 나의 상사는 연말 파티에 늦게 도착했다.

I have been very busy lately. 나는 최근에 매우 바빴다.

2 주의해야 할 형용사/부사 표현

'수사 + 하이픈(-) + 단수 단위 표현'은 형용사처럼 명사를 앞에서 수식합니다.

수사 + 하이픈(-) +	story ~층의	meter ~미터의	minute ~분의	year-old ~세의

My apartment is five-story building. 나의 아파트는 5층의 건물이다.

'so + 형용사/부사 + that 절'은 '매우 ~해서 -하다'라는 의미를 나타냅니다.

Betty is so pretty that many boys like her. Betty는 매우 예뻐서 많은 소년들이 그녀를 좋아한다.

'too + 형용사/부사 + to 동사원형'은 '너무 ~해서 -할 수 없다'라는 의미를 나타냅니다.

I was too sick to attend school. 나는 너무 아파서 학교에 갈 수 없었다.

둘 중 어법상 알맞은 것을 고르세요.

01 The man was (ⓐ careful, ⓑ carefully) not to wake the baby.

02 She (ⓐ hard, ⓑ hardly) ate anything for dinner.

03 He wants to drink (ⓐ something cold, ⓑ cold something) after he exercises.

04 The (ⓐ initially, ⓑ initial) design of the building was inspired by a palm tree.

05 The (ⓐ 12-year-old, ⓑ 12-years-old) girl has appeared in several movies.

06 Parents should be (ⓐ support, ⓑ supportive) of their children's dreams.

07 The (ⓐ accident, ⓑ accidentally) discovered vaccination ended up saving thousands of lives.

08 They worry about me if I come home (ⓐ late, ⓑ lately).

---

01 보어 자리 → 형용사
해석 | 그 남자는 아기를 깨우지 않기 위해 조심했다.

02 '거의 먹지 않다' → 부사 hardly(거의 ~않다)
해석 | 그녀는 저녁으로 거의 아무것도 먹지 않았다.

03 형용사가 뒤에서 수식하는 명사 something
해석 | 그는 운동을 한 후에 시원한 것을 마시고 싶어 한다.

04 명사(design) 수식 → 형용사
해석 | 그 빌딩의 초기 디자인은 야자수에 의해 영감을 받았다.

05 수사 + 하이픈(-) + 단수 단위 표현(year-old)
해석 | 그 12살짜리 여자 아이는 여러 영화에 출연했다.

06 보어 자리 → 형용사
해석 | 부모는 자녀의 꿈을 지지해주어야 한다.

07 분사(discovered) 수식 → 부사
해석 | 우연히 발견된 그 백신은 결국 수많은 생명을 구했다.

08 '늦게 오다' → 부사 late(늦게)
해석 | 그들은 내가 집에 늦게 오면 나를 걱정한다.

정답 **01** ⓐ **02** ⓑ **03** ⓐ **04** ⓑ **05** ⓐ **06** ⓑ **07** ⓑ **08** ⓐ

핵심 빈출 포인트 잡기

Point ① 형용사와 부사의 자리를 혼동하지 말자.

• 부사는 형용사처럼 명사 앞에 와서 명사를 수식할 수 없습니다.

He showed us the (~~properly~~, proper) way to plant a tree. 그는 우리에게 나무를 심는 올바른 방법을 보여주었다.
　　　　　　　　　부사(X)　　형용사(O)　명사

• 형용사는 부사처럼 분사 앞에 와서 분사를 수식할 수 없습니다.

The man had (~~neat~~, neatly) combed hair. 그 남자는 단정하게 빗겨진 머리를 하고 있었다.
　　　　　형용사(X)　부사(O)　　분사

포인트 적용문제 1

밑줄 친 부분 중 어법상 옳지 않은 것은?

Air pollution ① became a ② seriously problem after people ③ started burning coal for ④ heating.

해설 ② 부사(seriously)는 명사(problem)를 수식할 수 없으므로 부사 seriously를 명사 앞에 와서 명사를 수식할 수 있는 형용사 serious로 고쳐야 합니다.

해석 사람들이 난방을 위해 석탄을 태우기 시작한 후에 대기 오염은 심각한 문제가 되었다.

어휘 **air pollution** 대기 오염　**seriously** 심각하게　**serious** 심각한　**coal** 석탄　**heating** 난방

정답 ② (seriously → serious)

포인트 적용문제 2

밑줄 친 부분 중 어법상 옳지 않은 것은?

Metal tools ① found in the ancient city ② have led historians to believe that the city was a part of a ③ surprising ④ advanced civilization.

해설 ③ 형용사(surprising)는 분사(advanced)를 수식할 수 없으므로 형용사 surprising을 분사 앞에 와서 분사를 수식할 수 있는 부사 surprisingly로 고쳐야 합니다.

해석 고대 도시에서 발견된 금속 도구들은 역사학자들이 그 도시가 대단히 발전된 문명 중의 일부라고 믿게 했다.

어휘 **tool** 도구　**ancient** 고대의　**surprising** 놀라운　**surprisingly** 대단히　**civilization** 문명

정답 ③ (surprising → surprisingly)

- '수사 + 하이픈(-) + 단위 표현'에서 단위 표현은 복수형으로 쓸 수 없습니다.

수사 + 하이픈(-) +	story ~층의	meter ~미터의	minute ~분의	year-old ~세의

He broke the record for the (50-meters, 50-meter) dash. 그는 50미터의 단거리 경주 기록을 깼다.

포인트 적용문제 1

어법상 밑줄 친 곳에 가장 적절한 것은?

The _____ woman will be starting her new job next week.

① 25-year-olds　　　　　　② 25-years-olds
③ 25-years-old　　　　　　④ 25-year-old

해설 '수사 + 하이픈(-) + 단위 표현'에서 단위 표현 (year-old)은 단수형을 써야 하므로 ④ 25-year-old가 정답입니다.

해석 그 25살의 여성은 다음 주에 새로운 일을 시작할 것이다.

정답 ④ 25-year-old

포인트 적용문제 2

밑줄 친 부분 중 어법상 옳지 않은 것은?

A new one ① hundred-dollars bill ② was introduced ③ to Canada ④ in 2011.

해설 ① '수사 + 하이픈(-) + 단위 표현'에서 단위 표현(dollar)은 단수형을 써야 하므로 hundred-dollars를 hundred-dollar로 고쳐야 합니다.

해석 새로운 백 달러짜리 지폐는 2011년에 캐나다에 도입되었다.

어휘 bill 지폐 introduce 도입하다, 소개하다

정답 ① (hundred-dollars → hundred-dollar)

Point ③ 혼동하기 쉬운 형용사와 부사를 주의하자.

- 형태는 비슷하지만 의미가 다른 부사를 혼동하지 않도록 주의합니다.

high — highly (부)높게 — (부)매우	late — lately (부)늦게 — (부)최근에
near — nearly (부)가까이 — (부)거의	hard — hardly (부)열심히 — (부)거의 ~않다

His colleague arrived (~~lately~~, late) to the meeting. 그의 동료는 회의에 늦게 도착했다.
최근에(X) 늦게(O)

포인트 적용문제 1

밑줄 친 부분 중 어법상 옳지 않은 것은?

The mountain peaks ① seem ② to extend ③ highly ④ above the clouds.

해설 ③ 문맥상 '높게 뻗어있다'라는 의미가 되어야 자연스러우므로 부사 highly(매우)를 부사 high (높게)로 고쳐야 합니다.

해석 그 산봉우리들은 구름 위로 높게 뻗어있는 것처럼 보인다.

어휘 mountain peak 산봉우리 extend 뻗다

정답 ③ (highly → high)

포인트 적용문제 2

밑줄 친 부분 중 어법상 옳지 않은 것은?

He ① won the bicycle race ② after he had trained ③ hardly for several ④ weeks.

해설 ③ 문맥상 '열심히 훈련하다'라는 의미가 되어야 자연스러우므로 부사 hardly(거의 ~않다)를 부사 hard(열심히)로 고쳐야 합니다.

해석 그는 몇 주 동안 열심히 훈련한 후에 그 자전거 경주에서 승리했다.

정답 ③ (hardly → hard)

어법상 밑줄 친 곳에 가장 적절한 것은? (01~06)

01

_____ monkeys live in tropical climates.

① Near all
② Nearly all
③ All near
④ All nearly

02

The _____ painted walls made the room bright and cheerful.

① color
② coloring
③ colorful
④ colorfully

03

The desk was too large for me _____ by myself.

① carry
② to carry
③ carrying
④ carries

04

The electronic payment systems are _____ all banks have adopted them.

① that so useful
② so usefully that
③ so useful that
④ that so usefully

05

Some countries offer _____ tourist visas for people who visit.

① six-month-long's
② six-month-longs
③ six-months-long
④ six-month-long

06

The website provides _____ information about how to use the device.

① helpfully   ② are helped

③ helps   ④ helpful

밑줄 친 부분 중 어법상 옳지 않은 것은? (07~13)

07

A hybrid car may ① be ② costly and ③ unnecessarily to own, but ④ it saves money on gas in the long term.

08

Many scientists ① consider the use of ② cloning to bring back ③ extinct species ④ real unethical.

09

She asked ① if he wanted ② to do ③ fun something ④ on Saturday.

10

Some dreams have a ① deep impact on people, ② while others ③ are not rarely ④ remembered.

11 | The service at the coffee shop ① is ② often ③ slowly but ④ friendly.

12 | Whales are ① extreme well-adapted marine mammals ② which can ③ hold their breath ④ for hours at a time.

13 | According to ① recently evidence, a ② volcanic eruption was not ③ responsible for ④ causing the dinosaurs' extinction.

다음 문장 중 어법상 옳지 않은 것은? (14~15)

14 ① She usually has many appointments during weekend.

② The person who left this bag here was a 50-years-old woman.

③ We could barely stand the heat.

④ This winter has been even colder than last year.

15 ① I went to the early show since it was cheaper.

② He was too nervous to raise his hand in class.

③ People should drive slowly when it rains hardly.

④ The plate is so hot that it might burn your hand.

정답·해석·해설 p.17

gosi.Hackers.com

DAY 06 전치사

전치사란?

on the box 상자 위에   in the box 상자 안에

on the box와 in the box에서 단어 하나로 공의 위치가
달라집니다. 이와 같이 명사나 대명사 앞에서 시간, 장소, 방
향 등을 나타내는 것을 전치사라고 합니다.

전치사의 종류는?

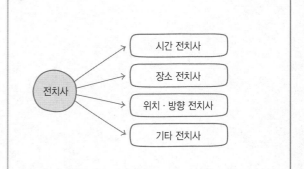

전치사의 위치를 알아봅시다!

전치사는 명사나 대명사, 그리고 '～하는 것'으로 해석되는 동명사, 명사절과 같은 명사 역할을 하는 것 앞에 옵니다.

명사 앞   I went to <u>school</u> early. 나는 학교에 일찍 갔다.
　　　　　　　　　　　명사

대명사 앞   This present is for <u>you</u>. 이 선물은 당신을 위한 것이다.
　　　　　　　　　　　　대명사

동명사 앞   Perfection can be achieved by <u>practicing</u>. 완벽은 연습하는 것에 의해 성취될 수 있다.
　　　　　　　　　　　　　　　　동명사

명사절 앞   He is angry because of <u>what I said</u>. 그는 내가 말한 것 때문에 화가 났다.
　　　　　　　　　　　　　　명사절

Check Up

다음 중 전치사 to가 올 수 있는 자리는 어디일까요?

I ⓐ wrote a letter ⓑ you. 나는 너에게 편지를 썼다.

➜ 전치사는 명사 역할을 하는 것 앞에 옵니다.   정답 ⓑ

전치사의 종류에 대해 알아봅시다!

전치사는 의미에 따라 시간을 나타내는 전치사, 장소를 나타내는 전치사, 위치나 방향을 나타내는 전치사로 나뉩니다. 그 외에 목적, 수단, 이유 등을 나타내는 전치사도 있습니다.

The lecture will begin at 11 a.m. 그 강의는 오전 11시에 시작할 것이다.
　　　　　　　　　　　　　시간

I saw an exhibit in the museum. 나는 박물관에서 전시회를 보았다.
　　　　　　　　　　　장소

> **Check Up**
>
> 다음 중 전치사는 무엇일까요?
>
> My cousin lives in London. 내 사촌은 런던에 산다.
> 　　　　　　　 ⓐ　 ⓑ
>
> ➡ 전치사는 명사나 대명사 앞에서 시간, 장소, 방향 등을 나타냅니다.　　　　　　　　　　　정답 ⓐ

 전치사구에 대해 알아봅시다!

전치사구는 for years, from her 등과 같이 '전치사 + 명사' 혹은 '전치사 + 대명사'를 일컫는 말입니다. 이런 전치사구는 문장에서 수식어 역할을 하며, 문장의 앞, 중간, 뒤에 올 수 있습니다.

For years, he worked in a factory. 수년 동안, 그는 공장에서 일했다.
전치사구

The e-mail from her was quite long. 그녀로부터 온 이메일은 꽤 길었다.
　　　　　전치사구

I met David at the coffee shop. 나는 커피숍에서 David를 만났다.
　　　　　　전치사구

> **Check Up**
>
> 다음 중 전치사구는 무엇일까요?
>
> ⓐ between 사이에　　　　　　　ⓑ on the street 거리에서　　　　　　　ⓒ forest 숲
>
> ➡ 전치사와 명사가 함께 있는 것이 전치사구입니다.　　　　　　　　　　　정답 ⓑ

1 시간 전치사

이번 겨울에 스키장에 갔다. / 토요일에 산책을 했다. / 밤 10시에 잠자리에 들었다.

계절, 요일, 시각을 나타내는 시간 표현 뒤에 모두 ~에가 쓰였습니다. 영어에서는 계절, 요일, 시각 등 시간을 나타내는 말 앞에 각각 다른 전치사가 쓰입니다. 어떤 전치사가 어떻게 쓰이는지 살펴볼까요?

1 at, on, in

전치사 at, on, in은 모두 ~(때)에로 해석되지만, at은 시각 앞에, on은 날짜나 요일 앞에, in은 연도·월·계절 앞에 옵니다.

at 시각·시점 앞	at seven o'clock 7시에	at the end of the month 월말에	
on 날짜·요일·특정한 날 앞	on July 2 7월 2일에	on Thursday 목요일에	on Christmas 크리스마스에
in 연도·월·계절 오전/오후/저녁 앞	in 2014 2014년에 in the morning 오전에	in February 2월에 in the afternoon 오후에	in summer 여름에 in the evening 저녁에

2 for, during

전치사 for와 during은 모두 ~동안에로 해석되지만, for는 며칠이나 몇 년 등과 같이 기간을 나타내는 숫자 앞에, during은 휴가나 방학 등과 같이 특정 기간을 나타내는 표현 앞에 옵니다.

for + 기간(숫자)　They stayed in Japan for <u>ten days</u>. 그들은 열흘 동안 일본에서 머물렀다.
　　　　　　　　　　　　　　　　　　기간(숫자)

during + 특정 기간　They stayed in Japan during <u>the vacation</u>. 그들은 방학 동안 일본에서 머물렀다.
　　　　　　　　　　　　　　　　　　　　　　특정 기간

3 until, by

전치사 until과 by는 모두 ~까지로 해석되지만, until은 상황이 계속되다가 그 시점에 종료되는 것을 나타내고, by는 어떤 일이 완료되는 마감이나 기한을 나타냅니다.

The bakeshop sells cakes until 9 p.m. 그 빵집은 오후 9시까지 케이크를 판매한다.
➜ 빵집이 케이크를 파는 상황이 오후 9시까지 계속되는 것을 나타내므로 전치사 until이 왔습니다.

The package must be delivered by tomorrow. 그 소포는 내일까지 배달되어야 한다.
➜ 내일까지 소포의 배달이 완료되어야 한다는 기한을 나타내므로 전치사 by가 왔습니다.

2 장소 전치사

나는 찬장 안에 있던 컵을 꺼내 식탁 위에 놓았다.

찬장, 식탁이라는 장소를 나타내는 표현 뒤에 **~ 안에, ~ 위에**가 쓰였습니다. 영어에서는 장소를 나타낼 때 전치사 at, on, in을 씁니다. 어떤 장소에 어떤 것이 쓰이는지 살펴볼까요?

1 at ~ (지점)에

전치사 **at**은 어떤 **지점**에 있다고 말할 때 쓰입니다.

at the corner 코너에	at the book store 서점에
at the bus stop 버스 정류장에	at the theater 극장에

I'm waiting for him at the bus stop. 나는 버스정류장에서 그를 기다리고 있다.

She left her bag at the theater. 그녀는 가방을 극장에 두고 왔다.

2 on ~ (위)에

전치사 **on**은 어떤 **표면 위**에 또는 어떤 표면에 붙어 있다고 말할 때 쓰입니다.

on the sofa 소파 위에	on the desk 책상 위에
on page 5 5페이지에	on the wall 벽에

My cat is sleeping on the sofa. 나의 고양이가 소파 위에서 잠을 자고 있다.

He painted a flower on the wall. 그는 벽에 꽃을 그렸다.

3 in ~ (안)에

전치사 **in**은 어떤 **공간 안**에 있다고 말할 때 쓰입니다.

in China 중국에	in the city 도시에
in the room 방 안에	in the box 상자 안에

There are many restaurants in this city. 이 도시에는 많은 식당이 있다.

We stayed in the room all day. 우리들은 방 안에 하루 종일 머물렀다.

3 위치 · 방향 전치사

친구와 나는 문구점 **옆에서** 만나 함께 학교**로** 갔다.

문구점 뒤에는 **옆에서**가 쓰여 위치를 나타내고, **학교** 뒤에는 **~로**가 쓰여 방향을 나타냅니다. 영어에서는 위치나 방향을 나타낼 때 어떤 전치사가 쓰이는지 살펴볼까요?

1 beside, next to

전치사 **beside**와 **next to**는 **~옆에**의 의미로 쓰입니다.

She sat beside me. 그녀는 내 옆에 앉았다.

The dress next to the mirror looks expensive. 거울 옆에 있는 드레스는 비싸 보인다.

> **여기서 잠깐!**
>
> 형태가 비슷한 전치사 beside와 besides의 의미를 구분하여 알아둡니다.
>
> | beside ~옆에 | besides ~외에도 |
> |---|---|
>
> A fork is **beside** the plate. 포크가 접시 옆에 있다.
> **Besides** paper, we need more pens. 종이 외에도 우리는 펜이 더 필요하다.

2 between, among

전치사 **between**과 **among**은 모두 **~사이에**로 해석되지만, **between**은 둘 사이를 나타낼 때, **among**은 셋 이상 사이를 나타낼 때 쓰입니다.

between   among

The car is parked between two trucks. 그 차는 두 트럭 사이에 주차되어 있다.
                        둘 사이

Jane found the card among the flowers. Jane은 꽃들 사이에서 카드를 발견했다.
                        셋 이상 사이

3 from, to

전치사 **from**은 **~로부터**, **~에서**, 전치사 **to**는 **~에게**, **~로**의 의미로 쓰입니다.

He came from Canada. 그는 캐나다에서 왔다.

Marie gave the report to her supervisor. Marie는 그녀의 상사에게 보고서를 주었다.

4 기타 전치사

1 because of

전치사 **because of**는 ~때문에의 의미로 쓰입니다.

The electricity went out because of the storm. 폭풍우 때문에 전기가 나갔다.

2 despite, in spite of

전치사 **despite**와 **in spite of**는 ~에도 불구하고의 의미로 쓰입니다.

He was angry despite(=in spite of) her apology. 그는 그녀의 사과에도 불구하고 화가 났다.

3 for

전치사 **for**는 ~을 위해, ~에 비해서의 의미로 쓰입니다.

She cooked dinner for me. 그녀는 나를 위해 저녁을 요리했다.
The weather is unusually warm for September. 날씨가 9월인 것에 비해서 이상하게 따뜻하다.

4 against

전치사 **against**는 ~에 반대하여의 의미로 쓰입니다.

I spoke against her opinion. 나는 그녀의 의견에 반대하여 말했다.

5 by

전치사 **by**는 ~에 의해, ~을 타고, ~만큼의 의미로 쓰입니다.

Decisions are made by a committee. 결정은 위원회에 의해 내려진다.
Most tourists travel abroad by plane. 대부분의 관광객들은 비행기를 타고 해외여행을 한다.
The price of milk has increased by 10 percent. 우유의 가격이 10퍼센트만큼 증가했다.

6 with

전치사 **with**는 ~와 함께, ~을 가진의 의미로 쓰입니다.

I went shopping with my best friend. 나는 가장 친한 친구와 함께 쇼핑을 갔다.
Do you know the girl with red hair? 너는 빨간 머리를 가진 그 소녀를 아니?

Hackers Practice

둘 중 어법상 알맞은 것을 고르세요.

01 She set the dishes (ⓐ in, ⓑ on) the table for dinner.

02 We will end the discussion (ⓐ at, ⓑ in) two o'clock.

03 The man escaped (ⓐ to, ⓑ from) prison last night.

04 The book must be returned to the library (ⓐ until, ⓑ by) Thursday.

05 Your daughter seems mature (ⓐ for, ⓑ against) her age.

06 He couldn't finish the marathon (ⓐ despite, ⓑ because of) his injured leg.

07 There is a park (ⓐ between, ⓑ among) our house and the school.

08 The newly-married couple stayed in Hawaii (ⓐ during, ⓑ for) a week.

---

01 장소 앞에 쓰이는 전치사 on(~(위)에)
해석 | 그녀는 저녁 식사를 위해 접시들을 식탁 위에 놓았다.

02 시각 앞에 쓰이는 전치사 at(~에)
해석 | 우리는 두 시에 토론을 끝낼 것이다.

03 방향을 나타내는 전치사 from(~에서)
해석 | 그 남자는 어젯밤 감옥에서 달아났다.

04 기한을 나타내는 전치사 by(~까지)
해석 | 그 책은 목요일까지 도서관에 반납되어야 한다.

05 '~에 비해서'의 의미를 가지는 전치사 for
해석 | 당신의 딸은 나이에 비해 성숙해 보인다.

06 이유를 나타내는 전치사 because of(~때문에)
해석 | 그는 부상당한 다리 때문에 마라톤을 완주하지 못했다.

07 둘 사이를 나타내는 전치사 between(~사이에)
해석 | 우리 집과 학교 사이에는 공원이 있다.

08 기간을 나타내는 숫자 앞에 쓰이는 전치사 for (~동안에)
해석 | 그 신혼 부부는 1주일 동안 하와이에 머물렀다.

정답 **01** ⓑ **02** ⓐ **03** ⓑ **04** ⓑ **05** ⓐ **06** ⓑ **07** ⓐ **08** ⓑ

Point ① 전치사 뒤에는 반드시 명사 역할을 하는 것이 와야 한다.

- 전치사 뒤에 명사 역할을 하는 것이 아닌 동사나 형용사가 오면 틀린 문장이 됩니다.

You can save money <u>by</u> (~~take~~, taking) public transportation. 당신은 대중교통을 탐으로써 돈을 아낄 수 있다.
　　　　　　　　전치사 동사(X) 동명사(O)

He treats his parents <u>with</u> (~~respectful~~, respect). 그는 그의 부모님을 존경심을 가지고 대한다.
　　　　　　　　전치사 　형용사(X) 　명사(O)

포인트 적용문제 1

밑줄 친 부분 중 어법상 옳지 않은 것은?

① Frightened of heights, he ② climbed down ③ the ladder with ④ cautious.

해설 ④ 전치사(with) 뒤에는 명사 역할을 하는 것이 와야 하므로 형용사 cautious(조심스러운)를 명사 caution(조심)으로 고쳐야 합니다.

해석 높이에 겁을 먹고, 그는 조심하여 사다리를 기어 내려갔다.

어휘 **frightened** 겁먹은　**climb down** 기어 내려가다
with caution 조심하여

정답 ④ (cautious → caution)

포인트 적용문제 2

밑줄 친 부분 중 어법상 옳지 않은 것은?

Citizens ① <u>were</u> in ② <u>shocked</u> ③ <u>when</u> the election officials announced the name ④ <u>of</u> the new president.

해설 ② 전치사(in) 뒤에는 명사 역할을 하는 것이 와야 하므로 형용사 shocked(충격을 받은)를 명사 shock(충격)로 고쳐야 합니다.

해석 시민들은 선거위원들이 새로운 대통령의 이름을 발표했을 때 충격에 빠졌다.

어휘 **citizen** 시민　**election** 선거
announce 발표하다

정답 ② (shocked → shock)

● 형태는 비슷하지만 의미가 다른 전치사 beside(~옆에)와 besides(~외에)를 혼동하지 않도록 주의합니다.

The restaurant is (~~besides~~, beside) the car wash. 그 식당은 세차장 옆에 있다.

➡ 문맥상 '세차장 옆에'라는 의미가 되어야 자연스러우므로 전치사 beside(~옆에)를 써야 합니다.

(~~Beside~~, Besides) students, no one can enter the library. 학생들 외에는, 아무도 그 도서관에 들어갈 수 없다.

➡ 문맥상 '학생들 외에는'이라는 의미가 되어야 자연스러우므로 전치사 Besides(~외에)를 써야 합니다.

포인트 적용문제 1

밑줄 친 부분 중 어법상 옳지 않은 것은?

① At hospital, the young girl waited ② besides her mother ③ for the doctor ④ to arrive.

해설 ② 문맥상 '어머니 옆에서 기다렸다'라는 의미가 되어야 자연스러우므로 전치사 besides(~외에)를 beside(~옆에)로 고쳐야 합니다.

해석 병원에서 그 어린 소녀는 어머니 옆에서 의사가 도착하기를 기다렸다.

어휘 hospital 병원 arrive 도착하다

정답 ② (besides → beside)

포인트 적용문제 2

밑줄 친 부분 중 어법상 옳지 않은 것은?

① Beside water, light ② is the most important thing ③ for ④ plant growth.

해설 ① 문맥상 '물 외에'라는 의미가 되어야 자연스러우므로 전치사 Beside(~옆에)를 Besides(~외에)로 고쳐야 합니다.

해석 물 외에, 빛은 식물의 성장을 위해 가장 중요한 것이다.

어휘 plant 식물 growth 성장

정답 ① (Beside → Besides)

Point ③ by와 until을 혼동하지 말자.

- by와 until은 '~까지'라는 비슷한 의미를 가졌지만 상황에 따라 구분해서 써야 합니다.

- 상태나 동작이 어떤 시점에 완료됨을 나타낼 때는 by를 써야 합니다.
  This report should be completed (~~until~~, by) Friday. 이 보고서는 금요일까지 완료되어야 한다.

  ➡ 보고서가 금요일까지 완료됨을 나타내므로 until이 아닌 by를 써야 합니다.

- 상태나 동작이 어떤 시점까지 계속됨을 나타낼 때는 until을 써야 합니다.
  We danced at the party (~~by~~, until) 10 p.m. 우리는 10시까지 파티에서 춤을 췄다.

  ➡ 춤을 추는 것이 10까지 계속됨을 나타내므로 by가 아닌 until을 써야 합니다.

포인트 적용문제 1

밑줄 친 부분 중 어법상 옳지 않은 것은?

Audience members ① were asked to wait ② by the end of ③ the presentation ④ to ask questions.

해설 ② 문맥상 '발표가 끝날 때까지 (계속) 기다려 달라'는 의미가 되어야 자연스러우므로 상태나 동작이 어떤 시점까지 계속됨을 나타내는 전치사 until(~까지)을 써야 합니다. 따라서 by를 until로 고쳐야 합니다.

해석 청중들은 질문을 하기 위해 발표가 끝날 때까지 기다려 달라고 요청받았다.

어휘 **audience** 청중 **ask** 요청하다 **presentation** 발표

정답 ② (by → until)

포인트 적용문제 2

밑줄 친 부분 중 어법상 옳지 않은 것은?

She ① does not have ② enough time ③ to finish the assignment ④ until the deadline.

해설 ④ 문맥상 '마감 시간까지 끝내다'라는 의미가 되어야 자연스러우므로 상태나 동작이 어떤 시점에 완료됨을 나타내는 전치사 by(~까지)를 써야 합니다. 따라서 until을 by로 고쳐야 합니다.

해석 그녀는 마감 시간까지 숙제를 끝마칠 충분한 시간이 없다.

어휘 **deadline** 마감 시간, 기한

정답 ④ (until → by)

어법상 밑줄 친 곳에 가장 적절한 것은? (01～06)

01

We know that he always manages the task to _____.

① perfection   ② perfect
③ perfectly   ④ perfected

02

The temperature at night dropped _____ 8 degrees.

① at   ② by
③ in   ④ for

03

The resort one of my friends visited during his vacation is located right _____ the ocean.

① next   ② next to
③ besides   ④ for

04

The children will go on a field trip _____ the afternoon.

① on   ② at
③ in   ④ by

05

_____, the view from the mountains was still beautiful.

① In spite of there was fog   ② In spite the fog
③ Despite of the fog   ④ Despite the fog

06

_____ April of 1789, George Washington became the first president of the United States.

① On   ② In
③ At   ④ For

밑줄 친 부분 중 어법상 옳지 않은 것은? (07~13)

07

① Beside science and math classes, students also ② have to ③ take one art class ④ to graduate.

08

① Surprisingly, the tribe has lived ② the same way ③ during thousands of years ④ despite exposure to the outside world.

09

① Although they haven't seen each other very often in the last ② few years, the friendship ③ among the two men ④ is still strong.

10

People often prefer ① for their friends ② to send text messages ③ from them instead of ④ calling.

11   ① The construction of the ② new road ③ is planned to be completed ④ until the weekend.

12   Traveling ① with train ② is no longer as ③ popular ④ as it once was.

13   Due to ① record levels of air pollution, the city ② has issued ③ a warning against ④ go outside.

다음 문장 중 어법상 옳지 않은 것은? (14~15)

14   ① On Thursday, we will go out for dinner with our neighbors.
　　② In spite the cold, winter is my favorite season.
　　③ World War II lasted for six years.
　　④ I woke up early in the morning for the test.

15   ① We stayed late at the beach for the fireworks.
　　② The company has a strict policy against be late.
　　③ She couldn't sleep last night because of the noise outside.
　　④ Her cousin sent her a postcard from Brazil.

정답·해석·해설 p.21

gosi.Hackers.com

gosi.Hackers.com

동사

DAY 07 동사의 종류

● 기초 개념 잡기 ●

동사의 종류란?

기차가 <u>도착했다</u>.
　　　 자동사

나는 <u>기차표를</u> <u>샀다</u>.
　　 목적어　　타동사

'도착하다'라는 동사는 목적어 없이도 의미가 통하지만, '사다'라는 동사는 '기차표'라는 목적어가 필요합니다. 이처럼 동사에는 목적어가 필요 없는 자동사와 목적어가 반드시 필요한 타동사가 있습니다.

 ## 자동사와 타동사에 대해 알아봅시다!

'물고기가 헤엄친다'라는 문장에서는 동작의 대상이 필요없지요? 이렇게 '헤엄친다'처럼 그 자체로 의미가 통해 목적어 없이 쓰이는 동사를 자동사라고 합니다. 그러나 '그는 메시지를 확인했다'라는 문장에서는 '확인했다'는 동작의 대상이 있어야 합니다. 이렇게 '확인했다'처럼 반드시 목적어가 있어야 하는 동사를 타동사라고 합니다. 자동사로는 1, 2형식 문장을, 타동사로는 3, 4, 5형식 문장을 만듭니다.

Fish <u>swim</u>.　물고기가 헤엄친다.
　　 자동사

He <u>checked</u> <u>the message</u>.　그는 메시지를 확인했다.
　 타동사　　　 목적어

Check Up

다음은 어떤 동사일까요?

Joe has sunglasses.　Joe는 선글라스를 가지고 있다.

ⓐ 자동사　　　　　　　　　　　　　　ⓑ 타동사

➜ 동사 뒤에 목적어 sunglasses가 있습니다.　　　　　　　　　　　　　　　정답 ⓑ

1형식·2형식 문장을 만드는 자동사에 대해 알아봅시다!

자동사에는 sleep(잠자다), run(달리다)과 같이 보어나 목적어가 필요 없는 1형식 동사, become(~이 되다), seem(~처럼 보이다)과 같이 보어를 필요로 하는 2형식 동사가 있습니다. 이 동사들은 각각 1형식 문장과 2형식 문장을 만듭니다.

1형식 문장 Susan ran. Susan이 달렸다.
　　　　　　주어　1형식 동사

2형식 문장 My daughter became a doctor. 내 딸은 의사가 되었다.
　　　　　　　　주어　　　 2형식 동사　　보어

> **Check Up**
>
> 다음 중 빈칸에 알맞은 것은 무엇일까요?
>
> The little boy _____ happy. 그 어린 소년은 행복한 것처럼 보인다.
>
> ⓐ seems　　　　　　　　　　　ⓑ sleeps
>
> ➤ 빈칸 뒤에 보어 happy가 있습니다.　　　　　　　　　　　정답 ⓐ

 3형식·4형식·5형식 문장을 만드는 타동사에 대해 알아봅시다!

타동사에는 buy(~을 사다), like(~을 좋아하다)와 같이 목적어 1개를 필요로 하는 3형식 동사, give(~에게 –을 주다), offer(~에게 –을 제공하다)와 같이 목적어 2개를 필요로 하는 4형식 동사, 그리고 call(~을 –라고 부르다), make(~을 –하게 만들다)와 같이 목적어와 보어를 필요로 하는 5형식 동사가 있습니다. 이 동사들은 각각 3형식, 4형식, 5형식 문장을 만듭니다.

3형식 문장 They bought gifts. 그들은 선물을 샀다.
　　　　　　주어　3형식 동사　목적어

4형식 문장 Julie gave her sister a book. Julie는 그녀의 여동생에게 책을 주었다.
　　　　　　주어　4형식 동사　간접 목적어　직접 목적어

5형식 문장 My teacher calls my friend Charlie. 나의 선생님은 내 친구를 Charlie라고 부른다.
　　　　　　　주어　　 5형식 동사　　목적어　　　보어

> **Check Up**
>
> 다음 중 빈칸에 알맞은 것은 무엇일까요?
>
> My friends _____ shopping. 나의 친구들은 쇼핑을 좋아한다.
>
> ⓐ run　　　　　　　　　　　　ⓑ like
>
> ➤ 빈칸 뒤에 목적어 shopping이 있습니다.　　　　　　　　　　　정답 ⓑ

1 자동사 : 1형식 동사와 2형식 동사

After I run, I feel refreshed.

동사 run과 feel은 모두 자동사이지만, 1형식 동사인 run은 그 자체로 완전한 문장을 만들고, 2형식 동사인 feel은 보어(refreshed)를 필요로 합니다. 이러한 1형식 동사와 2형식 동사에 대해 살펴볼까요?

1 1형식 동사

1형식 동사는 그 자체로 완전한 문장을 만듭니다.

go 가다	come 오다	sleep 자다	run 달리다	work 일하다
live 살다	stay 머무르다	depart 출발하다	happen 발생하다	occur 발생하다

The bus departed. 버스가 출발했다.
      1형식 동사

A huge earthquake occurred. 큰 지진이 발생했다.
      1형식 동사

2 2형식 동사 동사 + 보어

2형식 동사는 보어를 가집니다.

be ~이다	become ~이 되다	get ~되다	remain ~한 채로 남아있다	seem ~처럼 보이다
look ~처럼 보이다	feel ~처럼 느끼다	sound ~처럼 들리다	smell ~한 냄새가 나다	taste ~한 맛이 나다

She is a painter. 그녀는 화가이다.
  2형식 동사 보어

You look happy. 너는 행복한 것처럼 보인다.
  2형식 동사 보어

2 타동사 : 3형식 동사와 4형식 동사

I like you. / I told you the truth.

3형식 동사 like 뒤에는 목적어가 하나이지만, 4형식 동사 told 뒤에는 목적어가 두 개 왔습니다. 영어에서는 이처럼 3형식 동사인지 4형식 동사인지에 따라 목적어의 개수가 달라집니다. 3형식 동사와 4형식 동사에 대해 자세히 살펴볼까요?

① 3형식 동사 동사 + 목적어

3형식 동사는 목적어를 하나 가집니다.

She loves painting. 그녀는 그림 그리는 것을 좋아한다.
　　3형식 동사　목적어

② 4형식 동사 동사 + 간접 목적어 + 직접 목적어

4형식 동사는 목적어를 두 개 가집니다. 이때 앞에 오는 목적어를 간접 목적어(~에게), 뒤에 오는 목적어를 직접 목적어(~을/를)라고 합니다.

give ~에게 -을 주다	send ~에게 -을 보내 주다	lend ~에게 -을 빌려 주다	bring ~에게 -을 가져다 주다
tell ~에게 -을 말해 주다	show ~에게 -을 보여 주다	ask ~에게 -을 질문하다, 요청하다	inquire ~에게 -을 질문하다
buy ~에게 -을 사주다	make ~에게 -을 만들어 주다	offer ~에게 -을 제공하다	owe ~에게 -을 빚지다
choose ~에게 -을 골라주다	require ~에게 -을 요구하다	demand ~에게 -을 요구하다	prepare ~에게 -을 준비해 주다

He gave each guest a name tag. 그는 각 손님에게 명찰을 주었다.
　4형식동사　간접목적어　　직접목적어

③ 4형식 문장의 3형식 전환

4형식 문장은 3형식 문장으로 전환할 수 있습니다. 4형식 문장이 3형이 문장이 되면 직접 목적어(~을/를) + 전치사 + 간접 목적어(~에게)의 순서로 와야 합니다.

4형식 문장　He sent me a letter. 그는 내게 편지를 보냈다.
　　　　　　　　간접목적어 직접목적어

3형식 문장　He sent a letter to me.
　　　　　　　　직접목적어　전치사(to) + 간접목적어

이때, 동사에 따라 함께 쓰는 전치사를 구분하여 알아둡니다.

to	give 주다	send 보내다	lend 빌려주다	bring 가져다 주다
for	buy 사주다	make 만들어 주다	choose 골라주다	prepare 준비해 주다
of	ask 질문하다, 요청하다	inquire 질문하다	require 요구하다	demand 요구하다

My coworker sent an e-mail to our boss. 나의 동료는 상사에게 이메일을 보냈다.

My father bought a bicycle for me. 나의 아버지께서 내게 자전거를 사주셨다.

I asked advice of the professor. 나는 교수님에게 조언을 요청했다.

We consider him a good teacher .

동사 consider 뒤에 목적어 him과 목적어를 보충 설명하는 목적격 보어 a good teacher가 왔습니다. 이처럼 목적어와 목적격 보어를 가지는 5형식 동사에 대해 자세히 살펴볼까요?

1 5형식 동사 동사 + 목적어 + 목적격 보어

▮ **5형식 동사는 목적어와 목적어를 보충 설명하는 목적격 보어를 가집니다.**

call ~을 -이라고 부르다	consider ~을 -이라고 여기다	elect ~을 -으로 선출하다

We elected him mayor. 우리는 그를 시장으로 선출했다.
　5형식동사　목적어　목적격보어

2 to 부정사나 동사원형을 목적격 보어로 가지는 5형식 동사

▮ **to 부정사나 동사원형을 목적격 보어로 가지는 동사들을 알아둡니다.**

to 부정사를 목적격 보어로 가지는 동사	동사원형을 목적격 보어로 가지는 동사	
	사역동사	지각동사
allow ~이 -하게 허락하다 expect ~이 -할 것을 기대하다 force ~이 -하게 강요하다 want ~이 -하는 것을 원하다 ask ~이 -할 것을 요청하다 remind ~이 -하라고 알려주다 help ~이 -하는 것을 돕다	let ~이 -하도록 허락하다 make ~이 -하게 만들다 have ~이 -하게 시키다	see ~이 -하는 것을 보다 watch ~이 -하는 것을 보다 hear ~이 -하는 소리를 듣다 feel ~이 -하는 것을 느끼다

*help는 to 부정사와 동사원형을 모두 목적격 보어로 가질 수 있습니다.

I allowed him (use, to use) my computer. 나는 그가 내 컴퓨터를 사용하는 것을 허락했다.
　　　　　　　동사원형(X) to 부정사(O)

She let me (to use, use) her computer. 그녀는 내가 그녀의 컴퓨터를 사용하도록 허락했다.
　　　　　　to 부정사(X) 동사원형(O)

4 자동사와 타동사 구별

남자들은 만나면 축구에 대해 토론하고, 여자들은 드라마에 대해 이야기한다.

우리말 **토론하다**와 **이야기하다**는 모두 **~에 대해**를 함께 쓸 수 있지만, 영어에서는 자동사인 이야기하다(talk) 뒤에는 전치사 about(~에 대해)을 쓰고 타동사인 토론하다(discuss) 뒤에는 쓸 수 없습니다. 자세히 살펴볼까요?

1 자동사 + 전치사 + 목적어

자동사 뒤에 목적어를 취하기 위해서는 전치사가 필요합니다. 우리말 의미로는 전치사가 필요 없는 타동사 같지만 전치사와 함께 뒤에 목적어를 취하는 자동사들을 알아둡니다.

speak to/about ~에게/~에 대해 말하다	**talk to/about** ~에게/~에 대해 말하다	**object to** ~에 반대하다
listen to ~을 듣다	**respond to** ~에 응답하다	**belong to** ~에 속하다
wait for ~을 기다리다	**search for** ~을 찾다	**consist of** ~로 구성되다
agree with ~에게 동의하다	**arrive at/in** ~에 도착하다	**look at** ~을 보다

The lecturer will (~~talk~~, talk to) us about the importance of goals.
강연자는 우리에게 목표의 중요성에 대해 말할 것이다.

➡ 자동사 talk는 바로 목적어를 취할 수 없으므로 전치사 to와 함께 써야 합니다.

2 타동사 + 전치사 + 목적어

타동사 뒤에 목적어를 취하기 위해서는 전치사가 필요하지 않습니다. 우리말 의미로는 전치사가 필요한 자동사 같지만 뒤에 전치사를 쓰지 않는 타동사들을 알아둡니다.

tell ~에게 말하다	**address** ~에게 연설하다	**discuss** ~에 대해 토론하다	**oppose** ~에 반대하다
reach ~에 도착하다	**marry** ~와 결혼하다	**resemble** ~와 닮다	**obey** ~에 복종하다
accompany ~와 동반하다	**explain** ~을 설명하다	**approach** ~에 다가가다	**contact** ~와 연락하다

The lecturer will (~~tell to~~, tell) us about the importance of goals.
강연자는 우리에게 목표의 중요성에 대해 말할 것이다.

➡ 타동사 tell은 전치사 없이 바로 목적어를 취합니다.

Hackers Practice

둘 중 어법상 알맞은 것을 고르세요.

01 I asked forgiveness (ⓐ to, ⓑ of) my parents.

01 3형식 문장에서 간접 목적어 앞에 전치사 of를 취하는 타동사 ask

해석 | 나는 부모님에게 용서를 요청했다.

02 The witnesses (ⓐ told to, ⓑ told) the police about the accident.

02 목적어를 바로 취하는 타동사 tell

해석 | 목격자들은 그 사건에 관해서 경찰에게 이야기했다.

03 She sent (ⓐ me a package, ⓑ a package me) from Japan.

03 4형식 동사 send + 간접 목적어(~에게) + 직접 목적어(~을/를)

해석 | 그녀는 일본에서 나에게 소포를 보냈다.

04 He had to (ⓐ wait, ⓑ wait for) the bus for over an hour.

04 전치사 for를 취하는 자동사 wait

해석 | 그는 버스를 한 시간 넘게 기다려야 했다.

05 Too much rain in the spring made the river (ⓐ to overflow, ⓑ overflow).

05 동사원형을 목적격 보어로 취하는 사역동사 make

해석 | 봄에 내린 너무 많은 비가 그 강을 넘치게 만들었다.

06 Some birds (ⓐ lie, ⓑ lay) their eggs in other birds' nests.

06 목적어(their eggs)를 취할 수 있는 타동사 lay

해석 | 어떤 새들은 그들의 알을 다른 새의 둥지에 낳는다.

07 Tom allowed me (ⓐ to borrow, ⓑ borrow) his book.

07 to 부정사를 목적격 보어로 취하는 5형식 동사 allow

해석 | Tom은 내가 그의 책을 빌리는 것을 허락했다.

08 Her mother lets her (ⓐ stay, ⓑ to stay) out late on the weekends.

08 동사원형을 목적격 보어로 취하는 사역동사 let

해석 | 그녀의 엄마는 주말에 그녀가 늦게까지 외출하도록 허락한다.

정답 **01** ⓑ **02** ⓑ **03** ⓐ **04** ⓑ **05** ⓑ **06** ⓑ **07** ⓐ **08** ⓐ

Point ① 타동사는 전치사 없이 목적어를 바로 취한다.

- 타동사는 전치사 없이 목적어를 바로 취하므로 타동사와 목적어 사이에는 전치사가 올 수 없습니다. 특히 아래의 타동사들을 자동사로 착각해 전치사와 함께 쓰지 않도록 주의합니다.

address ~~to~~ ~에게 연설하다	discuss ~~about~~ ~에 대해 논의하다	oppose ~~to~~ ~에 반대하다
marry ~~with~~ ~와 결혼하다	resemble ~~with~~ ~을 닮다	obey ~~to~~ ~에 복종하다
accompany ~~with~~ ~와 동반하다	explain ~~about~~ ~을 설명하다	approach ~~to~~ ~에 다가가다

Jane (~~married with~~, married) a dentist. Jane은 치과 의사와 결혼했다.
　　　　　　　　　　목적어

포인트 적용문제 1

밑줄 친 부분 중 어법상 옳지 않은 것은?

① All of the maids ② and servants ③ obeyed to the ④ king's orders.

해설 ③ 타동사(obey)는 전치사 없이 목적어(the king's orders)를 바로 취하므로 obeyed to를 obeyed로 고쳐야 합니다.

해석 모든 하녀와 하인들은 왕의 명령에 복종했다.

어휘 **maid** 하녀 **servant** 하인 **obey** 복종하다 **order** 명령

정답 ③ (obeyed to → obeyed)

포인트 적용문제 2

밑줄 친 부분 중 어법상 옳지 않은 것은?

She ① addressed to the audience ② by beginning with ③ a joke to ④ get their attention.

해설 ① 타동사(address)는 전치사 없이 목적어(the audience)를 바로 취하므로 addressed to를 addressed로 고쳐야 합니다.

해석 그녀는 청중의 주목을 끌기 위해 농담으로 시작하며 그들에게 연설했다.

어휘 **address** 연설하다 **audience** 청중 **attention** 주목, 주의

정답 ① (addressed to → addressed)

Point ② 자동사와 목적어 사이에는 반드시 전치사가 와야 한다.

- 자동사 뒤에 전치사 없이 목적어가 오면 틀린 문장이 됩니다.
- 특히, 짝을 이루어 쓰이는 자동사와 전치사를 주의해서 알아둡니다.

listen to ~을 듣다	belong to ~에 속하다	object to ~에 반대하다
wait for ~을 기다리다	search for ~을 찾다	account for ~을 설명하다
look at ~을 보다	participate in ~에 참여하다	result in ~을 초래하다

He (~~looked~~, looked at) his watch. 그는 자신의 시계를 봤다.

포인트 적용문제 1

밑줄 친 부분 중 어법상 옳지 않은 것은?

Children ① <u>who</u> ② <u>participate</u> sports ③ <u>gain</u> self-confidence and ④ <u>learn</u> to work as a team.

해설 ② 자동사(participate) 뒤에는 전치사(in) 없이 목적어(sports)가 올 수 없으므로, 자동사 participate를 전치사 in과 함께 써서 participate in으로 고쳐야 합니다.

해석 스포츠에 참여하는 아이들은 자신감을 얻고 팀으로 일하는 것을 배운다.

어휘 participate 참여하다 gain 얻다 self-confidence 자신감

정답 ② (participate → participate in)

포인트 적용문제 2

밑줄 친 부분 중 어법상 옳지 않은 것은?

He ① <u>searched</u> his ② <u>missing</u> dog, only to find ③ <u>it</u> sleeping ④ <u>under</u> the sofa.

해설 ① 자동사(search) 뒤에는 전치사(for) 없이 목적어(missing dog)가 올 수 없으므로, 자동사 searched를 전치사 for와 함께 써서 searched for로 고쳐야 합니다.

해석 그는 그의 사라진 개를 찾아다녔고, 그 결과 그 개가 소파 밑에서 자고 있는 것을 발견했다.

어휘 missing 사라진, 실종된

정답 ① (searched → searched for)

Point ③ 혼동하기 쉬운 자동사와 타동사에 주의하자.

- 형태가 비슷한 자동사와 타동사를 혼동하지 않도록 주의합니다.

lie — lay — lain (자)놓여 있다, 눕다 lie — lied — lied (자)거짓말하다	vs.	lay — laid — laid (타)~을 놓다, 두다, 낳다
sit — sat — sat (자)앉다	vs.	seat — seated — seated (타)~을 앉히다
rise — rose — risen (자)떠오르다	vs.	raise — raised — raised (타)~을 올리다

He (~~lay~~, laid) the picnic basket on the ground. 그는 도시락 바구니를 땅에 두었다.
　자동사(X) 타동사(O)　　　목적어

- 의미가 비슷한 자동사와 타동사를 혼동하지 않도록 주의합니다.

speak to (자)~에게 말하다 tell (타)~에게 말하다	object to (자)~에 반대하다 oppose (타)~에 반대하다	arrive at (자)~에 도착하다 reach (타)~에 도착하다

Jack (~~told~~, spoke) to his boss about taking time off. Jack은 그의 상사에게 휴가를 내는 것에 대해 말했다.
　타동사(X) 자동사(O) 전치사　목적어

포인트 적용문제 1

밑줄 친 부분 중 어법상 옳지 않은 것은?

> ① He had ② trouble falling asleep ③ as he ④ laid in bed last night.

해설 ④ 타동사 lay(~을 놓다)의 과거형인 laid 뒤에 목적어가 없고, 문맥상 '그가 침대에 누워 있는 동안'이라는 의미가 되어야 자연스러우므로 laid를 자동사 lie(눕다)의 과거형인 lay로 고쳐야 합니다.

해석 그는 어젯밤 침대에 누워있는 동안에 잠드는 데 어려움을 겪었다.

어휘 **have trouble -ing** –하는 데 어려움을 겪다
fall asleep 잠들다

정답 ④ (laid → lay)

포인트 적용문제 2

밑줄 친 부분 중 어법상 옳지 않은 것은?

> The kids didn't ① tell to her the truth ② when she asked ③ who had made the ④ mess in the kitchen.

해설 ① 동사 tell은 타동사로 전치사(to) 없이 목적어(her)를 바로 취하므로 tell to를 tell로 고쳐야 합니다.

해석 아이들은 그녀가 누가 부엌을 엉망으로 만들었는지 물었을 때 그녀에게 사실을 말하지 않았다.

어휘 **truth** 사실 **mess** 엉망인 상태

정답 ① (tell to → tell)

- 2형식 동사의 주격 보어 자리에 형용사가 아닌 부사가 오면 틀린 문장이 됩니다.

| be ~이다 | become ~이 되다 | get ~되다 | remain ~한 채로 남아있다 |
| look ~처럼 보이다 | seem ~처럼 보이다 | feel ~처럼 느끼다 | smell ~한 냄새가 나다 |

The bread smells (deliciously, delicious). 그 빵은 맛있는 냄새가 난다.
2형식 동사   부사(X)   형용사(O)

포인트 적용문제 1

밑줄 친 부분 중 어법상 옳지 않은 것은?

You ① looked ② nervously ③ when you ④ gave a presentation this morning.

해설 ② 2형식 동사(look)의 주격 보어 자리에 부사 (nervously)는 올 수 없으므로, 부사 nervously 를 형용사 nervous로 고쳐야 합니다.

해석 오늘 아침에 발표를 했을 때 당신은 불안해하는 것처럼 보였다.

어휘 **nervously** 초조하게 **nervous** 불안해하는
presentation 발표

정답 ② (nervously → nervous)

포인트 적용문제 2

밑줄 친 부분 중 어법상 옳지 않은 것은?

① Some people ② feel ③ uncomfortably in small and tight spaces ④ such as elevators and airplane seats.

해설 ③ 2형식 동사(feel)의 주격 보어 자리에 부 사(uncomfortably)는 올 수 없으므로, 부사 uncomfortably를 형용사 uncomfortable로 고쳐야 합니다.

해석 몇몇 사람들은 엘리베이터나 비행기 좌석과 같이 작고 빠듯한 공간에서 불편하게 느낀다.

어휘 **uncomfortably** 불편하게
uncomfortable 불편한 **tight** 빠듯한
such as ~와 같은

정답 ③ (uncomfortably → uncomfortable)

Point ⑤ to 부정사 목적격 보어 vs. 동사원형 목적격 보어

- to 부정사를 목적격 보어로 취하는 아래의 5형식 동사들은 목적격 보어로 to 부정사가 아닌 동사원형이 오면 틀린 문장이 됩니다.

allow ~이 –하게 허락하다	expect ~이 –할 것을 기대하다	force ~이 –하게 강요하다
want ~이 –하는 것을 원하다	ask ~이 –할 것을 요청하다	remind ~이 –하라고 알려주다

Jane <u>allowed</u> her dog (~~sleep~~, to sleep) on the bed. Jane은 그녀의 개가 침대에서 자는 것을 허락했다.
동사원형(X)   to 부정사(O)

- 동사원형을 목적격 보어로 취하는 아래의 5형식 동사들은 목적격 보어로 동사원형이 아닌 to 부정사가 오면 틀린 문장이 됩니다.

사역동사	let ~이 –하도록 허락하다	make ~이 –하게 만들다	have ~이 –하게 만들다
지각동사	see ~이 –하는 것을 보다	hear ~이 –하는 소리를 듣다	feel ~이 –하는 것을 느끼다

She <u>let</u> her son (~~to play~~, play) outside. 그녀는 그녀의 아들이 밖에서 노는 것을 허락했다.
to 부정사(X)   동사원형(O)

포인트 적용문제 1

어법상 밑줄 친 곳에 가장 적절한 것은?

The promising new technology made people _____ to invest in the energy company.

① wants   ② to want
③ want   ④ wanting

해설 사역동사(make)는 동사원형을 목적격 보어로 취하는 동사이므로 동사원형 ③ want가 정답입니다.

해석 그 유망한 신기술은 사람들이 에너지 기업에 투자하기를 원하게 만들었다.

어휘 promising 유망한 technology 기술 invest 투자하다

정답 ③ want

포인트 적용문제 2

밑줄 친 부분 중 어법상 옳지 않은 것은?

Analysts say ① <u>that</u> they expect the new smartphone model ② <u>sell</u> very ③ <u>well</u> because ④ <u>it</u> has beautiful design.

해설 ② 5형식 동사 expect는 to 부정사를 목적격 보어로 취하는 동사이므로 동사원형 sell을 to 부정사 to sell로 고쳐야 합니다.

해석 분석가들은 그 새로운 핸드폰 모델은 디자인이 예쁘기 때문에 광장히 잘 팔릴 것을 기대한다고 말한다.

어휘 analyst 분석가 sell 팔리다. 팔다

정답 ② (sell → to sell)

어법상 밑줄 친 곳에 가장 적절한 것은? (01 ~ 06)

01

> My brother let me _____ his car for the weekend.

① borrowing　　　　　　　　② to borrow

③ borrows　　　　　　　　　④ borrow

02

> My best friend bought _____ as a birthday present.

① a silver bracelet me　　　　② me for a silver bracelet

③ a silver bracelet for me　　　④ for a silver bracelet me

03

> He turned on the television and watched the president _____.

① address to the public　　　　② address the public

③ to address the public　　　　④ to address to the public

04

> The famous masterpiece by the Renaissance artist currently _____ the National Gallery.

① belongs　　　　　　　　② to belong

③ belongs to　　　　　　　④ belonging

05

> A new trade agreement has forced the nation _____ most of its oil, and this has negatively affected the domestic market.

① import　　　　　　　　② importing

③ to import　　　　　　　④ imported

06

Many companies have applicants _____ a test before giving them an interview.

① take   ② to take

③ taking   ④ takes

밑줄 친 부분 중 어법상 옳지 않은 것은? (07~13)

07

I think ① that the actor ② really ③ resembles with the ④ historical figure.

08

You should never ① respond suspicious e-mails ② that ③ require you ④ to make online payments.

09

She asked ① many questions ② to her ③ personal assistant ④ on his first day of work.

10

We had just missed the bus ① and ② had to ③ wait the next one ④ to arrive.

11 | Many ① experts believe ② that the food shortages will ③ rise the cost of groceries, which ④ has already gone up since last year.

12 | This house ① seems so ② largely compared to the apartment ③ that I ④ live in now.

13 | The man prefers to ① seat near the window ② when he ③ takes the train ④ to visit his hometown.

다음 문장 중 어법상 옳지 않은 것은? (14～15)

14 ① Several residents object the new traffic law.

② I consider her one of my best friends.

③ The global population will reach eight billion soon.

④ She offered me a drink after I played basketball.

15 ① The judge refuses to respond to the lawyer's suggestion.

② Tell to him I'm leaving some papers on his desk.

③ She prepared a dinner for the guests.

④ His apology was too sincere for me to remain angry.

정답·해석·해설 p.25

gosi.Hackers.com

DAY 08 수 일치

● 기초 개념 잡기 ●

수 일치란?

A monkey sings.
단수주어 단수동사

Monkeys sing.
복수주어 복수동사

주어가 단수인 A monkey일 때는 동사도 단수인 sings를 쓰고, 주어가 복수인 Monkeys일 때는 동사도 복수인 sing을 씁니다. 이처럼 주어의 수에 따라 동사의 수를 일치시켜야 하는데, 이를 수 일치라고 합니다.

 단수 주어와 복수 주어에 대해 알아봅시다!

단수 주어로 취급되는 것들에는 하나의 사람이나 사물, 그리고 불가산 명사가 있습니다. 이때, 하나의 사람이나 사물 앞에는 부정관사 a나 an이 붙으며 불가산 명사에는 a나 an이 붙지 않습니다. 복수 주어로 취급되는 것들에는 둘 이상의 사람이나 사물이 있으며 뒤에 (e)s가 붙습니다.

단수 주어	하나의 사람이나 사물	a teacher, an apple
	불가산 명사	air, love
복수 주어	둘 이상의 사람이나 사물	teachers, apples

<u>An apple</u> is on the table. 하나의 사과가 탁자 위에 있다.
　단수주어

<u>Teachers</u> prepare lectures. 선생님들은 강의를 준비한다.
　복수주어

Check Up

다음 중 단수 주어가 될 수 있는 것은 무엇일까요?

ⓐ desks 책상들　　　　　ⓑ dogs 강아지들　　　　　ⓒ a fan 선풍기

➔ 단수 주어가 될 수 있는 것은 하나의 사람이나 사물, 또는 불가산 명사입니다.　　　　정답 ⓒ

단수 동사와 복수 동사에 대해 알아봅시다!

단수 동사는 단수 주어 뒤에 오는 동사로 동사원형에 (e)s를 붙인 3인칭 단수형을 쓰고, 복수 동사는 복수 주어 뒤에 쓰는 동사로 동사원형 그대로 씁니다. 그러나 단수 동사와 복수 동사의 구분은 현재형일 때만 해당되고, 과거형의 경우는 동일합니다.

단수 동사	단수형	sells, goes
복수 동사	동사원형	sell, go

<u>Natalie</u> <u>sells</u> furniture. Natalie는 가구를 판매한다.
　단수주어　단수동사

<u>My friends</u> <u>go</u> to the gym every day. 내 친구들은 매일 체육관에 간다.
　복수주어　　복수동사

Check Up

다음 중 빈칸에 알맞은 것은 무엇일까요?

The girls _____ ice cream. 그 소녀들은 아이스크림을 좋아한다.

ⓐ like　　　　　　　　　　ⓑ likes

➡ 복수 주어 뒤에는 복수 동사가 와야 합니다.　　　　　　　　　　정답　ⓐ

1 단수 주어와 단수 동사의 수 일치

A girl (dance, dances) beautifully.

괄호 안에는 단수 주어인 A girl과 어울리는 단수 동사 dances를 써야 합니다. 이렇게 단수 주어로 취급되어 뒤에 단수 동사를 써야 하는 것에는 어떤 것들이 있는지 살펴볼까요?

1 단수 주어와 단수 동사의 수 일치

단수 가산 명사, 불가산 명사는 단수 주어로 취급되어 뒤에 **단수 동사**가 와야 합니다.

단수 가산 명사   The project seems very successful.   그 프로젝트는 매우 성공적인 것 같다.
                단수가산명사   단수동사

불가산 명사   Music makes me relax.   음악은 나를 편안하게 만든다.
           불가산명사   단수동사

'~하는 것'으로 해석되는 동명사, to 부정사, 명사절도 단수 주어로 취급되어 뒤에 **단수 동사**가 와야 합니다.

동명사   Taking pictures pleases her.   사진을 찍는 것은 그녀를 즐겁게 한다.
        동명사   단수동사

to 부정사   To reserve hotel rooms requires an ID card.   호텔 객실을 예약하는 것은 신분증을 요구한다.
           to 부정사   단수동사

명사절   That Sally makes all the decisions is unfair.   Sally가 모든 결정을 내린다는 것은 불공평하다.
               명사절   단수동사

2 주어에 단수 수량 표현이 온 경우 동사의 수 일치

주어에 **단수 취급하는 수량 표현**이 온 경우, 단수 주어로 취급되어 뒤에 **단수 동사**가 와야 합니다.

단수 취급하는 수량 표현	each + 단수 명사 각각의 ~ each of + 복수 명사 ~의 각각 the number of + 단수/복수 명사 ~의 수	every + 단수 명사 모든 ~ one of the + 복수 명사 ~중 하나 neither of + 복수 명사 어느 것도 ~아닌

One of the boys sings.   그 소년들 중 한 명이 노래한다.
one of the + 복수명사   단수동사

The number of policemen is enough to keep the town safe.   경찰관들의 수는 그 마을을 안전하게 유지하기에 충분하다.
   the number of + 복수명사   단수동사

2 복수 주어와 복수 동사의 수 일치

Two girls (dances, dance) beautifully.

괄호 안에는 복수 주어인 Two girls와 어울리는 복수 동사 dance를 써야 합니다. 이렇게 복수 주어로 취급되어 뒤에 복수 동사를 써야 하는 것에는 어떤 것들이 있는지 살펴볼까요?

1 복수 주어와 복수 동사의 수 일치

복수 가산 명사는 복수 주어로 취급되어 뒤에 **복수 동사**가 와야 합니다.

The letters are in your mailbox. 편지들은 너의 우편함에 있다.
　복수가산명사　복수동사

and로 연결된 주어도 복수 주어로 취급되어 뒤에 **복수 동사**가 와야 합니다.

Ben and Steve take an accounting class. Ben과 Steve는 회계학 수업을 수강한다.
　주어 and 주어　　복수동사

2 주어에 복수 수량 표현이 온 경우 동사의 수 일치

주어 앞에 **복수 취급하는 수량 표현**이 온 경우, 복수 주어로 취급되어 뒤에 **복수 동사**가 와야 합니다.

복수 취급하는 수량 표현	a few + 복수 명사 몇몇 ~ many + 복수 명사 많은 ~	several + 복수 명사 여러 개의 ~ a number of + 복수 명사 많은 ~

Several desks are in the office. 여러 개의 책상들이 사무실 안에 있다.
several + 복수명사　복수동사

A number of workers commute to work by bus. 많은 직원들이 버스를 타고 직장으로 통근한다.
A number of + 복수명사　　복수동사

둘 중 어법상 알맞은 것을 고르세요.

01 To complete a puzzle (ⓐ take, ⓑ takes) time.

02 Many tourists (ⓐ visit, ⓑ visits) Seoul each year.

03 Practicing yoga (ⓐ is, ⓑ are) a good way to relax.

04 Nuts and beans (ⓐ contains, ⓑ contain) a lot of protein.

05 Every seat on the bus (ⓐ is, ⓑ are) already taken.

06 The number of countries participating in the Olympics (ⓐ have, ⓑ has) increased.

07 Fear of failure (ⓐ leads, ⓑ lead) us to succeed.

08 A few light bulbs in the apartment (ⓐ need, ⓑ needs) to be changed.

01 to 부정사 주어 → 단수 동사
해석 | 퍼즐을 완성하는 것은 시간이 걸린다.

02 many + 복수 명사 → 복수 동사
해석 | 많은 관광객들이 매년 서울을 방문한다.

03 동명사 주어 → 단수 동사
해석 | 요가를 하는 것은 휴식을 취하기에 좋은 방법
이다.

04 and로 연결된 주어 → 복수 동사
해석 | 견과류와 콩은 많은 단백질을 포함하고 있다.

05 every + 단수 명사 → 단수 동사
해석 | 버스의 모든 좌석이 이미 다 찼다.

06 the number of + 복수 명사 → 단수 동사
해석 | 올림픽에 참여하는 나라의 수가 증가했다.

07 불가산 명사 → 단수 동사
해석 | 실패에 대한 두려움은 우리를 성공으로 이끈다.

08 a few + 복수 명사 → 복수 동사
해석 | 그 아파트 내의 전구 몇 개는 교체되어야 한다.

정답 **01** ⓑ **02** ⓐ **03** ⓐ **04** ⓑ **05** ⓐ **06** ⓑ **07** ⓐ **08** ⓐ

Point ① 주어와 동사 사이의 수식어는 수 일치에 영향을 미치지 않는다.

- 주어와 동사 사이에 온 삽입절이나 전치사구 같은 수식어는 동사의 수에 영향을 미치지 않습니다.

- 특히 수식어가 복수 명사로 끝나더라도, 주어가 단수이면 단수 동사가 와야 함에 주의합니다.

The girl who is laughing with her friends (~~have~~, has) long brown hair.
단수주어 ⎯⎯⎯ 수식어 ⎯⎯⎯ 복수동사(X) 단수동사(O)

친구들과 함께 웃고 있는 그 소녀는 긴 갈색 머리를 가지고 있다.

포인트 적용문제 1

밑줄 친 부분 중 어법상 옳지 않은 것은?

The overall ① objective of labor unions and ② their leaders ③ are ④ to defend the rights of workers.

해설 ③ 단수 주어(The overall objective)와 동사 (are) 사이에 온 수식어(of labor ~ leaders)는 주어와 동사의 수 일치에 영향을 미치지 않으므로, 복수 동사 are를 단수 동사 is로 고쳐야 합니다.

해석 노동조합들과 노조 대표들의 전반적인 목표는 노동자의 권리를 변호하는 것이다.

어휘 **objective** 목표, 목적 **defend** 변호하다 **right** 권리

정답 ③ (are → is)

포인트 적용문제 2

밑줄 친 부분 중 어법상 옳지 않은 것은?

The photographs ① displayed in the gallery, ② which ③ were taken by my friend ④ is amazing.

해설 ④ 복수 주어(The photographs)와 동사(is) 사이에 온 수식어(which ~ friend)는 주어와 동사의 수 일치에 영향을 미치지 않으므로, 단수 동사 is를 복수 동사 are로 고쳐야 합니다.

해석 미술관에 전시되어 있는 내 친구가 촬영한 사진들은 놀랍다.

어휘 **display** 전시하다 **gallery** 미술관 **amazing** 놀라운

정답 ④ (is → are)

- 아래와 같은 수량 표현을 포함한 주어는 단수 취급하므로 뒤에 단수 동사가 와야 합니다.

each of + 복수 명사 ~의 각각	**one of the** + 복수 명사 ~중 하나
neither of + 복수 명사 어느 것도 ~아닌	**the number of** + 단수/복수 명사 ~의 수

- 주어가 복수 명사를 포함하고 있더라도 단수 취급하므로, 뒤에 복수 동사가 오면 틀린 문장이 됩니다.

  Each of our bones (~~support~~, supports) **our bodies.** 우리의 뼈 각각은 우리의 몸을 지탱한다.
  each of + 복수명사   복수동사(X) 단수동사(O)

포인트 적용문제 1

어법상 밑줄 친 곳에 가장 적절한 것은?

Each of the five senses _____ to help you understand the world around you. ① work ② works ③ to work ④ working

해설 'each of + 복수 명사'(Each of the five senses) 형태의 주어는 단수 취급하므로 단수 동사 ② works가 정답입니다.

해석 오감의 각각은 당신이 주변의 세상을 이해하는 것을 돕는 작용을 한다.

어휘 sense 감각

정답 ② works

포인트 적용문제 2

밑줄 친 부분 중 어법상 옳지 않은 것은?

Neither ① of the main ② characters in the novel ③ are ④ particularly intelligent.

해설 ③ 'neither of + 복수 명사'(Neither of the main characters) 형태의 주어는 단수 취급하므로 복수 동사 are를 단수 동사 is로 고쳐야 합니다.

해석 그 소설의 주인공들 중 누구도 특별히 총명하지 않다.

어휘 main character 주인공 novel 소설 particularly 특별히 intelligent 총명한

정답 ③ (are → is)

● 주격 형용사절의 동사는 선행사에 수 일치시켜야 합니다. 선행사가 단수이면 단수 동사, 선행사가 복수이면 복수 동사가 와야 합니다.

This is a drink that (~~contain~~, contains) vitamins. 이것은 비타민을 함유한 음료이다.
　　단수선행사　　　　복수동사(X)　단수동사(O)

포인트 적용문제 1

밑줄 친 부분 중 어법상 옳지 않은 것은?

The country ① that ② produce the most ③ cocoa beans ④ is in Africa.

해설 ② 선행사 The country가 단수이므로 주격 형용사절(that ~ beans) 내의 복수 동사 produce를 단수 동사 produces로 고쳐야 합니다.

해석 카카오 씨를 가장 많이 생산하는 나라는 아프리카에 있다.

어휘 produce 생산하다　cocoa bean 카카오 씨

정답 ② (produce → produces)

포인트 적용문제 2

밑줄 친 부분 중 어법상 옳지 않은 것은?

The tower, ① which ② stand in the town square, ③ is made entirely of ④ stone.

해설 ② 선행사 The tower가 단수이므로 주격 형용사절(which ~ square) 내의 복수 동사 stand를 단수 동사 stands로 고쳐야 합니다.

해석 마을 광장에 있는 탑은 완전히 돌로 만들어져 있다.

어휘 square 광장　entirely 완전히

정답 ② (stand → stands)

Point 4 the number of vs. a number of

- 'the number of + 단수/복수 명사'(~의 수) 형태의 주어 뒤에는 단수 동사가 와야 합니다.

  The number of fast food restaurants (~~increase~~, increases) every year. 패스트푸드 식당의 수는 매년 증가한다.
  <u>the number of + 복수명사</u>   복수동사(X)   단수동사(O)

- 'a number of + 복수 명사'(많은~) 형태의 주어 뒤에는 복수 동사가 와야 합니다.

  A number of foreigners (~~visits~~, visit) Korea these days. 요즘 많은 외국인들이 한국을 방문한다.
  <u>a number of + 복수명사</u>   단수동사(X) 복수동사(O)

포인트 적용문제 1

어법상 밑줄 친 곳에 가장 적절한 것은?

A number of companies _____ people to work from home these days.
① hires   ② hire
③ to hire   ④ hiring

해설 'a number of + 복수 명사'(A number of companies) 형태의 주어 뒤에는 복수 동사가 와야 하므로 복수 동사 ② hire가 정답입니다.

해석 최근에는 많은 회사들이 자택에서 근무할 사람들을 고용한다.

어휘 hire 고용하다

정답 ② hire

포인트 적용문제 2

밑줄 친 부분 중 어법상 옳지 않은 것은?

The number of ① <u>people</u> ② <u>attending</u> the exhibition ③ <u>depend</u> on the ④ <u>effectiveness</u> of the advertising.

해설 ③ 'the number of + 복수 명사'(The number of people) 형태의 주어 뒤에는 단수 동사가 와야 하므로 복수 동사 depend를 단수 동사 depends로 고쳐야 합니다.

해석 전시회에 참석하는 사람들의 수는 광고의 효과에 달려있다.

어휘 attend 참석하다   exhibition 전시회
depend ~에 달려있다   effectiveness 효과

정답 ③ (depend → depends)

Point ⑤ 가짜 주어 there 구문의 수 일치에 주의하자.

• 가짜 주어 there 구문 'there + 동사 + 진짜 주어'(~이 있다)에서 동사는 동사 뒤의 진짜 주어에 수 일치시켜야 합니다. 진짜 주어가 단수이면 단수 동사, 진짜 주어가 복수이면 복수 동사가 와야 합니다.

There (is, are) a few issues with the new law. 그 새 법안에는 몇몇 문제가 있다.
단수동사(X) 복수동사(O) 진짜 주어(복수명사)

포인트 적용문제 1

밑줄 친 부분 중 어법상 옳지 않은 것은?

There ① is several ② serious problems ③ related to the ④ declining birth rate.

해설 ① 가짜 주어 there 구문에서 동사는 동사 뒤의 진짜 주어(several serious problems)에 수 일치시켜야 합니다. 진짜 주어가 복수이므로 단수 동사 is를 복수 동사 are로 고쳐야 합니다.

해석 감소하는 출생률과 관련된 몇몇 심각한 문제들이 있다.

어휘 serious 심각한 related to ~와 관련된 decline 감소하다 birth rate 출생률

정답 ① (is → are)

포인트 적용문제 2

밑줄 친 부분 중 어법상 옳지 않은 것은?

There ① is a number of ② routes ③ that you can ④ take to climb the mountain.

해설 ① 가짜 주어 there 구문에서 동사는 동사 뒤의 진짜 주어(a number of routes)에 수 일치시켜야 합니다. 진짜 주어가 복수이므로 단수 동사 is를 복수 동사 are로 고쳐야 합니다.

해석 그 산을 오르기 위해서 당신이 취할 수 있는 많은 경로들이 있다.

어휘 route 경로 climb 오르다

정답 ① (is → are)

어법상 밑줄 친 곳에 가장 적절한 것은? (01 ~ 06)

01

Eating fruits and vegetables _____ a beneficial effect on health.

① have ② has
③ to have ④ having

02

A number of _____ discrimination in the workplace.

① women experiences ② woman experiences
③ woman experience ④ women experience

03

Each of these early microscopes _____ invented during the 17th century.

① was ② were
③ to be ④ being

04

There _____ about whether to continue or stop capital punishment.

① are much debate ② is much debate
③ are many debates ④ is many debate

05

At this restaurant, every _____ dessert.

① meal include ② meals include
③ meal includes ④ meals includes

06

Several first-edition _____ available to purchase at the store near the public park.

① copy of the book is

② copies of the book is

③ copy of the book are

④ copies of the book are

밑줄 친 부분 중 어법상 옳지 않은 것은? (07~13)

07

① The ash from ② volcanic eruptions ③ look ④ like grains of sand.

08

The man ① who ② live next door to me ③ is ④ friendly and considerate.

09

① The number of ② guests ③ at the hotel have complained about ④ the service.

10

To repair ① old railroads, stations, and bridges ② require both ③ a lot of time ④ and money.

11

Each of the ① astronauts at the International Space Station ② conduct many ③ experiments before ④ returning to Earth.

12

Law and medicine, which ① are ② very challenging areas of study, ③ requires more years of study than other ④ majors.

13

What was ① shameful ② were ③ that the award-winning journalist ④ had written fake stories.

다음 문장 중 어법상 옳지 않은 것은? (14 ~ 15)

14 ① All of the houses on this street are white.

② My mother and I both enjoys biking in the park.

③ One of the mountain trails leads to a temple.

④ Many cars are parked outside.

15 ① Few people live in Canada's northern region.

② Every sports team needs a good coach.

③ Neither of the windows in the room have curtains.

④ There is a spider crawling up the wall.

정답·해석·해설 p.29

gosi.Hackers.com

DAY 09 시제

기초 개념 잡기

시제란?

어제 버스를 **탔**다.

내일도 버스를 **탈** 것이다.

어제 했던 일은 '버스를 탔다'로, 내일 할 일은 '버스를 탈 것이다'로 나타냅니다. 이처럼 동사의 형태를 바꾸어 어떤 행동이나 사건을 시간의 흐름에 따라 표현할 수 있는데, 이를 시제라고 합니다.

시제의 종류는?

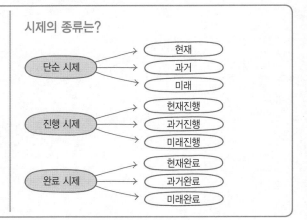

단순 시제	현재 / 과거 / 미래
진행 시제	현재진행 / 과거진행 / 미래진행
완료 시제	현재완료 / 과거완료 / 미래완료

 단순 시제에 대해 알아봅시다!

특정 시간의 동작이나 상태를 나타내는 시제로 다음과 같이 크게 3가지로 나뉩니다.

현재	동사원형 + (e)s	Tom works at a bank. Tom은 은행에서 일한다.
과거	동사원형 + (e)d 또는 불규칙 과거	Tom worked at a bank last year. Tom은 작년에 은행에서 일했다.
미래	will + 동사원형	Tom will work at a bank next year. Tom은 내년에 은행에서 일할 것이다.

*불규칙 과거 동사는 p.318에서 확인할 수 있습니다.

Check Up

다음 중 과거를 표현한 문장은 무엇일까요?

ⓐ He will exercise. 그는 운동을 할 것이다.
ⓑ I called Ms. Austin. 나는 Ms. Austin에게 전화를 했다.

→ 과거 시제를 나타내기 위해서는 동사에 (e)d를 붙입니다. 　　　　　　　　　　　　　정답 ⓑ

진행 시제에 대해 알아봅시다!

주어진 시점에 동작이 계속 진행 중임을 나타내는 시제로 다음과 같이 크게 3가지로 나뉩니다.

현재진행	am/are/is + -ing	The children are watching TV now. 아이들은 지금 TV를 보고 있다.
과거진행	was/were + -ing	The children were watching TV yesterday. 아이들은 어제 TV를 보고 있었다.
미래진행	will be + -ing	The children will be watching TV tomorrow. 아이들은 내일 TV를 보고 있을 것이다.

Check Up

다음 중 현재진행을 표현한 문장은 무엇일까요?

ⓐ I am writing an email. 나는 이메일을 쓰고 있다.
ⓑ She will visit her school tomorrow. 그녀는 내일 그녀의 학교를 방문할 것이다.

➡ 현재진행은 지금 동작이 계속 진행 중임을 나타내며 'am/are/is + ing'를 씁니다.   정답 ⓐ

 완료 시제에 대해 알아봅시다!

기준 시점보다 이전에 일어난 일이나 상태가 기준 시점까지 계속되는 것을 나타내는 시제로 다음과 같이 크게 3가지로 나뉩니다.

현재완료	have/has + p.p.	We have lived here for five years. 우리는 5년간 이곳에 살고 있다.
과거완료	had + p.p.	We had lived here for five years. 우리는 5년간 이곳에 살았었다.
미래완료	will have + p.p.	We will have lived here for five years by next year. 우리는 내년이면 5년간 이곳에 산 것이 될 것이다.

Check Up

괄호 안의 동사를 현재완료 시제로 바꾸어 문장을 완성해보세요.

He _____ (make) a reservation online. 그는 온라인으로 예약을 했다.

➡ 현재완료 시제의 형태는 'have/has + p.p.'입니다.   정답 has made

DAY 09

시제 해커스 공무원 영어 **기초 영문법**

1 단순 시제

나는 매일 일기를 **쓴다**. 어제도 일기를 **썼다**. 내일도 일기를 **쓸 것이다**.

내가 매일 일기를 쓴다는 습관은 **쓴다**로, 어제 일기를 썼던 일은 **썼다**로, 내일 일기를 쓸 예정은 **쓸 것이다**로 나타냅니다. 영어에서는 시제를 어떻게 나타내는지 살펴볼까요?

1 현재 시제 동사원형 + (e)s

반복되는 일이나 습관, 일반적인 사실, 불변의 진리를 표현할 때 쓰입니다. 형태는 '**동사원형**' 또는 '**동사원형 + (e)s**'입니다.

반복되는 일   We play soccer every weekend.   우리는 주말마다 축구를 한다.

일반적인 사실   Sleep is important for physical health.   수면은 신체 건강에 중요하다.

불변의 진리   Water boils at 100 degrees Celsius.   물은 섭씨 100도에서 끓는다.

2 과거 시제 동사원형 + (e)d

이미 끝난 과거의 일이나 역사적인 사실을 표현할 때 쓰이며, 형태는 '**동사원형 + (e)d**'입니다. 특히 다음 표현은 과거 시제와 함께 자주 쓰이므로 알아둡니다.

ago ~전에	last 지난 ~에	in + 과거 연도 ~에	yesterday 어제

과거의 일   I arrived at this hotel <u>last Friday</u>.   나는 지난 금요일에 이 호텔에 도착했다.

역사적인 사실   Lincoln became president <u>in 1861</u>.   Lincoln은 1861년에 대통령이 되었다.

3 미래 시제 will + 동사원형

미래의 상황에 대한 예상이나 의지를 표현할 때 쓰이며, 형태는 '**will + 동사원형**' 또는 '**be going to + 동사원형**'입니다. 특히 다음 표현은 미래 시제와 함께 자주 쓰이므로 알아둡니다.

by + 미래 시간 표현 ~까지	until + 미래 시간 표현 ~까지	next + 시간 표현 다음 ~에	tomorrow 내일

미래의 상황 예상   It will(=is going to) rain **tomorrow**.   내일 비가 올 것이다.

미래에 대한 의지   We will(=are going to) study **until midnight**.   우리는 자정까지 공부할 것이다.

> **여기서 잠깐!**
>
> 시간/조건을 나타내는 부사절 접속사가 이끄는 절에는 미래 시제 대신 현재 시제를 씁니다.
>
> | 시간의 부사절 접속사 | after ~한 후에 | before ~하기 전에 | when ~할 때 | as soon as ~하자마자 |
> |---|---|---|---|---|
> | 조건의 부사절 접속사 | if 만약 ~라면 | unless 만약 ~아니라면 | in case ~(의 경우)에 대비하여 | as long as ~하는 한 |
>
> He will go home **after** I arrive.   내가 도착한 후에 그는 집에 갈 것이다.
> **If** he works late tonight, he will be late for dinner.   만약 그가 오늘 밤 늦게까지 일한다면, 그는 저녁 식사에 늦을 것이다.

2 진행 시제

내가 집에 왔을 때 언니는 요리를 하고 있었다. 지금은 설거지를 하고 있다.

과거 시점에 진행되고 있던 동작은 ~하고 있었다로, 현재 시점에 진행되고 있는 동작은 ~하고 있다로 나타냅니다. 영어에서는 진행 시제를 어떻게 나타내는지 살펴볼까요?

1 현재진행 시제 am/are/is + -ing

현재 진행 중인 일을 표현할 때 쓰이며, 형태는 **'am/are/is + -ing'**입니다. 특히 now(지금), right now(바로 지금)는 현재진행 시제와 함께 자주 쓰이므로 알아둡니다.

The chef is preparing dessert now. 주방장은 지금 디저트를 준비하고 있다.

현재진행 시제는 미래 표현과 함께 쓰여 **가까운 미래의 일**을 나타내기도 합니다.

She is moving to Seoul <u>next month</u>. 그녀는 다음 달에 서울로 이사할 것이다.

2 과거진행 시제 was/were + -ing

과거의 어떤 시점에 진행되고 있었던 일이나 동작을 표현할 때 쓰이며, 형태는 **'was/were + -ing'**입니다.

I was reading a book when he visited me. 그가 나를 방문했을 때 나는 책을 읽고 있었다.

3 미래진행 시제 will be + -ing

미래의 어떤 시점에 진행되고 있을 일이나 동작을 표현할 때 쓰이며, 형태는 **'will be + -ing'**입니다.

He will be working at 2 p.m. tomorrow. 그는 내일 오후 2시에 일하고 있을 것이다.

3 완료 시제

나는 3년 전부터 지금까지 스페인어를 공부해왔다.

과거부터 현재까지 두 시점에 걸쳐 영향을 미치는 일은 ~해왔다라는 완료 시제로 나타냅니다. 영어에서는 이러한 완료 시제를 어떻게 나타내는지 살펴볼까요?

1 현재완료 시제 have/has + p.p.

과거에 발생한 일이나 상태가 현재까지 영향을 미치는 것을 표현할 때 쓰이며, 형태는 '**have / has + p.p.**'입니다. 특히 for(~동안), since(~이래로)는 현재완료 시제와 함께 자주 쓰이므로 알아둡니다.

I have played the piano since I was seven. 나는 일곱 살 이래로 피아노를 쳐왔다.

> 💡 여기서 **잠깐!**
>
> 과거 시제와 현재완료 시제에는 다음과 같은 의미 차이가 있습니다.
>
> 과거 시제   I **lost** my wallet. 나는 내 지갑을 잃어버렸다.
>   ➡ 과거에 지갑을 잃어버렸다는, 현재와는 관련이 없는 과거의 일을 나타냅니다.
>
> 현재완료 시제   I **have lost** my wallet. 나는 내 지갑을 잃어버렸다.
>   ➡ 과거에 지갑을 잃어버려서 현재 지갑을 가지고 있지 않다는, 과거의 일이 현재까지 계속 영향을 미치는 것을 나타냅니다.

2 과거완료 시제 had + p.p.

과거 이전에 발생한 일이 과거까지 영향을 미치거나, 과거의 어떤 시점을 기준으로 그 보다 더 전에 발생된 일을 표현할 때 쓰이며, 형태는 '**had + p.p.**'입니다.

The movie had started before he arrived. 그가 도착하기 전에 영화가 시작되었다.

3 미래완료 시제 will have + p.p.

현재나 과거에 발생한 동작이 미래의 어떤 시점까지 완료되거나 영향을 미칠 것을 표현할 때 쓰이며, 형태는 '**will have + p.p.**'입니다.

By tomorrow, Sue will have finished her essay. Sue는 내일까지 그녀의 에세이를 끝내게 될 것이다.

4 가정법

만일 내가 초능력자라면, 나는 순간이동을 할 텐데.

사실과 반대되는 일을 가정할 때는 **만일 ~라면, ~할 텐데**로 나타냅니다. 영어에서는 어떤 사실을 반대로 가정할 때 어떻게 나타내는지 살펴볼까요?

1 가정법 과거

현재 사실을 반대로 가정하여 말할 때 쓰이며, **'만일 ~라면, ~할 텐데'**라고 해석합니다.

If + 주어 + 과거 동사(be 동사는 were), 주어 +	would should could might	+ 동사원형 　　만일 ~라면, ~할 텐데

If Ted had money, he could buy a car. 만일 Ted가 돈이 있다면, 그는 차를 살 텐데. (=Ted는 돈이 없어서 차를 사지 못한다.)

If Brian were wise, he would try to save money.
만일 Brian이 지혜롭다면, 그는 돈을 모으려고 할 텐데. (=Brian은 지혜롭지 않아서 돈을 모으지 않는다.)

2 가정법 과거완료

과거 사실을 반대로 가정하여 말할 때 쓰이며, **'만일 ~했더라면, ~했을 텐데'**라고 해석합니다.

If + 주어 + had p.p., 주어 +	would should could might	+ have p.p. 　　만일 ~했더라면, ~했을 텐데

If Jude had won the lottery, he would have been very rich.
만일 Jude가 복권에 당첨되었더라면, 그는 매우 부유해졌을 텐데. (=Jude는 복권에 당첨되지 않아서 부유해지지 못했다.)

3 I wish 가정법

I wish 가정법은 현재나 과거 사실에 반대되는 일을 소망할 때 쓰이며, **'~한(했)다면 좋을 텐데'**라고 해석합니다.

I wish 가정법 과거	I wish + 주어 + 과거 동사(be 동사는 were)	~한다면 좋을 텐데 (현재 사실에 반대되는 일을 소망)
I wish 가정법 과거완료	I wish + 주어 + had p.p.	~했다면 좋을 텐데 (과거 사실에 반대되는 일을 소망)

I wish I knew how to swim. 내가 수영하는 방법을 안다면 좋을 텐데. (=나는 수영하는 방법을 알지 못한다.)

I wish I had met you yesterday. 내가 어제 너를 만났다면 좋을 텐데. (=나는 어제 너를 만나지 못했다.)

Hackers Practice

둘 중 어법상 알맞은 것을 고르세요.

01 We (ⓐ go, ⓑ went) to Los Angeles in 2011.

02 They (ⓐ are restoring, ⓑ restored) the old statue now.

03 The restaurant (ⓐ has been, ⓑ is) in business for 40 years.

04 If you (ⓐ will park, ⓑ park) your vehicle there, you will be fined.

05 If I had enough money, I would (ⓐ buy, ⓑ have bought) a new television.

06 The lecture (ⓐ begins, ⓑ had begun) before we entered the classroom.

07 I wish I (ⓐ were, ⓑ had been) at the park with them last night.

08 If Joe had known Lily's phone number, he could (ⓐ have called, ⓑ call) her.

---

01 'in + 과거 연도'(in 2011) → 과거 시제
해석 | 우리는 2011년에 로스앤젤레스에 갔다.

02 현재 시점 now(지금)에 진행 중인 일 → 현재 진행 시제
해석 | 그들은 지금 오래된 조각상을 복원하고 있다.

03 현재완료와 자주 쓰이는 for(~동안) → 현재완료 시제
해석 | 그 식당은 40년 동안 영업해왔다.

04 조건의 부사절에서의 미래 표현 → 현재 시제
해석 | 당신의 차량을 그곳에 주차한다면, 당신은 벌금을 물게 될 것이다.

05 가정법 과거 → If + 주어 + 과거 동사, 주어+ would + 동사원형
해석 | 내가 만일 충분한 돈이 있다면, 나는 새 텔레비전을 살 텐데.

06 과거 시점보다 앞선 시제 → 과거완료 시제
해석 | 우리가 교실에 들어가기 전에 강의가 시작했다.

07 과거 사실에 반대되는 일을 소망함 → I wish 가정법 과거완료
해석 | 어젯밤에 내가 그들과 함께 그 공원에 있었다면 좋았을 텐데.

08 가정법 과거완료 → If + 주어 + had p.p., 주어 + could + have p.p.
해석 | Joe가 Lily의 전화번호를 알았더라면, 그는 그녀에게 전화할 수 있었을 텐데.

정답 **01** ⓑ **02** ⓐ **03** ⓐ **04** ⓑ **05** ⓐ **06** ⓑ **07** ⓑ **08** ⓐ

Point ① 과거 시간 표현과 현재완료 시제는 함께 쓰일 수 없다.

• 문장에 아래와 같이 명백한 과거를 나타내는 과거 시간 표현이 쓰인 경우, 현재완료 시제가 아닌 과거 시제를 써야 합니다.

| ago ~전에 | last 지난 ~에 | in + 과거 연도 ~에 | yesterday 어제 |

I (~~have sent~~, sent) you messages yesterday. 나는 어제 당신에게 메시지를 보냈다.
현재완료 시제(X) 과거 시제(O)   과거 시간 표현

포인트 적용문제 1

어법상 밑줄 친 곳에 가장 적절한 것은?

A talented young boy from Chicago _____ the dance contest last year.

① will win
② wins
③ won
④ has won

해설 문장 안에 명백한 과거 시간 표현(last year)이 오면 과거 시제를 써야 하므로 과거 시제 ③ won 이 정답입니다.

해석 시카고에서 온 재능있는 어린 소년이 지난해 댄스 시합에서 우승했다.

어휘 talented 재능있는 contest 시합

정답 ③ won

포인트 적용문제 2

밑줄 친 부분 중 어법상 옳지 않은 것은?

① In 1918, World War I ② has ended, ③ leaving behind a terrible ④ loss of human life.

해설 ② 문장 안에 명백한 과거 시간 표현(In 1918)이 오면 현재완료 시제(has ended)가 아닌 과거 시제를 써야 하므로 현재완료 시제 has ended를 과거 시제 ended로 고쳐야 합니다.

해석 1918년에, 1차 세계대전은 끔찍한 인명 손실을 남기고 끝이 났다.

어휘 World War I 1차 세계대전 leave behind 남기다 loss 손실

정답 ② (has ended → ended)

- 시간/조건의 부사절 접속사가 이끄는 절은 미래의 의미를 나타내더라도 미래 시제가 아닌 현재 시제를 써야 합니다.

| 시간/조건의 부사절 접속사 | after ~한 후에 before ~하기 전에 when ~할 때 as soon as ~하자마자 |
| | if 만약 ~라면 unless 만약 ~아니라면 in case ~(의 경우)에 대비하여 as long as ~하는 한 |

The fishing boat will return when the sun (~~will go~~, goes) down this evening.
미래 시제(X) 현재 시제(○)
└─────── 시간의 부사절 ───────┘

그 어선은 오늘 저녁 해가 질 때 돌아올 것이다.

포인트 적용문제 1

밑줄 친 부분 중 어법상 옳지 않은 것은?

The medal ceremony will ① be held ② after the results ③ will be officially ④ announced.

해설 ③ 시간의 부사절 접속사(after)가 이끄는 절은 미래의 의미를 나타내더라도 미래 시제가 아닌 현재 시제를 써야 하므로, 미래 시제 will be를 현재 시제 are로 고쳐야 합니다.

해석 결과가 공식적으로 발표된 후에, 시상식이 개최될 것이다.

어휘 medal ceremony 시상식 hold 개최하다
officially 공식적으로 announce 발표하다

정답 ③ (will be → are)

포인트 적용문제 2

어법상 밑줄 친 곳에 가장 적절한 것은?

He will quit the job as soon as the manager _____ a replacement.

① is going to hire   ② hires
③ will be hiring   ④ will have hired

해설 시간의 부사절 접속사(as soon as)가 이끄는 절은 미래의 의미를 나타내더라도 미래 시제가 아닌 현재 시제를 써야 하므로 ② hires가 정답입니다.

해석 관리자가 후임자를 고용하자마자 그는 회사를 그만둘 것이다.

어휘 quit 그만두다 hire 고용하다
replacement 후임자, 교체

정답 ② hires

Point ③ 가정법의 시제 사용에 주의하자.

- 가정법의 if절과 주절에는 짝이 맞는 시제가 와야 합니다. 예를 들어, if절에 가정법 과거 형태(과거 동사)가 오면, 주절에 가정법 과거완료 형태(조동사 + have p.p.)는 올 수 없습니다.

  If I lived in Paris, I (~~would have visited~~, would visit) the Eiffel Tower every day.
  　가정법 과거　　　　　　 가정법 과거완료(X)　　 가정법 과거(O)

  만약 내가 파리에 산다면, 나는 매일 에펠 탑을 방문할 텐데.

- I wish 가정법 문장에는 현재나 현재완료 시제는 쓸 수 없고, 과거나 과거완료 시제를 써야 합니다.

  I wish my brother (is, were) here now, but he is on vacation.
  　　　　　　 현재 시제(X)　 과거 시제(O)

  내 남동생이 지금 여기 있다면 좋을 텐데, 그러나 그는 휴가 중이다.

포인트 적용문제 1

어법상 밑줄 친 곳에 가장 적절한 것은?

I wish we _____ the weather forecast before we left the house.
① are checking ② check
③ have checked ④ had checked

해설 I wish 가정법에는 현재 시제나 현재완료 시제는 쓸 수 없고, 과거나 과거완료 시제를 써야 하므로 과거완료 시제 ④ had checked가 정답입니다.

해석 우리가 집을 떠나기 전에 일기 예보를 확인했다면 좋을 텐데.

어휘 weather forecast 일기 예보　 leave 떠나다

정답 ④ had checked

포인트 적용문제 2

밑줄 친 부분 중 어법상 옳지 않은 것은?

If ① Columbus had reached India, ② Spain ③ would colonize Asia ④ instead of the Americas.

해설 ③ 가정법의 if절(If Columbus ~ India)과 주절(Spain ~ the Americas)에는 짝이 맞는 시제가 와야 합니다. if절에 가정법 과거완료 형태인 had p.p.(had reached)가 왔으므로 주절에도 가정법 과거완료 형태인 '조동사 + have p.p.'가 와야 합니다. 따라서 would colonize를 would have colonized로 고쳐야 합니다.

해석 만약 콜럼버스가 인도에 도달했더라면, 스페인은 아메리카 대륙 대신 아시아를 식민지로 만들었을 텐데.

어휘 reach 도달하다　 colonize 식민지로 만들다 instead of ~대신에

정답 ③ (would colonize → would have colonized)

어법상 밑줄 친 곳에 가장 적절한 것은? (01 ~ 06)

01

The suspect confessed that he _____ the bank three days ago.

① robs   ② rob

③ will rob   ④ had robbed

02

The history teacher said that Einstein _____ the Nobel Prize in Physics in 1921.

① wins   ② won

③ has won   ④ win

03

The flight _____ before we got to the airport.

① has departed   ② will depart

③ departs   ④ had departed

04

The weather in Seoul _____ very bad since last week.

① has been   ② is

③ will be   ④ was

05

I wish he _____ us a clear reason for the cancellation of the conference.

① given   ② has given

③ gave   ④ gives

06

The employee _____ a raise next year because his project was very successful.

① gets
② was getting
③ is getting
④ has got

밑줄 친 부분 중 어법상 옳지 않은 것은? (07~13)

07

① As long as there ② is enough oxygen in the air, wood ③ burned ④ easily.

08

If he were mayor, he ① will ② definitely ban ③ smoking in all public ④ places.

09

She ① has run in her first marathon two months ago, ② and she was ③ happy ④ to finish second in the race.

10

① In case she ② will forget, you will ③ have to bring some books ④ to read on the airplane.

11 ① By tomorrow morning, he ② has gotten the results of ③ his medical check-up, ④ which he had done last week.

12 ① As soon as she ② will pass the driving test, she ③ will use her savings ④ to buy a car.

13 The singer's ① latest album ② had reached the top spot on the music charts just days ③ after ④ it was released.

다음 문장 중 어법상 옳지 않은 것은? (14~15)

14 ① I am washing the dishes now.
② By next month, I will have lived in Seoul for two years.
③ If the tickets had not been sold out, we would go to the concert yesterday.
④ In the fall, the leaves turn red and yellow.

15 ① We will be relaxing at the beach by this time tomorrow.
② The girl studied at this school since 2012.
③ If I won the lottery, I would invest the money wisely.
④ The exhibition is for people who are seeking jobs.

정답·해석·해설 p.33

gosi.Hackers.com

DAY 10 능동태와 수동태

기초 개념 잡기

능동태와 수동태란?

영희가 풍선을 터뜨렸다. (능동태)

풍선이 터졌다. (수동태)

'영희가 풍선을 터뜨렸다'라는 문장처럼 주어가 행위의 주체가 되는 것을 능동태라고 하고, '풍선이 터졌다'처럼 주어가 다른 대상으로부터 행위를 당하는 것을 수동태라고 합니다.

 수동태의 형태에 대해 알아봅시다!

수동태 문장의 기본적인 동사 형태는 'be 동사 + p.p.'입니다.

The piano <u>was used</u> **in the music class.** 그 피아노는 음악 수업에서 사용되었다.
　　　　　be 동사 + p.p.

> **Check Up**
>
> 다음 빈칸에 알맞은 것은 무엇일까요?
>
> **The mail _____ by Michael.** 편지는 Michael에 의해 보내졌다.
>
> ⓐ sent　　　　　　　　　　　　ⓑ was sent
>
> → 편지가 Michael에 의해 보내진 것이므로 수동형인 'be 동사 + p.p.'가 와야 합니다　　　　　　정답 ⓑ

능동태 문장을 수동태 문장으로 바꾸는 방법에 대해 알아봅시다!

능동태 문장을 수동태 문장으로 바꾸면 능동태 문장의 목적어가 수동태 문장의 주어가 되고, 능동태 문장의 동사는 'be 동사 + p.p.' 의 형태가 됩니다. 이때, 동사는 반드시 목적어를 가지는 타동사여야 합니다. (arrive(도착하다), occur(일어나다)와 같은 자동사는 목적어 를 갖지 않기 때문에 수동태로 바꿀 수 없습니다.)

능동태 문장   She made the cookies.   그녀가 쿠키를 만들었다.
          주어   동사   목적어
                ②   ①

수동태 문장   The cookies were made (by her).   쿠키는 (그녀에 의해) 만들어졌다.
              주어   동사

① 목적어 the cookies가 주어 자리로 옵니다.

② 동사 make를 주어 The cookies의 수와 능동태 문장의 시제에 맞게 were made로 바꿉니다.

참고 | 능동태 문장의 주어 She는 'by + 목적격'의 형태인 by her로 바꾸어 수동태 문장 맨 뒤에 놓거나 생략합니다.

Check Up

다음 빈칸에 알맞은 것은 무엇일까요?

능동태 문장   He broke a window.   그는 창문을 깼다.

수동태 문장   _____ was broken.   창문이 깨졌다.

ⓐ A window   ⓑ He

➡ 능동태 문장에서의 목적어 a window가 수동태 문장에서는 주어 자리에 와야 합니다.   정답 ⓐ

1 능동태와 수동태 구별

여기 걸려있는 그림은 유명한 화가에 의해 (그렸다, 그려졌다) .

괄호 안에는 능동의 의미인 **그렸다**가 아닌 수동의 의미인 **그려졌다**를 쓰는 것이 자연스럽지요? 영어에서도 능동태와 수동태를 구별해서 써야 합니다. 어떻게 구별하는지 살펴볼까요?

1 의미에 따른 능동태 · 수동태 구별

주어가 ~하다라는 의미이면 능동태가, 주어가 ~되다/~해지다라는 의미이면 수동태가 옵니다.

능동태   Stella (~~was bought~~, bought) a new umbrella.   Stella는 새 우산을 구입했다.
수동태(X)   능동태(O)

수동태   The living room (~~cleaned~~, was cleaned).   거실이 청소되었다.
능동태(X)   수동태(O)

2 동사 뒤의 목적어 유무에 따른 능동태 · 수동태 구별

동사 뒤에 목적어가 있으면 능동태가, 목적어가 없으면 수동태가 옵니다.

능동태   They (~~were prepared~~, prepared) <u>the presentation</u>.   그들은 발표를 준비했다.
수동태(X)   능동태(O)   목적어

수동태   The work (~~completed~~, was completed) at 4 p.m.   그 일은 오후 4시에 완료되었다.
능동태(X)   수동태(O)

2 수동태 + 전치사

The pictures were taken **by** my father.

were taken이라는 수동태와 함께 **전치사 by**가 쓰였습니다. 이처럼 수동태 뒤에는 주로 전치사 by가 쓰이지만, by 외에 여러 가지 다른 전치사가 쓰이기도 합니다. 어떤 전치사가 어떤 동사와 함께 어떻게 쓰이는지 살펴볼까요?

1 by가 아닌 다른 전치사와 함께 쓰이는 수동태 표현

by가 아닌 다른 전치사와 함께 쓰이는 수동태 표현을 알아둡니다.

in	be engaged in ~에 종사하다, 관여하다	be interested in ~에 관심이 있다	be involved in ~에 관련되다
to	be dedicated to ~에 헌신하다 be committed to ~에 전념하다	be exposed to ~에 노출되다 be opposed to ~에 반대하다	be related to ~와 관계가 있다 be married to ~와 결혼하다
at	be surprised at ~에 놀라다 be alarmed at ~에 놀라다	be shocked at ~에 충격을 받다 be amazed at ~에 놀라다	be frightened at ~에 놀라다 be astonished at ~에 놀라다
with	be satisfied with ~에 만족하다 be associated with ~에 관계가 있다	be pleased with ~에 기뻐하다 be filled with ~으로 가득 차다	be faced with ~에 직면하다 be equipped with ~을 갖추고 있다

She is interested in the job. 그녀는 그 일자리에 관심이 있다.

The writer was shocked at the criticism. 작가는 그 비평에 충격을 받았다.

2 '자동사 + 전치사'의 수동태

자동사는 수동태가 될 수 없지만, 전치사와 함께 짝을 이루어 **'자동사 + 전치사'**로 쓰이면 수동태로 바뀔 수 있습니다. 이때 자동사 뒤의 전치사는 수동태 동사 뒤에 그대로 남습니다.

look at ~을 보다	laugh at ~을 비웃다	depend on ~에 의존하다	rely on ~에 의존하다
look into ~을 조사하다	look up to ~을 존경하다	refer to ~을 언급하다	speak to ~에게 말을 걸다
deal with ~을 다루다	catch up with ~을 따라잡다	run over 차가 ~을 치다	account for ~을 설명하다

능동태 Many students look up to him. 많은 학생들이 그를 존경한다.

수동태 He is looked up to by many students. 그는 많은 학생들에 의해 존경받는다.

3 '타동사 + 명사 + 전치사'의 수동태

'타동사 + 명사 + 전치사'를 수동태로 바꾸면, 명사와 전치사는 수동태 동사 뒤에 그대로 남습니다.

take care of ~을 돌보다	get rid of ~을 제거하다	take advantage of ~을 이용하다

능동태 The mother took care of her baby. 어머니는 그녀의 아기를 돌봤다.

수동태 The baby was taken care of by her mother. 그 아기는 어머니에 의해 돌보아졌다.

능동태와 수동태 해커스 공무원 영어 기초 영문법

3 4형식 동사의 수동태

나는 내 친구에게 편지를 보냈다.

간접 목적어(내 친구)와 직접 목적어(편지)가 있는 4형식 문장은 '내 친구는 편지를 받았다'와 '편지가 내 친구에게 보내졌다'라는 두 가지 형태의 수동태로 바뀔 수 있습니다. 영어에서는 4형식 동사가 있는 경우 어떻게 수동태가 되는지 살펴볼까요?

1 간접 목적어가 주어로 간 4형식 동사의 수동태

4형식 동사가 수동태로 바뀔 때, **간접 목적어(~에게)가 주어로** 가면 **수동태 동사 뒤에 직접 목적어(~을/를)가 남습니다.**

능동태 She gave Mr. Brown presents. 그녀는 Mr. Brown에게 선물을 주었다.
          능동태 동사 간접 목적어(~에게) 직접 목적어(~을)

간접 목적어가 주어로 간 수동태 Mr. Brown was given presents. Mr. Brown에게 선물이 주어졌다(받았다).
                                  주어   수동태 동사   직접 목적어

2 직접 목적어가 주어로 간 4형식 동사의 수동태

4형식 동사가 수동태로 바뀔 때, **직접 목적어(~을/를)가 주어로** 가면 **수동태 동사 뒤에 간접 목적어(~에게)가 남습니다.** 이때, **간접 목적어 앞에는 전치사를 써야** 합니다.

능동태 Joy gave her coworkers presents. Joy는 그녀의 동료들에게 선물을 주었다.
          능동태 동사   간접 목적어(~에게) 직접 목적어(~을)

직접 목적어가 주어로 간 수동태 Presents were given to her coworkers. 선물은 그녀의 동료들에게 주어졌다.
                                  주어   수동태 동사   전치사 + 간접 목적어

4 5형식 동사의 수동태

나는 내 강아지를 뽀삐라고 부른다.

목적어(내 강아지)와 목적격 보어(뽀삐)가 있는 5형식 문장이 수동태로 바뀌면 '내 강아지는 뽀삐라고 불린다' 처럼 목적격 보어가 문장에 그대로 남습니다. 영어에서도 5형식 동사가 수동태로 바뀌면 수동태 동사 뒤에 목적격 보어가 남습니다. 자세히 살펴볼까요?

1 5형식 동사의 수동태

5형식 동사가 수동태로 바뀔 때, **수동태 동사 뒤에 목적격 보어**가 그대로 남습니다.

능동태   He considers Roy diligent.   그는 Roy를 부지런하다고 여긴다.
                 능동태 동사 목적어 목적격 보어

수동태   Roy is considered diligent (by him).   Roy는 (그에 의해) 부지런하다고 여겨진다.
       주어   수동태 동사   목적격 보어

2 동사원형을 목적격 보어로 가지는 5형식 동사의 수동태

동사원형을 목적격 보어로 가지는 5형식 동사가 수동태로 바뀔 때, **목적격 보어 앞에 to**를 써야 합니다.

능동태   She made the children play indoors.   그녀는 아이들이 실내에서 놀게 했다.
              능동태 동사   목적어   목적격 보어

수동태   The children were made to play indoors (by her).   아이들은 (그녀에 의해) 실내에서 놀게 되었다.
       주어   수동태 동사   to + 목적격 보어

Hackers Practice

둘 중 어법상 알맞은 것을 고르세요.

01 My favorite author (ⓐ released, ⓑ is released) a new book.

02 I am interested (ⓐ at, ⓑ in) Spanish culture.

03 The meal (ⓐ has prepared, ⓑ has been prepared) by a world famous chef.

04 The city (ⓐ is banned, ⓑ bans) drinking in public parks.

05 An intensive language course was offered (ⓐ foreign students, ⓑ to foreign students).

06 He (ⓐ is considered, ⓑ considers) short compared to the other players.

07 Mary was made (ⓐ to clean, ⓑ clean) her bedroom.

08 Researchers are dedicated (ⓐ to, ⓑ with) finding a cure for cancer.

01 '작가가 새로운 책을 출간하다'라는 능동의 의미 → 능동태
해석 | 내가 좋아하는 작가는 새로운 책을 출간했다.

02 수동태 표현 be interested in(~에 관심이 있다)
해석 | 나는 스페인 문화에 관심이 있다.

03 '식사가 준비되다'라는 수동의 의미 → 수동태
해석 | 그 식사는 세계적으로 유명한 요리사에 의해서 준비되었다.

04 '그 도시가 금지하다'라는 능동의 의미 → 능동태
해석 | 그 도시는 공원에서 술 마시는 것을 금지한다.

05 직접 목적어가 주어로 간 4형식 동사의 수동태 → 간접 목적어 앞에 전치사 to
해석 | 집중 어학 강좌가 외국인 학생들에게 제공되었다.

06 '그는 키가 작다고 여겨진다'라는 수동의 의미 → 수동태
해석 | 그는 다른 선수들과 비교할 때 키가 작다고 여겨진다.

07 동사원형을 목적격 보어로 취하는 5형식 동사 make의 수동태 → 목적격 보어 앞에 전치사 to
해석 | Mary는 그녀의 침실을 청소하게 되었다.

08 수동태 표현 be dedicated to(~에 헌신하다)
해석 | 연구원들은 암을 위한 치료법을 찾는 데 헌신한다.

정답 **01** ⓐ **02** ⓑ **03** ⓑ **04** ⓑ **05** ⓑ **06** ⓐ **07** ⓐ **08** ⓐ

핵심 빈출 포인트 잡기

Point ① 타동사 뒤에 목적어가 없으면 동사는 수동태가 되어야 한다.

- 목적어가 반드시 필요한 타동사 뒤에 목적어가 없을 경우 동사는 수동태가 되어야 합니다.

<u>Mrs. Potts</u> (described, was described) as a quiet woman. Mrs. Potts는 조용한 여성으로 묘사되었다.
　주어　　　　능동태(X)　　수동태(O)

포인트 적용문제 1

밑줄 친 부분 중 어법상 옳지 않은 것은?

① Each day, ② dozens of stray dogs and cats ③ take ④ to the local animal shelter.

해설 ③ 타동사(take) 뒤에 목적어가 없고, 주어와 동사가 '길 잃은 개와 고양이가 옮겨지다'라는 의미의 수동 관계이므로 능동태 동사 take를 수동태 동사 are taken으로 고쳐야 합니다.

해석 날마다, 수십 마리의 길 잃은 개와 고양이가 지역 동물 보호소로 옮겨진다.

어휘 **dozens of** 수십의, 많은 **stray** 길 잃은 **animal shelter** 동물 보호소

정답 ③ (take → are taken)

포인트 적용문제 2

어법상 밑줄 친 곳에 가장 적절한 것은?

Mr. Lee _____ to prison for his involvement in the jewelry store robbery.

① had sent
② sent
③ was sent
④ had been sending

해설 빈칸 뒤에 목적어가 없고, 주어와 동사가 'Mr. Lee가 감옥에 보내지다'라는 의미의 수동 관계이므로 수동태 동사 ③ was sent가 정답입니다.

해석 Mr. Lee는 귀금속상 강도 사건에 연루되어 감옥으로 보내졌다.

어휘 **prison** 감옥 **involvement** 연루, 관여 **jewelry store** 귀금속상 **robbery** 강도

정답 ③ was sent

- 자동사는 반드시 능동태로 쓰여야 하므로 수동태로 쓰이면 틀린 문장이 됩니다.
- 주로 아래의 자동사들이 수동태로 잘못 쓰여 출제되니 주의합니다.

| occur 일어나다 | consist of ~으로 구성되다 | range 범위에 이르다 | belong to ~에 속하다, ~ 소유이다 |

The basketball team (is consisted of, consists of) five people. 농구팀은 다섯 명의 사람들로 구성된다.
　　　　　　　　　수동태(X)　　　　능동태(O)

포인트 적용문제 1

밑줄 친 부분 중 어법상 옳지 않은 것은?

The museum ① displayed treasures ② which ③ was belonged to passengers of the ④ sunken ship.

해설 ③ 자동사(belong to)는 수동태로 쓰일 수 없으므로 수동태 was belonged to를 능동태 belonged to로 고쳐야 합니다.

해석 그 박물관은 침몰한 선박 승객들의 소유였던 보물들을 전시했다.

어휘 display 전시하다　treasure 보물
　　passenger 승객　sunken 침몰한

정답 ③ (was belonged to → belonged to)

포인트 적용문제 2

밑줄 친 부분 중 어법상 옳지 않은 것은?

The body of ① an adult ② is consisted of close ③ to 100 trillion ④ cells.

해설 ② 자동사(consist of)는 수동태로 쓰일 수 없으므로 수동태 is consisted of를 능동태 consists of로 고쳐야 합니다.

해석 성인의 신체는 100조에 가까운 세포들로 구성되어 있다.

어휘 adult 성인　trillion 1조　cell 세포

정답 ② (is consisted of → consists of)

- 전치사를 포함한 아래와 같은 동사구가 수동태가 되면 수동태 동사 뒤에 전치사가 그대로 남아야 합니다.

laugh at ~을 비웃다	look up to ~을 존경하다	catch up with ~을 따라잡다
take care of ~을 돌보다	get rid of ~을 제거하다	take advantage of ~을 이용하다

- 수동태 동사 뒤에 전치사가 없으면 틀린 문장이 되므로 주의합니다.

  The inventor's idea (~~was laughed~~, was laughed at) when he first presented it.
  그 발명가의 아이디어는 그가 처음에 그것을 발표했을 때 비웃음을 당했다.

포인트 적용문제 1

어법상 밑줄 친 곳에 가장 적절한 것은?

The child ＿＿＿＿＿＿＿＿ by her grandmother.

① took care of
② was taken care of
③ was taken care
④ took care

해설 문맥상 '아이가 돌보아지다'라는 의미가 되어야 자연스러우므로 수동태 동사가 쓰여야 하고, take care of(~을 돌보다)와 같은 전치사를 포함한 동사구가 수동태(was taken care)가 되면 수동태 동사 뒤에 전치사(of)가 그대로 남아야 하므로 ② was taken care of가 정답입니다.

해석 그 아이는 그녀의 할머니에 의해 돌보아졌다.

정답 ② was taken care of

포인트 적용문제 2

밑줄 친 부분 중 어법상 옳지 않은 것은?

The politician ① was laughed by the audience ② when he ③ mispronounced a word in ④ his speech.

해설 ① laugh at(~을 비웃다)과 같은 전치사를 포함한 동사구가 수동태(was laughed)가 되면 수동태 동사 뒤에 전치사(at)가 그대로 남아야 하므로 was laughed를 was laughed at으로 고쳐야 합니다.

해석 그 정치인은 연설 중 단어를 잘못 발음했을 때 청중들에게 비웃음을 당했다.

어휘 audience 청중 mispronounce 잘못 발음하다
speech 연설

정답 ① (was laughed → was laughed at)

어법상 밑줄 친 곳에 가장 적절한 것은? (01~06)

01

The skyscraper's windows _____ yesterday.

① were washed   ② washed

③ was washed   ④ have washed

02

A traffic jam _____ on the highway.

① was occurred   ② occurred

③ be occurred   ④ occur

03

He _____ jogging at midnight.

① was seen gone   ② was seen go to

③ was seen to go   ④ was seen go

04

An award _____ the eminent professor.

① was given   ② has given

③ gives to   ④ was given to

05

When you are questioned in court, the judge will _____ you to tell the truth.

① be expected   ② expect

③ expects   ④ been expected

06

All the customers who have a membership card with the store _____ free samples.

① have offered　　　　　　② offered

③ are offered　　　　　　　④ offer

밑줄 친 부분 중 어법상 옳지 않은 것은? (07~13)

07

In the office, he was made ① answer all ② phone calls ③ from abroad and ④ arrange meeting with international investors.

08

The students ① are asked ② showing ③ their identification cards before ④ entering the library.

09

The ① athlete was ② looked up by the ③ younger students as well as ④ his teammates.

10

I heard ① that the construction of the new mall ② has completed and that it ③ will ④ open tomorrow.

11

The company executives ① <u>were</u> satisfied ② <u>for</u> the terms of ③ <u>the deal</u> and ④ <u>signed</u> the contract.

12

The ① <u>small</u> houses ② <u>are ranged</u> along the street and ③ <u>are enclosed</u> ④ <u>by</u> white fences.

13

Some ① <u>exotic</u> species ② <u>consider</u> a problem ③ <u>because</u> they ④ <u>have</u> no natural predators in the local environment.

다음 문장 중 어법상 옳지 않은 것은? (14 ~ 15)

14 ① His car was not damaged in the accident.

② The plane remained on the runway for an hour.

③ We are interested of buying a new house.

④ She was elected to represent her state as a senator.

15 ① Many people were surprised at the survey results.

② The old apartment will be renovated next year.

③ My roommate came from Australia.

④ A speech contest held at the convention center.

정답·해석·해설 p.37

gosi.Hackers.com

DAY 11 조동사

조동사란?

I play the piano.
I <u>can</u> play the piano.
　　조동사

'연주하다'라는 의미의 동사 play 앞에 조동사 can(~할 수 있다)이 오면 '연주할 수 있다'라는 뜻이 만들어집니다. 이처럼 동사를 도와 동사에 의미를 더해주는 말을 조동사라고 합니다.

 조동사의 역할에 대해 알아봅시다!

조동사는 동사에 아래와 같은 다양한 부가적인 의미를 더합니다.

can	~할 수 있다	I can solve the problem. 나는 그 문제를 풀 수 있다.
could	~할 수 있었다(can의 과거)	I could solve the problem. 나는 그 문제를 풀 수 있었다.
will	~할 것이다	Joe will arrive soon. Joe는 곧 도착할 것이다.
would	~할 것이었다(will의 과거)	Joe would arrive soon. Joe는 이내 도착할 것이었다.
may	~할지도 모른다	It may rain tomorrow. 내일 비가 올지도 모른다.
might	~할지도 모른다(약한 추측)	It might rain tomorrow. 내일 비가 올지도 모른다.
must	~해야 한다 ~함에 틀림없다	I must leave now. 나는 지금 떠나야 한다. He must speak French well. 그는 프랑스어를 잘 구사함이 틀림없다.
should	~해야 한다	We should protect the environment. 우리는 환경을 보호해야 한다.

Check Up

다음 밑줄 친 것 중 조동사는 무엇일까요?

I <u>should</u> <u>stay</u> here tonight. 나는 오늘밤 이곳에 머물러야 한다.
　　ⓐ　　ⓑ

➜ 조동사에는 부가적인 의미를 더하는 should가 있습니다.　　　　　정답 ⓐ

조동사의 위치에 대해 알아봅시다!

조동사는 주어 뒤, 동사 앞에 옵니다. 이때 조동사 뒤에는 반드시 동사원형이 옵니다.

<u>She</u> <u>must</u> <u>complete</u> the research. 그녀는 그 연구를 끝마쳐야 한다.
주어   조동사   동사원형

Check Up

다음 빈칸에 알맞은 것은 무엇일까요?

Tom can _____ Chinese. Tom은 중국어를 말할 수 있다.

ⓐ speak   ⓑ speaks

➔ 조동사 뒤에는 동사원형이 옵니다.   정답 ⓐ

1 조동사 can · will · may · must · should

그는 자전거를 탈 수 있다.

~할 수 있다가 동사 **타다**에 부가적인 의미를 더해줍니다. 영어에는 여러 조동사들이 동사에 어떤 부가적인 의미를 더하는지 자세히 살펴볼까요?

1 can

can은 능력(~할 수 있다), 허가(~해도 된다), 가능성(~일 수 있다)의 의미를 동사에 더합니다.

능력	Roy can sing well. Roy는 노래를 잘 할 수 있다.
허가	You can leave the office now. 당신은 지금 사무실에서 나가도 됩니다.
가능성	We can purchase groceries online. 우리는 식료품을 온라인으로 구매할 수 있다.

2 will

will은 미래(~할 것이다), 의지(~할 것이다, ~하겠다)의 의미를 동사에 더합니다.

미래	Mr. Kim will call you tomorrow. Mr. Kim은 내일 너에게 전화할 것이다.
의지	I will finish the assignment on time. 나는 그 숙제를 제시간에 끝낼 것이다.

3 may

may는 불확실한 추측(~할지도 모른다), 허가(~해도 된다)의 의미를 동사에 더합니다.

불확실한 추측	Alice may need a new coat soon. Alice는 곧 새 코트가 필요할지도 모른다.
허가	Visitors may park for two hours. 방문객들은 두 시간 동안 주차해도 된다.

4 must

must는 의무(~해야 한다), 강한 확신(~함에 틀림없다)의 의미를 동사에 더합니다.

의무	The students must bring their textbooks. 학생들은 교과서를 가져와야 한다.
강한 확신	Sarah must be upset. Sarah는 화가 났음에 틀림없다.

5 should

should는 제안(~해야 한다)의 의미를 동사에 더합니다.

제안	Dan should exercise to lose weight. Dan은 체중을 줄이기 위해 운동해야 한다.

2 조동사 관련 표현

I have to wake up early. 나는 일찍 일어나야 한다.

have to는 조동사는 아니지만 동사에 **~해야 한다**는 부가적인 의미를 더해줍니다. 이처럼 영어에는 조동사는 아니지만 조동사처럼 쓰이거나, 조동사를 포함한 여러 표현들이 있습니다. 다양한 조동사 관련 표현에 대해 살펴볼까요?

DAY 11

조동사 해커스 공무원 영어 기초 영문법

1 조동사처럼 쓰이는 표현

다음의 표현들은 조동사처럼 쓰여 **동사에 부가적인 의미**를 더해줍니다. 다음 표현들 뒤에도 **동사원형**이 옵니다.

be going to ~할 것이다	be able to ~할 수 있다	had better ~하는 게 좋겠다	ought to ~해야 한다
need to ~해야 한다	have to ~해야 한다	used to ~하곤 했다	would rather 차라리 ~하는 게 낫다

You <u>had better</u> come home early. 너는 일찍 집에 오는 게 좋겠다.
　　　　　　　　동사원형

2 조동사 + have p.p.

조동사 **could**, **should**, **may**, **must**가 **have p.p.**와 함께 쓰인 표현들을 의미를 구분하여 알아둡니다.

could have p.p. ~할 수 있었다(그런데 하지 않았다)	could not have p.p. ~했을 리가 없다
should have p.p. ~했어야 했다(그런데 하지 않았다)	should not have p.p. ~하지 말았어야 했다(그런데 그렇게 했다)
may[might] have p.p. ~했을지 모른다	must have p.p. ~했음에 틀림없다

She could have called her friend. 그녀는 자신의 친구에게 전화를 할 수 있었다. (그런데 하지 않았다)

He should have signed the contract. 그는 그 계약서에 서명을 했어야 했다. (그런데 하지 않았다)

My parents must have waited for me for a long time. 나의 부모님은 나를 오래 기다렸음에 틀림없다.

3 (should +) 동사원형

주절에 제안·의무·요청을 나타내는 동사나 형용사가 있으면, 종속절에 '**(should +) 동사원형**'이 옵니다.

동사	suggest 제안하다	propose 제안하다	require 요청하다	request 요청하다
	demand 요구하다	insist 주장하다	command 명령하다	order 명령하다
형용사	necessary 필수적인	imperative 필수적인	important 중요한	crucial 결정적인

I request that you (~~are~~, be) on time for the lesson. 나는 당신이 강의를 위해 제시간에 올 것을 요청한다.
　　　　　　　동사의 현재형(X) 동사원형(O)

Hackers Practice

둘 중 어법상 알맞은 것을 고르세요.

01 He should (ⓐ send, ⓑ sends) the letters by Thursday.

02 The theater requires that no one (ⓐ uses, ⓑ use) cell phones.

03 The race will (ⓐ beginning, ⓑ begin) once the track is cleaned up.

04 Since it's wet outside, it (ⓐ must have rain, ⓑ must have rained) earlier.

05 Holiday travelers had better (ⓐ to book, ⓑ book) tickets in advance.

06 The receptionist insisted that I (ⓐ complete, ⓑ completed) the form.

07 He was out of town, so you (ⓐ couldn't, ⓑ shouldn't) have seen him.

08 I am (ⓐ is going, ⓑ going to) buy a bicycle soon.

---

01 조동사(should) + 동사원형
해석 | 그는 그 편지들을 목요일까지 보내야 한다.

02 요청을 나타내는 동사 require → 종속절에 (should +) 동사원형
해석 | 그 극장은 누구도 휴대폰을 사용하지 않을 것을 요청한다.

03 조동사(will) + 동사원형
해석 | 경주로가 정리되면 경주가 시작될 것이다.

04 must have p.p.(~했음에 틀림없다)
해석 | 밖이 젖었기 때문에, 이전에 비가 왔음에 틀림없다.

05 조동사처럼 쓰이는 표현(had better) + 동사원형
해석 | 휴일 여행객들은 표를 미리 예매하는 것이 좋겠다.

06 의무를 나타내는 동사 insist → 종속절에 (should +) 동사원형
해석 | 그 접수 담당자는 내가 그 서식을 작성해야 한다고 했다.

07 couldn't have p.p.(~했을 리가 없다) vs. shouldn't have p.p.(~하지 말았어야 했다)
해석 | 그는 도시를 떠나 있었으므로, 당신은 그를 봤을 리가 없다.

08 조동사처럼 쓰이는 표현 be going to(~할 것이다)
해석 | 나는 조만간 자전거를 살 것이다.

정답 **01** ⓐ **02** ⓑ **03** ⓑ **04** ⓑ **05** ⓑ **06** ⓐ **07** ⓐ **08** ⓑ

Point ① 조동사 뒤에는 반드시 동사원형이 와야 한다.

• 조동사와 조동사처럼 쓰이는 표현들 뒤에는 동사원형만 올 수 있습니다.

조동사처럼 쓰이는 표현	had better ~하는 게 좋겠다	ought to ~해야 한다
	used to ~하곤 했다	would rather 차라리 ~하는 게 낫다

• 조동사 뒤에 3인칭 단수 동사나 과거 동사가 오면 틀린 문장이 됩니다.

He should (fixes, fix) the heater. 그는 난방기를 고쳐야 한다.
　　　　　3인칭 단수동사(X) 동사원형(O)

포인트 적용문제 1

어법상 밑줄 친 곳에 가장 적절한 것은?

The mobile phone company had better _____ to offer bigger
discounts to its long-time customers.

① starting　　　　　　② start
③ started　　　　　　④ starts

해설 조동사처럼 쓰이는 표현 had better(~하는 게
좋겠다) 뒤에는 동사원형만 올 수 있으므로 동사
원형 ② start가 정답입니다.

해석 이동통신업체는 그들의 장기 고객들에게 더 큰
할인을 제공하는 것을 시작하는 게 좋을 것이다.

어휘 mobile phone company 이동통신업체
offer 제공하다　discount 할인　long-time 오랜
customer 고객

정답 ② start

포인트 적용문제 2

밑줄 친 부분 중 어법상 옳지 않은 것은?

The nation ① could not ② meets the needs of ③ its people, who
④ were growing increasingly dissatisfied.

해설 ② 조동사(could) 뒤에는 동사원형만 올 수 있
으므로, 3인칭 단수 동사 meets를 동사원형
meet으로 고쳐야 합니다.

해석 그 국가는 갈수록 더 불만스러워 하는 시민들의
요구에 응할 수 없었다.

어휘 meet the need of ~의 요구에 응하다
increasingly 갈수록 더
dissatisfied 불만스러워 하는

정답 ② (meets → meet)

● 제안·의무·요청을 나타내는 동사/형용사 뒤의 종속절에는, 시제가 과거이거나 주어가 3인칭 단수여도 과거 동사나 3인칭 단수 동사가 아닌 '(should +) 동사원형'이 와야 합니다.

demand 요구하다	request 요청하다	necessary 필수적인	imperative 필수적인

The customers demand that the company (~~lowers~~, lower) the price of its products.
　　　　　　　　　　　　　　　　　　3인칭 단수동사(X) 동사원형(O)

고객들은 그 회사가 제품의 가격을 낮춰야 한다고 요구한다.

포인트 적용문제 1

어법상 밑줄 친 곳에 가장 적절한 것은?

It is necessary that she _____ the judges if she hopes to compete in the finals.

① impresses　　　　　　② will impress

③ impressed　　　　　　④ impress

해설 의무를 나타내는 형용사 necessary(필수적인) 뒤의 종속절에는 반드시 '(should +) 동사원형'이 와야 하므로 동사원형 ④ impress가 정답입니다.

해석 그녀가 결승전에서 경쟁하기를 희망한다면 심사위원들에게 깊은 인상을 주는 것은 필수적이다.

어휘 impress 깊은 인상을 주다   judge 심사위원
compete 경쟁하다   final 결승전

정답 ④ impress

포인트 적용문제 2

밑줄 친 부분 중 어법상 옳지 않은 것은?

The students ① requested ② that the teacher ③ moves the exam ④ to next week.

해설 ③ 요청을 나타내는 동사 request(요청하다) 뒤의 종속절에는 반드시 '(should +) 동사원형'이 와야 하므로 3인칭 단수 동사 moves를 (should +) move로 고쳐야 합니다.

해석 학생들은 선생님에게 시험을 다음 주로 옮겨달라고 요청했다.

어휘 exam 시험

정답 ③ (moves → (should +) move)

Point ③ 혼동하기 쉬운 조동사 표현에 주의하자.

- 다음의 조동사 표현들은 형태가 비슷하여 혼동하기 쉬우니 구분하여 알아둡니다.

could have p.p. ~할 수 있었다	vs.	could not have p.p. ~했을 리가 없다
used to + 동사원형 ~하곤 했다	vs.	be used to + -ing ~하는 데 익숙하다

He (~~was used to running~~, used to run) a marathon every year until he turned fifty.
마라톤을 하는 데 익숙했다(X) 마라톤을 하곤 했다(O)

그는 50세가 될 때까지 매년 마라톤을 하곤 했다.

포인트 적용문제 1

다음 우리말을 영어로 옮긴 것 중 가장 올바른 것은?

> 만약 공부를 더 열심히 했더라면 그는 변호사가 될 수도 있었다.

① He must have become a lawyer if he had studied harder.

② He could not have become a lawyer if he had studied harder.

③ He could have become a lawyer if he had studied harder.

④ He should have become a lawyer if he had studied harder.

해설 '그는 변호사가 될 수도 있었다'는 'could have p.p.'(~할 수 있었다)를 사용해서 나타낼 수 있습니다. 따라서 ③ He could have become a lawyer if he had studied harder가 정답입니다.

어휘 lawyer 변호사

정답 ③

포인트 적용문제 2

밑줄 친 부분 중 어법상 옳지 않은 것은?

> ① Many people ② were used to thinking that the earth was flat ③ until Aristotle proved that it ④ is round.

해설 ② 문맥상 '많은 사람들이 지구가 평평하다고 생각하곤 했다'라는 의미가 되어야 자연스러우므로 were used to thinking(생각하는 데 익숙했다)을 used to think(생각하곤 했다)로 고쳐야 합니다.

해석 아리스토텔레스가 지구가 둥글다는 것을 증명할 때까지 많은 사람들은 지구가 평평하다고 생각하곤 했다.

어휘 flat 평평한 Aristotle 아리스토텔레스
prove 증명하다

정답 ② (were used to thinking → used to think)

어법상 밑줄 친 곳에 가장 적절한 것은? (01 ~ 06)

01 You must _____ a way to deal with your emotions.

① finding ② finds

③ be found ④ find

02 I suggested that she _____ a dentist.

① visits ② will visit

③ visit ④ visted

03 He used to _____ TV every evening, but now he reads books.

① watch ② watching

③ watched ④ watches

04 We would rather not _____ today's meeting because we will be busy tomorrow.

① delays ② delayed

③ delaying ④ delay

05 She looks tired. She _____ much last night.

① should not have slept ② must not have slept

③ must not sleep ④ should not sleep

06

The batteries in the clock need to _____.

① being replaced   ② be replaced

③ replace   ④ replacing

밑줄 친 부분 중 어법상 옳지 않은 것은? (07~13)

07

She is used to ① travel ② long distances ③ because she ④ takes business trips abroad every month.

08

At the airport, it is ① necessary that the ② baggage ③ is weighed before it ④ is loaded on the craft.

09

Only a computer expert ① would ② be able to ③ fixing the ④ error in the program.

10

① You ② had better ③ putting on sunscreen so as not to get burned while ④ you are playing soccer outside.

11

> You ought to ① keeps ② your receipt ③ in case you ④ need a refund.

12

> The manager requested ① that the employee should stop ② arriving late and ③ will come ④ earlier than usual.

13

> Many people ① are going to ② attending the party, ③ so we have to ④ prepare enough food.

다음 우리말을 영어로 가장 잘 옮긴 것은? (14 ~ 15)

14

> 그는 가족의 지원이 없었더라면 시험에 합격했을 리 없다.

① He should not have passed the exam without the support of his family.
② He could not have passed the exam without the support of his family.
③ Without the support of his family, he could have passed the exam.
④ Without the support of his family, he should have passed the exam.

15

> 그녀의 아파트는 매우 크다. 그것은 꽤 비싼 것이 틀림없다.

① Her apartment is so big. It can't be quite expensive.
② Her apartment is so big. It could have been quite expensive.
③ Her apartment is so big. It should have been quite expensive.
④ Her apartment is so big. It must be quite expensive.

정답·해석·해설 p.41

gosi.Hackers.com

gosi.Hackers.com

준동사

DAY 12　to 부정사

to 부정사란?

우유를 <u>마시는 것</u>이 좋다.
　　　　명사 역할

나는 <u>마실</u> 우유가 있다.
　　　형용사 역할

우유를 <u>마시기 위해</u> 부엌에 갔다.
　　　　부사 역할

우리말에서 동사 '마시다'가 '마시는 것', '마실', '마시기 위해' 등으로 바뀌어 문장에서 여러 역할을 할 수 있습니다. 영어에서는 동사 앞에 to가 붙어 문장 속에서 여러 역할(명사, 형용사, 부사)을 하는데, 이를 to 부정사라고 합니다.

to 부정사의 역할은?

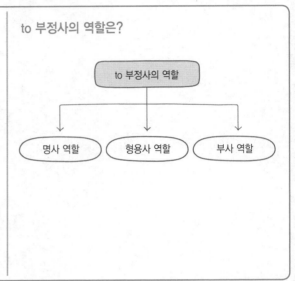

---

 to 부정사의 형태에 대해 알아봅시다!

to 부정사의 형태는 'to + 동사원형'입니다. to 부정사의 부정형을 만들 때는 to 부정사 바로 앞에 not을 붙입니다.

Henry wanted <u>to meet</u> you today.　Henry는 오늘 너를 만나기를 원했다.
　　　　　　　to + 동사원형

Henry wanted not <u>to meet</u> you today.　Henry는 오늘 너를 만나지 않기를 원했다.
　　　　　　　　　to 부정사

Check Up

다음 동사를 to 부정사로 바꾸어 보세요.

Jacob called _____ (reserve) a room at a hotel.　Jacob은 호텔에 방을 예약하기 위해 전화를 했다.

➜ to 부정사의 형태는 'to + 동사원형'입니다.　　　　　　　　　정답　to reserve

to 부정사는 동사의 성질을 가지고 있습니다!

to 부정사는 문장에서 동사의 역할을 하지만 않지만 뒤에 목적어를 가질 수 있고, 보어를 가질 수 있으며, 부사의 꾸밈을 받기도 합니다. 이렇게 to 부정사는 여전히 동사의 성질을 가지고 있으므로 동사에 준한다는 의미로 동명사, 분사와 함께 준동사라고 불립니다.

The children like <u>to watch</u> <u>movies</u>.　아이들은 영화를 보는 것을 좋아한다.
　　　　　　　　　to 부정사　　목적어

My son hopes <u>to be</u> <u>a pianist</u>.　나의 아들은 피아니스트가 되기를 바란다.
　　　　　　　to 부정사　　보어

Olive loves <u>to sing</u> <u>occasionally</u>.　Olive는 가끔 노래하는 것을 좋아한다.
　　　　　　　to 부정사　　　　부사

Check Up

다음 밑줄 친 것 중 to 부정사는 무엇일까요?

The athlete <u>decided</u> <u>to take</u> a break.　그 운동선수는 휴식을 취하기로 결정했다.
　　　　　　　　ⓐ　　　　ⓑ

➡ to 부정사는 동사처럼 뒤에 목적어가 오지만 동사의 역할을 하지는 않습니다.　　　　　　　정답 ⓑ

---

 to 부정사의 의미상의 주어에 대해 알아봅시다!

'그 문제는 우리가 풀기에 어렵다'라는 문장에서 주어는 '그 문제(The problem)'이지만 '푸는(to solve)' 사람은 '우리(us)'입니다. 이와 같이 주어는 아니지만 to 부정사를 행하는 주체를 to 부정사의 '의미상의 주어'라고 합니다. 의미상의 주어는 'for + 명사' 또는 'for + 대명사의 목적격'의 형태로 to 부정사 앞에 옵니다.

The problem is difficult <u>for us</u> to solve.　그 문제는 우리가 풀기에 어렵다.
　　　　　　　　　　　의미상의 주어

참고 ǀ 단, 사람의 성질을 나타내는 형용사(honest, polite, foolish 등)가 to 부정사 앞에 쓰일 경우에는 의미상 주어는 'of + 명사' 또는 'of + 대명사의 목적격'의 형태로 옵니다.

It was <u>honest</u> of you to tell the truth.　네가 진실을 말한 것은 정직했다.
　　　　　의미상의 주어

Check Up

다음 빈칸에 알맞은 것은 무엇일까요?

The book is easy _____ to read.　그 책은 그가 읽기에 쉽다.

ⓐ for him　　　　　　　　　　　ⓑ for he

➡ to 부정사의 의미상의 주어는 'for + 대명사의 목적격' 형태입니다.　　　　　　　　정답 ⓐ

1 to 부정사의 역할

이른 아침인데도 공원에 운동하는 사람들이 많다. 모두 운동하기 위해 일찍 일어났나 보다.

운동하다라는 동사에 **~하는**이나 **~위해**가 붙어 문장 안에서 다양한 역할을 할 수 있습니다. 영어에서는 동사 앞에 to가 붙어 문장 속에서 다양한 역할을 합니다. 어떤 역할을 하는지 살펴볼까요?

1 명사 역할

▌to 부정사는 명사처럼 **주어, 목적어, 보어 역할**을 하며, **~하는 것, ~하기**로 해석합니다.

주어 역할   <u>To exercise everyday</u> is a good habit.   매일 운동하는 것은 좋은 습관이다.
            주어

목적어 역할   Todd hopes <u>to improve</u> his writing skills.   Todd는 그의 글 솜씨를 향상시키기를 바란다.
                        목적어

보어 역할   Nina's hobby is <u>to collect</u> stamps.   Nina의 취미는 우표를 수집하는 것이다.
                            보어

> 💡여기서 **잠깐!**
>
> to 부정사구가 주어 자리에 와서 주어가 길어진 경우, 이 주어를 문장 맨 뒤로 보내고 주어 자리에는 가짜 주어 it이 올 수 있습니다.
> <u>To sleep enough</u> is important.
> → **It** is important <u>to sleep enough</u>.   잠을 충분히 자는 것은 중요하다.
>   가주어   진주어(to 부정사)

2 형용사 역할

▌to 부정사는 형용사처럼 **명사 뒤**에서 **명사를 수식**하며, **~해야 할, ~할**로 해석합니다.

명사 수식   Peter has important <u>people</u> to meet.   Peter는 만나야 할 중요한 사람들이 있다.
                            명사

3 부사 역할

▌to 부정사는 부사처럼 **문장의 앞이나 동사 뒤**에서 **문장이나 동사를 수식**하며, **~하기 위해서**로 해석합니다.

문장 수식   To invite everybody, <u>we will send them e-mails.</u>   모두를 초대하기 위해서, 우리는 그들에게 이메일을 보낼 것이다.
                                문장

동사 수식   He takes <u>a bath</u> to relax.   그는 휴식을 취하기 위해 목욕을 한다.
                    동사

> 💡여기서 **잠깐!**
>
> to 부정사가 부사 역할을 할 때는 to 대신 in order to, so as to를 쓸 수 있습니다.
> She practiced hard **in order to** win the race.   그녀는 경주에서 이기기 위해 열심히 연습했다.
> He went to the city **so as to** see his friends.   그는 그의 친구들을 보기 위해 도시에 갔다.

2 to 부정사의 쓰임

I decided (studying, to study) every day.

괄호 안에는 decide의 목적어로 to 부정사 **to study**를 써야 합니다. 이처럼 to 부정사와 함께 쓰이는 것에는 어떤 것들이 있는지 자세히 살펴볼까요?

1 to 부정사를 취하는 동사 · 형용사

▌to 부정사는 다음 동사 · 형용사와 함께 쓰입니다.

to 부정사를 목적어로 취하는 동사			
want to ~하기를 원하다	**plan to** ~하기를 계획하다	**fail to** ~하지 못하다	**promise to** ~하기를 약속하다
decide to ~하기로 결정하다	**wish to** ~하기를 바라다	**afford to** ~할 수 있다	**manage to** (간신히) ~해내다

Maggie <u>wanted</u> to host the Christmas party. Maggie는 크리스마스 파티를 열기를 원했다.

to 부정사를 목적격 보어로 취하는 동사		
expect 목 to ~가 -하기를 기대하다	**ask 목 to** ~에게 -해 줄 것을 부탁하다	**cause 목 to** ~가 -하게 하다
allow 목 to ~가 -하게 허락하다	**advise 목 to** ~에게 -할 것을 권하다	**remind 목 to** ~에게 -할 것을 상기시키다

The company <u>expects its employees</u> to work hard. 그 회사는 직원들이 열심히 일하기를 기대한다.
　　　　　　　　　목적어

to 부정사를 취하는 형용사			
be about to 막 ~하려 하다	**be ready to** ~할 준비가 되다	**be likely to** ~할 것 같다	**be willing to** 기꺼이 ~하다
be able to ~할 수 있다	**be eager to** 몹시 ~하고 싶다	**be pleased to** ~해서 기쁘다	**be difficult to** ~하기 어렵다

The movie <u>is about</u> to start. 영화가 막 시작하려 한다.

2 to 부정사 관련 표현

▌to 부정사는 다음과 같은 표현들에서도 함께 쓰입니다.

enough to ~할 정도로 충분히 -한	**too ~ to** 너무 ~해서 -할 수 없는

She is tall **enough** to touch the ceiling. 그녀는 천장에 닿을 정도로 충분히 키가 크다.

I'm **too** tired to exercise. 나는 너무 피곤해서 운동할 수 없다.

둘 중 어법상 알맞은 것을 고르세요.

01 My dream is (ⓐ become, ⓑ to become) a teacher after graduation.

02 He failed (ⓐ to win, ⓑ winning) the game because of an injury.

03 It is essential (ⓐ to employees, ⓑ for employees) to come to work on time.

04 Most people exercise (ⓐ stay, ⓑ to stay) healthy.

05 The boring film caused him (ⓐ to fall asleep, ⓑ fall asleep).

06 Cheetahs are able (ⓐ to run, ⓑ run) up to 120 kilometers per hour.

07 I (ⓐ to take, ⓑ took) medicine to relieve my headache.

08 She is talented enough (ⓐ becoming, ⓑ to become) an actress.

01 보어 역할을 하는 to 부정사
해석 | 나의 꿈은 졸업 후에 선생님이 되는 것이다.

02 to 부정사를 목적어로 취하는 동사 fail
해석 | 그는 부상 때문에 시합에서 이기지 못했다.

03 to 부정사의 의미상의 주어 → for + 명사
해석 | 직원들이 제시간에 출근하는 것은 필수적이다.

04 '건강을 유지하기 위해서' → 부사 역할을 하는 to 부정사
해석 | 대부분의 사람들은 건강을 유지하기 위해서 운동한다.

05 to 부정사를 목적격 보어로 취하는 동사 cause
해석 | 지루한 영화는 그를 잠들게 했다.

06 to 부정사를 취하는 형용사 able
해석 | 치타는 한 시간에 120킬로미터까지 달릴 수 있다.

07 동사 역할을 할 수 없는 to 부정사
해석 | 나는 두통을 덜기 위해 약을 먹었다.

08 to 부정사 관련 표현 enough to
해석 | 그녀는 여배우가 될 정도로 충분히 재능있었다.

정답 **01** ⓑ **02** ⓐ **03** ⓑ **04** ⓑ **05** ⓐ **06** ⓐ **07** ⓑ **08** ⓑ

Point ① to 부정사의 to와 전치사 to를 혼동하지 말자.

• 아래와 같이 to 부정사를 목적어로 취하는 동사 뒤에는 'to + 동사원형'이 와야 합니다.

manage to (간신히) ~해내다	**fail to** ~하지 못하다
decide to ~하기로 결정하	**plan to** ~하기를 계획하다

• 이때, to를 전치사로 혼동하여 'to + 동명사'로 쓰면 틀린 문장이 되므로 주의합니다.

She <u>managed to</u> (g̶e̶t̶t̶i̶n̶g̶, get) driver's license in a week.   그녀는 일주일 안에 운전면허를 따냈다.
　　　　　　　동명사(X) 동사원형(O)

포인트 적용문제 1

어법상 밑줄 친 곳에 가장 적절한 것은?

> Every New Year, people talk about how they plan _____ their
>
> lives in the new year.
>
> ① to improving   ② improves
>
> ③ improve to   ④ to improve

해설   동사 plan은 to 부정사를 목적어로 취하는 동사
　　　이므로 ④ to improve가 정답입니다.

해석   새해마다 사람들은 새해에 어떻게 그들이 스스
　　　로의 삶을 개선할 계획인지에 대해 이야기한다.

어휘   **plan** 계획하다   **improve** 개선시키다

정답   ④ to improve

포인트 적용문제 2

밑줄 친 부분 중 어법상 옳지 않은 것은?

> ① <u>She</u> managed to ② <u>waking up</u> on time ③ <u>despite</u> ④ <u>having</u>
>
> forgotten to set her alarm.

해설   ② 동사 manage는 to 부정사를 목적어로 취하
　　　는 동사이므로 동명사 waking up을 앞에 나온
　　　to와 to 부정사를 이루는 동사원형 wake up으
　　　로 고쳐야 합니다.

해석   그녀는 알람을 맞추는 것을 잊어버렸음에도 불
　　　구하고 제시간에 일어나는 것을 해냈다.

어휘   **despite** ~에도 불구하고   **set** 맞추다

정답   ② (waking up → wake up)

- enough to는 '형용사/부사 + enough to'의 어순이 되어야 합니다. 'enough + 형용사/부사 + to'의 어순이 되면 틀린 문장이 되므로 주의합니다.

He studied (~~enough hard~~, hard enough) to get a perfect score. 그는 만점을 받을 정도로 충분히 열심히 공부했다.

  enough + 부사(X) 부사 + enough(O)

포인트 적용문제 1

어법상 밑줄 친 곳에 가장 적절한 것은?

The Spanish teacher speaks _____ be understood by everyone in the class. ① to enough clearly   ② enough clearly to ③ to clearly enough   ④ clearly enough to

해설 enough to는 '부사(clearly) + enough to'의 어순으로 쓰이므로 ④ clearly enough to가 정답입니다.

해석 그 스페인어 교사는 교실에 있는 모든 사람이 알아들을 수 있을 정도로 충분히 알기 쉽게 말한다.

어휘 Spanish 스페인어 clearly 알기 쉽게

정답 ④ clearly enough to

포인트 적용문제 2

밑줄 친 부분 중 어법상 옳지 않은 것은?

Venus, ① the closest planet to Earth, is ② enough bright to see ③ with the ④ naked eye.

해설 ② enough to는 '형용사(bright) + enough to'의 어순으로 쓰이므로 enough bright를 bright enough로 고쳐야 합니다.

해석 지구에서 가장 가까운 행성인 금성은 육안으로 볼 수 있을 정도로 충분히 밝다.

어휘 Venus 금성 close 가까운 planet 행성 bright 밝은 naked eye 육안

정답 ② (enough bright → bright enough)

Point ③ to 부정사의 의미상의 주어에 주의하자.

- to 부정사의 의미상의 주어는 'for + 대명사의 목적격'의 형태로 나타냅니다.
- 이때, 사람의 성질을 나타내는 형용사가 to 부정사 앞에 쓰일 경우, to 부정사의 의미상 주어는 'for + 대명사의 목적격'이 아닌 'of + 대명사의 목적격'의 형태로 나타내야 합니다.

사람의 성질을 나타내는 형용사	honest 정직한 foolish 어리석은	polite 예의 바른 kind 친절한	thoughtful 사려 깊은 wise 지혜로운

It was foolish (~~for us~~, of us) to leave the car unlocked. 우리가 차를 잠그지 않은 채로 놔둔 것은 어리석었다.
사람의 성질을 나타내는 형용사 　　　　to 부정사

포인트 적용문제 1

어법상 밑줄 친 곳에 가장 적절한 것은?

The house is too dirty _____ to clean by himself.

① of him
② that him
③ for him
④ him

해설 to 부정사의 의미상 주어는 'for + 목적격'을 to 부정사(to clean) 앞에 써야 하므로 ③ for him 이 정답입니다.

해석 그 집은 너무 더러워서 그가 혼자 청소 할 수 없었다.

어휘 dirty 더러운　clean 청소하다　by himself 혼자

정답 ③ for him

포인트 적용문제 2

밑줄 친 부분 중 어법상 옳지 않은 것은?

① It was very ② thoughtful ③ for him to send ④ me flowers for my birthday.

해설 ③ 사람의 성질을 나타내는 형용사 thoughtful (사려 깊은)이 to 부정사(to send) 앞에 쓰일 경우 to 부정사의 의미상 주어는 'of + 대명사의 목적격'의 형태로 나타내야 하므로 for him을 of him으로 고쳐야 합니다.

해석 그가 내 생일에 꽃을 보낸 것은 매우 사려 깊었다.

어휘 send 보내다

정답 ③ (for him → of him)

어법상 밑줄 친 곳에 가장 적절한 것은? (01~06)

01

The play failed _____ the crowd.

① amuse   ② amusing
③ to amuse   ④ amuses

02

I reminded him _____ the garbage on his way out.

① take out   ② taking out
③ to taking out   ④ to take out

03

It was kind _____ clothing for the homeless.

① of them to donate   ② for them to donate
③ them donating   ④ them to donate

04

Economists wonder whether Chinese oil is _____ American investors.

① cheap enough to attracting   ② enough cheap to attract
③ cheap enough to attract   ④ enough to cheap attracting

05

My doctor advised me _____ my diet and lifestyle.

① change   ② to change
③ changing   ④ for changing

06

It is always difficult _____ when I am wrong.

① of me to admit

② to admit for me

③ for me to admit

④ to admit of me

밑줄 친 부분 중 어법상 옳지 않은 것은? (07 ~ 13)

07

It is getting ① colder, ② so I am about to ③ taking out my winter ④ clothing.

08

The writer ① plans ② publish her ③ unreleased short stories ④ before she retires.

09

He ① sometimes locks his door ② when he is studying in order ③ not to ④ being disturbed.

10

The citizens ① ask the city council ② install a traffic light ③ to reduce the number of ④ accidents.

11

When ① <u>entering</u> the temple, visitors were asked ② <u>to remove</u> their shoes so as ③ <u>keeping</u> the floor ④ <u>clean</u>.

12

Most European countries failed ① <u>to welcome</u> Jewish refugees ② <u>after</u> the war, which caused ③ <u>many</u> Jewish people ④ <u>immigrate</u> elsewhere.

13

The engineers managed ① <u>to solving</u> many technical ② <u>problems</u> ③ <u>before</u> the program ④ <u>was released</u>.

다음 문장 중 어법상 옳지 않은 것은? (14 ~ 15)

14　① They hope to get married next year.

　　② We decided to study hard for the test.

　　③ To lose a loved one can be a difficult experience.

　　④ The website allows users download photos.

15　① I'm willing to lend you some money.

　　② Fishermen cast nets so as catch fish.

　　③ I was pleased to meet my new colleagues.

　　④ He takes vitamins to stay healthy.

정답·해석·해설 p.44

DAY 13 동명사

동명사란?

나는 걷기를 좋아한다.

우리말에서 동사 '걷다'가 '걷기', '걷는 것'으로 바뀌어 문장에서 명사 역할을 할 수 있습니다. 영어에서는 동사 뒤에 ing가 붙어 문장 속에서 명사 역할을 하는데, 이를 동명사라고 합니다.

 동명사의 형태에 대해 알아봅시다!

동명사의 형태는 '동사원형 + ing'입니다. 동명사의 부정형을 만들 때는 동명사 바로 앞에 not을 붙입니다.

Tom prefers <u>wearing</u> ties. Tom은 넥타이를 하는 것을 선호한다.
　　　　　　동사원형+ing

Jason prefers <u>not</u> <u>wearing</u> ties. Jason은 넥타이를 하지 않는 것을 선호한다.
　　　　　　　　　동명사

> **Check Up**
>
> 괄호 안의 동사를 동명사로 바꾸어 문장을 완성하세요.
>
> **Sophia enjoys _____ (read) books.** Sophia는 책을 읽는 것을 즐긴다.
>
> ➔ 동명사의 형태는 '동사원형 + ing'입니다.　　　　　　　　　　　　　　정답 reading

동명사는 동사의 성질을 가지고 있습니다!

동명사는 문장에서 동사의 역할을 하지는 않지만 여전히 동사의 성질을 가지고 있습니다. 즉, 동명사는 뒤에 목적어를 가질 수도 있고, 보어를 가질 수도 있으며, 부사의 꾸밈을 받기도 합니다.

<u>Watching</u> <u>movies</u> is my hobby. 영화를 보는 것은 나의 취미이다.
　동명사　　목적어

<u>Becoming</u> <u>a nurse</u> is Emma's goal. 간호사가 되는 것은 Emma의 목표이다.
　동명사　　　보어

He will keep <u>swimming</u> <u>regularly</u>. 그는 규칙적으로 수영하는 것을 계속할 것이다.
　　　　　　　　동명사　　　　부사

Check Up

다음 밑줄 친 것 중 동명사는 무엇일까요?

Blake <u>suggested</u> <u>hiring</u> a consultant. Blake는 컨설턴트를 고용할 것을 제안했다.
　　　　　 ⓐ　　　　 ⓑ

➡ 동명사는 동사의 역할을 하지는 않지만 동사처럼 뒤에 목적어가 올 수 있습니다.　　　　　　　　　정답 ⓑ

 동명사의 의미상의 주어에 대해 알아봅시다!

'나는 그가 일을 그만두는 것에 반대한다'라는 문장에서 주어는 '나(I)'이지만 '일을 그만두는(quitting the job)' 주체는 '그(his)' 입니다. 이와 같이 주어는 아니지만 동명사를 행하는 주체를 동명사의 '의미상의 주어'라고 합니다. 의미상의 주어는 '소유격' 형태로 동명사 앞에 옵니다.

I object to <u>his</u> quitting the job. 나는 그가 일을 그만두는 것에 반대한다.
　　　　 의미상의 주어

Check Up

다음 중 동명사의 의미상의 주어가 될 수 있는 것은 무엇일까요?

ⓐ my　　　　　　　　　　　　ⓑ me

➡ 동명사의 의미상의 주어는 소유격 형태입니다.　　　　　　　　　　　　　　　　　정답 ⓐ

DAY 13

동명사 **해커스 공무원 영어 기초 영문법**

1 동명사 자리

나는 배드민턴 치는 것을 좋아한다.

동사 **치다**에 **~하는 것**이 붙은 **배드민턴 치는 것**이 문장의 목적어 자리에 왔습니다. 영어에서는 동사 뒤에 ing가 붙은 동명사가 문장에서 다양한 자리에 올 수 있습니다. 동명사는 문장의 어디에 오는지 살펴볼까요?

1 동명사가 오는 자리

동명사는 명사 역할을 하므로 명사처럼 **주어, 목적어, 보어** 자리와 **전치사 뒤**에 오며, **~하는 것, ~하기**로 해석됩니다.

주어 자리   <u>Singing songs</u> makes me happy.   노래를 부르는 것은 나를 행복하게 만든다.
　　　　　　　주어

목적어 자리   Emily loves <u>traveling abroad</u>.   Emily는 해외 여행하는 것을 좋아한다.
　　　　　　　　　　　　목적어

보어 자리   My hobby is <u>playing basketball</u>.   내 취미는 농구를 하는 것이다.
　　　　　　　　　　　보어

전치사 뒤   He is good <u>at</u> speaking French.   그는 프랑스어로 말하는 것에 능숙하다.
　　　　　　　　　전치사

2 동명사 자리에 올 수 없는 것

동명사가 와야 하는 자리에 동사는 올 수 없습니다.

(~~Dance~~, Dancing) is a good way to relieve stress.   춤추는 것은 스트레스를 푸는 좋은 방법이다.
　동사(X)　　동명사(O)

2 동명사의 쓰임

I enjoy (to study, studying) English.

괄호 안에는 동사 enjoy의 목적어로 to 부정사 to study가 아닌 동명사 studying을 써야 합니다. 동명사와 함께 쓰이는 동사와 표현에는 어떤 것들이 있는지 살펴볼까요?

1 동사 + 동명사

동명사를 목적어로 취하는 동사들을 주의해서 알아둡니다.

mind -ing ~을 꺼리다	keep -ing ~을 계속하다	finish -ing ~을 끝내다	quit -ing ~을 그만두다
enjoy -ing ~을 즐기다	avoid -ing ~을 피하다	consider -ing ~을 고려하다	give up -ing ~을 포기하다
suggest -ing ~을 제안하다	deny -ing ~을 부인하다	recommend -ing ~을 추천하다	allow -ing ~을 허락하다

Mia <u>considered</u> going hiking this weekend. Mia는 이번 주말에 등산을 가는 것을 고려했다.

2 동사 + 동명사/to 부정사

다음의 동사들은 목적어로 동명사와 to 부정사를 모두 취할 수 있으며, 두 경우의 **의미가 같습니다.**

begin 시작하다	start 시작하다	prefer 선호하다	like 좋아하다	hate 싫어하다

Our team <u>began</u> planning(= to plan) a new project. 우리 팀은 새 프로젝트를 계획하는 것을 시작했다.

다음의 동사들은 뒤에 동명사를 취할 때와 to 부정사를 취할 때 **의미가 달라집니다. 동명사**를 취하면 주로 **과거의 의미**를, **to 부정사**를 취하면 주로 **미래의 의미**를 나타냅니다.

┌ remember -ing ~한 것을 기억하다 └ remember to ~할 것을 기억하다	┌ forget -ing ~한 것을 잊다 └ forget to ~할 것을 잊다
┌ regret -ing ~한 것을 후회하다 └ regret to ~하게 되어 유감이다	┌ stop -ing ~하는 것을 멈추다 └ stop to ~하기 위해 (하던 일을) 멈추다

*stop 뒤의 to 부정사는 목적어가 아닌 부사입니다.

She <u>remembered</u> buying some apples. 그녀는 몇 개의 사과를 샀던 것을 기억했다. (이미 사과를 샀다)
She <u>remembered</u> to buy some apples. 그녀는 몇 개의 사과를 사야할 것을 기억했다. (아직 사과를 사지 않았다)

3 주의해야 할 동명사 표현

동명사를 취하는 표현들을 주의해서 알아둡니다.

be used to -ing ~에 익숙하다	be accustomed to -ing ~에 익숙하다	be busy -ing ~하느라 바쁘다
lead to -ing ~의 원인이 되다	look forward to -ing ~을 고대하다	object to -ing ~에 반대하다
contribute to -ing ~에 공헌하다	be committed to -ing ~에 전념하다	be dedicated to -ing ~에 헌신하다
have difficulty -ing ~하는 데 어려움을 겪다	spend + 시간/돈 + -ing ~하는 데 시간/돈을 쓰다	

Evan <u>is busy</u> writing the screenplay. Evan은 시나리오를 쓰느라 바쁘다.

동명사 해커스 공무원 영어 기초 영문법

둘 중 어법상 알맞은 것을 고르세요.

01 Her favorite activity is (ⓐ take, ⓑ taking) pictures.

01 보어 자리에 올 수 있는 동명사
해석 | 그녀가 좋아하는 활동은 사진을 찍는 것이다.

02 Pregnant women should avoid (ⓐ drinking, ⓑ to drink) alcohol.

02 동명사를 목적어로 취하는 동사 avoid
해석 | 임신한 여성들은 술 마시는 것을 피해야 한다.

03 The factory was praised for (ⓐ keeping, ⓑ to keep) pollution levels down.

03 전치사 뒤에 올 수 있는 동명사
해석 | 그 공장은 오염 수준을 낮게 유지하는 것에 대해 찬사를 받았다.

04 (ⓐ Drive, ⓑ Driving) from Seoul to Busan takes about five hours.

04 주어 자리에 올 수 있는 동명사
해석 | 서울에서 부산까지 운전하는 것은 약 5시간이 걸린다.

05 I am considering (ⓐ to leave, ⓑ leaving) for Spain next month.

05 동명사를 목적어로 취하는 동사 consider
해석 | 나는 다음 달에 스페인으로 떠나는 것을 고려 중이다.

06 My son has been busy (ⓐ looking for, ⓑ look for) a job.

06 동명사를 취하는 표현 'be busy -ing'
해석 | 나의 아들은 일자리를 구하느라 바빴다.

07 Tim suggested (ⓐ making, ⓑ make) a fire to keep warm.

07 동명사를 목적어로 취하는 동사 suggest
해석 | Tim은 따뜻함을 유지하기 위해 불을 지필 것을 제안했다.

08 (ⓐ Wear, ⓑ Wearing) a seat belt can save lives in an accident.

08 주어 자리에 올 수 있는 동명사
해석 | 안전벨트를 착용하는 것은 사고에서 생명을 구할 수 있다.

정답 **01** ⓑ **02** ⓐ **03** ⓐ **04** ⓑ **05** ⓑ **06** ⓐ **07** ⓐ **08** ⓑ

핵심 빈출 포인트 잡기

Point ① 동명사를 목적어로 취하는 동사 뒤에 to 부정사는 올 수 없다.

- 아래와 같이 동명사를 목적어로 취하는 동사의 목적어 자리에 동명사가 아닌 to 부정사가 오면 틀린 문장이 됩니다.

mind -ing ~을 꺼리다	finish -ing ~을 끝내다	enjoy -ing ~을 즐기다
avoid -ing ~을 피하다	suggest -ing ~을 제안하다	allow -ing ~을 허락하다

He doesn't <u>mind</u> (~~to wait~~, waiting) for her. 그는 그녀를 기다리는 것을 꺼리지 않는다.
└ to 부정사(X) 동명사(O)

포인트 적용문제 1

어법상 밑줄 친 곳에 가장 적절한 것은?

Most celebrities mind _____ their pictures taken without permission.

① to have ② have
③ had ④ having

해설 동사 mind(~을 꺼리다)는 동명사를 목적어로 취하는 동사이므로 동명사 ④ having이 정답입니다.

해석 대부분의 유명 인사들은 허락 없이 그들의 사진이 찍히는 것을 꺼린다.

어휘 celebrity 유명 인사 permission 허락, 허가

정답 ④ having

포인트 적용문제 2

밑줄 친 부분 중 어법상 옳지 않은 것은?

City council members suggested ① <u>to spend</u> ② <u>more</u> money on ③ <u>improving</u> roads ④ <u>and</u> sidewalks.

해설 ① 동사 suggest(~을 제안하다)는 동명사를 목적어로 취하는 동사이므로 to 부정사 to spend를 동명사 spending으로 고쳐야 합니다.

해석 시 의회 구성원들은 도로와 보도를 개선하는 데 더 많은 돈을 쓸 것을 제안했다.

어휘 city council 시 의회 improve 개선하다
sidewalk 보도

정답 ① (to spend → spending)

- remember, forget과 같이 동명사와 to 부정사를 목적어로 취할 때 의미가 달라지는 동사들과 그 의미의 차이를 알아둡니다.

┌ remember -ing ~한 것을 기억하다   ┌ forget -ing ~한 것을 잊다
└ remember to ~할 것을 기억하다   └ forget to ~할 것을 잊다

┌ regret -ing ~한 것을 후회하다   ┌ stop -ing ~하는 것을 멈추다
└ regret to ~하게 되어 유감이다   └ stop to ~하기 위해 (하던 일을)멈추다

*stop 뒤의 to 부정사는 목적어가 아닌 부사입니다.

She remembered bringing a notepad to the job interview. 그녀는 면접에 메모지를 가져간 것을 기억했다.
She remembered to bring a notepad to the job interview. 그녀는 면접에 메모지를 가져갈 것을 기억했다.

포인트 적용문제 1

밑줄 친 부분 중 어법상 옳지 않은 것은?

> She regrets ① to quit the soccer team, ② so she ③ has decided to ask the coach ④ if she can return.

해설 ① 문맥상 '축구팀을 그만둔 것을 후회하다'라는 의미가 되어야 자연스럽고, 동사 regret은 '~한 것을 후회하다'라는 과거의 의미를 나타낼 때는 동명사를 목적어로 취하므로 to 부정사 to quit을 동명사 quitting으로 고쳐야 합니다.

해석 그녀는 축구팀을 그만둔 것을 후회해서, 코치에게 그녀가 돌아갈 수 있는지 묻기로 결심했다.

어휘 quit 그만두다　decide 결심하다

정답 ① (to quit → quitting)

포인트 적용문제 2

밑줄 친 부분 중 어법상 옳지 않은 것은?

> She forgot ① taking the cake ② out of the oven before ③ it ④ burned.

해설 ① 문맥상 '케이크가 타기 전에 꺼낼 것을 잊다'라는 의미가 되어야 자연스러운데, 동사 forget은 '~할 것을 잊다'라는 미래의 의미를 나타낼 때는 to 부정사를 목적어로 취하므로 동명사 taking을 to 부정사 to take로 고쳐야 합니다.

해석 그녀는 케이크가 타기 전에 오븐에서 꺼낼 것을 잊었다.

어휘 burn 타다

정답 ① (taking → to take)

Point ③ 전치사 to를 포함한 표현에 주의하자.

- 아래의 동명사를 취하는 표현에서 to는 전치사이므로 뒤에 동명사가 아닌 동사원형이 오면 틀린 문장이 됩니다.

be used to -ing ~에 익숙하다	be accustomed to -ing ~에 익숙하다
look forward to -ing ~을 고대하다	be committed to -ing ~에 전념하다

Singers are used to (~~wear~~, wearing) heavy makeup. 가수들은 과한 화장을 하는 것에 익숙하다.
동사원형(X)   동명사(O)

포인트 적용문제 1

밑줄 친 부분 중 어법상 옳지 않은 것은?

The company ① is committed to ② provide satisfactory service ③ to all of ④ its customers.

해설 ② 동명사를 취하는 표현 'be committed to' (~에 전념하다)에서 to는 전치사이므로 뒤에 동명사가 와야 합니다. 따라서 동사원형 provide를 동명사 providing으로 고쳐야 합니다.

해석 그 회사는 모든 고객들에게 만족스러운 서비스를 제공하는 것에 전념한다.

어휘 **provide** 제공하다 **satisfactory** 만족스러운

정답 ② (provide → providing)

포인트 적용문제 2

밑줄 친 부분 중 어법상 옳지 않은 것은?

Native Americans ① who lived ② near rivers and lakes were accustomed ③ to travel ④ by canoes.

해설 ③ 동명사를 취하는 표현 'be accustomed to' (~에 익숙하다)에서 to는 전치사이므로 뒤에 동명사가 와야 합니다. 따라서 to travel을 to traveling으로 고쳐야 합니다.

해석 강과 호수 주변에 살았던 북미 원주민들은 카누로 이동하는 것에 익숙했다.

어휘 **native** 원주민의 **travel** 이동하다, 다니다
canoe 카누

정답 ③ (to travel → to traveling)

어법상 밑줄 친 곳에 가장 적절한 것은? (01 ~ 06)

01

> _____ a new language is difficult.

① Learn
② Learned
③ Learning
④ Learns

02

> The country makes most of its money from _____ oil.

① exports
② to export
③ export
④ exporting

03

> She regrets _____ the promise to meet her friend last Saturday.

① not keeping
② keeping not
③ not to keep
④ to not keep

04

> Customers were glad about _____ close to the subway station.

① the company will move
② the company's moving
③ the company's moved
④ for company moving

05

> I try to learn from my errors to avoid _____ the same mistake twice.

① makes
② to make
③ make
④ making

06

Some studies show that changing one's diet can lead to _____ total sleep time.

① increasing

② increase

③ be increased

④ being increased

밑줄 친 부분 중 어법상 옳지 않은 것은? (07 ~ 13)

07

① Before we go out, we need to ② remember ③ turning off all the ④ lights.

08

I'm looking forward to ① meet ② my high school friends ③ since I ④ haven't seen them in over ten years.

09

Most doctors suggest ① to consume ② a variety of foods in ③ moderation, rather than ④ eating the same food every day.

10

We stopped ① to walk around ② because we were both ③ extremely ④ tired.

11

Many ① <u>magazines</u> wanted ② <u>to interview</u> her ③ <u>because of</u> ④ <u>she winning</u> the grand prize.

12

He prefers ① <u>voting not</u> rather than ② <u>supporting</u> one of two ③ <u>candidates</u> ④ <u>whom</u> he doesn't like.

13

The ① <u>new</u> medication may ② <u>contribute</u> to ③ <u>improve</u> patients' quality of ④ <u>life</u>.

다음 문장 중 어법상 옳지 않은 것은? (14~15)

14 ① Wearing a bicycle helmet protects your head.

② We enjoy going to the beach during the summer.

③ I was busy to clean my room this afternoon.

④ Everyone needs to pay tuition by the end of this month.

15 ① The students denied cheating on the test.

② My father's hobby is playing the guitar.

③ Many people object to constructing nuclear power plants.

④ He is considering to buy new clothes.

정답·해석·해설 p.48

DAY 14 분사

  기초 개념 잡기

분사란?

잠자는 **고양이**

'잠자는'은 명사 '고양이'를 수식하고 있지만, 고양이가 잠자고 있다는 동작의 의미를 담고 있습니다. 이처럼 동사의 성격을 갖고 있지만 명사를 수식하는 형용사 역할을 하는 것을 분사라고 합니다.

 분사의 형태에 대해 알아봅시다!

분사에는 현재분사와 과거분사가 있는데, 이 둘은 그 형태와 의미가 서로 다릅니다. 현재분사는 '동사원형 + ing'의 형태로 능동의 의미를 나타냅니다. 과거분사는 '동사원형 + ed'의 형태로 수동의 의미를 나타냅니다.

현재분사	동사원형 + ing	~하는 (능동)
과거분사	동사원형 + ed 또는 불규칙형태	~된, ~해진 (수동)

*과거분사의 불규칙형태는 p.318에서 확인할 수 있습니다.

The documentary was about a singing bird. 그 다큐멘터리는 노래하는 새에 대한 것이었다.
    현재분사(능동의 의미)

They took the collected money to the charity. 그들은 모여진 돈을 자선 단체에 가져갔다.
    과거분사(수동의 의미)

Check Up

다음 동사를 분사로 바꾸어 보세요.

Owen welcomed the _____ (visit) guests. Owen은 방문하는 손님들을 환영했다.

➜ 능동의 의미를 나타내는 현재분사의 형태는 '동사원형 + ing'입니다. 　　　　　　　　정답 visiting

분사는 동사의 성질을 가지고 있습니다!

분사는 문장에서 동사의 역할을 하지는 않지만 여전히 동사의 성질을 가지고 있습니다. 즉, writing the novel처럼 분사 뒤에 목적어나 보어를 가질 수도 있고, laughing loudly처럼 부사의 꾸밈을 받기도 합니다.

I know the woman <u>writing</u> the novel. 나는 소설을 쓰는 여자를 알고 있다.
　　　　　　　　　分사　　　　목적어

The girls <u>laughing</u> loudly are my friends. 크게 웃고 있는 그 소녀들은 내 친구들이다.
　　　　　　분사　　　부사

Check Up

다음 ⓐ, ⓑ 중 분사는 무엇일까요?

The seminar ⓐ <u>is</u> helpful for students ⓑ <u>studying</u> psychology. 그 세미나는 심리학 공부하는 학생들에게 도움이 된다.

➡ 분사는 동사처럼 뒤에 목적어를 가질 수 있지만 동사의 역할을 하지는 않습니다.　　　　　　　　　　　정답 ⓑ

 분사구문에 대해 알아봅시다!

분사를 이용해서 긴 부사절을 간단한 구로 만든 것을 분사구문이라고 합니다. 분사구문은 문장 내에서 부사절의 역할을 하며, 문장의 앞이나 뒤에 옵니다.

<u>Riding the bus</u>, I listened to music. 버스를 타고 가면서, 나는 음악을 들었다.
　분사구문

Check Up

다음 중 빈칸에 알맞은 것은 무엇일까요?

_____ the temple, visitors will see many wall paintings. 사원에 들어가면, 방문객들은 많은 벽화를 볼 것이다.

ⓐ Entering　　　　　　　　ⓑ Enter

➡ 분사구문은 분사를 이용해서 부사절을 간단한 구로 만든 것으로, 주로 문장의 앞이나 뒤에 옵니다.　　　　정답 ⓐ

1 분사의 역할과 쓰임

아름답게 노래하는 새

동사 **노래하다** 뒤에 **~하는**이 붙어 뒤에 나온 명사 **새**를 꾸미는 형용사 역할을 합니다. 영어에서는 동사 뒤에 ing나 ed가 붙은 분사가 형용사 역할을 할 수 있습니다. 분사의 역할과 쓰임에 대해 자세히 살펴볼까요?

1 분사의 역할

분사는 형용사처럼 **명사 앞이나 뒤에서 명사를 수식**하거나 **보어 자리에서 보어 역할**을 합니다.

| 명사 앞 수식 | Claire heard <u>interesting</u> stories. | Claire는 재미있는 이야기를 들었다. |

명사 앞 수식   Claire heard <u>interesting</u> stories.   Claire는 재미있는 이야기를 들었다.

명사 뒤 수식   The portrait <u>drawn</u> by Kayla was amazing.   Kayla에 의해 그려진 그 초상화는 놀라웠다.

주격 보어   The result of the test was <u>surprising</u>.   그 시험의 결과는 놀라웠다.

목적격 보어   Robert noticed a letter <u>left</u> on the table.   Robert는 테이블 위에 편지가 남겨진 것을 알아챘다.

2 현재분사 vs. 과거분사

분사가 **능동의 의미인 ~하는, ~한**이라고 해석되면 **현재분사**를, **수동의 의미인 ~된, ~해진**이라고 해석되면 **과거분사**를 씁니다.

People attending **the event will receive a gift.** 행사에 참석하는 사람들은 선물을 받을 것이다.

➜ '행사에 참석하는 사람들'에서 '참석하는'이 능동의 의미인 '~하는'으로 해석되므로 현재분사 attending이 와야 합니다.

The flowers displayed **at the wedding were beautiful.** 결혼식에 진열된 꽃들은 아름다웠다.

➜ '결혼식에 진열된 꽃들'에서 '진열된'이 수동의 의미인 '~된'으로 해석되므로 과거분사 displayed가 와야 합니다.

현재분사 뒤에는 목적어가 올 수 있지만, 과거분사 뒤에는 목적어가 올 수 없습니다.

The man delivering <u>the box</u> **was Mr. Moore.** 그 상자를 전달한 남자는 Mr. Moore였다.

The photo attached **to the resume was taken three months ago.** 이력서에 첨부된 사진은 세 달 전에 찍힌 것이다.

2 주의해야 할 분사

기뻐하는 친구 / 친구를 기쁘게 하는 선물

기뻐하는과 **기쁘게 하는**은 둘 다 **기뻐하다**라는 동사에서 나온 것이지만 뒤에 붙은 말에 따라 의미가 달라집니다. 영어에서도 동사 뒤에 ing 가 붙은 경우와 ed가 붙는 경우 의미나 쓰임이 달라집니다. 자세히 살펴볼까요?

1 감정 동사의 분사

감정을 나타내는 동사의 경우, 주어가 **감정을 일으키는 원인**이면 **현재분사**로, 감정을 느끼는 주체이면 **과거분사**로 씁니다.

interest ~에게 흥미를 일으키다	excite ~을 흥분시키다	amuse ~을 즐겁게 하다
please ~을 기쁘게 하다	satisfy ~을 만족시키다	disappoint ~을 실망시키다
bore ~을 지루하게 하다	frustrate ~을 좌절시키다	shock ~에게 충격을 주다
surprise ~을 놀라게 하다	tire ~을 피곤하게 하다	exhaust ~을 기진맥진하게 하다
annoy ~을 짜증나게 하다	terrify ~을 무섭게 하다	embarrass ~을 당황스럽게 하다

The end of the movie was surprising. 그 영화의 결말은 놀라웠다.
현재분사

➡ 영화의 결말이 놀라게 하는 원인이므로 현재분사 surprising이 와야 합니다.

She was surprised when she was promoted. 그녀는 그녀가 승진했을 때 놀랐다.
과거분사

➡ 그녀가 놀라움을 느끼는 주체이므로 과거분사 surprised가 와야 합니다.

2 접속사로 사용되는 분사

접속사 역할을 하는 아래 분사들을 알아둡니다.

~이라고 가정한다면	considering that~ supposing that~	assuming that~ given that~	providing that~ provided that~

Considering that the guests will arrive soon, we should finish cleaning up.
손님들이 곧 도착할 것이라고 가정한다면, 우리는 청소를 끝내야만 한다.

I will help you providing that I have the time. 내가 시간이 있다고 가정한다면 나는 너를 도와줄 것이다.

3 분사구문의 형태

내 친구가 나를 기다리는 동안에, 친구는 차를 마셨다. = 나를 기다리면서, 내 친구는 차를 마셨다.

문장에서 중복되는 주어를 없애고 간단히 표현했습니다. 영어에서는 중복되는 부분을 없애고 간단히 표현할 때 분사구문을 쓸 수 있습니다. 분사구문의 형태에 대해 자세히 살펴볼까요?

1 분사구문의 형태

분사구문은 (접속사 +) 분사의 형태입니다. 이것은 **부사절 접속사 + 주어 + 동사 ~**로 되어 있는 부사절을 축약하여 **(접속사 +) 분사**의 형태로 바꾼 것입니다.

부사절 접속사 생략 (단, 접속사를 생략했을 때 의미가 모호해질 경우에는 접속사를 그대로 남겨둔다) ↓	~~While~~ I walked home, I met my uncle. 부사절 접속사
부사절 주어 생략 (부사절의 주어와 주절의 주어가 일치하면 생략하고, 일치하지 않으면 그대로 남겨둔다) ↓	~~While~~ ~~I~~ walked home, I met my uncle. 주어
부사절 동사의 원형에 ing	~~While~~ ~~I~~ walked home, I met my uncle. └→ walk + ing
분사구문	Walking home, I met my uncle. 집으로 걸어가다가, 나는 삼촌을 만났다. 분사

~~When you~~ return clothing, you should show your receipt.
　　　　└→ return + ing = returning

→ Returning clothing, you should show your receipt. 옷을 반품할 때, 당신은 영수증을 보여줘야 한다.
　　분사

~~Because they~~ were tired, they went home early. 피곤했기 때문에, 그들은 집에 일찍 갔다.
　　　　　└→ be + ing = being

→ (Being) Tired, they went home early.
　　분사

➜ 분사구문 맨 앞에 Being이 올 경우, Being은 생략되고 Tired가 남습니다.

2 분사구문의 부정형

분사구문의 부정형은 **분사 앞에 not**이나 **never**를 붙여 나타냅니다.

Not understanding the instructions, he asked the teacher a question.
　　　분사
설명을 이해하지 못했기 때문에, 그는 선생님에게 질문을 했다.

Never finding her bag, she bought a new one. 가방을 결코 찾을 수 없었기 때문에, 그녀는 새 가방을 샀다.
　　　분사

4 분사구문의 역할과 쓰임

영화를 보고 나서, 우리는 저녁을 먹었다.

영화를 보고 나서가 문장에서 시간을 나타내고 있습니다. 영어에서는 문장 앞이나 뒤에 분사구문이 와서 시간, 이유, 조건 등을 나타낼 수 있습니다. 분사구문의 역할과 쓰임에 대해 자세히 살펴볼까요?

1 분사구문의 역할

분사구문은 **시간, 이유, 조건** 등을 나타내는 부사절 역할을 합니다.

시간 <u>Closing the book</u>, he started to speak. 책을 덮은 후에, 그는 말을 하기 시작했다.
= After he closed the book

이유 <u>Feeling cold</u>, she put on a coat. 추웠기 때문에, 그녀는 코트를 입었다.
= Because she felt cold

조건 <u>Looking to the right</u>, you will see the Eiffel Tower. 오른편을 보시면, 당신은 에펠탑을 보게 됩니다.
= If you look to the right

2 분사구문의 현재분사 vs. 과거분사

주절의 주어와 분사구문이 **능동**의 의미인 **(주어가) ~하다**로 해석되면 **현재분사**를, **수동**의 의미인 **(주어가) ~되다**로 해석되면 **과거분사**를 씁니다.

Checking my wallet, I had noticed that I had lost his business card.
나의 지갑을 확인한 후, 나는 그의 명함을 잃어버렸다는 것을 알아차렸다.

➜ 주절의 주어 I와 분사구문이 능동의 의미인 '내가 지갑을 확인하다'로 해석되므로 현재분사 Checking이 와야 합니다.

Taken in New York, this photo is my favorite. 뉴욕에서 찍혔기 때문에, 이 사진은 내가 특히 좋아하는 것이다.

➜ 주절의 주어 this photo와 분사구문이 수동의 의미인 '이 사진이 찍히다'로 해석되므로 과거분사 Taken이 와야 합니다.

Hackers Practice

둘 중 어법상 알맞은 것을 고르세요.

01 The damage (ⓐ causes, ⓑ caused) by the flood was extensive.

02 (ⓐ Not focusing, ⓑ Focusing not), he couldn't understand what she was saying.

03 People (ⓐ sat, ⓑ sitting) in the balcony section have the best view of the stage.

04 (ⓐ While hike, ⓑ While hiking) in the mountains, we saw beautiful flowers.

05 The boy was (ⓐ annoyed, ⓑ annoying) because of his younger sister's behavior.

06 (ⓐ Worn, ⓑ Wearing) her new suit, she looks very professional.

07 The president's opinion on the issue was (ⓐ disappointed, ⓑ disappointing).

08 (ⓐ Attracted, ⓑ Attracting) to light, moths can often be found around street lamps.

---

01 '초래된 피해'라는 수동의 의미 → 과거분사
해석 | 홍수에 의해 초래된 피해는 광범위했다.

02 분사구문의 부정형 → 분사 앞에 not
해석 | 집중하지 않았기 때문에, 그는 그녀가 말하는 것을 이해하지 못했다.

03 '앉아있는 사람들'이라는 능동의 의미 → 현재분사
해석 | 발코니석에 앉아있는 사람들은 무대가 가장 잘 보인다.

04 분사구문의 형태 → (접속사 +) 분사
해석 | 등산을 하면서, 우리는 아름다운 꽃들을 보았다.

05 '소년'이 짜증을 느끼는 감정의 주체 → 과거분사
해석 | 소년은 그의 여동생의 행동 때문에 짜증이 났다.

06 '그녀가 정장을 입다'라는 능동의 의미 → 현재분사
해석 | 새로운 정장을 입으니, 그녀는 매우 전문적으로 보인다.

07 '대통령의 의견'이 감정을 일으키는 원인 → 현재분사
해석 | 그 사안에 대한 대통령의 의견은 실망스러웠다.

08 '나방이 빛에 이끌리다'라는 수동의 의미 → 과거분사
해석 | 빛에 이끌리기 때문에, 나방들은 흔히 가로등 주변에서 발견될 수 있다.

Point ① 명사와 분사가 수동 관계일 때는 과거분사를 써야 한다.

- 명사와 명사를 수식하는 분사가 '~된/~해진 명사'로 해석되는 수동 관계일 경우, 과거분사가 아닌 현재분사가 오면 틀린 문장이 됩니다.

The poem (~~writing~~, written) by the poet was beautiful. 그 시인에 의해 쓰여진 그 시는 아름다웠다.
명사　　현재분사(X) 과거분사(O)

포인트 적용문제 1

밑줄 친 부분 중 어법상 옳지 않은 것은?

The trust ① that people in the small town ② feel for their neighbors ③ is proved by their ④ unlocking doors.

해설 ④ 수식받는 명사 doors와 분사가 '열려진 문'이라는 의미의 수동 관계이므로 현재분사 unlocking을 과거분사 unlocked로 고쳐야 합니다.

해석 그 작은 마을의 사람들이 그들의 이웃에게 느끼는 신뢰는 열려진 문으로 증명된다.

어휘 **trust** 신뢰 **neighbor** 이웃 **prove** 증명하다 **unlock** 열다

정답 ④ (unlocking → unlocked)

포인트 적용문제 2

밑줄 친 부분 중 어법상 옳지 않은 것은?

After ① the hurricane, people ② worked together ③ to clean up their ④ destroying city.

해설 ④ 수식받는 명사 city와 분사가 '파괴된 도시'라는 의미의 수동 관계이므로 현재분사 destroying을 과거분사 destroyed로 고쳐야 합니다.

해석 허리케인 후에, 사람들은 파괴된 도시를 정리하기 위해 함께 일했다.

어휘 **hurricane** 허리케인 **clean up** 정리하다, 치우다 **destroy** 파괴하다, 훼손하다

정답 ④ (destroying → destroyed)

- 감정을 나타내는 동사는 주어가 감정을 일으키는 원인이면 현재분사를, 주어가 감정을 느끼는 주체이면 과거분사를 써야 합니다.

The circus performance was (amazed, amazing). 그 서커스 공연은 놀라웠다.
　　　주어　　　　　　　　　과거분사(X)　현재분사(O)

➜ 그 서커스 공연이 놀라움을 일으키는 원인이므로 현재분사 amazing이 와야 합니다.

The crowd was (amazing, amazed) by the circus performance. 관중은 그 서커스 공연에 놀랐다.
　　주어　　　　　현재분사(X)　과거분사(O)

➜ 관중이 놀라움을 느끼는 주체이므로 과거분사 amazed가 와야 합니다.

포인트 적용문제 1

밑줄 친 부분 중 어법상 옳지 않은 것은?

They were ① surprising by ② how well she was able to ③ speak the language after only several months of ④ study.

해설 ① 문맥상 '그들이 놀랐다'라는 의미로 주어 (They)가 감정을 느끼는 주체가 되어야 자연 스러우므로 현재분사 surprising을 과거분사 surprised로 고쳐야 합니다.

해석 그들은 그녀가 오직 몇 달 간의 학습 후에 그 언 어를 그렇게 잘 말할 수 있다는 것에 놀랐다.

어휘 surprise ~을 놀라게 하다 several 몇몇의

정답 ① (surprising → surprised)

포인트 적용문제 2

밑줄 친 부분 중 어법상 옳지 않은 것은?

One survivor ① said that the plane crash ② was ③ the most ④ terrified experience of his life.

해설 ④ 문맥상 '그 비행기 사고는 무서운 경험이 었다'라는 의미로 that 절의 주어(the plane crash)가 감정을 일으키는 원인이 되어야 자 연스러우므로 과거분사 terrified를 현재분사 terrifying으로 고쳐야 합니다.

해석 한 생존자는 그 비행기 사고가 그의 인생에서 가 장 무서운 경험이었다고 말했다.

어휘 survivor 생존자 plane crash 비행기 사고 terrify 무섭게 하다 experience 경험

정답 ④ (terrified → terrifying)

Point ③ 사역동사와 지각동사의 목적격 보어로 과거분사가 오는 경우에 주의하자.

- 목적격 보어로 동사원형을 취하는 사역동사나 지각동사가 쓰인 문장에서, 목적어와 목적격 보어가 수동 관계이면 목적격 보어로 과거분사가 와야 합니다.

  She had her dog examined at the animal hospital. 그녀는 그녀의 개가 동물병원에서 검사받도록 했다.
  ‌   사역동사 목적어   목적격 보어
  ‌   └── 수동 관계 ──┘

  ➡ 목적어 her dog와 목적격 보어가 '그녀의 개가 검사받다'라는 의미의 수동 관계이므로 과거분사 examined가 와야 합니다.

- 목적어와 목적격 보어가 수동 관계인 경우 목적격 보어로 동사원형이 오면 틀린 문장이 됩니다.

  I saw the present (hide, hidden). 나는 선물이 숨겨진 것을 보았다.
  지각동사   동사원형(X) 과거분사(O)

  ➡ 목적어 the present와 동사가 '선물이 숨겨지다'라는 의미의 수동 관계이므로 과거분사 hidden이 와야 합니다.

포인트 적용문제 1

어법상 밑줄 친 곳에 가장 적절한 것은?

He will have his TV _____ before the football game tonight.

① repair
② repaired
③ repairing
④ repairs

해설 빈칸은 사역동사 have의 목적격 보어 자리입니다. 목적어 his TV와 목적격 보어가 '그의 TV가 수리되다'라는 의미의 수동 관계이므로 과거분사 ② repaired가 정답입니다.

해석 오늘밤 축구 경기 전까지 그는 TV가 수리되게 할 것이다.

어휘 repair 수리하다

정답 ② repaired

포인트 적용문제 2

밑줄 친 부분 중 어법상 옳지 않은 것은?

She ① heard the piano ② in the hall ③ play ④ by someone.

해설 ③ 지각동사 hear(heard)가 쓰인 문장에서 목적어 the piano와 목적격 보어가 '피아노가 연주되다'라는 의미의 수동 관계이므로 목적격 보어로 과거분사가 와야 합니다. 따라서 동사원형 play를 과거분사 played로 고쳐야 합니다.

해석 그녀는 홀에 있는 피아노가 누군가에 의해 연주되는 것을 들었다.

어휘 play 연주하다

정답 ③ (play → played)

어법상 밑줄 친 곳에 가장 적절한 것은? (01~06)

01

_____ the corner, you will see City Hall.

① Turned   ② Turning
③ Be turning   ④ Turns

02

Most of the art _____ in the museum is from Italy in the 19th century.

① is displayed   ② are displayed
③ displaying   ④ displayed

03

_____ Chinese, I couldn't read the signs.

① Known not   ② Not known
③ Knowing not   ④ Not knowing

04

Although built many centuries ago, _____ still an attractive landmark in the city.

① the building which is   ② the building is
③ what the building   ④ which building being

05

My father had his car _____ because it was too dirty.

① washing   ② wash
③ washed   ④ to wash

06

I heard someone _____ on the door.

① is knocked ② to knock

③ knock ④ knocks

밑줄 친 부분 중 어법상 옳지 않은 것은? (07~13)

07

① While ② sitting in the waiting room ③ for two hours, we were so ④ boring.

08

① Believing not ② that he was ③ telling her the truth, she became very ④ disappointed.

09

Several ① nations promised ② to provide ③ financial support to the country ④ faced economic turmoil.

10

The new roller coaster at the amusement park ① seems very ② excited, but I am too ③ scared ④ to go on it.

11 The reason ① <u>why</u> we use ② <u>recycling</u> paper ③ <u>is</u> ④ <u>to preserve</u> our forests.

12 ① <u>Growing</u> in Costa Rica, these coffee beans ② <u>are shipped</u> all over the world and ③ <u>sold</u> in ④ <u>many</u> countries.

13 ① <u>When</u> the weather begins ② <u>to get</u> cold, ducks ③ <u>fly</u> south for winter are often ④ <u>seen</u> by people.

다음 문장 중 어법상 옳지 않은 것은? (14 ~ 15)

14 ① Found only on one island, this plant is very rare.

② We had the poster design by a professional.

③ He was pleased to meet his favorite author.

④ I called a technician to fix the broken refrigerator.

15 ① He heard some disappointing news yesterday.

② The fact that the library had closed was frustrating.

③ The spokesperson read a prepared speech.

④ The man stands there is my colleague.

정답·해석·해설 p.52

gosi.Hackers.com

gosi.Hackers.com

접속사와 절

DAY 15 접속사

접속사란?

이 책은 재미있다. 그리고 유익하다.
　　　　　　　접속사

'이 책은 재미있다'와 '유익하다'라는 문장이 '그리고'로 연결되어 있습니다. 이처럼 단어와 단어, 구와 구 또는 절과 절을 연결하는 것을 접속사라고 합니다.

 등위 접속사에 대해 알아봅시다!

등위 접속사는 단어와 단어, 구와 구, 절과 절을 대등하게 연결하는 접속사입니다.

단어 / 구 / 절　　and　　단어 / 구 / 절

She sells apples and bananas. 그녀는 사과와 바나나를 판다.
　　　　　단어(명사)　　　　단어(명사)

Sally likes taking walks and Paul likes climbing mountains.
　　　　　절　　　　　　　　　　　　　　절
Sally는 산책하는 것을 좋아하고 Paul은 산에 오르는 것을 좋아한다.

Check Up

다음 빈칸에 알맞은 것은 무엇일까요?

My father always has bacon _____ eggs for breakfast. 나의 아버지는 아침으로 항상 베이컨과 달걀을 드신다.

ⓐ ham　　　　　　　　　　　　　　ⓑ and

➞ bacon이라는 단어와 eggs라는 단어를 대등하게 연결하기 위해 등위 접속사가 필요합니다. 　　정답 ⓑ

상관 접속사에 대해 알아봅시다!

상관 접속사는 둘 이상의 단어가 짝을 이루어 단어와 단어, 구와 구, 절과 절을 대등하게 연결하는 접속사입니다.

The new beverage is both <u>cheap</u> and <u>healthy</u>. 새로 나온 음료는 저렴하고 건강에 좋다.
　　　　　　　　　단어(형용사)　　단어(형용사)

Both <u>making noise</u> and <u>using cell phones</u> are prohibited in the theater.
　　　　구　　　　　　　　구
극장 안에서는 소음을 내는 것과 휴대전화를 사용하는 것 둘 다 금지된다.

Check Up

다음 빈칸에 알맞은 것은 무엇일까요?

I enjoy _____ collecting stamps and painting pictures. 나는 우표를 수집하는 것과 그림을 그리는 것 둘 다 즐긴다.

ⓐ both　　　　　　　　　　　　　　ⓑ by

→ 상관 접속사 both ~ and ~은 짝을 이루어 collecting stamps와 painting pictures를 대등하게 연결합니다.　　　정답 ⓐ

1 등위 접속사

I bought some grapes (but, and) oranges.

괄호 안에는 '그리고'라는 뜻의 **and**를 써야 문장이 자연스럽지요? 이처럼 단어와 단어, 구와 구, 절과 절을 연결할 때 각각의 의미에 맞는 등위 접속사를 사용해야 합니다. 등위 접속사에 어떤 것들이 있고 어떻게 쓰이는지 살펴볼까요?

1 등위 접속사의 종류

등위 접속사에는 다음과 같은 종류가 있습니다.

and 그리고	or 또는	but 하지만	yet 그러나	so 그래서

I take the bus or the subway to go to the office. 나는 사무실에 가기 위해 버스 또는 지하철을 탄다.

Emily likes opera music, but I prefer jazz. Emily는 오페라 음악을 좋아하지만 나는 재즈를 선호한다.

2 등위 접속사의 쓰임

등위 접속사는 문맥에 맞는 것을 써야 합니다.

The store sells chairs (but, and) desks. 그 상점은 의자와 책상을 판다.

➔ '의자와 책상을 판다'라고 해석하는 것이 자연스러우므로 '그리고'를 의미하는 and를 써야 합니다.

I lost my watch, (yet, so) I bought a new one. 나는 시계를 잃어버려서 새것을 샀다.

➔ '시계를 잃어버려서 새것을 샀다'라고 해석하는 것이 자연스러우므로 '그래서'를 의미하는 so를 써야 합니다.

2 상관 접속사

The movie is both long (or, and) boring.

괄호 안에는 both와 짝이 맞는 and를 써야 자연스럽습니다. 이처럼 상관 접속사는 서로 짝이 맞는 것을 써야 합니다. 상관 접속사에 어떤 것들이 있고 어떻게 쓰이는지 살펴볼까요?

1 상관 접속사의 종류

상관 접속사에는 다음과 같은 종류가 있습니다.

both A and B A와 B 둘 다	either A or B A 또는 B 중 하나
neither A nor B A도 B도 아닌	not only A but (also) B A뿐만 아니라 B도(= B as well as A)

We serve both coffee and tea. 우리는 커피와 차 둘 다 제공합니다.

She will hold the party either on Saturday or on Sunday. 그녀는 토요일 또는 일요일 중 하루에 파티를 열 것이다.

2 상관 접속사의 쓰임

상관 접속사는 서로 짝이 맞는 것을 써야 합니다.

I have (either, neither) cash nor a credit card now. 나는 지금 현금도 신용카드도 없다.

→ nor와 짝이 맞는 neither를 써야 합니다.

The speech was not only insightful (nor, but) enjoyable. 그 연설은 통찰력 있을 뿐만 아니라 재미있기도 했다.

→ not only와 짝이 맞는 but을 써야 합니다.

둘 중 어법상 알맞은 것을 고르세요.

01 The actress is not only beautiful (ⓐ nor, ⓑ but) talented.

02 Green (ⓐ so, ⓑ or) yellow paint would look perfect on that wall.

03 This bag is (ⓐ not only, ⓑ both) spacious and durable.

04 The dog seemed hungry, (ⓐ so, ⓑ or) she gave it some food.

05 Neither my son (ⓐ or, ⓑ nor) my husband has time for outdoor activities.

06 The food wasn't warm enough, (ⓐ yet, ⓑ so) she ate it anyway.

07 More money should go to education (ⓐ nor, ⓑ and) health insurance.

08 Canadians speak (ⓐ either, ⓑ neither) French or English.

---

01 not only A but (also) B
해석 | 그 여배우는 아름다울 뿐만 아니라 재능도 있다.

02 '녹색 또는 노란색 페인트'라는 의미 → 등위 접속사 or(또는)
해석 | 녹색 또는 노란색 페인트가 저 벽에 완벽하게 어울릴 것이다.

03 both A and B
해석 | 이 가방은 공간이 넓고 내구성이 있다.

04 '배가 고파 보여서 음식을 주었다'라는 의미 → 등위 접속사 so(그래서)
해석 | 그 개가 배가 고파 보여서, 그녀는 약간의 음식을 주었다.

05 neither A nor B
해석 | 나의 아들도 남편도 야외 활동을 위한 시간이 없다.

06 '음식이 따뜻하지 않았지만 먹었다'는 의미 → 등위 접속사 yet(그러나)
해석 | 그 음식은 충분히 따뜻하지 않았지만, 그녀는 어쨌든 그것을 먹었다.

07 '교육과 건강 보험'이라는 의미 → 등위 접속사 and(그리고)
해석 | 더 많은 자금이 교육과 건강 보험에 쓰여야 한다.

08 either A or B
해석 | 캐나다인들은 프랑스어나 영어 중 하나를 구사한다.

정답 **01** ⓑ **02** ⓑ **03** ⓑ **04** ⓐ **05** ⓑ **06** ⓐ **07** ⓑ **08** ⓐ

핵심 빈출 포인트 잡기

Point ① 절과 절은 콤마가 아닌 접속사로 연결되어야 한다.

- 두 개의 절이 접속사 없이 콤마(,)로 연결되면 틀린 문장이 됩니다.

Baby birds cannot fly, their parents must bring them food.
　　　　　　　　　　　so

아기 새들은 날 수 없어서, 그들의 부모가 그들에게 음식을 가져다 주어야 한다.

포인트 적용문제 1

밑줄 친 부분 중 어법상 옳지 않은 것은?

① One-year-old infants can ② stand, ③ they cannot walk ④ on their own.

해설 ③ 두 개의 절(One-year-old ~ stand, they ~ own)은 접속사 없이 콤마(,)로 연결될 수 없습니다. 문맥상 '한 살짜리 유아들은 일어설 수는 있지만, 걷지는 못한다'라는 의미가 되어야 자연스러우므로 they 앞에 접속사 but(하지만)이나 yet(그러나)을 추가하여 but they 또는 yet they로 고쳐야 합니다.

해석 한 살짜리 유아들은 일어설 수는 있지만, 혼자서 걷지는 못한다.

어휘 infant 유아　on one's own 혼자서

정답 ③ (they → but they 또는 yet they)

포인트 적용문제 2

밑줄 친 부분 중 어법상 옳지 않은 것은?

Susan ① had checked the weather forecast ② in the morning, ③ she was not surprised ④ when it started raining.

해설 ③ 두 개의 절(Susan ~ morning, she ~ raining)은 접속사 없이 콤마(,)로 연결될 수 없습니다. 문맥상 '일기예보를 확인해서, 놀라지 않았다'라는 의미가 되어야 자연스러우므로 she 앞에 접속사 so(그래서)를 추가하여 so she로 고쳐야 합니다.

해석 Susan은 아침에 일기예보를 확인해서, 비가 오기 시작했을 때 놀라지 않았다.

어휘 weather forecast 일기예보
　　 surprise 놀라게 하다

정답 ③ (she → so she)

- 아래와 같은 상관 접속사는 서로 짝이 맞는 것끼리 사용해야 합니다.

both A and B A와 B 둘 다	either A or B A 또는 B 중 하나
neither A nor B A도 B도 아닌	not only A but (also) B A뿐만 아니라 B도(= B as well as A)

- 예를 들어, neither가 or와 함께 쓰이거나 either가 nor와 함께 쓰이면 틀린 문장이 됩니다.

  I always add either milk (~~nor~~, or) cream to my coffee. 나는 항상 내 커피에 우유 또는 크림 중 하나를 넣는다.

포인트 적용문제 1

밑줄 친 부분 중 어법상 옳지 않은 것은?

He not only ① sang ② the hit song ③ and ④ wrote the lyrics.

해설 ③ not only와 짝을 이루어 올바른 상관 접속사 'not only A but (also) B'(A뿐만 아니라 B도)의 형태가 되어야 하므로, and를 but (also)으로 고쳐야 합니다.

해석 그는 그 히트곡을 노래했을 뿐만 아니라 가사도 썼다.

어휘 **hit song** 히트곡 **lyric** 가사

정답 ③ (and → but (also))

포인트 적용문제 2

밑줄 친 부분 중 어법상 옳지 않은 것은?

① Unlike domestic cats, lions in the wild ② are neither friendly ③ or affectionate ④ toward humans.

해설 ③ neither와 짝을 이루어 올바른 상관 접속사 'neither A nor B'(A도 B도 아닌)의 형태가 되어야 하므로, or를 nor로 고쳐야 합니다.

해석 애완용 고양이들과는 달리, 야생의 사자들은 사람에게 우호적이지도 다정하지도 않다.

어휘 **domestic** 애완용의, 가정의 **friendly** 우호적인 **affectionate** 다정한

정답 ③ (or → nor)

- 아래와 같은 접속사로 연결된 주어는 B에 동사를 수 일치시켜야 합니다.

A or B A 또는 B	either A or B A 또는 B 중 하나	neither A nor B A도 B도 아닌
not only A but (also) B A뿐만 아니라 B도	B as well as A A뿐만 아니라 B도	

Neither the doctor nor the nurses (~~has,~~ have) rested yet. 의사도 간호사들도 아직 휴식을 취하지 못했다.

　　　　A(단수 명사)　　　　B(복수 명사) 단수 동사(X) 복수 동사(O)

- 접속사 and로 연결된 주어 'A and B', 'both A and B'는 항상 복수 취급하므로 뒤에 단수 동사가 오면 틀린 문장이 됩니다.

Both his father and his mother (~~is,~~ are) proud of him. 그의 아버지와 어머니 둘 다 그를 자랑스러워한다.

　　복수 주어　　　　　단수 동사(X) 복수 동사(O)

포인트 적용문제 1

밑줄 친 부분 중 어법상 옳지 않은 것은?

Neither the chairman ① nor his staff members ② is ③ answering the ④ media's questions right now.

해설 ② 'neither A nor B'로 연결된 주어는 B(his staff members)에 동사를 수 일치시켜야 하므로 단수 동사 is를 복수 동사 are로 고쳐야 합니다.

해석 회장도 그의 직원들도 현재 언론의 질문에 대답하지 않고 있다.

어휘 chairman 회장　staff member 직원
answer 대답하다　media 언론, 미디어

정답 ② (is → are)

포인트 적용문제 2

밑줄 친 부분 중 어법상 옳지 않은 것은?

Both the owner ① and the chef ② hopes the restaurant does ③ well in the ④ coming year.

해설 ② 'both A and B'로 연결된 주어는 항상 복수 취급하므로 단수 동사 hopes를 복수 동사 hope로 고쳐야 합니다.

해석 주인과 주방장 모두 내년에 레스토랑이 성공하기를 희망한다.

어휘 owner 주인　chef 주방장　do well 성공하다

정답 ② (hopes → hope)

어법상 밑줄 친 곳에 가장 적절한 것은? (01 ~ 06)

01

Both oranges _____ lemons are grown in the south.

① or ② and
③ nor ④ yet

02

It is an old computer, _____ it still works well.

① not ② nor
③ or ④ yet

03

The farmer as well as his sons _____ the cows every morning.

① feed ② feeds
③ to feed ④ have fed

04

_____ the parcel nor the letter was delivered to its destination on time.

① Either ② Neither
③ Both ④ Not only

05

Either a book or a few articles _____ fine to use as references for your paper.

① are ② is
③ to be ④ being

06

The food at the new restaurant is not only delicious _____ very healthy.

① or   ② nor

③ but also   ④ and

밑줄 친 부분 중 어법상 옳지 않은 것은? (07~13)

07

Industrialization has benefited people worldwide by ① providing ② them with ③ either jobs and ④ affordable products.

08

The musician was ① among ② the best of his generation, ③ he did not gain ④ recognition until after his death.

09

His father ① and his mother ② hopes he finds a job ③ that he ④ likes.

10

What makes applicants more ① attractive to the company ② is either work experience ③ nor prior ④ training.

11

Neither the stars ① nor the moon ② provide ③ enough light at night to see the road ④ clearly.

12

① Regular exercise is ② good not only for the body ③ or ④ for the mind.

13

A ① young salmon is ② identifiable by the color of ③ its back fin, which is always ④ neither gray or black.

다음 문장 중 어법상 옳지 않은 것은? (14～15)

14
① She does not have much money, yet she is happy.
② You can watch TV or play a computer game.
③ Sore muscles and weight gain is signs of age.
④ I felt sick so I hardly ate anything for lunch.

15
① The movie was neither funny nor exciting.
② The weather was nice, we went for a walk.
③ He tried to call his friend, but there was no answer.
④ The store sells a variety of cakes and cookies.

정답·해석·해설 p.56

gosi.Hackers.com

DAY **16** 명사절

명사절이란?

나는 <u>지구가 둥글다는 것</u>을 알고 있다.
　　　　　명사절

'지구가 둥글다는 것'이라는 절이 '나는 알고 있다'라는 문장에 포함되어 목적어 자리에 왔습니다. 이와 같이 명사가 와야 하는 자리에 온 절을 명사절이라고 합니다.

 명사절의 **형태**에 대해 알아봅시다!

명사절의 형태는 '명사절 접속사 (+ 주어) + 동사 ~'입니다.

They didn't believe <u>that she was guilty</u>.　그들은 그녀가 유죄라는 것을 믿지 않았다.
　　　　　　　　명사절 접속사(that) + 주어(she) + 동사(was) ~ = 명사절

<u>What is right</u> **isn't important.**　무엇이 맞는지는 중요하지 않다.
명사절 접속사(What) + 동사(is) ~ = 명사절

> **Check Up**
>
> 다음 중 명사절은 무엇일까요?
>
> **Many people think that studying English is difficult.**　많은 사람들은 영어를 공부하는 것이 어렵다고 생각한다.
> 　　　　　　　ⓐ　　　　　　　　　　　ⓑ
>
> ➡ '명사절 접속사 (+ 주어) + 동사 ~'로 이루어진 절이 명사절입니다.　　　　　　　　　정답 ⓑ

명사절 접속사의 종류에 대해 알아봅시다!

명사절을 이끄는 명사절 접속사는 의미에 따라 크게 세 가지로 나뉩니다.

that	~한 것
whether/if	~인지 아닌지
의문사	who 누가 ~하는지 how 어떻게 ~하는지 when 언제 ~하는지 what 무엇이(을) ~하는지, ~한 것 where 어디서 ~하는지 why 왜 ~하는지 which 어느 것이(을) ~하는지

She worried that the deadline was too tight. 그녀는 마감일이 너무 빠듯한 것을 걱정했다.
　　　　　　명사절 접속사

I know who stole the car. 나는 누가 차를 훔쳤는지 안다.
　　　명사절 접속사

Check Up

우리말과 명사절 접속사를 바르게 연결하세요.

1. ~인지 아닌지 　　　　　　　　　　　ⓐ that

2. ~한 것 　　　　　　　　　　　　　　ⓑ whether

→ '~인지 아닌지'를 의미하는 접속사는 whether, '~한 것'을 의미하는 접속사는 that입니다.　　　　정답 1. ⓑ 2. ⓐ

1 명사절 자리

1 명사절이 오는 자리

명사절은 문장에서 명사 역할을 하므로 명사처럼 **주어, 목적어, 보어** 자리와 **전치사 뒤**에 옵니다.

주어 자리	<u>How they met</u> is an amazing story.　어떻게 그들이 만났는지는 놀라운 이야기이다.
	주어
목적어 자리	We hope <u>that you had a pleasant flight</u>.　저희는 여러분이 기분 좋은 비행을 하셨기를 바랍니다.
	목적어
보어 자리	The problem is <u>who will bring the car tomorrow</u>.　문제는 누가 내일 차를 가져올 것인지이다.
	보어
전치사 뒤	I am proud <u>of</u> what my son did.　나는 나의 아들이 한 일이 자랑스럽다.
	전치사

2 명사절 접속사

I cannot believe (if, that) I passed the test.

괄호 안에는 우리말 ~인지 아닌지로 해석되는 if가 아니라 ~한 것으로 해석되는 that을 써야 문장이 자연스럽지요? 이처럼 명사절 접속사는 문맥에 맞게 사용해야 합니다. 다양한 명사절 접속사의 쓰임에 대해 살펴볼까요?

1 that

명사절 접속사 that이 이끄는 명사절은 **확실한 사실**을 전달할 때 쓰이며 **~한 것**이라고 해석됩니다.

<u>That the computer is not working</u> is a problem. 그 컴퓨터가 작동되지 않는 것이 문제이다.
확실한 사실(그 컴퓨터가 작동되지 않는 것)

2 if/whether

명사절 접속사 if나 whether가 이끄는 명사절은 **불확실한 사실**을 전달할 때 쓰이며 **~인지 아닌지**라고 해석됩니다.

I wonder if(= whether) she is at the office. 나는 그녀가 사무실에 있는지 아닌지 궁금하다.
불확실한 사실(그녀가 사무실에 있는지 아닌지)

> **여기서 잠깐!**
>
> 1. 주어 자리와 전치사 뒤에는 if가 이끄는 절은 올 수 없고, whether가 이끄는 절이 와야 합니다.
>   She doesn't mind about if her friend is late for dinner. (×)
>   → She doesn't mind about whether her friend is late for dinner. (○)
>   그녀는 친구가 저녁식사에 늦든지 늦지 않든지 신경 쓰지 않는다.
>
> 2. whether 바로 뒤에는 or not을 쓸 수 있지만 if 바로 뒤에는 쓸 수 없습니다.
>   He wanted to know if **or not** the store was closed. (×)
>   → He wanted to know whether **or not** the store was closed. (○)
>   그는 그 상점이 문을 닫았는지 아닌지를 알고 싶어했다.

3 의문사

의문사가 이끄는 명사절은 의문사를 포함한 의문문이 다른 문장 안으로 들어가 의문을 나타낼 때 쓰이며, 의문사에 따라 **누가 ~하는지, 언제 ~하는지** 등으로 해석됩니다. 이때, 의문사가 이끄는 절을 **간접 의문문**이라고도 합니다.

who 누가 ~하는지	how 어떻게 ~하는지	when 언제 ~하는지	what 무엇이(을) ~하는지, ~한 것
where 어디서 ~하는지	why 왜 ~하는지	which 어느 것이(을) ~하는지	

Who will be the new manager is uncertain. 누가 새 부장이 될지는 확실하지 않다.

I want to know how he made the decision. 나는 어떻게 그가 그 결정을 내렸는지 알고 싶다.

> **여기서 잠깐!**
>
> 의문사 how는 what ~ like로 바꾸어 쓸 수 있습니다.
> He told me **how** the weather is today. 그는 내게 오늘 날씨가 어떤지 말해주었다.
> = He told me **what** the weather is **like** today.

둘 중 어법상 알맞은 것을 고르세요.

01 What (ⓐ you need, ⓑ need you) can be arranged by the hotel.

02 (ⓐ When, ⓑ What) we want for dinner is Chinese food.

03 She talked about (ⓐ if, ⓑ why) she wants to live abroad.

04 We heard (ⓐ that, ⓑ it) the foreign minister will visit soon.

05 The manager is considering (ⓐ whether, ⓑ if) or not to reopen the store.

06 He wasn't sure (ⓐ if, ⓑ who) he could park in front of the building.

07 We know (ⓐ who, ⓑ when) the new mall will be built.

08 (ⓐ Whether, ⓑ If) you are bilingual makes a big difference at this job.

정답 **01** ⓐ **02** ⓑ **03** ⓑ **04** ⓐ **05** ⓐ **06** ⓐ **07** ⓑ **08** ⓐ

Point ① 명사절 접속사 that과 what을 혼동하지 말자.

- that 뒤에는 주어, 동사, 목적어, 보어와 같은 필수 성분을 갖춘 완전한 절이 와야 하고, what 뒤에는 불완전한 절이 와야 합니다.

- what 뒤에 완전한 절이 오거나, that 뒤에 불완전한 절이 오면 틀린 문장이 됩니다.

  (~~What~~, That) <u>the park is near my house</u> is very convenient. 공원이 집 근처에 있는 것은 매우 편리하다.
  완전한 절

포인트 적용문제 1

어법상 밑줄 친 곳에 가장 적절한 것은?

_____ secondhand smoke is harmful is another reason to ban smoking in public areas.

① If   ② What
③ That   ④ It

해설 빈칸 뒤에 완전한 절(secondhand smoke is harmful)이 왔으므로 완전한 절을 이끄는 명사절 접속사 ③ That이 정답입니다.

해석 간접흡연이 해롭다는 것이 공공장소에서의 흡연을 금지하는 또 다른 이유이다.

어휘 **secondhand smoke** 간접흡연 **harmful** 해로운 **ban** 금지하다 **public** 공공의, 대중의

정답 ③ That

포인트 적용문제 2

밑줄 친 부분 중 어법상 옳지 않은 것은?

Many ① <u>tourists</u> ② <u>rely on</u> online information to decide ③ <u>that</u> they will bring with them ④ <u>when</u> traveling.

해설 ③ 명사절 접속사(that) 뒤에 목적어가 없는 불완전한 절(they ~ them)이 왔으므로 완전한 절을 이끄는 명사절 접속사 that을 불완전한 절을 이끄는 명사절 접속사 what으로 고쳐야 합니다.

해석 많은 여행자들은 여행할 때 그들이 무엇을 가져갈지를 결정하기 위해 온라인 정보에 의존한다.

어휘 **tourist** 여행자 **rely on** 의존하다 **travel** 여행하다

정답 ③ (that → what)

- 의문사가 이끄는 명사절인 간접 의문문은 '의문사 + 주어 + 동사'의 어순이 되어야 합니다.
- 간접 의문문에 일반 의문문의 어순인 '의문사 + 조동사 + 주어 + 동사' 또는 '의문사 + 동사 + 주어'의 형태가 오면 틀린 문장이 됩니다.

I understand (~~why are you~~, why you are) upset right now. 나는 지금 네가 왜 화가 났는지 이해한다.
　　　　　　의문사 + be 동사 + 주어(X)　의문사 + 주어 + 동사(O)

포인트 적용문제 1

어법상 밑줄 친 곳에 가장 적절한 것은?

The students learned _____ the battle.

① how did the general win
② the general won how
③ how the general won
④ how won the general

해설　의문사가 이끄는 명사절인 간접 의문문은 '의문사(how) + 주어(the general) + 동사(won)'의 어순이 되어야 하므로 ③ how the general won이 정답입니다.

해석　학생들은 그 장군이 어떻게 전쟁에서 승리했는지를 배웠다.

어휘　general 장군　battle 전쟁

정답　③ how the general won

포인트 적용문제 2

어법상 밑줄 친 곳에 가장 적절한 것은?

The public is not sure _____.

① what involves the new health care system
② what does the new health care system involve
③ what the new health care system involves
④ the new health care system involves what

해설　의문사가 이끄는 명사절인 간접 의문문은 '의문사(what) + 주어(the new health care system) + 동사(involves)'의 어순이 되어야 하므로 ③ what the new health care system involves가 정답입니다.

해석　국민들은 새로운 의료보험 제도가 무엇을 포함하는지 확실히 알지 못한다.

어휘　public 국민, 대중
health care system 의료보험 제도
involve 포함하다

정답　③ what the new health care system involves

Point ③ how는 how ~ like로 쓰일 수 없다.

- how는 what ~ like로 바꾸어 쓸 수 있으므로, how 뒤에 like나 about 같은 전치사로 끝나는 절이 오면 전치사가 중복된 틀린 문장이 됩니다.
- how를 how ~ like나 how ~ about으로 쓰지 않도록 주의합니다.

  She asked him (~~how~~, what) the view from the hotel was like. 그녀는 그에게 호텔에서 본 경치가 어땠는지 물었다.
  전치사

포인트 적용문제 1

밑줄 친 부분 중 어법상 옳지 않은 것은?

She had ① difficulty understanding ② how the scientist's ③ theory ④ was about.

해설 ② how는 what ~ like로 바꾸어 쓸 수 있으므로 how 뒤에 전치사(about)로 끝나는 절이 오면 전치사가 중복된 틀린 문장이 됩니다. 따라서 명사절 접속사 how를 전치사 about과 함께 쓰일 수 있는 명사절 접속사 what으로 고쳐야 합니다.

해석 그녀는 그 과학자의 이론이 무엇에 관한 것인지 이해하는 데 어려움을 겪었다.

어휘 difficulty 어려움, 곤경   theory 이론, 학설

정답 ② (how → what)

포인트 적용문제 2

밑줄 친 부분 중 어법상 옳지 않은 것은?

He found ① her in the crowd immediately ② because he ③ already knew ④ how she looked like.

해설 ④ how는 what ~ like로 바꾸어 쓸 수 있으므로 how 뒤에 전치사(like)로 끝나는 절이 오면 전치사가 중복된 틀린 문장이 됩니다. 따라서 명사절 접속사 how를 전치사 like와 함께 쓰일 수 있는 명사절 접속사 what으로 고쳐야 합니다.

해석 그는 그녀가 어떻게 생겼는지 이미 알고 있었기 때문에 군중 속에서도 그녀를 즉시 발견했다.

어휘 find 발견하다, 찾다   crowd 군중
immediately 즉시   already 이미

정답 ④ (how → what)

어법상 밑줄 친 곳에 가장 적절한 것은? (01 ~ 06)

01

_____ you are baking now smells sweet.

① That   ② What

③ Which   ④ If

02

I wondered _____ closed so early on a weeknight.

① why did the store   ② the store was why

③ why the store was   ④ why was the store

03

The evidence showed _____ the woman was guilty.

① about   ② what

③ there   ④ that

04

People are curious about _____ the Great Wall of China can be seen from space.

① it   ② if

③ whether   ④ what

05

Not being able to sleep at night is _____.

① why I stopped drinking coffee   ② why stopped drinking coffee

③ why I stopping drinking coffee   ④ why did I stop drinking coffee

06

The website offers information about _____ you can do to prevent heart disease.

① that ② what

③ if ④ which

밑줄 친 부분 중 어법상 옳지 않은 것은? (07 ~ 13)

07

I want ① to know ② when ③ will you ④ finish work on Friday.

08

① What air and noise pollution ② is a problem in many big cities is ③ very ④ obvious.

09

① If he goes ② to the concert ③ or not ④ does not matter to me.

10

John decided ① to attend his friend's class ② to see ③ how the course ④ was like.

11 ① Convenience ② is ③ why so many people ④ to prefer cities rather than rural areas.

12 Citizens questioned how ① did the politician manage to ② be elected ③ despite the fact that people seemed ④ to dislike him.

13 ① How the mountain climbers ② barely ③ surviving Everest ④ has been made into a movie.

다음 문장 중 어법상 옳지 않은 것은? (14~15)

14 ① The lawyer was thanked for what he did.
② I tried the dessert to taste what it was like.
③ That she remembered about him was his kindness.
④ Who will replace the teacher hasn't been decided.

15 ① He declared that he would retire from politics.
② I'd like to know if the treatment is safe.
③ The man hasn't determined which car to buy.
④ What it made him happy was music.

정답 · 해석 · 해설 p.60

gosi.Hackers.com

DAY 17 부사절

기초 개념 잡기

부사절이란?

<u>디자인이 예뻐서</u> 그 옷이 많이 팔렸다.
　　　부사절

문장에서 주절은 '그 옷이 많이 팔렸다'입니다. 앞에 있는 '디자인이 예뻐서'는 종속절로, 그 옷이 많이 팔리는 이유를 나타내는 문장입니다. 이와 같이 주절을 수식하여 이유, 조건, 시간 등의 부가적인 정보를 제공해주는 절을 부사절이라고 합니다.

 부사절의 형태에 대해 알아봅시다!

부사절의 형태는 '부사절 접속사 + 주어 + 동사 ~'입니다.

<u>Before you go out</u>, please lock the door. 당신이 나가기 전에, 문을 잠가 주세요.
부사절 접속사(Before) + 주어(you) + 동사(go) ~ = 부사절

 Check Up

다음 중 부사절은 무엇일까요?

The birds fly south when the air gets cold. 대기가 차가워질 때 새들은 남쪽으로 날아간다.
　　　　ⓐ　　　　　　　　　　ⓑ

➡ '부사절 접속사 + 주어 + 동사 ~'로 이루어진 절이 부사절입니다.　　　　　　　　　　　　　　정답 ⓑ

부사절의 자리를 알아봅시다!

부사절은 문장에서 주절의 앞이나 뒤에 옵니다. 주절의 앞에 올 때는 부사절 뒤에 콤마(,)를 반드시 붙입니다.

주절 앞 <u>Even if you are busy</u>, <u>**try to exercise**</u>. 비록 당신이 바쁠지라도, 운동을 하도록 노력하세요.
　　　　　　부사절　　　　　　　주절

주절 뒤 <u>The restaurant will be closed</u> <u>until it is rebuilt</u>. 그 식당은 재건축될 때까지 문을 닫을 것이다.
　　　　　　　　　주절　　　　　　　　　　　부사절

Check Up

다음 중 부사절 when I was 20가 올 수 있는 자리는 어디일까요?

I started ⓐ working ⓑ. 나는 내가 스무 살이었을 때 일을 시작했다.

➡ 부사절은 문장에서 주절의 앞이나 뒤에 옵니다. 　　　　　　　　　　　　정답 ⓑ

 부사절 접속사의 종류에 대해 알아봅시다!

부사절 접속사는 의미에 따라 크게 시간 접속사, 조건 접속사, 양보 접속사, 이유 접속사, 결과 및 목적 접속사 등으로 나뉩니다.

종류		부사절 접속사	
시간	before ~하기 전에 until ~할 때까지	after ~한 후에 while ~하는 동안	when ~할 때 since ~한 이래로
조건	if 만약 ~라면	unless 만약 ~아니라면	as long as ~하는 한　　once 일단 ~하면
양보	although 비록 ~이지만 even if 비록 ~이지만	even though 비록 ~이지만 while 반면에	though 비록 ~이지만 whereas 반면에
이유	because ~하기 때문에	since ~하기 때문에	in that ~라는 점에서
결과	so that (~해서 그 결과) –하다	so/such ~ that 매우 ~해서 –하다	
목적	so that ~하기 위해	lest ~하지 않도록	

You should stay indoors <u>until</u> the rain stops. 비가 멈출 때까지 당신은 실내에서 머물러야 한다.
　　　　　　　　　　부사절 접속사(시간)

Check Up

다음 중 빈칸에 알맞은 것은 무엇일까요?

I can get you tickets _____ you wish to see the show. 만약 네가 그 쇼를 보기를 원한다면 나는 네게 표를 구해줄 수 있다.

ⓐ if　　　　　　　　　　　　ⓑ although

➡ '만약 네가 그 쇼를 보기를 원한다면'이라는 의미가 되어야 자연스럽습니다. 　　　　정답 ⓐ

1 부사절 접속사 1 : 시간·조건

If the weather is good, I will go on a picnic.

조건을 나타내는 부사절 접속사 If가 절 앞에 쓰여 **만약 ~라면**이라는 의미를 나타냅니다. 시간이나 조건을 나타내는 다양한 부사절 접속사에 대해 살펴볼까요?

1 시간 접속사

▌시간을 나타내는 부사절 접속사를 의미에 따라 구분하여 알아둡니다.

before ~하기 전에	after ~한 후에	when ~할 때
until ~할 때까지	while ~하는 동안	since ~한 이래로

Daniel reads a book before he goes to sleep. Daniel은 잠자리에 들기 전에 책을 읽는다.

I waited there until my friend arrived. 나는 친구가 도착할 때까지 그곳에서 기다렸다.

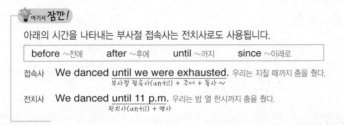

여기서 **잠깐!**

아래의 시간을 나타내는 부사절 접속사는 전치사로도 사용됩니다.

| before ~전에 | after ~후에 | until ~까지 | since ~이래로 |

접속사   We danced <u>until we were exhausted</u>. 우리는 지칠 때까지 춤을 췄다.
          부사절 접속사(until) + 주어 + 동사 ~

전치사   We danced <u>until 11 p.m.</u> 우리는 밤 열 한시까지 춤을 췄다.
          전치사(until) + 명사

2 조건 접속사

▌조건을 나타내는 부사절 접속사를 의미에 따라 구분하여 알아둡니다.

if 만약 ~라면	unless 만약 ~아니라면	as long as ~하는 한	once 일단 ~하면

If you have time, please call me. 만약 당신이 시간이 있다면, 제게 전화를 해주세요.

I will stay there as long as he needs me. 그가 나를 필요로 하는 한 나는 그곳에 머물 것이다.

2 부사절 접속사 2 : 양보·이유·결과와 목적

I didn't have lunch today (if, because) I was busy.

괄호 안에는 우리말 **만약 ~라면**으로 해석되는 **if**가 아니라 **~하기 때문에**로 해석되는 **because**를 써야 문장이 자연스럽습니다. 양보·이유·
결과와 목적을 나타내는 다양한 부사절 접속사에 대해 살펴볼까요?

1 양보 접속사

양보를 나타내는 부사절 접속사를 알아둡니다.

although 비록 ~이지만	even though 비록 ~이지만	though 비록 ~이지만
even if 비록 ~이지만	while 반면에	whereas 반면에

The book was interesting although it was too long. 그 책은 비록 너무 길었지만 흥미로웠다.
I prefer tea while she prefers coffee. 그녀는 커피를 선호하는 반면에 나는 차를 선호한다.

2 이유 접속사

이유를 나타내는 부사절 접속사를 알아둡니다.

because ~하기 때문에	since ~하기 때문에	in that ~라는 점에서

The library is quiet because it is not final exam week. 기말고사 주간이 아니기 때문에 도서관은 조용하다.
She wore a scarf since it was very cold. 매우 추웠기 때문에 그녀는 스카프를 했다.

3 결과와 목적 접속사

결과와 목적을 나타내는 부사절 접속사를 의미에 따라 구분하여 알아둡니다.

결과	so that (~해서 그 결과) –하다	so/such ~ that 매우 ~해서 –하다
목적	so that ~하기 위해	lest ~하지 않도록

She was so tired that she fell asleep on the bus. 그녀는 매우 피곤해서 버스에서 잠이 들었다.
Frank bought a bicycle so that he could exercise. Frank는 운동을 하기 위해 자전거를 샀다.

> **여기서 잠깐!**
>
> 부사절 접속사 so ~ that과 such ~ that의 쓰임을 구분하여 알아둡니다.
> The room was **so** dark **that** I couldn't see anything. 그 방은 매우 어두워서 나는 아무것도 볼 수 없었다.
>   형용사
> ➡ so ~ that은 'so + 형용사/부사 + that ~'의 어순이 되어야 합니다.
>
> K2 is **such** a high mountain **that** few people can climb it. K2는 매우 높은 산이어서 등반할 수 있는 사람이 거의 없다.
>   a + 형용사 + 명사
> ➡ such ~ that은 'such + a/an + 형용사 + 명사 + that ~'의 어순이 되어야 합니다.

둘 중 어법상 알맞은 것을 고르세요.

01 The actor was poor before (ⓐ he became, ⓑ became) famous.

02 (ⓐ Though, ⓑ Because) the weather is sunny today, it's cold.

03 Making a phone call is banned (ⓐ while, ⓑ such) you are driving.

04 We couldn't go skiing (ⓐ since, ⓑ unless) all of the snow had melted.

05 Watch the pot so (ⓐ which, ⓑ that) it does not boil over.

06 Children are not permitted to watch this movie (ⓐ lest, ⓑ unless) they are with an adult.

07 The question was so confusing (ⓐ what, ⓑ that) nobody could answer it.

08 He felt much better (ⓐ until, ⓑ after) he took a short nap.

---

01 부사절 → 부사절 접속사(before) + 주어 + 동사
해석 | 그 배우는 유명해지기 전에 가난했다.

02 '비록 화창하지만' → 부사절 접속사 though (비록 ~이지만)
해석 | 오늘 날씨는 비록 화창하지만, 춥다.

03 '당신이 운전하는 동안' → 부사절 접속사 while (~하는 동안)
해석 | 당신이 운전하는 동안 전화를 하는 것은 금지된다.

04 '모든 눈이 녹았기 때문에' → 부사절 접속사 since(~하기 때문에)
해석 | 모든 눈이 녹았기 때문에 우리는 스키를 타러 갈 수 없었다.

05 so that(~하기 위해)
해석 | 냄비가 끓어 넘치지 않도록 하기 위해 그것을 보고 있어라.

06 '어른과 함께 있지 않으면' → 부사절 접속사 unless(만약 ~아니라면)
해석 | 아이들은 어른과 함께 있지 않으면 이 영화를 보는 것이 허용되지 않는다.

07 so ~ that(매우 ~해서 -하다)
해석 | 그 질문은 매우 헷갈려서 아무도 그것에 대답할 수 없었다.

08 '낮잠을 잔 후에' → 부사절 접속사 after(~한 후에)
해석 | 그는 짧은 낮잠을 잔 후에 기분이 훨씬 나아졌다.

정답 **01** ⓐ **02** ⓐ **03** ⓐ **04** ⓐ **05** ⓑ **06** ⓑ **07** ⓑ **08** ⓑ

Point ① 부사절 접속사와 전치사를 혼동하지 말자.

• 의미가 비슷한 부사절 접속사와 전치사를 혼동하지 않도록 주의합니다.

부사절 접속사	전치사
because/since ~하기 때문에 while ~하는 동안 although/even though 비록 ~이지만	because of/due to ~때문에 during/for ~동안에 in spite of/despite ~에도 불구하고

• 명사 앞에 부사절 접속사가 쓰이거나, 절 앞에 전치사가 쓰이면 틀린 문장이 됩니다.

Trade increased in Europe (~~while~~, during) the 15th century.   15세기 동안에 유럽의 교역은 증가했다.
                            부사절 접속사(X) 전치사(O)   명사

The model posed (~~during~~, while) the photographer took pictures.
                         전치사(X) 부사절 접속사(O)   절
그 모델은 사진작가가 사진을 찍는 동안 포즈를 취했다.

포인트 적용문제 1

밑줄 친 부분 중 어법상 옳지 않은 것은?

Saudi Arabia ① is a wealthy country ② because of it produces ③ more oil than anywhere ④ else.

해설 ② 절(it ~ else) 앞에 전치사(because of)는 쓰일 수 없으므로 전치사 because of를 부사절 접속사 because 또는 since로 고쳐야 합니다.

해석 사우디아라비아는 다른 어느 곳보다 더 많은 석유를 생산하기 때문에 부유한 국가이다.

어휘 **wealthy** 부유한 **produce** 생산하다 **oil** 석유

정답 ② (because of → because 또는 since)

포인트 적용문제 2

밑줄 친 부분 중 어법상 옳지 않은 것은?

The research ① has shown ② that experiences ③ while childhood affect ④ mental development.

해설 ③ 명사(childhood) 앞에 접속사(while)는 쓰일 수 없으므로 부사절 접속사 while을 전치사 during으로 고쳐야 합니다.

해석 그 연구는 어린 시절 동안의 경험이 심리 발달에 영향을 미친다는 것을 보여주었다.

어휘 **childhood** 어린 시절 **affect** ~에 영향을 미치다 **development** 발달, 성장

정답 ③ (while → during)

Point ② lest는 not과 함께 쓰일 수 없다.

- lest(~하지 않도록)는 단어 자체에 부정의 의미인 not이 포함된 접속사로, 부정어 not, never 등과 함께 쓰이면 틀린 문장이 됩니다.

  He spoke quietly <u>lest</u> he (~~should not~~, should) wake the sleeping child.
  그는 자는 아이를 깨우지 않도록 조용히 말했다.

포인트 적용문제 1

밑줄 친 부분 중 어법상 옳지 않은 것은?

① Since the science experiment ② <u>used</u> dangerous chemicals, he worked very ③ <u>carefully</u> lest he ④ <u>should not spill</u> any on his hands.

해설 ④ lest(~하지 않도록)는 부정어 not과 함께 쓸 수 없으므로 should not spill을 should spill로 고쳐야 합니다.

해석 그 과학 실험은 위험한 화학 약품을 사용했기 때문에, 그는 손에 약품을 조금이라도 쏟지 않도록 매우 조심스럽게 작업했다.

어휘 experiment 실험 chemical 화학 약품
carefully 조심스럽게 spill 쏟다

정답 ④ (should not spill → should spill)

포인트 적용문제 2

밑줄 친 부분 중 어법상 옳지 않은 것은?

It is important ① <u>to keep</u> your dog ② <u>tied up</u> lest it ③ <u>should not</u> ④ <u>run away</u>.

해설 ③ lest(~하지 않도록)는 부정어 not과 함께 쓸 수 없으므로 should not을 should로 고쳐야 합니다.

해석 당신의 개가 도망치지 않도록 개를 묶어두는 것은 중요하다.

어휘 important 중요한 tie up 묶어 두다
run away 도망치다

정답 ③ (should not → should)

Point ③ 부사절 접속사와 부사를 혼동하지 말자.

- 의미가 비슷한 부사절 접속사와 부사를 혼동하지 않도록 주의합니다.

부사절 접속사	부사
after ~한 후에 although 비록 ~이지만	afterwards 나중에 nevertheless 그럼에도 불구하고

- 절을 이끄는 부사절 접속사 자리에 부사가 오면 틀린 문장이 됩니다.

(Afterwards, After) we finished eating dinner, we went to a café.
　　부사(X)　부사절 접속사(O)　　　　　절
저녁을 다 먹은 후에, 우리는 카페에 갔다.

포인트 적용문제 1

밑줄 친 부분 중 어법상 옳지 않은 것은?

A mother kangaroo lets ① its baby ② stay in its pouch even ③ afterwards it is capable of ④ leaving.

해설 ③ 절(it ~ leaving)을 이끄는 부사절 접속사 자리에 부사(afterwards)는 올 수 없으므로 부사 afterwards(나중에)를 부사절 접속사 after(~한 후에)로 고쳐야 합니다.

해석 어미 캥거루는 새끼가 주머니를 떠날 수 있게 된 후에도 주머니에 머물도록 놓아둔다.

어휘 let 놓아두다, 허락하다　stay 머무르다
capable ~을 할 수 있는　leave 떠나다

정답 ③ (afterwards → after)

포인트 적용문제 2

밑줄 친 부분 중 어법상 옳지 않은 것은?

Reports ① indicate that ② nevertheless divorce rates in Britain ③ are rising for couples over 60, they are falling for ④ younger couples.

해설 ② 절(divorce rates ~ over 60)을 이끄는 부사절 접속사 자리에 부사(nevertheless)는 올 수 없으므로 부사 nevertheless(그럼에도 불구하고)를 부사절 접속사 although(비록 ~이지만)로 고쳐야 합니다.

해석 보도들은 영국에서 60세 이상 부부들의 이혼율이 증가하고 있음에도 불구하고, 어린 부부들의 이혼율은 감소하고 있다는 것을 보여준다.

어휘 indicate 보여주다, 나타내다
divorce rate 이혼율　fall 감소하다, 떨어지다

정답 ② (nevertheless → although)

어법상 밑줄 친 곳에 가장 적절한 것은? (01 ~ 06)

01

He wants to go to the park _____ it's late.

① despite   ② nevertheless

③ even   ④ even though

02

_____ he was writing the story, he revised it many times.

① Afterwards   ② While

③ During   ④ In

03

The lights were turned off suddenly _____ a power outage.

① because the storm   ② because of the storm caused

③ because the storm caused   ④ because of the storm causes

04

The global water shortage is _____ conservation education is absolutely necessary.

① a problem such serious that   ② that such a serious problem

③ such serious a problem that   ④ such a serious problem that

05

_____ right before going to bed, you are not likely to get a good night's sleep.

① You exercise   ② If you

③ If you exercise   ④ If you exercising

06

_____ the guitar is difficult, she seems to be improving.

① Although learning ② Although learn
③ Despite learn ④ Despite learning

밑줄 친 부분 중 어법상 옳지 않은 것은? (07~13)

07

The fog ① was so ② thick ③ which the boat captain couldn't ④ see the shore.

08

The vice president ① will ② take over the responsibilities of the president ③ during ④ he is in the hospital.

09

Meat and dairy products must ① be refrigerated as soon as possible lest ② they ③ should not ④ spoil.

10

As long as the ① current rate of deforestation ② to continue, many animal ③ species will lose ④ their habitats.

11   The professor is ① <u>very</u> old. ② <u>Although</u>, he remains ③ <u>active</u> and still gives lectures ④ <u>to</u> students.

12   ① <u>Not using</u> chemical pesticides is ② <u>easy</u> ③ <u>while is</u> difficult to undo the damage ④ <u>that</u> they cause to lakes and rivers.

13   ① <u>Despite</u> flying machines would not ② <u>be invented</u> ③ <u>for</u> centuries, Leonardo Da Vinci designed one using his ④ <u>imagination</u>.

다음 문장 중 어법상 옳지 않은 것은? (14~15)

14   ① Once I graduate from college, I will move abroad.

② Most owls hunt after the sun going down.

③ I will drive to work unless the roads are icy.

④ The airplane must remain at the airport until the storm passes.

15   ① She has lived in this town since she had her first job.

② When I have negative thoughts, I try to ignore them.

③ He fixed the door so that it shut properly.

④ Afterwards she finished the last chapter, she went to bed.

정답·해석·해설 p.64

gosi.Hackers.com

형용사절

기초 개념 잡기

형용사절이란?

기타를 잘 치는 **친구**
<u>형용사절</u>

'기타를 잘 치는'이 명사 '친구'를 꾸며주고 있습니다. '기타를 잘 치는'과 같이 명사를 꾸며주는 절을 형용사절이라고 합니다.

 형용사절의 형태에 대해 알아봅시다!

형용사절의 형태는 '형용사절 접속사 (+ 주어) + 동사 ~'입니다. 형용사절은 관계절, 형용사절 접속사는 관계사라고 부르기도 합니다.

Diana is my neighbor who lives next door. Diana는 옆집에 사는 내 이웃이다.
관계사(who) + 동사(lives) ~ = 관계절

Check Up

다음 중 형용사절은 무엇일까요?

I know a man who won the lottery. 나는 복권에 당첨된 남자를 안다.
　ⓐ　　　　　ⓑ

➜ '관계사 (+ 주어) + 동사 ~'로 이루어진 절이 형용사절입니다.　　　　　　정답 ⓑ

관계사의 종류에 대해 알아봅시다!

관계사에는 관계대명사와 관계부사가 있습니다. 관계대명사는 수식을 받는 명사가 사람, 사물, 동물인지에 따라, 그리고 주격, 목적격, 소유격으로 쓰이는지에 따라 다른 것을 씁니다. 관계부사는 수식을 받는 명사가 시간, 장소, 방법, 이유인지에 따라 다른 것을 씁니다.

꾸밈을 받는 명사 / 격		주격	목적격	소유격
관계대명사	사람	who	who/whom	whose
	사물, 동물	which	which	whose/of which
	사람, 사물, 동물	that	that	—
관계부사	시간/장소/방법/이유	when/where/how/why		

The papers are in the box <u>that</u> was delivered. 서류들은 배달된 상자 안에 있다.
　　　　　　　　　　사물　주격 관계대명사

This is <u>the park</u> <u>where</u> she met Beth. 이 공원은 그녀가 Beth를 만난 곳이다.
　　　　장소　　관계부사

Check Up

다음 중 빈칸에 알맞은 것은 무엇일까요?

She liked the doll _____ her mother gave her. 그녀는 어머니가 준 인형을 좋아했다.

ⓐ who　　　　　ⓑ which

➜ 수식을 받는 명사가 사물인 doll이고, 형용사절 내에서 목적어로 쓰입니다.　　　　　정답 ⓑ

 형용사절을 만드는 방법에 대해 알아봅시다!

두 문장에서 공통되는 것을 가리키는 명사 중 하나를 관계사로 바꾸어 두 문장을 한 문장으로 만들 수 있습니다. 이때 관계사는, 두 문장을 연결하는 접속사 역할을 하는 동시에 앞에 나온 명사를 대신하는 대명사 역할을 합니다.

I have a sister. + She is a nurse. 나는 언니가 있다. + 그녀는 간호사이다. (a sister = She)

→ I have <u>a sister</u> <u>who</u> is a nurse. 나는 간호사인 언니가 있다.
　　　　　　명사　　관계사

참고ㅣ 이때, 관계사 앞에서 형용사절의 수식을 받는 명사를 선행사라고 합니다.

Check Up

빈칸에 알맞은 것은 무엇일까요?

I bought my pants at the store _____ is on Market Road. 나는 Market가에 있는 가게에서 나의 바지를 샀다.

ⓐ that　　　　　ⓑ it

➜ 두 문장을 하나로 연결하는 접속사 역할을 하면서 대명사 역할을 할 수 있는 관계사가 와야 합니다.　　　　　정답 ⓐ

1 관계대명사

I met a man (he, who) is handsome.

앞에 사람을 나타내는 명사 a man이 있고 주어가 없는 불완전한 절 is handsome을 이끌고 있으므로 대명사 he가 아닌 관계대명사 who가 와야 합니다. 관계대명사는 어떤 역할을 하고, 어떻게 쓰이는지 자세히 살펴볼까요?

1 관계대명사의 역할

관계대명사는 불완전한 절을 이끌며, 명사 뒤에서 **명사를 수식**합니다.

I like the professor who teaches marketing. 나는 마케팅을 가르치는 그 교수님을 좋아한다.
명사 ⟵ 관계대명사 + 동사(teaches) + 목적어(marketing) = 주어가 빠진 불완전한 절

2 주격/목적격/소유격 관계대명사의 역할과 쓰임

주격 관계대명사 who /which /that은 형용사절 내에서 **주어 역할**을 하므로, 주격 관계대명사 뒤에는 또 다른 주어 없이 바로 동사가 옵니다. 주격 관계대명사는 생략이 불가능합니다.

I hired the applicant who had experience in this field. 나는 이 분야에 경험이 있는 지원자를 고용했다.
⟵ 주격 관계대명사 + 동사(had) + 목적어(experience)

목적격 관계대명사 who(m) /which /that은 형용사절 내에서 **목적어 역할**을 하므로, 목적격 관계대명사 뒤에는 주어와 동사가 옵니다. 목적격 관계대명사는 생략이 가능합니다.

The man (whom) Sara interviewed was Mr. Wilson. Sara가 인터뷰한 남자는 Mr. Wilson이었다.
⟵ 목적격 관계대명사 + 주어(Sara) + 동사(interviewed)

소유격 관계대명사 whose /of which는 바로 뒤에 명사가 오고, '~의'라고 해석합니다.

The scholarship goes to students whose grades are the highest. 장학금은 그들의 학점이 가장 높은 학생들에게 간다.
명사

2 관계부사

I know the place (when, where) she lives.

앞에 장소를 나타내는 명사 the place가 있으므로 관계부사 when이 아닌 관계부사 **where**가 와야 합니다. 관계부사는 어떤 역할을 하고, 어떻게 쓰이는지 자세히 살펴볼까요?

1 관계부사의 역할

관계부사는 **완전한 절**을 이끌며, **명사** 뒤에서 **명사**를 수식합니다.

I visited a small town where most people know each other. 나는 대부분의 사람들이 서로를 아는 작은 마을을 방문했다.
　　　　　　　명사 　　　　　관계부사 + 주어(most people) + 동사(know) + 목적어(each other) = 완전한 절

2 관계부사 when/where/why/how

관계부사 **when**는 **시간**을 나타내는 명사 뒤에 쓰입니다.

He changed his job last year when he turned 40. 그는 마흔이 되던 작년에 직업을 바꿨다.
　　　　　　　　　　　시간

관계부사 **where**은 **장소**를 나타내는 명사 뒤에 쓰입니다.

We went to the restaurant where a band plays music. 우리는 밴드가 음악을 연주하는 식당에 갔다.
　　　　　　　장소

관계부사 **why**는 **이유**를 나타내는 명사 뒤에 쓰입니다.

I don't know the reason why she left early. 나는 그녀가 일찍 떠난 이유를 모른다.
　　　　　　이유

관계부사 **how**는 **방법**을 나타내는 명사 뒤에 쓰입니다. 이때, 방법을 나타내는 명사가 the way일 경우 the way와 how 중 하나는 반드시 생략합니다.

He told me (the way how, how) he found the wallet. 그는 그가 어떻게 지갑을 찾았는지 나에게 말했다.
I liked (the way how, the way) she dressed up. 나는 그녀가 옷을 차려 입은 방식을 좋아했다.

3 관계부사 = 전치사 + 관계대명사

관계부사는 **전치사 + 관계대명사**의 형태로 나타낼 수 있습니다. 이때 전치사는 형용사절의 동사와 함께 해석해서 자연스러운 것을 사용합니다.

This is the house where I live.
　　　　　　　관계부사

→ This is the house in which I live. 이곳은 내가 사는 집이다.
　　　　　　　전치사 + 관계대명사

➥ 형용사절의 동사 live와 전치사 in이 함께 '집 안에 산다'라고 해석되므로 관계부사 where를 '전치사 + 관계대명사' in which의 형태로 나타낼 수 있습니다.

둘 중 어법상 알맞은 것을 고르세요.

01 The clothing (ⓐ who, ⓑ which) is sold here is of high quality.

02 The lawyer (ⓐ whom, ⓑ whose) we met has agreed to take the case.

03 The hotel (ⓐ which, ⓑ where) I spent last vacation closed recently.

04 I like (ⓐ how, ⓑ the way how) you decorated your desk.

05 The article is about a man (ⓐ who, ⓑ whom) walked across America.

06 It is Monday (ⓐ where, ⓑ when) the presentation is scheduled.

07 She visited her friend (ⓐ who, ⓑ whose) apartment has a great view.

08 I don't know the reason (ⓐ why, ⓑ how) people violate laws.

01 사물 선행사(The clothing) → 사물을 수식하는 관계대명사 which
해석 | 이곳에서 판매되는 옷은 품질이 좋다.

02 형용사절 내에서 목적어 역할을 하는 선행사 (The lawyer) → 목적격 관계대명사 whom
해석 | 우리가 만난 변호사는 그 사건을 맡기로 동의했다.

03 장소를 나타내는 선행사(The hotel) → 관계부사 where
해석 | 내가 지난 휴가를 보냈던 호텔은 최근에 문을 닫았다.

04 선행사 the way와 함께 쓰일 수 없는 관계부사 how
해석 | 나는 네가 책상을 꾸민 방식을 좋아한다.

05 형용사절 내에서 주어 역할을 하는 선행사 (a man) → 주격 관계대명사 who
해석 | 그 기사는 미국을 횡단한 남자에 관한 것이다.

06 시간을 나타내는 선행사(Monday) → 관계부사 when
해석 | 발표가 예정되어 있는 날은 월요일이다.

07 '그녀 친구의 아파트'라는 소유의 의미 → 소유격 관계대명사 whose
해석 | 그녀는 좋은 전망을 가진 그녀 친구의 아파트를 방문했다.

08 이유를 나타내는 선행사(the reason) → 관계부사 why
해석 | 나는 사람들이 법을 위반하는 이유를 모르겠다.

정답 **01** ⓑ **02** ⓐ **03** ⓑ **04** ⓐ **05** ⓐ **06** ⓑ **07** ⓑ **08** ⓐ

Point ① 관계대명사 that vs. 명사절 접속사 what

- 형용사절을 이끄는 관계대명사 that과 명사절을 이끄는 명사절 접속사 what을 혼동하지 않도록 주의합니다.
- 명사 뒤에서 명사를 수식하는 형용사절에 관계대명사 that이 아닌 명사절 접속사 what이 오면 틀린 문장이 됩니다.

A kiwi is a fruit (~~what~~, that) has a lot of vitamin C. 키위는 비타민 C를 많이 함유한 과일이다.
　　　　　　명사　　　　　　　　형용사절

포인트 적용문제 1

밑줄 친 부분 중 어법상 옳지 않은 것은?

The report says ① that Las Vegas ② is a city ③ what is visited ④ by millions of tourists every year.

해설　③ 명사(a city) 뒤에는 명사를 수식하는 형용사절을 이끄는 관계대명사가 와야 하므로, 명사절 접속사 what을 관계대명사 that으로 고쳐야 합니다.

해석　그 보고서에 따르면, 라스베이거스는 매년 수백만의 여행객들에 의해 방문되는 도시라고 한다.

어휘　report 보고서　million 백만

정답　③ (what → that)

포인트 적용문제 2

밑줄 친 부분 중 어법상 옳지 않은 것은?

Calcium is a substance ① what ② is needed by our bodies ③ to help keep our bones ④ strong.

해설　① 명사(a substance) 뒤에는 명사를 수식하는 형용사절을 이끄는 관계대명사가 와야 하므로, 명사절 접속사 what을 관계대명사 that으로 고쳐야 합니다.

해석　칼슘은 우리의 뼈를 튼튼하게 유지하는 데 도움을 주기 위해 우리의 몸이 필요로 하는 물질이다.

어휘　substance 물질　bone 뼈

정답　① (what → that)

- 관계대명사 뒤에는 불완전한 절이 와야 하고, 관계부사 뒤에는 완전한 절이 와야 합니다.
- 관계대명사 뒤에 완전한 절이 오거나 관계부사 뒤에 불완전한 절이 오면 틀린 문장이 됩니다.

Many soldiers were injured in the war (~~where~~, which) lasted six years.
　　　　　　　　　　　　　　　　　　　관계부사(X) 관계대명사(O)　불완전한 절

6년간 지속된 그 전쟁에서 많은 군인들이 부상을 입었다.

포인트 적용문제 1

밑줄 친 부분 중 어법상 옳지 않은 것은?

People look forward ① to the holidays ② which they gather ③ to spend time with their ④ loved ones.

해설　② 관계사 뒤에 완전한 절(they ~ ones)이 왔고, 선행사 the holidays가 시간을 나타내므로 관계대명사 which를 시간을 나타내는 관계부사 when으로 고쳐야 합니다.

해석　사람들은 사랑하는 이들과 시간을 보내기 위해 그들이 모이는 휴일을 고대한다.

어휘　look forward to ~을 고대하다　gather 모이다

정답　② (which → when)

포인트 적용문제 2

밑줄 친 부분 중 어법상 옳지 않은 것은?

Some national parks in North America ① have ② certain areas ③ where ④ are closed to the general public.

해설　③ 관계사 뒤에 불완전한 절(are ~ public)이 왔고, 선행사 areas가 사물을 나타내며 형용사절 내에서 동사 are closed의 주어 역할을 하므로 관계부사 where을 사물을 나타내는 주격 관계대명사 which 또는 that으로 고쳐야 합니다.

해석　북미의 몇몇 국립공원에는 일반 대중에게는 공개되지 않는 특정 지역이 있다.

어휘　national park 국립공원
　　　general public 일반 대중

정답　③ (where → which 또는 that)

Point ③ 관계대명사의 격 일치에 주의하자.

- 관계대명사가 수식하는 선행사가 형용사절 내에서 주어 역할을 하면 주격 관계대명사를, 목적어 역할을 하면 목적격 관계대명사를 써야 합니다.

We met the professor (~~whom~~, who) gave the lecture. 우리는 그 강의를 했던 교수님을 만났다.
목적격(X) 주격(O) 주어가 없는 불완전한 절

- 관계대명사가 수식하는 선행사가 형용사절 내에서 '~의'라고 해석되면 소유격 관계대명사를 써야 합니다.

Tim is the man (~~who~~, whose) picture was in the newspaper. Tim은 신문에 그의 사진이 실린 사람이다.
주격(X) 소유격(O)

포인트 적용문제 1

어법상 밑줄 친 곳에 가장 적절한 것은?

He has already decided on the candidate _____ he will vote for in the next election.

① what   ② whom
③ whose   ④ when

해설 관계대명사가 수식하는 선행사(the candidate)가 형용사절 내에서 목적어 역할을 하므로 목적격 관계대명사 ② whom이 정답입니다.

해석 그는 이미 다음 선거에서 투표할 후보자를 결정했다.

어휘 decide 결정하다 candidate 후보자
vote for ~에 투표하다 election 선거

정답 ② whom

포인트 적용문제 2

밑줄 친 부분 중 어법상 옳지 않은 것은?

Nelson Mandela was the man ① which ② non-violent struggle ③ for freedom ④ inspired millions of people.

해설 ① 관계대명사가 수식하는 선행사(the man)가 형용사절 내에서 non-violent struggle이 누구의 것인지 나타내며 '~의'라고 해석되므로 주격 관계대명사 which를 소유격 관계대명사 whose로 고쳐야 합니다.

해석 넬슨 만델라는 그의 자유를 향한 비폭력 운동으로 수백만 명의 사람들에게 영감을 주었던 사람이다.

어휘 non-violent struggle 비폭력 저항
freedom 자유 inspire 영감을 주다

정답 ① (which → whose)

● 관계대명사가 수식하는 선행사가 아래의 표현을 포함한 경우, 관계대명사 which는 쓸 수 없습니다.

The best 등의 최상급	The first 등의 서수	all 모든 ~, 모든 것
the same 같은 ~	the very 바로 그 ~	the only 유일한 ~

This is <u>the best meal</u> (~~which~~, that) I have ever had. 이것은 내가 먹어 본 최고의 식사이다.
　　　최상급 + 명사

포인트 적용문제 1

밑줄 친 부분 중 어법상 옳지 않은 것은?

The only way ① <u>which</u> he will save ② <u>enough</u> money for a car is by ③ <u>not</u> spending it all on ④ <u>clothing</u>.

해설 ① 관계대명사가 수식하는 선행사가 the only (유일한)를 포함한 경우 관계대명사 which는 쓸 수 없으므로 관계대명사 which를 that으로 고쳐야 합니다.

해석 그가 차를 사기에 충분한 돈을 모을 유일한 방법은 옷을 사는 데 돈을 모두 쓰지 않는 것이다.

어휘 **save** 모으다, 저축하다 **clothing** 옷

정답 ① (which → that)

포인트 적용문제 2

밑줄 친 부분 중 어법상 옳지 않은 것은?

She gave ① <u>me</u> the same ② <u>advice</u> ③ <u>which</u> my mother ④ <u>did</u>.

해설 ③ 관계대명사가 수식하는 선행사가 the same (같은)을 포함한 경우 관계대명사 which는 쓸 수 없으므로 관계대명사 which를 that으로 고쳐야 합니다.

해석 그녀는 내게 나의 어머니가 해준 것과 같은 조언을 해주었다.

어휘 **advice** 조언

정답 ③ (which → that)

- 형용사절 앞에 콤마가 있으면 관계대명사 that은 올 수 없습니다.

Ducks have waterproof feathers, (~~that~~, which) keep them dry.

오리들은 방수가 되는 깃털을 가지고 있는데, 그 깃털들은 그들을 마른 상태로 유지해 준다.

포인트 적용문제 1

밑줄 친 부분 중 어법상 옳지 않은 것은?

His friends ① were planning ② a surprise birthday party, ③ that he already knew ④ about.

해설 ③ 콤마(,) 뒤에는 관계대명사 that은 올 수 없으므로 관계대명사 that을 which로 고쳐야 합니다.

해석 그의 친구들은 깜짝 생일 파티를 계획하고 있었는데, 그것에 대해 그는 이미 알고 있었다.

어휘 plan 계획하다

정답 ③ (that → which)

포인트 적용문제 2

밑줄 친 부분 중 어법상 옳지 않은 것은?

I ① struggled ② to lift the box, ③ that was filled with books and ④ children's toys.

해설 ③ 콤마(,) 뒤에는 관계대명사 that은 올 수 없으므로 관계대명사 that을 which로 고쳐야 합니다.

해석 나는 상자를 들어 올리려고 버둥거렸는데, 그것은 책과 아이들 장난감으로 가득 차 있었다.

어휘 struggle 버둥거리다, 싸우다 lift 들어올리다
fill with ~으로 가득 차다

정답 ③ (that → which)

어법상 밑줄 친 곳에 가장 적절한 것은? (01 ~ 06)

01

Russia is a country _____ has many natural resources.

① what   ② where

③ which   ④ it

02

The store _____ I bought these bracelets makes everything by hand.

① when   ② where

③ which   ④ there

03

The reporter met the architect _____ designed the 150-story glass building.

① which   ② who

③ whose   ④ whom

04

He remembers _____ his teacher encouraged him when he was disappointed.

① the how   ② the way how

③ how the way   ④ how

05

All _____ after a tiring day is a cup of tea.

① which she wants   ② that she wants

③ which she wanting   ④ that she wanting

06

> Edgar Allen Poe was a very well-known author, _____ detective novels are still very popular.

① whom   ② who

③ whose   ④ which

밑줄 친 부분 중 어법상 옳지 않은 것은? (07~13)

07

> ① Dusk ② is the time of day ③ where the wildlife becomes more ④ active.

08

> The man ① whom ② delivers the mail in my neighborhood ③ comes by ④ my house every morning.

09

> Mold is not able to ① grow in dark places like caves ② what ③ have no ④ exposure to sunlight.

10

> The songs, ① that ② were released decades ago, ③ are some of my ④ mother's favorites.

11   Toxic waste from factories ① <u>is</u> the reason ② <u>how</u> the rain in the city is ③ <u>so</u> ④ <u>polluted</u>.

12   Mines in ① <u>where</u> people dig up ② <u>precious</u> minerals can be ③ <u>dangerous</u> due to ④ <u>their</u> <u>weak structure</u>.

13   The construction company is planning ① <u>to demolish</u> several houses ② <u>where</u> without ③ <u>maintenance</u> ④ <u>have</u> become damaged.

다음 문장 중 어법상 옳지 않은 것은? (14 ~ 15)

14   ① We are looking for a person who can speak French.

      ② The woman whose they were talking to is an actress.

      ③ She wants to visit the place where she was born.

      ④ We watched the documentary of which the subject was poverty.

15   ① I remember the time when we first met.

      ② The way people dress reflects their personality.

      ③ This is the only problem that I can't solve.

      ④ The Louvre is the museum which the Mona Lisa is displayed.

정답·해석·해설 p.68

gosi.Hackers.com

gosi.Hackers.com

특수 구문

DAY 19 비교 구문

기초 개념 잡기

비교 구문이란?

너는 <u>나보다 키가 크다</u>.
　　　　　비교

우리 중에서 네가 <u>제일 크다</u>.
　　　　　　　　비교

'너는 나보다 키가 크다' 혹은 '우리 중에서 네가 제일 크다'
와 같이 두 개 이상의 대상을 서로 견주어 비교하는 구문을
비교 구문이라고 합니다.

비교 구문의 종류는?

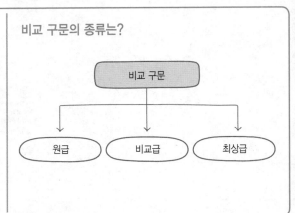

 비교 구문의 종류에 대해 알아봅시다!

비교 구문에는 비교하는 두 대상이 동등함을 나타낼 때 쓰는 원급 구문, 두 개의 비교 대상 중 하나가 더 우월할 때 쓰는 비교급 구문, 그리고 셋 이상의 비교 대상 중 하나가 가장 뛰어날 때 쓰는 최상급 구문이 있습니다.

비교 구문	형태	의미	예
원급 구문	as 원급 as	~만큼 –한	as cheap as
비교급 구문	비교급 + than	~보다 –한	cheaper than
최상급 구문	the + 최상급 (단, 부사의 최상급 앞에는 the를 쓰지 않습니다.)	가장 –한	the cheapest

This laptop is as cheap as my cell phone. 이 노트북은 내 휴대전화만큼 싸다.

This laptop is cheaper than my cell phone. 이 노트북은 내 휴대전화보다 싸다.

This laptop is the cheapest in the store. 이 노트북은 가게에서 가장 싸다.

Check Up

다음 중 최상급 구문은 무엇일까요?

ⓐ I am shorter than him. 나는 그보다 작다.　　　　ⓑ I am the shortest in my class. 나는 우리 반에서 가장 작다.

➡ 셋 이상의 비교 대상 중 하나가 가장 뛰어날 때 최상급 구문을 씁니다.　　　　　　　정답 ⓑ

비교급과 최상급을 만드는 방법에 대해 알아봅시다!

비교급과 최상급은 형용사와 부사의 형태를 변화시켜서 만드는데, 이때 규칙 변화와 불규칙 변화가 있습니다.

규칙 변화			
비교급	1음절	뒤에 (e)r을 붙인다.	fast → faster
	2음절 이상	앞에 more를 붙인다.	famous → more famous
최상급	1음절	뒤에 (e)st를 붙인다.	fast → fastest
	2음절 이상	앞에 most를 붙인다.	famous → most famous

불규칙 변화		
원급	비교급	최상급
good/well 좋은/잘 bad 나쁜 many/much 많은 little 적은	better 더 좋은/더 잘 worse 더 나쁜 more 더 많은 less 더 적은	best 가장 좋은/가장 잘 worst 가장 나쁜 most 가장 많은 least 가장 적은

A plane is faster than a bus. 비행기는 버스보다 더 빠르다.

Linda is my best friend. Linda는 나의 가장 좋은 친구이다.

Check Up

다음 중 빈칸에 알맞은 것은 무엇일까요?

My situation was _____ than hers. 나의 상황은 그녀의 상황보다 더 좋았다.

ⓐ gooder   ⓑ better

→ 원급 good의 비교급은 불규칙 변화입니다.

정답 ⓑ

1 원급 구문

1 원급 구문

원급 구문의 형태는 **as + 형용사/부사의 원급 + as**이며, ~만큼 -한/-하게라고 해석됩니다.

He is as handsome as his father. 그는 그의 아버지만큼 잘생겼다.

원급 구문의 부정문 형태는 **not as[so] + 형용사/부사의 원급 + as**이며, ~만큼 -하지 않은/-하게라고 해석됩니다.

He is not as handsome as his father. 그는 그의 아버지만큼 잘생기지는 않았다.

> **여기서 잠깐!**
>
> as ~ as 사이에 형용사가 오는지 부사가 오는지는 as, as를 지우고 구별합니다.
> My dog is ~~as~~ smart ~~as~~ his dog. ← My dog is smart. 나의 개는 그의 개만큼 영리하다.
> ➔ as, as를 지우면 '영리하다'는 의미의 보어로 쓰이므로, 형용사 smart가 와야 합니다.
> She ate ~~as~~ quickly ~~as~~ she could. ← She ate quickly. 그녀는 그녀가 할 수 있는 만큼 빨리 먹었다.
> ➔ as, as를 지우면 '빨리'라는 의미로 동사 ate를 수식하고 있으므로, 부사 quickly가 와야 합니다.

2 명사 원급 구문

명사 원급 구문의 형태는 **as + 형용사의 원급 + 명사 + as**이며, ~만큼 -한 명사라고 해석됩니다.

I have as many DVDs as she has. 나는 그녀가 가진 것만큼 많은 DVD를 가지고 있다.
  as + 형용사(many) + 명사(DVDs) + as

2 비교급 구문

> **거북이보다 더 빠른 토끼**
>
> ~보다 더 -한이라는 것은 둘 이상의 대상을 비교할 때 사용하는 표현입니다. 영어에서는 둘 이상의 대상을 비교할 때 **비교급 구문**을 사용합니다. 비교급 구문에 대해 자세히 살펴볼까요?

1 비교급 구문

▌ 비교급 구문의 형태는 **형용사/부사의 비교급 + than**이며, ~보다 더 -한/-하게라고 해석됩니다.

The student talked more loudly than the teacher. 그 학생은 선생님보다 더 크게 말했다.

> 🔦여기서 **잠깐!**
>
> 원급/비교급 구문에서 비교의 대상은 품사, 구조, 내용, 격 등이 서로 일치해야 합니다.
> The weather of Seoul is cooler than (~~Jeju~~, **that of Jeju**). 서울의 날씨는 제주도의 날씨보다 더 시원하다.
> ➔ 서울의 날씨와 비교하는 대상이 제주도가 아닌 제주도의 날씨이므로 than 뒤에는 Jeju가 아닌 that of Jeju(제주도의 날씨)를 써야 올바른 비교가 됩니다.
>
> She is as tall as (~~him~~, **he**). 그녀는 그만큼 키가 크다.
> ➔ 비교의 대상이 주격 She이므로 as 뒤에도 목적격 him이 아닌 주격 he를 써야 올바른 비교가 됩니다.

2 명사 비교급 구문

▌ 명사 비교급 구문의 형태는 **형용사의 비교급 + 명사 + than**이며, ~보다 더 -한 명사라고 해석됩니다.

She has more money than I have. 그녀는 내가 가진 것보다 더 많은 돈을 가지고 있다.
　　　　비교급(more) + 명사(money) + than

3 비교급을 강조하는 표현

▌ 다음 표현들은 **훨씬**이라는 의미로 비교급 앞에서 비교급을 강조합니다.

far	still	even	much	a lot	훨씬

This cake is far sweeter than those cookies. 이 케이크는 저 쿠키들보다 훨씬 더 달다.
　　　　　　　　비교급

3 최상급 구문

나는 우리 반에서 **가장** 열심히 공부한다.

가장은 여러 대상들 중 최고임을 나타낼 때 사용하는 표현입니다. 영어에서는 셋 이상의 대상들 중 하나가 가장 뛰어날 때 **최상급 구문**을 사용합니다. 최상급 구문에 대해 자세히 살펴볼까요?

■ 최상급 구문

최상급 구문의 형태는 **the + 형용사/부사의 최상급**이며 가장 −한/−하게라고 해석됩니다. 이때 부사의 최상급 앞에는 the를 쓰지 않습니다.

He is the kindest doctor that I know. 그는 내가 아는 가장 친절한 의사이다.
        형용사의 최상급

Peter works hardest in the office. Peter는 사무실에서 가장 열심히 일한다.
        부사의 최상급

■ 최상급을 강조하는 표현

단연코라는 의미로 최상급 앞에서 최상급을 강조하는 표현에는 **by far, quite** 등이 있습니다.

Clothes made in Italy are by far the best quality. 이탈리아에서 만들어진 옷은 단연코 가장 질이 좋다.
                최상급

■ 원급 · 비교급 형태로 최상급 의미를 만드는 표현

원급 · 비교급 형태를 이용하여 최상급의 의미를 만드는 표현들을 알아둡니다.

Nothing[No other+단수 명사] + as[so] + 원급 + as 어떤 다른 −도 ~만큼 ~하지 않다
Nothing[No other+단수 명사] + 비교급 + than 어떤 다른 −도 ~보다 더 ~하지 않다
비교급 + than any other + 단수 명사 어떤 다른 −보다 더 ~한
비교급 + all the other + 복수 명사 모든 다른 −보다 더 ~한

No other person at my company is as pretty as Rosa.
= No other person at my company is prettier than Rosa.
= Rosa is prettier than any other person at my company.
= Rosa is prettier than all the other people at my company.

Rosa는 우리 회사에서 어떤 다른 사람보다도 더 예쁘다. (= Rosa는 우리 회사에서 제일 예쁘다.)

I will go home as quickly as possible. 나는 가능한 빨리 집에 갈 것이다.

가능한 빨리는 원급을 포함한 표현 **as quickly as possible**을 사용하여 나타낼 수 있습니다. 이처럼 원급, 비교급, 최상급을 포함하여 관용적으로 자주 쓰이는 표현들에 대해 자세히 살펴볼까요?

1 원급을 포함한 표현

▎원급을 포함한 표현을 알아둡니다.

as quickly as possible 가능한 빨리 = as soon as possible	Please respond as quickly as possible. 부디 가능한 빨리 답해주시기 바랍니다.
as ~ as can be 더없이	Her performance was as good as can be. 그녀의 연기는 더없이 좋았다.
not so much A as B A라기보다는 B인 = not A so much as B	She is not so much nervous as excited. = She is not nervous so much as excited. 그녀는 긴장되기 보다는 흥분된다.
배수사 + as ~ as ~배 만큼 –한	My room is twice as big as his. 나의 방은 그의 것보다 두 배만큼 크다.

2 비교급을 포함한 표현

▎비교급을 포함한 표현을 알아둡니다.

the + 비교급 + 주어 + 동사, the + 비교급 + 주어 + 동사 더 ~할수록, 더 –하다	The more you give, the more you receive. 네가 더 많이 베풀수록, 너는 더 많이 받는다.
would rather A than B B하느니 차라리 A하겠다	I would rather study English than sleep on Sunday. 나는 일요일에 자느니 차라리 영어를 공부하겠다.
A rather than B B라기보다는 A인	The model was pretty rather than cute. 그 모델은 귀엽기보다는 예뻤다.
배수사 + 비교급 + than ~배 더 –한	They ran three times faster than him. 그들은 그보다 세 배 더 빠르게 뛰었다.

3 최상급을 포함한 표현

▎최상급을 포함한 표현을 알아둡니다.

one of the + 최상급 + 복수 명사 가장 ~한 –중 하나	She is one of the most talented dancers in the area. 그녀는 그 지역에서 가장 재능 있는 댄서 중 한 명이다.
the world's + 최상급 + 명사 세계에서 가장 ~한	They sell the world's finest wine. 그들은 세계에서 가장 훌륭한 와인을 판다.

Hackers Practice

둘 중 어법상 알맞은 것을 고르세요.

01 Texas is not as (ⓐ big, ⓑ bigger) as Alaska.

02 The subway station is (ⓐ closest, ⓑ closer) than the bus station.

03 She arrived for the party (ⓐ far, ⓑ very) earlier than expected.

04 He is the (ⓐ taller, ⓑ tallest) person on the basketball team.

05 The more you revise, the (ⓐ better, ⓑ good) the story becomes.

06 The electronics company is one of the most successful (ⓐ companies, ⓑ company) in korea.

07 His grade was higher (ⓐ as, ⓑ than) any other student's.

08 Please reply to the email as (ⓐ sooner, ⓑ soon) as possible.

---

01 as + 형용사의 원급 + as
해석 | 텍사스는 알래스카만큼 크지 않다.

02 형용사의 비교급 + than
해석 | 지하철역이 버스 정류장보다 더 가깝다.

03 비교급을 강조하는 표현 far(훨씬)
해석 | 그녀는 파티에 예상보다 훨씬 더 일찍 도착했다.

04 the + 형용사의 최상급
해석 | 그는 농구팀에서 가장 키가 큰 사람이다.

05 the + 비교급 + 주어 + 동사, the + 비교급 + 주어 + 동사
해석 | 당신이 더 수정할수록, 이야기가 더 좋아진다.

06 one of the + 최상급 + 복수 명사
해석 | 그 전자회사는 한국에서 가장 성공한 기업 중 하나이다.

07 비교급 + than any other + 단수 명사
해석 | 그의 점수는 다른 어떤 학생의 것보다 높다.

08 as soon as possible(가능한 빨리)
해석 | 가능한 빨리 이메일에 답장을 해주세요.

Point ① 비교 구문의 형태를 혼동하지 말자.

- 원급 구문 'as + 형용사/부사의 원급 + as'에서 as 자리에 than이 오면 틀린 문장이 됩니다.

  John is <u>as smart</u> (~~than~~, as) his brother.　John은 그의 형만큼 똑똑하다.

- 비교급 구문 '형용사/부사의 비교급 + than'에서 than 자리에 as가 오면 틀린 문장이 됩니다.

  My friend is <u>taller</u> (~~as~~, than) me.　내 친구는 나보다 키가 더 크다.

포인트 적용문제 1

밑줄 친 부분 중 어법상 옳지 않은 것은?

Cities ① <u>on</u> the coast ② <u>are</u> warmer ③ <u>as</u> ④ <u>those</u> further from water.

해설 ③ 비교급 구문은 '형용사의 비교급(warmer) + than'으로 나타내야 하므로 as를 than으로 고쳐야 합니다.

해석 해안가의 도시들은 물에서 더 멀리 있는 도시들보다 더 따뜻하다.

어휘 coast 해안　further 더 멀리에

정답 ③ (as → than)

포인트 적용문제 2

밑줄 친 부분 중 어법상 옳지 않은 것은?

Economists believe ① <u>that</u> ② <u>it</u> will take over a decade ③ <u>for</u> India to become as wealthy ④ <u>than</u> China is today.

해설 ④ 원급 구문은 'as + 형용사의 원급(wealthy) + as'로 나타내야 하므로 than을 as로 고쳐야 합니다.

해석 경제학자들은 인도가 오늘날의 중국이 부유한 만큼 부유해지려면 10년 이상 걸릴 것이라고 생각한다.

어휘 economist 경제학자　decade 10년
wealthy 부유한

정답 ④ (than → as)

Point ② many와 very는 비교급을 강조할 수 없다.

- 비교급 앞에서 비교급을 강조하는 아래의 표현들을 알아둡니다.

| far | still | even | much | a lot | 훨씬 |

- 명사 앞에서 명사를 수식하는 수량 표현 many, 형용사/부사의 원급을 강조하는 강조 부사 very, so는 비교급을 강조할 수 없으므로 비교급 앞에 오면 틀린 문장이 됩니다.

Laura has (~~many,~~ much) shorter hair than me. Laura는 나보다 훨씬 짧은 머리카락을 가지고 있다.
　　　　　　　　　　　　비교급

포인트 적용문제 1

밑줄 친 부분 중 어법상 옳지 않은 것은?

The construction company ① wants to build a tower ② that is ③ very higher than any other ④ building in the city.

해설 ③ 강조 부사 very는 비교급(higher)을 강조할 수 없으므로 very를 비교급 앞에서 비교급을 강조할 수 있는 표현 far/still/even/much/a lot 중 하나로 고쳐야 합니다.

해석 그 건축 회사는 도시 내의 어떤 다른 건물보다 훨씬 더 높은 탑을 짓고 싶어한다.

어휘 construction 건축   tower 탑

정답 ③ (very → far/still/even/much/a lot)

포인트 적용문제 2

밑줄 친 부분 중 어법상 옳지 않은 것은?

Scientists now ① think ② that billions of years ago, Mars had ③ many more oxygen ④ than Earth has today.

해설 ③ 수량 표현 many는 비교급(more oxygen)을 강조할 수 없으므로 many를 비교급 앞에서 비교급을 강조할 수 있는 표현 far/still/even/much/a lot 중 하나로 고쳐야 합니다.

해석 과학자들은 10억 년 전에는 화성에 지금 지구에 있는 것보다 훨씬 더 많은 산소가 있었을 것이라고 생각한다.

어휘 billion 10억   Mars 화성   oxygen 산소

정답 ③ (many → far/still/even/much/a lot)

Point 3 비교급에서 비교하는 대상은 대등해야 한다.

• 비교급에서 비교하는 대상은 품사, 구조가 대등해야 합니다. 예를 들어, 명사는 명사끼리, 동명사는 동명사끼리, to 부정사는 to 부정사끼리 비교되어야 합니다.

She likes <u>dancing</u> more than (<s>to sing</s>, singing). 그녀는 노래하는 것보다 춤을 추는 것을 더 좋아한다.
　　　　　동명사　　　　　　　　to 부정사(X) 동명사(O)

• 품사나 구조가 같더라도, 의미상 비교의 대상이 어울리지 않으면 틀린 문장이 됩니다.

The <u>density of water</u> is higher than (<s>ice</s>, that of ice). 물의 밀도는 얼음의 것(밀도)보다 더 높다.
　　└─── 물의 밀도와 얼음의 밀도를 비교 ───┘

포인트 적용문제 1

어법상 밑줄 친 곳에 가장 적절한 것은?

Buying tickets in advance is cheaper than _____ them on the spot.

① to get　　　　　　　② getting
③ got　　　　　　　　④ will get

해설 비교급에서 비교하는 대상은 구조가 대등해야 합니다. 비교급 표현(cheaper than) 앞에 동명사 Buying tickets가 쓰였으므로 비교하는 대상도 같은 구조의 동명사 ② getting이 정답입니다.
해석 표를 미리 구매하는 것은 현장에서 구매하는 것보다 더 싸다.
어휘 in advance 미리　on the spot 현장에서
정답 ② getting

포인트 적용문제 2

밑줄 친 부분 중 어법상 옳지 않은 것은?

The ① <u>musical</u> pitch of a flute ② <u>is</u> always ③ <u>much</u> higher than ④ <u>a tuba</u>.

해설 ④ 비교급에서 비교하는 대상은 의미가 대등해야 합니다. 의미상 '플루트의 음의 높이는 튜바의 음의 높이보다'라는 의미가 되어야 자연스러우므로 비교급 표현(much higher than) 뒤의 a tuba(튜바)를 '음의 높이'(pitch)를 가리키는 지시대명사 that을 써서 that of a tuba(튜바의 음의 높이)로 고쳐야 합니다.
해석 플루트의 음의 높이는 튜바의 것보다 훨씬 높다.
어휘 pitch 음의 높이
정답 ④ (a tuba → that of a tuba)

어법상 밑줄 친 곳에 가장 적절한 것은? (01 ~ 06)

01

My grades were better _____ I thought.

① to   ② as
③ for   ④ than

02

In the past, farming was _____ than it is currently.

① more difficult far   ② difficult far more
③ far more difficult   ④ more far difficult

03

She owns almost as _____ a library.

① many book as   ② many books as
③ many book than   ④ many books than

04

To some, a dog is not so much a pet _____ a friend.

① so   ② as
③ than   ④ to

05

Charles Dickens is regarded as one of _____ in England.

① the greatest author   ② the most great authors
③ the greatest authors   ④ the most great author

06

_____ , the more you want.

① More you have   ② The more you have

③ You have more   ④ The more have you

밑줄 친 부분 중 어법상 옳지 않은 것은? (07~13)

07

She says ① that Switzerland is ② the most by far ③ beautiful nation ④ that she has been to.

08

① On the day of the interview, my ② best friend seemed as ③ nervously as a child ④ going to school for the first time.

09

The migration of butterflies to ① warmer climates ② occurs ③ earlier than ④ wild geese.

10

① Although the Amazon is not as long ② as the Nile, ③ it is ④ very larger in total volume of water.

11 Scientists are developing a substance ① that is ② thinner than any other ③ materials but stronger than ④ steel.

12 ① Her salary is ② very higher than ③ his, because she works longer hours and ④ has more responsibilities.

13 ① Arriving ② late for the class, ③ he sat down at his desk as ④ quiet as possible.

다음 문장 중 어법상 옳지 않은 것은? (14~15)

14 ① Islam is growing faster than all the other religions.
② I would rather travel by train than by bus.
③ His bag is heavier than mine.
④ The older people get, more they learn.

15 ① She is as happy as she can be.
② My little brother is much younger than I am.
③ Everything is so satisfying as accomplishing a goal.
④ That building looks as tall as the sky.

정답·해석·해설 p.72

gosi.Hackers.com

DAY 20 병치/도치 구문

병치란?

<u>따뜻하고</u> <u>달콤한</u> **코코아**
　형용사　　형용사

'따뜻한 코코아'와 '달콤한 코코아'는 연결어 '그리고'를 이용해서 '따뜻하고 달콤한 코코아'라고 말할 수 있습니다. 두 가지 요소가 연결어로 이어질 때는 '따뜻한(형용사)'과 '달콤한(형용사)'처럼 연결어 앞뒤가 서로 균형을 이루어야 하는데, 이를 병치라고 합니다

도치란?

I am never tired. 나는 전혀 피곤하지 않다.

Never am I tired. 전혀 나는 피곤하지 않다.

I am never tired(나는 전혀 피곤하지 않다)에서 never(전혀)를 강조하기 위해 문장의 앞으로 보내면, 주어 I와 동사 am의 순서가 바뀌는데, 이를 도치라고 합니다.

 병치가 일어나는 경우에 대해 알아봅시다!

병치는 단어, 구, 절 등이 등위 접속사나 상관 접속사로 연결될 때 일어납니다. 이때 연결된 항목들은 품사, 구조, 내용, 격 등이 동일해야 합니다.

등위 접속사	상관 접속사
A　and / or / but　B A 형태 = B 형태	both / either / neither　A　and / or / nor　B A 형태 = B 형태

She is <u>pretty</u> **and** <u>kind</u>. 그녀는 예쁘고 친절하다.
　　　형용사　　　　형용사

I want to study <u>either</u> English **or** Japanese. 나는 영어 또는 일본어 중 하나를 공부하고 싶다.
　　　　　　　　　명사　　　　　명사

Check Up

다음 빈칸에 들어갈 알맞은 것은 무엇일까요?

Professor Kim's lecture was interesting and _____. 김교수님의 강의는 재미있고 유익했다.

ⓐ informative　　　　　　　　　　　　ⓑ information

➡ 등위 접속사로 연결된 두 항목은 품사가 같아야 하므로 and 앞에 형용사 interesting이 있으면 뒤에도 형용사가 와야 합니다.　　정답 ⓐ

도치가 일어나는 경우에 대해 알아봅시다!

도치는 강조하고자 하는 말이 문장 앞으로 나올 때 일어나며, 이때 주어와 동사의 순서가 바뀌게 됩니다. 그러나 동사에 be/have/조동사가 있는 경우와 일반동사가 있는 경우에 도치 후의 동사 형태가 각각 달라집니다.

(이때 have 동사는 p.p.와 함께 완료 시제를 이루는 동사입니다.)

be/have/조동사가 있는 경우

be/have/조동사가 있을 때는 be/have/조동사가 주어 앞으로 옵니다.

The streets <u>were</u> rarely so empty. 그 거리는 그렇게 텅 빈 적이 거의 없었다.
주어   be 동사

Rarely <u>were</u> the streets so empty.
강조된 말   be 동사   주어

일반동사가 있는 경우

일반동사가 있을 때는 일반동사는 원래 자리에 동사원형으로 남고 do 동사(do, does, did)가 주어 앞으로 옵니다.

She never <u>watched</u> that talk show. 그녀는 그 토크쇼를 한 번도 보지 않았다.
주어   부정어   일반동사(과거)

Never <u>did</u> she watch that talk show.
강조된 말   do 동사   주어   일반동사
      (과거)   (동사원형)

Check Up

둘 중 올바른 형태의 도치 구문을 만드는 것은 무엇일까요?

I have never seen a painting like this. 나는 이것과 같은 그림을 한 번도 본 적이 없다.

→ Never (have I, do I have) seen a painting like this.

➡ 동사에 완료 시제를 이루는 have 동사가 있을 때 도치가 일어나면 have가 주어 앞으로 옵니다.

정답 have I

---

1 병치 구문

나의 취미는 독서 그리고 영화 감상이다.

그리고라는 연결어 앞뒤로 각각 **독서**와 **영화 감상**이라는 명사가 와서 서로 균형을 이루며 병치 구문을 만들고 있습니다. 영어에서는 어떻게 병치 구문을 만드는지 자세히 살펴볼까요?

1 품사 병치

병치 구문에서는 **같은 품사끼리 연결**해야 합니다. 즉 **명사 – 명사, 동사 – 동사, 형용사 – 형용사, 부사 – 부사**끼리 연결해야 합니다.

명사   She wants to raise <u>a dog</u> or <u>a cat</u>.   그녀는 개 또는 고양이를 기르기를 원한다.
                                       명사   명사

동사   He will <u>review</u> **and** <u>revise</u> the script.   그는 대본을 검토하고 수정할 것이다.
                      동사   동사

형용사   The medicine was **neither** <u>effective</u> **nor** <u>helpful</u>.   그 약은 효과적이지도 도움이 되지도 않았다.
                                 형용사   형용사

부사   He typed the document <u>quickly</u> **and** <u>correctly</u>.   그는 그 문서를 빠르게 그리고 정확하게 타자로 쳤다.
                                   부사   부사

2 구조 병치

병치 구문에서는 **같은 구조끼리 연결**해야 합니다. 즉 **동명사 – 동명사, to 부정사 – to 부정사, 명사절 – 명사절, 전치사구 – 전치사구**끼리 연결해야 합니다.

동명사   She likes <u>**not only**</u> cooking food <u>**but also**</u> doing dishes.
                                동명사   동명사
       그녀는 음식을 만드는 것뿐 아니라 설거지를 하는 것도 좋아한다.

to 부정사   He likes <u>to skateboard</u> **or** <u>(to) bike on weekends</u>.
                         to 부정사   to 부정사
       그는 주말에 스케이트 보드를 타는 것이나 자전거를 타는 것을 좋아한다.

명사절   I asked her <u>where to meet</u> **and** <u>what time to arrive</u>.
                         명사절   명사절
       나는 그녀에게 어디에서 만날지 그리고 몇 시에 그곳에 도착해야 할지를 물었다.

전치사구   We will come back **either** <u>in the evening</u> **or** <u>at night</u>.   우리는 저녁 또는 밤에 돌아올 것이다.
                              전치사구   전치사구

> **여기서 잠깐!**
>
> to 부정사 병치 구문에서 두 번째 나온 to는 생략될 수 있습니다.
>
> She wants **to go** home and ∧ **take** a rest.   그녀는 집에 가는 것과 휴식을 취하는 것을 원한다.
>   **(to)**

2 도치 구문

나는 절대로 화를 내지 않는다. → 절대로 나는 화를 내지 않는다.

부정의 의미를 나타내는 부사 **절대로**를 앞으로 이동시켜도 우리말에서는 도치가 일어나지 않지만, 영어에서는 도치가 일어납니다. 어떤 것들이 앞으로 올 때 도치가 일어나고 어떻게 일어나는지 살펴볼까요?

1 부정·제한을 나타내는 부사(구)가 강조된 경우의 도치

부정·제한을 나타내는 부사(구)가 강조되어 **절의 맨 앞에 나올 때**, 주어와 조동사가 도치되어 **부사(구) + 조동사 + 주어 + 동사**의 어순이 됩니다. 단, 문장에 조동사가 없는 경우 be/have/do 동사가 주어 앞으로 옵니다.

부정을 나타내는 부사	hardly 거의 ~ 않다 rarely 거의 ~ 않다	scarcely 거의 ~ 않다 never 결코 ~ 않다	seldom 거의 ~ 않다 little 거의 ~ 않다
제한을 나타내는 부사	only + 부사 오직 ~	not only ~일 뿐 아니라	

<u>Hardly</u> **will** <u>they</u> **see** their daughter if she goes abroad. 그들의 딸이 해외로 떠나면 그들은 그녀를 거의 못 볼 것이다.
  부사   조동사 주어 동사

<u>Only recently</u> **did** <u>he</u> **learn** how to ride a bicycle. 오직 최근에서야 그는 자전거를 타는 법을 배웠다.
     부사구   do동사 주어   동사

2 보어나 장소·방향을 나타내는 부사구가 강조된 경우의 도치

형용사·분사 보어나 장소·방향을 나타내는 부사구가 강조되어 **절의 맨 앞에 나올 때**, 주어와 동사가 도치되어 **보어/부사구 + 동사 + 주어**의 어순이 됩니다. 단, 보어나 장소·방향 부사구의 도치는 자동사가 쓰인 경우에만 일어납니다.

<u>Clear</u> **was** <u>the sky.</u> 하늘은 맑았다.
 형용사 동사   주어

<u>On the bench</u> **sat** <u>the man.</u> 벤치에 그 남자가 앉아 있었다.
  장소의 부사구   동사   주어

3 가정법 도치

가정법에서 if가 생략될 때, if절의 주어와 동사가 도치됩니다.

가정법 과거	If + 주어 + were ~, 주어 + would/should/could/might + 동사원형 → Were + 주어 ~, 주어 + would/should/could/might + 동사원형
가정법 과거완료	If + 주어 + had p.p., 주어 + would/should/could/might + have p.p. → Had + 주어 + p.p., 주어 + would/should/could/might + have p.p.

Were <u>Scott</u> more confident, he would be a better teacher. Scott이 더 자신감이 있다면, 그는 더 나은 선생님이 될 텐데.

➡ 가정법 과거 문장의 If가 생략되어, 동사 Were가 주어 Scott 앞에 옵니다.

Had <u>she</u> waited a little more, she could have seen the show. 만일 그녀가 좀 더 기다렸다면, 그녀는 그 공연을 볼 수 있었을 텐데.

➡ 가정법 과거완료 문장의 If가 생략되어, 동사 Had가 주어 she 앞에 옵니다.

병치/도치 구문

해커스 공무원 영어 기초 영문법

Hackers Practice

둘 중 어법상 알맞은 것을 고르세요.

01 The lecture was long and (ⓐbore, ⓑboring).

02 Never again (ⓐshe will, ⓑwill she) work as an assistant.

03 He needs to sweep or (ⓐto mop, ⓑmopping) the kitchen floor.

04 Only today (ⓐdid he arrive, ⓑarrived he) home from his trip.

05 Some people act differently at work and (ⓐat home, ⓑto stay home).

06 (ⓐHe had, ⓑHad he) told me he was going to the airport, I would have driven him.

07 Scarcely (ⓐcould I understand, ⓑI could understand) what Tom said.

08 Next to the river (ⓐa park is, ⓑis a park) where I go for walks.

01 품사 병치 → 형용사 and 형용사
해석 | 그 강의는 길고 지루했다.

02 부정을 나타내는 부사(Never) + 조동사 + 주어 + 동사
해석 | 절대로 그녀는 조수로 다시 일하지 않을 것이다.

03 구조 병치 → to 부정사 or to 부정사
해석 | 그는 부엌 바닥을 쓸거나 닦아야 한다.

04 제한을 나타내는 부사(Only today) + do 동사 + 주어 + 동사
해석 | 오늘이 되어서야 그는 여행에서 돌아왔다.

05 구조 병치 → 전치사구 and 전치사구
해석 | 어떤 사람들은 직장과 집에서 다르게 행동한다.

06 가정법 과거완료 도치 → Had + 주어 + 동사
해석 | 그가 공항에 간다고 나에게 말했다면, 나는 그를 태워다줬을 텐데.

07 부정을 나타내는 부사(Scarcely) + 조동사 + 주어 + 동사
해석 | 나는 Tom이 말했던 것을 거의 이해할 수 없었다.

08 방향을 나타내는 부사구(Next to the river) + 동사 + 주어
해석 | 그 강 옆이 내가 산책하는 공원이다.

정답 **01** ⓑ **02** ⓑ **03** ⓐ **04** ⓐ **05** ⓐ **06** ⓑ **07** ⓐ **08** ⓑ

Point ① 접속사 앞, 뒤에 오는 것은 대등해야 한다.

- 접속사로 연결된 병치 구문에서 접속사 앞, 뒤에 오는 것은 품사나 구조가 같아야 합니다. 예를 들어, 접속사 앞에 명사가 오면 뒤에도 명사가, 앞에 to 부정사가 오면 뒤에도 to 부정사가 와야 합니다.

  She wants to work or (studying, to study) overseas. 그녀는 해외에서 일하거나 공부하고 싶어한다.
  　　　　　to 부정사　접속사　동명사(X)　　to 부정사(O)

- 여러 개의 단어나 구가 콤마(,)로 연결된 경우에도 같은 품사, 같은 구조끼리 연결되어야 합니다.

  My son likes playing, (to draw, drawing), and watching cartoons.
  　　　　　　　　동명사　　to 부정사(X)　동명사(O)　접속사　　동명사
  내 아들은 노는 것, 그림 그리는 것, 그리고 만화 보는 것을 좋아한다.

포인트 적용문제 1

어법상 밑줄 친 곳에 가장 적절한 것은?

Nonverbal communication involves giving and _____ signal through body language.

① receiving
② receive
③ to receive
④ received

해설 접속사(and)로 연결된 병치 구문에서 접속사 앞, 뒤에 오는 것은 구조가 같아야 하는데, 접속사 and 앞에 동명사 giving이 왔으므로 and 뒤에도 동명사가 와야 합니다. 따라서 동명사 ① receiving이 정답입니다.

해석 비언어적 의사소통은 몸짓 언어를 통해 신호를 주고 받는 것을 포함한다.

어휘 nonverbal 비언어적인　involve 포함하다
signal 신호

정답 ① receiving

포인트 적용문제 2

밑줄 친 부분 중 어법상 옳지 않은 것은?

The man ① enjoys swimming, hiking, ② or ③ to go fishing ④ during summer vacation.

해설 ③ 여러 개의 단어나 구가 콤마(,)로 연결된 경우에는 같은 구조끼리 연결되어야 하는데, 접속사 or 앞에 동명사 swimming과 hiking이 왔으므로 or 뒤에도 동명사가 와야 합니다. 따라서 to 부정사 to go fishing를 동명사 going fishing으로 고쳐야 합니다.

해석 그 남자는 여름 방학 동안에 수영이나 등산을 하거나 낚시를 가는 것을 좋아한다.

어휘 vacation 방학

정답 ③ (to go fishing → going fishing)

- 아래와 같은 부정·제한을 나타내는 부사(구)가 강조된 도치 구문은 '부사(구) + 조동사 + 주어 + 동사'의 어순이 되어야 합니다. 이때 문장에 조동사가 없을 경우 be/have/do 동사가 주어 앞으로 옵니다.

부정을 나타내는 부사	hardly 거의 ~ 않다 rarely 거의 ~ 않다	scarcely 거의 ~ 않다 never 결코 ~ 않다	seldom 거의 ~ 않다 little 거의 ~ 않다
제한을 나타내는 부사	only + 부사 오직 ~	not only ~일 뿐 아니라	

Never should you act rude towards your elders. 절대로 너는 너의 손윗사람에게 무례하게 굴면 안 된다.
　부사　조동사 + 주어 + 동사

- 부정·제한을 나타내는 부사가 강조된 도치 구문을 틀린 문장으로 혼동하지 않도록 주의합니다.

포인트 적용문제 1

어법상 밑줄 친 곳에 가장 적절한 것은?

> Not only ＿＿＿＿＿＿ an artist, but he was also an inventor.
>
> ① Leonardo da Vinci was　　② Leonardo da Vinci be
> ③ was Leonardo da Vinci　　④ did Leonardo da Vinci be

해설　Not only와 같은 제한을 나타내는 부사가 강조되어 문장 맨 앞에 나온 도치 구문은 '부사(Not only) + be 동사(was) + 주어(Leonardo da Vinci)'의 어순이 되어야 하므로 ③ was Leonardo da Vinci가 정답입니다.

해석　레오나르도 다빈치는 예술가였을 뿐만 아니라, 발명가였다.

어휘　inventor 발명가

정답　③ was Leonardo da Vinci

포인트 적용문제 2

어법상 밑줄 친 곳에 가장 적절한 것은?

> Rarely ＿＿＿＿＿＿ to the nest once they leave it.
>
> ① will young birds return　　② will young birds
> ③ young birds will return　　④ young birds will returns

해설　Rarely와 같은 부정을 나타내는 부사가 강조되어 문장 맨 앞에 나온 도치 구문은 '부사(Rarely) + 조동사(will) + 주어(young birds) + 동사(return)'의 어순이 되어야 하므로 ① will young birds return이 정답입니다.

해석　어린 새들은 일단 둥지를 떠나면 거의 돌아오지 않을 것이다.

어휘　return 돌아오다　nest 둥지　leave 떠나다

정답　① will young birds return

- 형용사 보어가 강조된 도치 구문은 '형용사 보어 + 동사 + 주어'의 어순이 되어야 합니다.

<u>So wealthy</u> <u>is the CEO</u> that he owns three houses. 매우 부유해서 그 경영자는 집이 세 채 있다.
　　형용사　　동사 + 주어

- 형용사 보어가 강조된 도치 구문을 틀린 문장으로 혼동하지 않도록 주의합니다.

포인트 적용문제 1

어법상 밑줄 친 곳에 가장 적절한 것은?

| _____ that it is difficult to |
| find them in stores these days. |
| ① So outdated record players are |
| ② Record players been so outdated |
| ③ So outdated record players been |
| ④ So outdated are record players |

해설 형용사 보어(So outdated)가 강조되어 문장 맨 앞에 나온 도치 구문은 '형용사 보어(So outdated) + 동사(are) + 주어(record players)'의 어순이 되어야 하므로 ④ So outdated are record players가 정답입니다.

해석 전축은 너무 구식이어서 요즘에는 그것들을 상점에서 찾는 것이 어렵다.

어휘 outdated 구식인 record player 전축

정답 ④ So outdated are record players

포인트 적용문제 2

밑줄 친 부분 중 어법상 옳지 않은 것은?

| ① <u>Knowledgeable</u> about Roman history ② <u>the tour guide was</u> |
| ③ <u>who</u> ④ <u>talked to</u> the group. |

해설 ② 형용사 보어(Knowledgeable)가 강조되어 문장 맨 앞에 나온 도치 구문은 '형용사 보어(Knowledgeable) + 동사(was) + 주어(the tour guide)'의 어순이 되어야 하므로 the tour guide was를 was the tour guide로 고쳐야 합니다.

해석 그 그룹과 이야기를 했던 관광 안내원은 로마 역사에 관해서 아는 것이 많았다.

어휘 knowledgeable 아는 것이 많은

정답 ② (the tour guide was → was the tour guide)

어법상 밑줄 친 곳에 가장 적절한 것은? (01 ~ 06)

01

_____ a more beautiful sunset.

① Had never we seen   ② Never we had seen

③ Never had seen we   ④ Never had we seen

02

Dinosaurs were varied in their size and _____.

① appear   ② to appear

③ appearance   ④ appeared

03

_____ French, but he also knows German.

① Not only can he speak   ② Not only can he speaks

③ Not only he can speak   ④ Not only he speaks

04

_____ or drinking beverages is not allowed in the classroom.

① Eat food   ② To eat food

③ Eating food   ④ For eating food

05

_____ that several businesses will be closed for the week.

① So disruptive are the construction   ② So disruptive is the construction

③ So disruptive the construction is   ④ So disruptive the construction

06

_____, she would take the dog for a walk.

① Had the weather been not so snowy   ② Were the weather not so snowy

③ The weather are not so snowy   ④ Is the weather not so snowy

밑줄 친 부분 중 어법상 옳지 않은 것은? (07 ~ 13)

07

Smoking ① <u>is</u> not only harmful ② <u>but also</u> ③ <u>offense</u> to ④ <u>others</u>.

08

Rarely ① <u>has been the temperature</u> ② <u>as high as</u> it ③ <u>was</u> ④ <u>during</u> the last summer.

09

We give ① <u>clients the option</u> either to create a new account ② <u>or</u> ③ <u>using</u> an existing ④ <u>one</u>.

10

Only after ① <u>taking</u> medicine and ② <u>getting</u> some rest ③ <u>she began</u> ④ <u>to recover</u> from her cold.

11

> So damaged ① the car was after the accident ② that ③ it was beyond ④ repair.

12

> Newspapers ① must be accurate, detailed, ② consistency, and objective ③ in order to be relied ④ upon by the people.

13

> ① Have she ② known it would ③ rain, she would have worn ④ her rain boots this morning.

다음 문장 중 어법상 옳지 않은 것은? (14 ~ 15)

14　① They found the instructions neither difficult nor confusingly.

② Hardly had he slept well in a month.

③ Had she told us she would be late, we might have waited.

④ These days, you can wash and dry clothes in the same machine.

15　① My sister can't swim or dive in the ocean.

② Were I taller, I would join the basketball team.

③ She moved the vase slowly and carefully.

④ Seldom she drinks coffee at night.

정답·해석·해설 p.76

gosi.Hackers.com

gosi.Hackers.com

Final Test

어법상 밑줄 친 곳에 가장 적절한 것은? (01~08)

01

She opened curtains to let the sun _____.

① shined in   ② to shine in

③ shine in   ④ shining in

02

He _____ money was unimportant.

① is used to think   ② used to think

③ used to thinking   ④ use to think

03

If her car had started properly, she _____ on time.

① will leave   ② will have left

③ would leave   ④ would have left

04

I prefer listening to either classical music _____ jazz.

① or   ② nor

③ and   ④ but

05

The _____ museum tour includes a break for lunch.

① three-hours-long

② three-hour-long

③ three-hour-long's

④ three-hour-longs

06

The students learned about _____ their dead.

① how did the ancient Egyptians preserve

② how the ancient Egyptians preserved

③ the ancient Egyptians preserved how

④ the ancient Egyptians preserved

07

Not only _____, but they also have a distinct social structure.

① do chimpanzees communicate

② chimpanzees do communicate

③ communicate chimpanzees

④ chimpanzees communicate

08

Cutting down forests causes animals _____ their homes.

① to losing

② losing

③ to lose

④ lost

밑줄 친 부분 중 어법상 옳지 않은 것은? (09~17)

09 According to the doctor ① whom I spoke with, the patient's symptoms ② are indicative of a condition for which an ③ operate is ④ necessary.

10 I thought ① it ② rudely to ask ③ too many questions about ④ his personal life.

11 It is ① dangerous ② to drive and ③ use a cell phone at ④ a same time.

12 ① As soon as the new subway stop ② will open, residents of the area will use ③ it ④ to travel to the city.

13 The director of the gallery observed ① that the stone sculpture ② was damaged ③ when it ④ was arrived.

14 ① Though he says ② that he is not a hero, the people ③ applaud his ④ courageous.

15 After hours of ① trying, Susan ② finally made her dog ③ obey to her ④ commands.

16

The life expectancy of a turtle ① is said to be ② greater than ③ any other ④ reptile.

17

Investigators at the police department ① uses a wide range of tools ② to search ③ for clues or signs of ④ criminal activity.

다음 문장 중 어법상 옳지 않은 것은? (18~20)

18 ① She denied knowing anything about the situation.

② He was much curious about the new student.

③ It is such a gloomy day because of the dark clouds.

④ Success can be achieved with patience and determination.

19 ① I wish my teacher were more understanding.

② A package was delivered to my home.

③ The school where he studies is very famous.

④ Students become stressed from many homework they receive.

20 ① Pets are not permitted to enter this building.

② Each flower planted in the garden has lovely scent.

③ There remain time to finish the work before the deadline.

④ He should have invited her to the party.

정답·해석·해설 p.80

Final Test 2

어법상 밑줄 친 곳에 가장 적절한 것은? (01~08)

01 One of my two brothers is an engineer and _____ is a professor.

① other   ② the other

③ the others   ④ another

02 He looked forward _____ his friends after work but he couldn't leave the office because he had to do a lot of tasks.

① see   ② to see

③ seeing   ④ to seeing

03 _____ important to visit the doctor at least once a year for a health check-up.

① It   ② It is

③ There is   ④ There

04 The restaurant does not allow _____ for anyone besides customers.

① parks   ② to park

③ parking   ④ parked

05

The reflection in the water was _____ that in a mirror.

① as clearly as
② as clear as
③ as clear than
④ as clearly than

06

The police officer questioned the man _____ house had just been robbed.

① who
② whom
③ which
④ whose

07

She _____ her apartment with its lights on.

① was seen leave
② was seen to leave
③ was seen to left
④ was seen left

08

I borrowed his coat, _____ was soft and warm.

① which
② that
③ what
④ and

밑줄 친 부분 중 어법상 옳지 않은 것은? (09 ~ 17)

09 He didn't pay ① <u>any</u> penalties because he remembered ② <u>renewing</u> his license before ③ <u>it</u> ④ <u>expired</u>.

10 He ① <u>not only</u> repaired our ② <u>broken</u> computer ③ <u>so that</u> it worked, but also ④ <u>improving</u> its speed.

11 ① <u>Vision</u> can ② <u>be impaired</u> by direct ③ <u>expose</u> to sunlight and other bright ④ <u>objects</u>.

12 Paper money ① <u>was invented</u> ② <u>because of</u> coins and ③ <u>precious</u> metals were too heavy ④ <u>to carry</u>.

13 One of the earliest ① <u>form</u> of ② <u>written</u> language ③ <u>was</u> the symbols ④ <u>used</u> in ancient Egypt.

14 A number of ① <u>journalists</u> who ② <u>works</u> for local newspapers ③ <u>appeared</u> at the scene ④ <u>where</u> a gas explosion had just occurred.

15 The launch of the satellite ① <u>began</u> the Space Race and ② <u>created</u> tensions ③ <u>among</u> the two opposed nations ④ <u>during</u> the Cold War.

16

The government is considering ① spending more money on either ② hiring more teachers in public schools ③ and ④ reducing tuition fees.

17

Most of ① the doctors know about the newly ② discovered virus is ③ that it can ④ be treated through early detection.

다음 문장 중 어법상 옳지 않은 것은? (18～20)

18 ① Had I checked my watch, I wouldn't have missed the bus.
② Her glasses were so dirty that she could hardly see.
③ He looked nervous as he addressed to the audience.
④ The snow storm last night left roads slippery.

19 ① She avoided speaking to him for days after the argument.
② The weather lately is not so much hot as humid.
③ My family settled in this neighborhood over 10 years ago.
④ Our air conditioner broke, we had to buy a new one.

20 ① She spent all day searching for her missing ring.
② The ball moved too quickly to catch.
③ It was foolish for you to drop your phone twice.
④ He researched information on the life cycle of plants.

정답·해석·해설 p.85

어법상 밑줄 친 곳에 가장 적절한 것은? (01 ~ 08)

01

_____ of tropical birds.

① Vivid are the colors

② Vivid the colors are

③ Are the colors vivid

④ The colors vivid are

02

She promised to _____ so that he could use the computer.

① finishing the work immediate

② finishing the work immediately

③ finish the work immediate

④ finish the work immediately

03

Small cars use _____ per kilometer than large ones.

① fewer fuel

② less fuel

③ little fuel

④ few fuel

04

Were the apartment closer to a subway station, I _____ it.

① rent

② would have rented

③ will rent

④ would rent

05

Unemployment rates _____ to 25 percent during the Great Depression.

① raised
② rose
③ raise
④ were risen

06

This company's medications are more effective than _____.

① that of other company
② those of other companies
③ that of other companies
④ those of other company

07

Jane _____ her flight because of an urgent situation at work.

① was made delayed
② was made delay
③ was made delaying
④ was made to delay

08

During WWI, hospitals set up near the front lines treated _____ soldiers.

① seriously wounding
② seriously wounded
③ serious wounding
④ serious wounded

밑줄 친 부분 중 어법상 옳지 않은 것은? (09 ~ 17)

09 ① Booking train tickets and hotels early ② help you ③ plan your trip and guarantees ④ the best prices.

10 Educational psychologists ① advise parents to enthusiastically ② taking an interest and enjoy ③ participating in ④ their children's activities.

11 ① After he ② had paused ③ during five seconds, he ④ answered the next question of the interview.

12 When ① handling delicate fossils, archaeologists must ② remember ③ to be as ④ carefully as possible.

13 I ① have not slept ② for even half an hour ③ before I woke up again ④ to check on the baby.

14 After a ① major accident downtown, there ② was many ③ suggestions from politicians about ④ changing the maximum speed limit.

15 People ① who usually ② reading books without a light on ③ are known to have ④ poor vision.

16

> The ① <u>absence</u> of men during the war caused many women ② <u>to consider</u> ③ <u>to enter</u> the workforce for ④ <u>the first time</u>.

17

> Exercising ① <u>regular</u> is ② <u>difficult</u> for people ③ <u>who</u> have busy schedules, but most experts suggest that exercise ④ <u>be included</u> in a person's daily routine.

다음 문장 중 어법상 옳지 않은 것은? (18~20)

18 ① Rural life can seem quite boring compared to city life.

② The more she scratched the bite, the more it itched.

③ My doctor recommended taking medicine and get enough sleep.

④ A number of vendors are selling fresh fish.

19 ① Spring makes me feel happy and energetic.

② The thief arrested for stealing jewelry.

③ Instead of regretting my mistakes, I try to learn from them.

④ For centuries, the world's population has had rapid growth.

20 ① I don't know when does the performance start.

② The security guards are searching for a missing person.

③ She is one of the smartest students I know.

④ Most citizens objected to the new immigration policy.

정답·해석·해설 p.90

어법상 밑줄 친 곳에 가장 적절한 것은? (01～08)

01

> The soldiers _____ their weapons down when they surrendered.

① lay   ② laid

③ lied   ④ lain

02

> Cameras _____ movies can be quite expensive.

① used for filming   ② are used to film

③ using for filming   ④ are used to filming

03

> The child jumped _____ the top shelf of the bookcase.

① enough highly to touch   ② enough high to touch

③ highly enough to touch   ④ high enough to touch

04

> We ran out of milk. My father _____ more.

① must have forgotten to buy   ② must have forgotten buying

③ couldn't have forgotten to buy   ④ couldn't have forgotten buying

05

This washing machine can only handle _____ .

① a limited number of clothings　　② a limited amount of clothing

③ a limited amount of clothings　　④ a limited number of clothing

06

A locker as well as towels _____ guests using the pool.

① provides for　　② are provided for

③ provide for　　④ is provided for

07

The force of gravity on the Moon is considered to be _____ it is on Earth.

① much weak than　　② very weak than

③ much weaker than　　④ very weaker than

08

Several politicians will _____ the massive debt by half over the next four years.

① dedicate to reduce　　② dedicate to reducing

③ be dedicated to reducing　　④ be dedicated to reduce

밑줄 친 부분 중 어법상 옳지 않은 것은? (09~17)

09　① Effective communication of ② information is something ③ what is ④ very important in advertisements.

10　One of ① the oldest ② sports in ③ history ④ are wrestling.

11　Tigers are ① legally protected from ② being hunted, but ③ enforce of the law is ④ difficult.

12　Every ① items ② marked by a red sticker ③ is on sale for the next ④ few days.

13　I used to ① writing a poem every ② night ③ when I was ④ young.

14　Never ① it was mentioned anywhere in the rental agreement ② that ③ keeping pets in the apartment ④ is not permitted.

15　We went ① to the new restaurant ② because we wanted ③ to know ④ how the food was like.

16

While some students benefit from extra study, ① <u>other</u> complain ② <u>that</u> too much ③ <u>homework</u> ④ <u>causes</u> stress.

17

① <u>Nevertheless</u> identical twins have many ② <u>differences</u>, most people find ③ <u>it</u> difficult to tell ④ <u>them</u> apart.

다음 문장 중 어법상 옳지 않은 것은? (18~20)

18 ① It was wise of her to make the reservation ahead of time.

② We caught a great abundance of fish.

③ The city instituted a ban on drinking alcohol in public places.

④ Plants needed water as well as plenty of sunlight to grow.

19 ① Nutritionists suggest eating lots of fruits and vegetables every day.

② Flights often cancel when it snows hard in the winter.

③ Having little money, she couldn't afford a new computer.

④ Only at night do I turn off my phone.

20 ① Dolphins are able to learn many different commands.

② He prefers driving not during rush hour.

③ My mother insists my father try to stop smoking.

④ The sign on the front door indicates when the store closes.

정답 · 해석 · 해설 p.96

동사의 불규칙 변화

형태	동사원형	과거	과거분사(p.p.)	뜻
AAA	bet	bet	bet	(돈을) 걸다
	cost	cost	cost	(값 · 비용이) 들다
	hit	hit	hit	때리다
	hurt	hurt	hurt	다치게 하다
	let	let	let	~하게 놓아두다
	put	put	put	(~을 −에) 두다
	quit	quit	quit	~을 그만두다
	read	read	read	읽다
	rid	rid	rid	제거하다
	set	set	set	놓다, 설정하다
	shut	shut	shut	닫다
	spread	spread	spread	펼치다
ABA	become	became	become	~이 되다
	run	ran	run	뛰다
ABB	bend	bent	bent	굽히다
	bite	bit	bit/bitten	물다
	bring	brought	brought	가져오다
	build	built	built	(건물을) 짓다
	burn	burnt/burned	burnt/burned	(불) 타다
	buy	bought	bought	사다
	catch	caught	caught	붙잡다
	dig	dug	dug	(땅을) 파다
	feed	fed	fed	먹이다
	feel	felt	felt	느끼다
	fight	fought	fought	싸우다
	find	found	found	발견하다
	get	got	got/gotten	받다
	hang	hung	hung	걸다
	hear	heard	heard	듣다
	hold	held	held	잡고 있다
	keep	kept	kept	유지하다
	lay	laid	laid	놓다
	lead	led	led	(앞장서서) 이끌다
	leave	left	left	떠나다
	lend	lent	lent	빌려주다
	lose	lost	lost	잃어버리다
	make	made	made	만들다
	mean	meant	meant	의미하다
	meet	met	met	만나다
	pay	paid	paid	지불하다
	say	said	said	말하다
	sell	sold	sold	팔다
	send	sent	sent	보내다
	shoot	shot	shot	쏘다
	sit	sat	sat	앉다

형태	동사원형	과거	과거분사(p.p.)	뜻
	sleep	slept	slept	(잠을) 자다
	spend	spent	spent	(돈, 시간을) 쓰다
	stand	stood	stood	서다
	strike	struck	struck	치다
	teach	taught	taught	가르치다
	tell	told	told	말하다
	think	thought	thought	생각하다
	understand	understood	understood	이해하다
	win	won	won	이기다
ABC	begin	began	begun	시작하다
	break	broke	broken	깨어지다
	choose	chose	chosen	선택하다
	drink	drank	drunk	마시다
	drive	drove	driven	운전하다
	eat	ate	eaten	먹다
	fall	fell	fallen	떨어지다
	fly	flew	flown	날다
	forget	forgot	forgotten	잊다
	forgive	forgave	forgiven	용서하다
	give	gave	given	주다
	go	went	gone	가다
	grow	grew	grown	성장하다
	hide	hid	hidden	숨기다
	know	knew	known	알다
	lie	lay	lain	눕다
	ride	rode	ridden	(탈 것에) 타다
	ring	rang	rung	전화하다
	rise	rose	risen	오르다
	see	saw	seen	보다
	shake	shook	shaken	흔들리다
	show	showed	shown/showed	보여 주다
	sing	sang	sung	노래하다
	sink	sank	sunk	가라앉다
	speak	spoke	spoken	말하다
	spring	sprang	sprung	뛰어오르다
	steal	stole	stolen	훔치다
	swear	swore	sworn	맹세하다
	swim	swam	swum	수영하다
	take	took	taken	가지고 가다
	tear	tore	torn	찢다
	throw	threw	thrown	던지다
	tread	trod	trodden	밟다
	wake	woke	woken	(잠에서) 깨다
	wear	wore	worn	입고 있다
	write	wrote	written	쓰다

공무원 영어 문법 기초 4주 완성

해커스 공무원 영어

기초 영문법

개정 2판 6쇄 발행 2021년 3월 2일
개정 2판 1쇄 발행 2018년 5월 21일

지은이	해커스 공무원시험연구소
펴낸곳	해커스패스
펴낸이	해커스공무원 출판팀
주소	서울특별시 강남구 강남대로 428 해커스공무원
고객센터	1588-4055
교재 관련 문의	gosi@hackerspass.com
	해커스공무원 사이트(gosi.Hackers.com) 교재 Q&A 게시판
	카카오톡 플러스 친구 [해커스공무원강남역], [해커스공무원노량진]
학원 강의 및 동영상강의	gosi.Hackers.com
ISBN	979-11-6266-166-6 (13740)
Serial Number	02-06-02

최단기 합격 공무원학원 1위,
해커스공무원 **gosi.Hackers.com**

해커스공무원

· 해커스 스타강사의 **본 교재 무료 동영상강의**

· 상세한 설명으로 복습 및 심화 학습이 가능한 **문제 오답 분석 해설**

· **무료특강, 1:1 맞춤 컨설팅, 합격수기** 등 공무원 시험 합격을 위한 다양한 학습 콘텐츠

· 해커스공무원 학원 및 인강

헤럴드미디어 2018 대학생 선호 브랜드 대상 '대학생이 선정한 최단기 합격 공무원학원' 부문 1위

9급 전 직렬 대비

공무원 영어 입문서

해커스 공무원 영어

기초 영문법

해설집

정답 · 해석 · 해설

해커스공무원 gosi.Hackers.com

공무원 학원 · 공무원 인강 · 본 교재 무료 동영상강의 일부 제공 ·
문제 오답 분석 무료 해설 · 무료 매일 문법/독해/어휘 문제풀기 및 해설강의

해커스 공무원

해커스 공무원 영어

기초 영문법

해설집

정답 · 해석 · 해설

🏛 해커스 공무원

DAY 01 주어 / 동사

01 ②	02 ③	03 ②	04 ④	05 ④	06 ②	07 ①	08 ④
09 ①	10 ③	11 ①	12 ④	13 ④	14 ③	15 ①	

01 주어 자리에 올 수 있는 것

월요일마다 나의 사무실을 청소하는 것은 부담이다.

🐱 **핵심포인트 해설** 빈칸은 문장의 주어 자리입니다. 주어 자리에는 명사 역할을 하는 것이 와야 하므로 동명사 ② Cleaning이 정답입니다. 동사 ③ Cleans와 동사 또는 과거분사 ④ Cleaned는 주어 자리에 올 수 없으므로 정답이 될 수 없고, ① To cleaned는 'to + 동사원형' 형태인 to 부정사의 잘못된 형태이므로 정답이 될 수 없습니다.

어휘 burden 뗑 부담, 짐

02 동사 자리에 올 수 있는 것

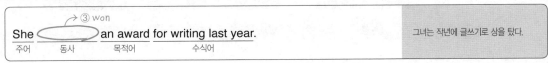

그녀는 작년에 글쓰기로 상을 탔다.

🐱 **핵심포인트 해설** 빈칸은 문장의 동사 자리입니다. 동사 자리에는 '동사'나 '조동사 + 동사원형'이 와야 하므로 과거 동사 ③ won이 정답입니다. '동사원형 + ing' ① winning, 'to + 동사원형' ② to win은 동사 자리에 올 수 없으므로 정답이 될 수 없고, 조동사 뒤에는 반드시 동사원형이 와야 하므로 ④ will wins는 정답이 될 수 없습니다.

어휘 win an award 상을 타다   last 뎽 지난

03 동사 자리에 올 수 있는 것

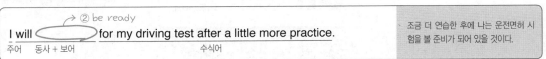

조금 더 연습한 후에 나는 운전면허 시험을 볼 준비가 되어 있을 것이다.

🐱 **핵심포인트 해설** 빈칸은 조동사(will)와 함께 동사 자리에 오는 것의 자리입니다. 조동사 다음에는 동사원형이 와야 하므로 be 동사의 동사원형 be가 쓰인 ② be ready가 정답입니다. '동사원형 + ing'와 'to + 동사원형'은 동사 자리에 올 수 없으므로 ① being ready, ④ to be ready는 정답이 될 수 없습니다.

어휘 ready 뎽 준비된   practice 뗑 연습

04 문장에 꼭 필요한 주어와 동사

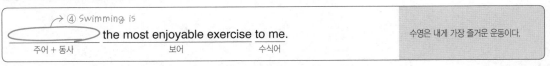

수영은 내게 가장 즐거운 운동이다.

🐱 **핵심포인트 해설** 빈칸은 문장의 주어와 동사 자리입니다. 문장에는 반드시 주어와 동사가 있어야 하므로 주어 자리에 동명사(Swimming), 동사 자리에 동사(is)가 쓰인 ④ Swimming is가 정답입니다. 동사 자리에 'to + 동사원형'은 올 수 없으므로 동명사 주어 Swimming 다음에 to be가 온 ③ Swimming to be는 정답이 될 수 없고, 동사가 없는 ① Swimming, ② To swim은 정답이 될 수 없습니다.

어휘 enjoyable 뎽 즐거운   exercise 뗑 운동

05 동사 자리에 올 수 있는 것

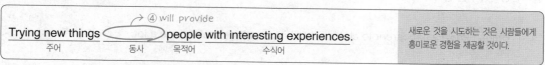

→ ④ will provide

Trying new things ⟨⟩ people with interesting experiences.
주어   동사   목적어   수식어

새로운 것을 시도하는 것은 사람들에게 흥미로운 경험을 제공할 것이다.

🐱 **핵심포인트 해설** 빈칸은 문장의 동사 자리입니다. 동사 자리에는 '동사'나 '조동사(will) + 동사원형(provide)'이 올 수 있으므로 ④ will provide가 정답입니다. '동사원형 + ing' ① providing, 'to + 동사원형' ② to provide, 명사인 ③ provision은 동사 자리에 올 수 없으므로 정답이 될 수 없습니다.

어휘 try ⑧ 시도하다 provide A with B A에게 B를 제공하다 interesting ⑱ 흥미로운

06 주어 자리에 올 수 있는 것

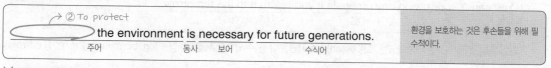

→ ② To protect

⟨⟩ the environment is necessary for future generations.
주어   동사   보어   수식어

환경을 보호하는 것은 후손들을 위해 필수적이다.

🐱 **핵심포인트 해설** 빈칸은 문장의 주어 자리입니다. 주어 자리에는 명사 역할을 하는 것이 와야 하므로 to 부정사 ② To protect가 정답입니다. 형용사 ① Protective, 동사 ③ Protected와 ④ Protect는 주어 자리에 올 수 없으므로 정답이 될 수 없습니다.

어휘 protective ⑱ 보호하는 protect ⑧ 보호하다 environment ⑱ 환경 necessary ⑱ 필수적인

07 주어 자리에 올 수 있는 것

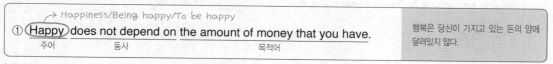

→ Happiness/Being happy/To be happy

① Happy does not depend on the amount of money that you have.
주어   동사   목적어

행복은 당신이 가지고 있는 돈의 양에 달려있지 않다.

🐱 **핵심포인트 해설** ① 주어 자리에는 형용사(Happy)가 올 수 없고 명사 역할을 하는 것이 와야 하므로 형용사 Happy를 명사 Happiness로 고치거나, 주어 자리에 올 수 있는 동명사나 to부정사를 사용하여 Being happy 또는 To be happy로 고쳐야 합니다.

어휘 depend on ~에 달려있다 amount ⑱ 양

08 동사 자리에 올 수 있는 것

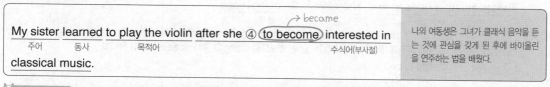

→ became

My sister learned to play the violin after she ④ to become interested in
주어   동사   목적어   수식어(부사절)
classical music.

나의 여동생은 그녀가 클래식 음악을 듣는 것에 관심을 갖게 된 후에 바이올린을 연주하는 법을 배웠다.

🐱 **핵심포인트 해설** ④ 동사 자리에 'to + 동사원형'은 올 수 없고, 문장의 시점이 과거이므로 to become을 과거 동사 became으로 고쳐야 합니다.

어휘 learn ⑧ 배우다

09 주어 자리에 올 수 있는 것

→ Riding

① Ride a bike is my hobby, and reading books is my brother's hobby.
주어1   동사1   보어1   주어2   동사2   보어2

자전거를 타는 것은 나의 취미이고, 책을 읽는 것은 내 남동생의 취미이다.

🐱 **핵심포인트 해설** ① 주어 자리에는 명사 역할을 하는 것이 와야 하므로 동사 Ride를 동명사 Riding으로 고쳐야 합니다.

어휘 bike ⑱ 자전거 hobby ⑱ 취미

주어/동사 해커스 공무원 영어 기초 영문법

10 혼동하기 쉬운 명사와 동사

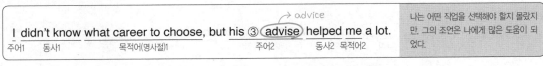

> I didn't know what career to choose, but his ③ advise (→advice) helped me a lot.
> 주어1　동사1　　　목적어(명사절)1　　　　　주어2　　　동사2　목적어2

나는 어떤 직업을 선택해야 할지 몰랐지만, 그의 조언은 나에게 많은 도움이 되었다.

🐱 핵심포인트 해설 ③ 주어 자리에는 명사 역할을 하는 것이 와야 하므로 동사 advise를 명사 advice로 고쳐야 합니다.

어휘 career 圖 직업　choose 圖 선택하다　advise 圖 조언하다　advice 圖 조언

11 동사 자리에 올 수 있는 것

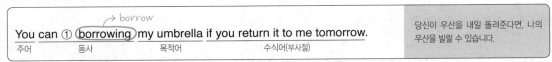

> You can ① borrowing (→borrow) my umbrella if you return it to me tomorrow.
> 주어　　동사　　　목적어　　　　　수식어(부사절)

당신이 우산을 내일 돌려준다면, 나의 우산을 빌릴 수 있습니다.

🐱 핵심포인트 해설 ① 동사 자리에는 '조동사(can) + 동사원형'이 올 수 있으므로 '동사원형 + ing' borrowing을 동사원형 borrow로 고쳐야 합니다.

어휘 borrow 圖 빌리다　umbrella 圖 우산　return 圖 돌려주다

12 주어 자리에 올 수 있는 것

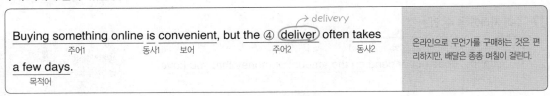

> Buying something online is convenient, but the ④ deliver (→delivery) often takes
> 주어1　　　　　　동사1　보어　　　　주어2　　　동사2
> a few days.
> 목적어

온라인으로 무언가를 구매하는 것은 편리하지만, 배달은 종종 며칠이 걸린다.

🐱 핵심포인트 해설 ④ 주어 자리에는 명사 역할을 하는 것이 와야 하므로 동사 deliver를 명사 delivery로 고쳐야 합니다.

어휘 convenient 圖 편리한　deliver 圖 배달하다　delivery 圖 배달

13 동사 자리에 올 수 있는 것

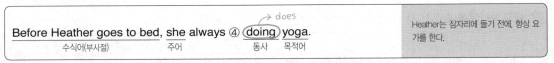

> Before Heather goes to bed, she always ④ doing (→does) yoga.
> 수식어(부사절)　　　주어　　　동사　목적어

Heather는 잠자리에 들기 전에, 항상 요가를 한다.

🐱 핵심포인트 해설 ④ 동사 자리에 '동사원형 + ing'는 올 수 없으므로 doing을 동사 does로 고쳐야 합니다.

어휘 go to bed 잠자리에 들다

14 주어 자리에 올 수 있는 것

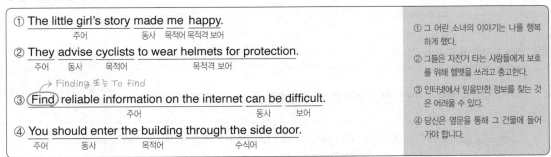

> ① The little girl's story made me happy.
> 　　　　주어　　　동사 목적어 목적격 보어
> ② They advise cyclists to wear helmets for protection.
> 　주어　동사　목적어　　　　목적격 보어
> ③ Find (→Finding 또는 To find) reliable information on the internet can be difficult.
> 　　　　　　　주어　　　　　　　동사　보어
> ④ You should enter the building through the side door.
> 　주어　동사　　목적어　　　수식어

① 그 어린 소녀의 이야기는 나를 행복하게 했다.

② 그들은 자전거 타는 사람들에게 보호를 위해 헬멧을 쓰라고 충고한다.

③ 인터넷에서 믿을만한 정보를 찾는 것은 어려울 수 있다.

④ 당신은 옆문을 통해 그 건물에 들어가야 합니다.

🐱 핵심포인트 해설 ③ 주어 자리에는 명사 역할을 하는 것이 와야 하므로 동사 Find를 동명사 Finding이나 to 부정사 To find로 고쳐야 합니다.

어휘 **cyclist** 옝 자전거 타는 사람 **protection** 옝 보호 **reliable** 옝 믿을만한

15 동사 자리에 올 수 있는 것

> → will repair
① Workers (to repair) the roof next week.
　주어　　　　동사　　　　목적어　　　수식어
② What is important to her is achieving her dream.
　주어(명사절)　　　　　　　　동사　　　　　보어
③ We prefer to live in the city.
　주어　동사　　　목적어
④ The price of gas increased this summer.
　　　주어　　　　　　동사　　　　수식어

① 인부들이 다음 주에 지붕을 수리할 것이다.
② 그녀에게 중요한 것은 자신의 꿈을 이루는 것이다.
③ 우리는 도시에 사는 것을 선호한다.
④ 이번 여름에 가스 요금이 인상되었다.

핵심포인트 해설 ① 동사 자리에 'to + 동사원형' to repair는 올 수 없고, 문장에 미래 시점을 나타내는 시간 표현 next week(다음 주)이 왔으므로 to repair를 미래의 의미를 나타내는 조동사 will을 써서 '조동사(will) + 동사원형' 형태의 will repair로 고쳐야 합니다.

어휘 **repair** 통 수리하다 **prefer** 통 선호하다 **achieve** 통 ~을 이루다 **increase** 통 인상되다

Day 01의 학습을 마친 여러분, 수고하셨습니다.
〈Hackers Test〉 07~15번의 심화 학습을 원하는 수험생들을 위해 **추가 오답 해설**을 제공합니다.

이용방법 해커스 공무원(gosi.Hackers.com)에서 추가 오답 해설(PDF) 다운받기

DAY 02 목적어 / 보어

p.48

| 01 ④ | 02 ① | 03 ② | 04 ④ | 05 ④ | 06 ② | 07 ② | 08 ② |
| 09 ① | 10 ② | 11 ③ | 12 ② | 13 ③ | 14 ③ | 15 ③ | |

01 보어 자리에 올 수 있는 것

　　　　　　　　　　　　　　　→ ④ sweet and delicious
Adding honey and lemon makes tea ⟨　　　　⟩.
　　　　주어　　　　　동사　목적어　목적격 보어

꿀과 레몬을 첨가하는 것은 차를 달콤하고 맛있게 만든다.

핵심포인트 해설 빈칸은 동사 make의 목적격 보어 자리입니다. 보어 자리에는 형용사 역할을 하는 것이 올 수 있으므로 두 개의 형용사(sweet, delicious)가 접속사 and로 연결된 ④ sweet and delicious가 정답입니다. 부사(sweetly, deliciously)는 보어 자리에 올 수 없으므로 ① sweetly and delicious, ② sweetly and deliciously, ③ sweet and deliciously는 정답이 될 수 없습니다.

어휘 **add** 통 첨가하다 **sweetly** 뿐 다정하게 **sweet** 옝 달콤한 **delicious** 옝 맛있는 **deliciously** 뿐 매우 맛있게

DAY 02 목적어/보어 **5**

02 목적어 자리에 올 수 있는 것

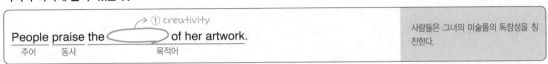

People praise the ① creativity of her artwork.
주어   동사   목적어

사람들은 그녀의 미술품의 독창성을 칭찬한다.

🦉 **핵심포인트 해설**   빈칸은 동사 praise의 목적어 자리입니다. 목적어 자리에는 명사 역할을 하는 것이 와야 하므로 명사 ① creativity가 정답입니다. 동사 ② create, 형용사 ③ creative, 부사 ④ creatively는 목적어 자리에 올 수 없으므로 정답이 될 수 없습니다.

어휘   praise 圖 칭찬하다   creativity 圓 독창성   create 圖 창조하다   creative 圓 창조적인   creatively 凰 창조적으로   artwork 圓 미술품

03 보어 자리에 올 수 있는 것

Making no mistakes in life is not ② easy.
      주어   동사   보어

인생에서 실수를 하지 않는 것은 쉽지 않다.

🦉 **핵심포인트 해설**   빈칸은 be 동사(is) 뒤에서 주어를 보충 설명해주는 주격 보어 자리입니다. 보어 자리에는 형용사 역할을 하는 것이 올 수 있으므로 형용사 ② easy가 정답입니다. be 동사의 동사원형이 쓰인 ① be easy나 부사 ③ easily는 보어 자리에 올 수 없으므로 정답이 될 수 없습니다. 명사도 보어 자리에 올 수 있지만 명사 ④ ease가 쓰이면 '인생에서 실수를 하지 않는 것은 쉬움이 아니다'라는 어색한 의미가 되므로 정답이 될 수 없습니다.

어휘   make a mistake 실수를 하다   life 圓 인생, 삶   ease 圓 쉬움, 용이함

04 가목적어 it의 쓰임

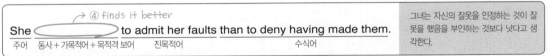

She ④ finds it better to admit her faults than to deny having made them.
주어   동사 + 가목적어 + 목적격 보어   진목적어   수식어

그녀는 자신의 잘못을 인정하는 것이 잘못을 했음을 부인하는 것보다 낫다고 생각한다.

🦉 **핵심포인트 해설**   빈칸은 동사와 목적어, 목적격 보어를 완성하는 것의 자리입니다. to 부정사구(to admit her faults) 목적어가 목적격 보어(better)와 함께 오면, 진목적어(to 부정사구)를 목적격 보어 뒤로 보내고 목적어가 있던 자리에 가목적어 it을 써야 하므로 ④ finds it better가 정답입니다. 문장에는 반드시 동사가 필요하므로 동사가 없는 ① better, ③ it better는 정답이 될 수 없고, 가목적어 it이 없는 ② finds better도 정답이 될 수 없습니다.

어휘   admit 圖 인정하다   fault 圓 잘못   deny 圖 부인하다

05 보어 자리에 올 수 있는 것

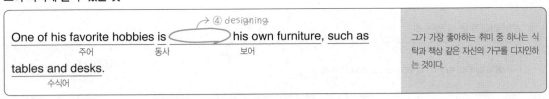

One of his favorite hobbies is ④ designing his own furniture, such as
      주어   동사   보어

tables and desks.
   수식어

그가 가장 좋아하는 취미 중 하나는 식탁과 책상 같은 자신의 가구를 디자인하는 것이다.

🦉 **핵심포인트 해설**   빈칸은 be 동사(is) 뒤에서 주어를 보충 설명해주는 주격 보어 자리입니다. 보어 자리에는 명사 역할을 하는 것이 올 수 있으므로 동명사 ④ designing이 정답입니다. 동사원형(be, have)이 쓰인 ① be designing, ② be designed, ③ have designed는 보어 자리에 올 수 없으므로 정답이 될 수 없습니다.

어휘   favorite 圓 가장 좋아하는   furniture 圓 가구   such as 젠 ~과 같은

06 가목적어 it의 쓰임 & 목적격 보어 자리에 올 수 있는 것

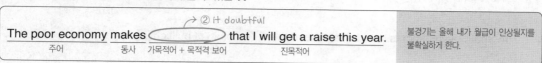

The poor economy makes ② it doubtful that I will get a raise this year.
주어　　　　　　동사　　가목적어 + 목적격 보어　　　　　진목적어

불경기는 올해 내가 월급이 인상될지를 불확실하게 한다.

🐱 **핵심포인트 해설** 빈칸은 문장의 목적어와 목적격 보어 자리입니다. 목적격 보어 자리에 부사(doubtfully)는 올 수 없고 형용사(doubtful)가 올 수 있으므로 형용사 doubtful이 쓰인 ②, ③번이 정답 후보입니다. 동사 make는 that 절과 같이 긴 목적어를 목적격 보어 뒤로 보내고 목적어 자리에 가목적어 it을 취하는 동사이므로 가목적어 it을 포함한 ② it doubtful이 정답입니다.

어휘　economy 몡 경제　doubtfully 틧 불확실하게　doubtful 몡 불확실한, 확신이 없는　get a raise 월급이 인상되다

07 목적어 자리에 올 수 있는 것

I like ② go to the theater to watch the opera.
주어 동사　목적어　　수식어　　　　수식어

→ to go 또는 going

나는 오페라를 보기 위해 극장에 가는 것을 좋아한다.

🐱 **핵심포인트 해설** ② 동사(like)의 목적어 자리에는 명사 역할을 하는 것이 와야 하므로 동사 go를 to 부정사 to go 또는 동명사 going으로 고쳐야 합니다.

어휘　theater 몡 극장　opera 몡 오페라

08 보어 자리에 올 수 있는 것

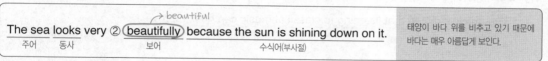

The sea looks very ② beautifully because the sun is shining down on it.
주어　　동사　　　　보어　　　　　　　수식어(부사절)

→ beautiful

태양이 바다 위를 비추고 있기 때문에 바다는 매우 아름답게 보인다.

🐱 **핵심포인트 해설** ② 동사 look은 주격 보어를 취하는 동사입니다. 보어 자리에 부사(beautifully)는 올 수 없고 형용사 역할을 하는 것이 올 수 있으므로 부사 beautifully를 형용사 beautiful로 고쳐야 합니다.

어휘　beautiful 몡 아름다운　beautifully 틧 아름답게　shine 됭 비추다

09 목적어 자리에 올 수 있는 것

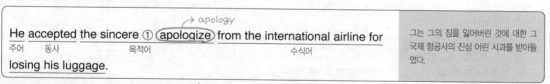

He accepted the sincere ① apology from the international airline for losing his luggage.
주어　　동사　　　　　목적어　　　　　　　수식어

→ apology

그는 그의 짐을 잃어버린 것에 대한 그 국제 항공사의 진심 어린 사과를 받아들였다.

🐱 **핵심포인트 해설** ① 동사(accepted)의 목적어 자리에는 명사 역할을 하는 것이 와야 하므로 동사 apologize를 명사 apology로 고쳐야 합니다.

어휘　accept 됭 받아들이다　sincere 몡 진심 어린　apologize 됭 사과하다　apology 몡 사과　international 몡 국제적인　airline 몡 항공사　luggage 몡 수하물, 짐

10 보어 자리에 올 수 있는 것

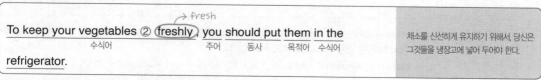

To keep your vegetables ② fresh you should put them in the refrigerator.
수식어　　　　　　　　주어　동사　　목적어　수식어

→ fresh

채소를 신선하게 유지하기 위해서, 당신은 그것들을 냉장고에 넣어 두어야 한다.

🐱 **핵심포인트 해설** ② 동사 keep은 목적격 보어를 취하는 동사입니다. 보어 자리에 부사는 올 수 없고 형용사 역할을 하는 것이 올 수 있으므로 부사 freshly를 형용사 fresh로 고쳐야 합니다.

어휘　vegetable 몡 채소　fresh 몡 신선한　refrigerator 몡 냉장고

11 목적어 자리에 올 수 있는 것

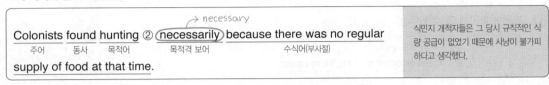

In Spain, animal rights laws have caused the ③ prohibit of bullfighting.
수식어 — 주어 — 동사 — 목적어
→ prohibition

스페인에서는, 동물 권리법이 투우의 금지를 야기했다.

🐱 핵심포인트 해설 ③ 목적어 자리에는 명사 역할을 하는 것이 와야 하므로 동사 prohibit을 명사 prohibition으로 고쳐야 합니다.

어휘 right 몡 권리 prohibit 툉 금지하다 prohibition 몡 금지 bullfighting 몡 투우

12 보어 자리에 올 수 있는 것

Colonists found hunting ② necessarily because there was no regular
주어 — 동사 — 목적어 — 목적격 보어 — 수식어(부사절)
→ necessary

supply of food at that time.

식민지 개척자들은 그 당시 규칙적인 식량 공급이 없었기 때문에 사냥이 불가피하다고 생각했다.

🐱 핵심포인트 해설 ② 동사 find(found)는 목적격 보어를 취하는 동사입니다. 보어 자리에 부사는 올 수 없고 형용사 역할을 하는 것이 올 수 있으므로 부사 necessarily를 형용사 necessary로 고쳐야 합니다.

어휘 colonist 몡 식민지 개척자 necessarily 튀 필연적으로 necessary 톙 불가피한, 필연적인 regular 톙 규칙적인 supply 몡 공급

13 목적어 자리에 올 수 있는 것

The article claimed that listening to classical music can help improve
주어1 — 동사1 — 목적어1(명사절)

→ intelligence

③ intelligent, but it did not provide proof.
주어2 — 동사2 — 목적어2

그 기사는 클래식 음악을 듣는 것이 지능을 향상시키는 것을 도울 수 있다고 주장했지만, 증거를 제공하지는 않았다.

🐱 핵심포인트 해설 ③ 동사(improve)의 목적어 자리에는 명사 역할을 하는 것이 와야 하므로 형용사 intelligent를 명사 intelligence로 고쳐야 합니다.

어휘 article 몡 기사 claim 툉 주장하다 improve 툉 향상시키다 intelligent 톙 똑똑한 intelligence 몡 지능 provide 툉 제공하다 proof 몡 증거

14 보어 자리에 올 수 있는 것

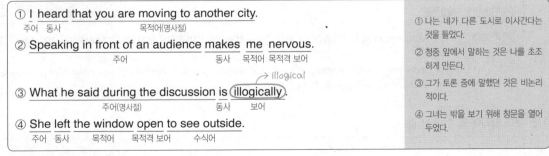

① I heard that you are moving to another city.
주어 동사 — 목적어(명사절)

② Speaking in front of an audience makes me nervous.
주어 — 동사 목적어 목적격 보어

→ illogical

③ What he said during the discussion is illogically.
주어(명사절) — 동사 보어

④ She left the window open to see outside.
주어 동사 목적어 목적격 보어 수식어

① 나는 네가 다른 도시로 이사간다는 것을 들었다.

② 청중 앞에서 말하는 것은 나를 초조하게 만든다.

③ 그가 토론 중에 말했던 것은 비논리적이다.

④ 그녀는 밖을 보기 위해 창문을 열어두었다.

🐱 핵심포인트 해설 ③ be 동사(is)는 주격 보어를 취하는 동사입니다. 보어 자리에 부사는 올 수 없고 형용사 역할을 하는 것이 올 수 있으므로 부사 illogically를 형용사 illogical로 고쳐야 합니다.

어휘 audience 몡 청중 nervous 톙 초조한 illogically 튀 비논리적으로 illogical 톙 비논리적인

15 목적어 자리에 올 수 있는 것

① I consider him a nice person.
　　주어　동사　목적어　　목적격 보어

② Lifelong friendships are very rare.
　　주어　　　　　　　동사　　보어

→ to climb

③ Someday I want (climb) that mountain.
　수식어　주어 동사　　　　　목적어

④ He thought it strange that no one was home when he arrived.
　주어　　동사 가목적어 목적격 보어　　　　　진목적어

① 나는 그를 좋은 사람이라고 생각한다.

② 평생의 우정은 매우 드물다.

③ 나는 언젠가 저 산을 오르고 싶다.

④ 그는 그가 도착했을 때 집에 아무도 없는 것이 이상하다고 생각했다.

🦉 **핵심포인트 해설** ③ 목적어 자리에는 명사 역할을 하는 것이 와야 하고, want는 to 부정사를 목적어로 취하는 동사이므로 동사 climb을 to 부정사 to climb으로 고쳐야 합니다.

어휘 **lifelong** 혱 평생 동안의 **rare** 혱 드문 **climb** 동 오르다 **strange** 혱 이상한 **arrive** 동 도착하다

> **Day 02**의 학습을 마친 여러분, 수고하셨습니다.
> 〈Hackers Test〉 07~15번의 심화 학습을 원하는 수험생들을 위해 **추가 오답 해설**을 제공합니다.
>
> **이용방법** 해커스 공무원(gosi.Hackers.com)에서 추가 오답 해설(PDF) 다운받기

DAY 03　명사와 관사

p.64

01 ②	02 ②	03 ③	04 ③	05 ④	06 ④	07 ①	08 ②
09 ③	10 ①	11 ④	12 ①	13 ④	14 ④	15 ③	

01 불가산 명사의 올바른 형태

→ ② Wisdom

_____ comes from a combination of knowledge and experience.
　주어　　　　동사　　　　　　　　　수식어

지혜는 지식과 경험의 조화로부터 온다.

🦉 **핵심포인트 해설** 빈칸은 문장의 주어 자리입니다. 주어 자리에는 명사 역할을 하는 것이 와야 하므로 명사 ②, ③, ④번이 정답 후보입니다. Wisdom은 불가산 명사로 부정관사 a/an이나 복수형을 만드는 (e)s와 함께 쓰일 수 없으므로 ② Wisdom이 정답입니다. 형용사 ① Wise는 주어 자리에 올 수 없으므로 정답이 될 수 없습니다.

어휘 **wisdom** 혱 지혜 **combination** 혱 조화 **knowledge** 혱 지식 **experience** 혱 경험

02 부정관사와 함께 쓰이는 단수 명사

→ ② attraction

The Taj Mahal is a popular _____ for tourists.
　주어　　　　　동사　　보어　　　　　수식어

타지마할은 관광객들에게 인기 있는 관광 명소이다.

🦉 **핵심포인트 해설** 빈칸은 be 동사(is)를 보충 설명해주는 주격 보어 자리입니다. 보어 자리에는 형용사나 명사 역할을 하는 것이 올 수 있는데, 형용사(popular) 뒤에서 형용사의 수식을 받을 수 있는 것은 명사이므로 명사 ①, ②번이 정답 후보입니다. 복수 명사

(attractions)는 부정관사 a/an과 함께 쓰일 수 없으므로 단수 명사 ② attraction이 정답입니다.

어휘 attraction [명] 관광 명소 attractive [형] 매력적인 attract [동] 마음을 끌다 tourist [명] 관광객

03 정관사 the와 함께 쓰이는 표현

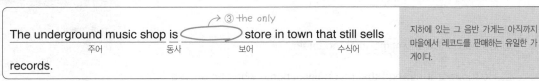

→ ③ the only

The underground music shop is ______ store in town that still sells records.

주어 / 동사 / 보어 / 수식어

지하에 있는 그 음반 가게는 아직까지 마을에서 레코드를 판매하는 유일한 가게이다.

핵심포인트 해설 빈칸은 명사(store)를 앞에서 수식하는 형용사의 자리입니다. '유일한 ~'은 'the only + 명사(store)'의 형태로 나타낼 수 있으므로 ③ the only가 정답입니다. 'the only + 명사(store)'에서 정관사(the) 대신 부정관사 a/an는 쓰일 수 없으므로 ①, ④번은 정답이 될 수 없고, 단수 가산 명사(store)는 앞에 반드시 관사를 써야 하므로 ② only는 정답이 될 수 없습니다.

어휘 underground [형] 지하의 record [명] 레코드, 기록

04 가산 명사와 함께 쓰이는 수량 표현

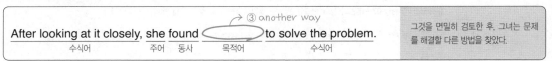

→ ③ another way

After looking at it closely, she found ______ to solve the problem.

수식어 / 주어 / 동사 / 목적어 / 수식어

그것을 면밀히 검토한 후, 그녀는 문제를 해결할 다른 방법을 찾았다.

핵심포인트 해설 빈칸은 동사 find(found)의 목적어 자리입니다. 목적어 자리에는 명사 역할을 하는 것이 와야 하는데, 단수 명사 way 앞에 단수 명사와 함께 쓰이는 수량 표현 another가 올바르게 쓰인 ③ another way가 정답입니다. 수량 표현 ② several은 복수 명사(ways)와 함께 쓰여야 하고, 수량 표현 ① each, ④ every는 단수 명사(way)와 함께 쓰여야 하므로 ①, ②, ④번은 정답이 될 수 없습니다.

어휘 closely [부] 면밀히, 주의하여 way [명] 방법 solve [동] 해결하다

05 불가산 명사와 함께 쓰이는 수량 표현

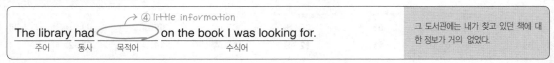

→ ④ little information

The library had ______ on the book I was looking for.

주어 / 동사 / 목적어 / 수식어

그 도서관에는 내가 찾고 있던 책에 대한 정보가 거의 없었다.

핵심포인트 해설 빈칸은 동사 have(had)의 목적어 자리입니다. 목적어 자리에는 명사 역할을 하는 것이 와야 하는데, information은 불가산 명사이므로 불가산 명사와 함께 쓰이는 수량 표현 little(거의 없는)이 쓰인 ②, ④번이 정답 후보입니다. 불가산 명사(information)는 복수형을 만드는 (e)s와 함께 쓰일 수 없으므로 ④ little information이 정답입니다.

어휘 library [명] 도서관 information [명] 정보 look for 찾다

06 가산 명사와 함께 쓰이는 수량 표현

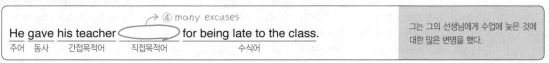

→ ④ many excuses

He gave his teacher ______ for being late to the class.

주어 / 동사 / 간접목적어 / 직접목적어 / 수식어

그는 그의 선생님에게 수업에 늦은 것에 대한 많은 변명을 했다.

핵심포인트 해설 빈칸은 4형식 동사 give(gave)의 직접 목적어 자리입니다. 목적어 자리에는 명사 역할을 하는 것이 와야 하는데, 명사 excuse는 가산 명사이므로 가산 명사와 함께 쓰이는 수량 표현 many(많은)가 쓰인 ③, ④번이 정답 후보입니다. 수량 표현 many는 복수 명사와 함께 쓰이므로 복수 명사 excuses가 쓰인 ④ many excuses가 정답입니다.

어휘 excuse [명] 변명, 이유

07 단수 명사와 함께 쓰이는 수량 표현

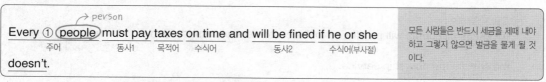

> person

Every ① people must pay taxes on time and will be fined if he or she
주어 　　　　　　 동사1　　 목적어　 수식어　　　　　　 동사2　　　　　 수식어(부사절)
doesn't.

🦉 **핵심포인트 해설** ① 수량 표현 every(모든)는 단수 명사와 함께 쓰이므로 복수 명사 people을 단수 명사 person으로 고쳐야 합니다.

어휘 **tax** 몡 세금 　**fine** 통 벌금을 부과하다

08 불가산 명사의 올바른 형태

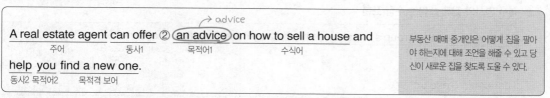

> advice

A real estate agent can offer ② an advice on how to sell a house and
주어 　　　　　　　　　　 동사1　　　　 목적어1　　　　 수식어
help you find a new one.
동사2 목적어2　　 목적격 보어

🦉 **핵심포인트 해설** ② 불가산 명사(advice)는 부정관사 a/an이나 복수형을 만드는 (e)s와 함께 쓰일 수 없으므로 an advice를 advice로 고쳐야 합니다.

어휘 **real estate agent** 몡 부동산 중개인 　**offer** 통 제공하다 　**advice** 몡 조언 　**sell** 통 팔다

09 불가산 명사와 함께 쓰이는 수량 표현

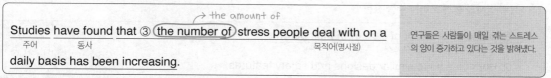

> the amount of

Studies have found that ③ the number of stress people deal with on a
주어 　　 동사　　　　　　　　　　　　　　　　　　　 목적어(명사절)
daily basis has been increasing.

🦉 **핵심포인트 해설** ③ 불가산 명사(stress) 앞에 올 수 있는 수량 표현은 'the amount of'(~의 양)이므로 가산 명사 앞에 올 수 있는 수량 표현 the number of를 the amount of로 고쳐야 합니다.

어휘 **on a daily basis** 매일 　**increase** 통 증가하다

10 복수 명사와 함께 쓰이는 수량 표현

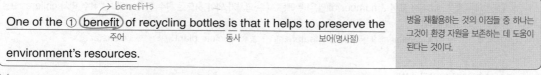

> benefits

One of the ① benefit of recycling bottles is that it helps to preserve the
주어 　　　　　　　　　　　　　 동사　　　　　　 보어(명사절)
environment's resources.

🦉 **핵심포인트 해설** ① 수량 표현 one of the 뒤에는 복수 명사가 와야 하므로 단수 명사 benefit을 복수 명사 benefits로 고쳐야 합니다.

어휘 **benefit** 몡 이점, 혜택 　**recycle** 통 재활용하다 　**preserve** 통 보존하다, 지키다 　**environment** 몡 환경 　**resource** 몡 자원

11 불가산 명사와 함께 쓰이는 수량 표현

> little furniture

Moving to a new house will not be difficult since I have ④ few furnitures.
주어 　　　　　　 수식어　　　　　 동사　　 보어　　　　　 수식어(부사절)

🦉 **핵심포인트 해설** ④ 불가산 명사(furniture)는 복수형을 만드는 (e)s와 함께 쓰일 수 없고, 불가산 명사를 앞에서 수식할 수 있는 수량 표현은 few(거의 없는)가 아닌 little(거의 없는)이므로 few furnitures를 little furniture로 고쳐야 합니다.

어휘 **move** 통 이사하다 　**furniture** 몡 가구

(우측 세로 탭) DAY 03 　명사와 관사 　해커스 공무원 영어 기초 영문법

12 가산 명사와 함께 쓰이는 수량 표현

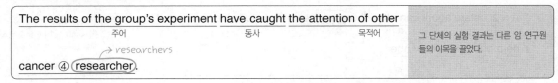

① <u>Much</u> discounts will be offered to the customers who subscribed to
　　~~→ Many~~
주어　　　　　　　　동사　　　　　　　　　　　　　　수식어

the special membership service.

많은 할인이 특별 회원 서비스에 가입한 고객들에게 제공될 것이다.

🐯 핵심포인트 해설 ① 복수 가산 명사(discounts)를 앞에서 수식할 수 있는 수량 표현은 many(많은)이므로 불가산 명사와 함께 쓰이는 수량 표현 much를 many로 고쳐야 합니다.

어휘 discount 몡 할인　offer 동 제공하다　customer 몡 고객　subscribe 동 가입하다, 구독하다　membership 몡 회원

13 복수 명사와 함께 쓰이는 수량 표현

The results of the group's experiment have caught the attention of other
주어　　　　　　　　　　　　동사　　　　　　목적어

cancer ④ <u>researcher</u>.
　　　→ researchers

그 단체의 실험 결과는 다른 암 연구원들의 이목을 끌었다.

🐯 핵심포인트 해설 ④ 수량 표현 other(다른)는 가산 명사와 불가산 명사 앞에 모두 쓰일 수 있는데, 가산 명사 앞에 쓰일 때는 복수 명사와 함께 쓰여야 하므로 단수 명사 researcher를 복수 명사 researchers로 고쳐야 합니다.

어휘 result 몡 결과　experiment 몡 실험　catch the attention of ~의 이목을 끌다　cancer 몡 암
　　　researcher 몡 연구원

14 복수 명사와 함께 쓰이는 수량 표현

① Babies need a lot of care from their parents.
주어　　동사　　목적어　　　수식어

② Both cars have similar designs and safety features.
주어　　동사　　　　　목적어

③ The nuclear power plant could cause a disaster.
주어　　　　　　　동사　　목적어

④ A number of <u>child</u> wear glasses these days.
　　　　　→ children
주어　　　　　동사　목적어　수식어

① 아기들은 그들의 부모로부터 많은 보살핌을 필요로 한다.

② 두 차 모두 유사한 디자인과 안전 장치를 가지고 있다.

③ 그 핵발전소는 재해를 일으킬 수도 있다.

④ 요즘에는 많은 아이들이 안경을 쓴다.

🐯 핵심포인트 해설 ④ 수량 표현 a number of(많은) 뒤에는 복수 명사가 와야 하므로 단수 명사 child를 복수 명사 children으로 고쳐야 합니다.

어휘 similar 혱 유사한　safety feature 안전 장치　nuclear plant 핵발전소　disaster 몡 재해

15 불가산 명사의 올바른 형태

① We had a fun time at the amusement park.
주어　동사　목적어　　　　수식어

② Each person tells the story from a different perspective.
주어　　　　동사　　목적어　　　　수식어

③ There was a lot of <u>baggages</u> stored in the box.
　　　　　　　　→ baggage
가짜 주어　동사　　진짜 주어　　　수식어

④ She discovered she had little clothing for winter.
주어　　동사　　　　　목적어(명사절)

① 우리는 놀이공원에서 즐거운 시간을 가졌다.

② 각각의 사람은 다른 관점에서 이야기를 한다.

③ 상자에 보관된 많은 짐들이 있었다.

④ 그녀는 그녀가 겨울 옷이 거의 없다는 것을 발견했다.

핵심포인트 해설 ③ 불가산 명사(baggage)는 부정관사 a/an이나 복수형을 만드는 (e)s와 함께 쓰일 수 없으므로 baggages를 baggage로 고쳐야 합니다.

어휘 amusement park 圐 놀이공원 perspective 圐 관점 baggage 圐 짐 discover 동 발견하다

Day 03의 학습을 마친 여러분, 수고하셨습니다.
〈Hackers Test〉 07~15번의 심화 학습을 원하는 수험생들을 위해 **추가 오답 해설**을 제공합니다.

이용방법 해커스 공무원(gosi.Hackers.com)에서 추가 오답 해설(PDF) 다운받기

DAY 04 대명사

p.76

01 ③	**02** ①	**03** ④	**04** ②	**05** ④	**06** ③	**07** ④	**08** ③
09 ③	**10** ③	**11** ④	**12** ①	**13** ③	**14** ④	**15** ②	

01 대명사의 격 일치

Your earrings look similar to ___ → ③ mine .
주어   동사   보어   수식어

너의 귀걸이는 나의 것과 비슷해 보인다.

 핵심포인트 해설 빈칸은 전치사 to 뒤에 오는 것의 자리입니다. 전치사 뒤에는 목적격 대명사, 소유대명사, 재귀대명사가 올 수 있으므로 ① me, ③ mine, ④ myself가 정답 후보입니다. 문맥상 '나의 것과 비슷하다'라는 의미가 되어야 자연스러우므로 소유대명사 ③ mine(나의 것)이 정답입니다. 재귀대명사 ④ myself는 주어와 목적어가 같은 것을 지칭할 때 쓰이므로 정답이 될 수 없습니다.

어휘 earring 圐 귀걸이 similar to ~과 비슷한

02 부정대명사의 쓰임

Some university students have part-time jobs, while ___ → ① others get
주어   동사   목적어   수식어(부사절)

allowance from their parents.

몇몇 대학생들은 아르바이트를 하는 반면에, 다른 몇몇 학생들은 부모님으로부터 용돈을 받는다.

 핵심포인트 해설 빈칸은 부사절(while ~ parents)의 주어 자리입니다. 문맥상 '다른 몇몇 학생들은 용돈을 받는다'라는 의미가 되어야 자연스러우므로 '사람이 셋 이상 있을 경우 다른 몇 명'을 의미하는 부정 대명사 ① others가 정답입니다. 사람이 셋 이상 있을 경우 '또 다른 한 명'을 의미하는 ② another, '나머지 전부'를 의미하는 ④ the others는 정답이 될 수 없고, ③ the other(나머지 하나)는 사람이 둘이 있을 경우 나머지 하나를 나타내므로 정답이 될 수 없습니다.

어휘 part-time job 圐 아르바이트 allowance 圐 용돈

03 대명사의 수 일치

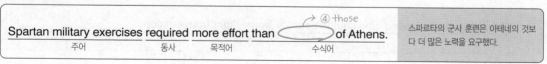

Spartan military exercises required more effort than ___ → ④ those of Athens.
주어   동사   목적어   수식어

스파르타의 군사 훈련은 아테네의 것보다 더 많은 노력을 요구했다.

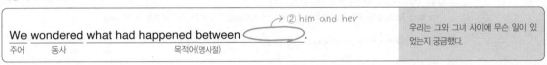

핵심포인트 해설 빈칸은 앞에 나온 명사를 대신하는 지시대명사의 자리입니다. 지시대명사가 가리키는 명사 Spartan military exercises가 복수이므로 복수 지시대명사 ④ those가 정답입니다.

어휘 Spartan 형 스파르타의 military exercises 명 군사 훈련 require 통 요구하다 Athens 명 아테네

04 대명사의 격 일치

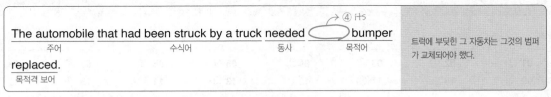

→ ② him and her
We wondered what had happened between ⌒⌒⌒⌒⌒ .
주어 동사 목적어(명사절)

우리는 그와 그녀 사이에 무슨 일이 있었는지 궁금했다.

핵심포인트 해설 빈칸은 전치사 between 뒤에 오는 것의 자리입니다. 전치사의 뒤에 주격 대명사(he, she)는 올 수 없고 목적격 대명사가 올 수 있으므로 ② him 두 개의 목적격 대명사(him, her)가 접속사 and로 연결된 ② him and her가 정답입니다.

어휘 wonder 통 궁금하다 happen 통 일어나다

05 대명사의 격과 수 일치

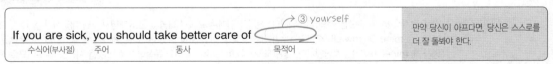

→ ④ its
The automobile that had been struck by a truck needed ⌒⌒⌒ bumper
주어 수식어 동사 목적어
replaced.
목적격 보어

트럭에 부딪힌 그 자동차는 그것의 범퍼가 교체되어야 했다.

핵심포인트 해설 빈칸은 명사(bumper) 앞에 올 수 있는 것의 자리입니다. 명사 앞에는 소유격 대명사가 올 수 있으므로 ③, ④번이 정답 후보입니다. 대명사가 지시하는 명사 The automobile이 단수이므로 단수 대명사 ④ its가 정답입니다.

어휘 automobile 명 자동차 strike 통 부딪치다 bumper 명 범퍼 replace 통 교체하다

06 재귀대명사의 쓰임

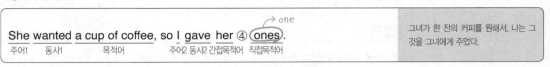

→ ③ yourself
If you are sick, you should take better care of ⌒⌒⌒⌒⌒ .
수식어(부사절) 주어 동사 목적어

만약 당신이 아프다면, 당신은 스스로를 더 잘 돌봐야 한다.

핵심포인트 해설 빈칸은 전치사 of 뒤에 오는 것의 자리입니다. 주어와 목적어가 같은 사람을 지칭할 때 목적어 자리에 '~자신'이라는 의미를 나타내기 위해 재귀대명사가 올 수 있는데, 문맥상 '당신은 스스로를 더 잘 돌봐야 한다'는 의미가 되어야 자연스러우므로 재귀대명사 ③ yourself가 정답입니다 .

어휘 take care of ~을 돌보다

07 대명사의 수 일치

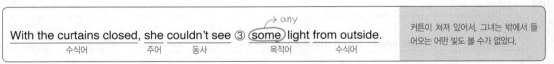

→ one
She wanted a cup of coffee, so I gave her ④ ⌒ones⌒ .
주어1 동사1 목적어 주어2 동사2 간접목적어 직접목적어

그녀가 한 잔의 커피를 원해서, 나는 그것을 그녀에게 주었다.

핵심포인트 해설 ④ 부정대명사가 지시하는 명사 a cup of coffee가 단수이므로 복수 부정대명사 ones를 단수 부정대명사 one으로 고쳐야 합니다.

어휘 a cup of 한 잔의

08 부정형용사의 쓰임

→ any
With the curtains closed, she couldn't see ③ ⌒some⌒ light from outside.
수식어 주어 동사 목적어 수식어

커튼이 쳐져 있어서, 그녀는 밖에서 들어오는 어떤 빛도 볼 수가 없었다.

🦉 **핵심포인트 해설** ③ 부정문(she couldn't see)이 쓰였으므로 긍정문과 함께 쓰이는 부정형용사 some을 부정문과 함께 쓰이는 부정형용사 any로 고쳐야 합니다.

어휘 close ⑧ (문·커튼 등을) 치다, 닫다   outside ⑨ 밖, 바깥쪽

09 대명사의 수 일치

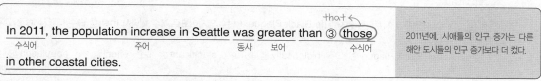

In 2011, the population increase in Seattle was greater than ③ ~~those~~ *that*
(수식어) (주어) (동사) (보어) (수식어)
in other coastal cities.

2011년에, 시애틀의 인구 증가는 다른 해안 도시들의 인구 증가보다 더 컸다.

🦉 **핵심포인트 해설** ③ 지시대명사가 가리키는 명사 the population increase가 단수이므로 단수 지시대명사가 와야 합니다. 따라서 복수 지시대명사 those를 단수 지시대명사 that으로 고쳐야 합니다.

어휘 population ⑨ 인구   increase ⑨ 증가   coastal ⑨ 해안의

10 부정대명사의 쓰임

We own two cars. One is red, and ③ ~~other~~ *the other* is white.
(주어) (동사) (목적어) (주어1) (동사1) (보어1) (주어2) (동사2) (보어2)

우리는 두 대의 자동차를 소유하고 있다. 하나는 빨간색이고 나머지 하나는 흰색이다.

🦉 **핵심포인트 해설** ③ 사물이 둘(two cars)일 경우, '그 중 하나'는 one으로, '나머지 하나'는 the other로 나타내므로 other을 the other로 고쳐야 합니다.

어휘 own ⑧ 소유하다

11 대명사의 수 일치

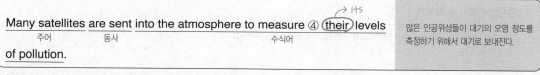

Many satellites are sent into the atmosphere to measure ④ ~~their~~ *its* levels
(주어) (동사) (수식어)
of pollution.

많은 인공위성들이 대기의 오염 정도를 측정하기 위해서 대기로 보내진다.

🦉 **핵심포인트 해설** ④ 문맥상 '대기의 오염 정도'를 측정하는 것이 되어야 자연스러우므로 대명사가 가리키는 명사는 the atmosphere가 되어야 합니다. 대명사가 가리키는 명사 the atmosphere가 단수이므로 복수 대명사 their를 단수 대명사 its로 고쳐야 합니다.

어휘 satellite ⑨ 인공위성   atmosphere ⑨ 대기   measure ⑧ 측정하다   level ⑨ 정도, 수준   pollution ⑨ 오염

12 지시형용사의 수 일치

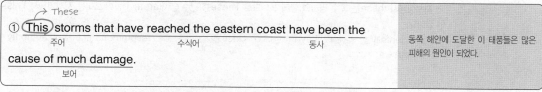

① ~~This~~ *These* storms that have reached the eastern coast have been the
(주어) (수식어) (동사)
cause of much damage.
(보어)

동쪽 해안에 도달한 이 태풍들은 많은 피해의 원인이 되었다.

🦉 **핵심포인트 해설** ① 지시형용사 뒤에 복수 명사(storms)가 왔으므로 단수 명사와 함께 쓰이는 지시형용사 This를 복수 명사와 함께 쓰이는 지시형용사 These로 고쳐야 합니다.

어휘 eastern ⑨ 동쪽의   coast ⑨ 해안   cause ⑨ 원인   damage ⑨ 피해

13 대명사의 수 일치

> its
> The Black Plague is historically significant for ③ ⟨their⟩ great effect on the
> 주어   동사   보어   수식어
>
> world population.

흑사병은 세계 인구에 큰 영향을 주었다는 점에 있어서 역사적으로 중요하다.

핵심포인트 해설 ③ 대명사가 지시하는 명사 The Black Plague가 단수 명사이므로 복수 대명사 their를 단수 대명사 its로 고쳐야 합니다.

어휘 Black Plague 阁 흑사병   historically 틘 역사적으로   significant 阁 중요한   effect 阁 영향   population 阁 인구

14 대명사의 수 일치

> ① He quit his job and is looking for another.
>   주어 동사   목적어1   동사2   목적어2
>
> ② Please speak quietly for the sake of others.
>   동사   수식어
>
> ③ The umbrella under the table is mine.
>   주어   동사 보어
>
>   that
> ④ The water in the bay is warmer than ⟨those⟩ of the ocean.
>   주어   동사 보어   수식어

① 그는 직장을 그만 두고 또 다른 직장을 찾고 있다.

② 다른 사람들을 위해서 조용히 말해주십시오.

③ 탁자 밑에 있는 우산은 내 것이다.

④ 만의 물은 바다의 물보다 따뜻하다.

핵심포인트 해설 ④ 지시대명사가 가리키는 명사 The water가 불가산 명사이고, 불가산 명사는 단수 취급하므로 복수 지시대명사 those를 단수 지시대명사 that으로 고쳐야 합니다.

어휘 for the sake of ~을 위해서   bay 阁 만

15 지시형용사의 수 일치

> ① He accidentally cut himself while he was shaving.
>   주어   동사   목적어   수식어(부사절)
>
>   This
> ② ⟨These⟩ area is closed to the public.
>   주어   동사   수식어
>
> ③ I asked my friends to recommend some books.
> 주어 동사   목적어   목적격 보어
>
> ④ Authorities do not have any idea how the bridge collapsed.
>   주어   동사   목적어   수식어

① 그는 면도를 하는 도중에 잘못하여 베었다.

② 이 구역은 일반인에게 통행이 차단되어 있다.

③ 나는 내 친구들에게 몇몇 책을 추천해달라고 부탁했다.

④ 당국은 그 다리가 어떻게 붕괴되었는지 하나도 알지 못한다.

핵심포인트 해설 ② 지시형용사 these는 복수 명사와 함께 쓰이므로 These를 단수 명사(area)와 함께 쓰이는 지시형용사 This로 고쳐야 합니다.

어휘 accidentally 틘 잘못하여   shave 阁 면도하다   close 阁 통행을 차단하다   recommend 阁 추천하다   authority 阁 당국   collapse 阁 붕괴되다

Day 04의 학습을 마친 여러분, 수고하셨습니다.
⟨Hackers Test⟩ 07~15번의 심화 학습을 원하는 수험생들을 위해 **추가 오답 해설**을 제공합니다.

이용방법 해커스 공무원(gosi.Hackers.com)에서 추가 오답 해설(PDF) 다운받기

p.90

| 01 ② | 02 ④ | 03 ② | 04 ③ | 05 ④ | 06 ④ | 07 ③ | 08 ④ |
| 09 ③ | 10 ③ | 11 ③ | 12 ① | 13 ① | 14 ② | 15 ③ | |

01 혼동하기 쉬운 부사

→ ② Nearly all

monkeys live in tropical climates.
주어 / 동사 / 수식어

거의 모든 원숭이들은 열대 기후에 산다.

🦉 **핵심포인트 해설** 빈칸은 명사(monkeys)를 수식할 수 있는 것의 자리입니다. 명사를 앞에서 수식하는 것은 형용사이고 부사는 형용사 앞에서 형용사를 수식하므로 부사(Near, Nearly) 뒤에 형용사(all)가 온 ①, ②번이 정답 후보입니다. 문맥상 '거의 모든 원숭이들'이 되어야 자연스러우므로 near(가까이)가 아닌 nearly(거의)가 쓰인 ② Nearly all이 정답입니다.

어휘 tropical 혱 열대의   climate 몡 기후

02 부사의 역할

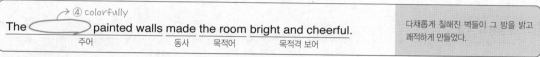

→ ④ colorfully

The ⃝painted walls made the room bright and cheerful.
주어 / 동사 / 목적어 / 목적격 보어

다채롭게 칠해진 벽들이 그 방을 밝고 쾌적하게 만들었다.

🦉 **핵심포인트 해설** 빈칸은 분사(painted)를 수식할 수 있는 것의 자리입니다. 분사를 앞에서 수식하는 것은 부사이므로 ④ colorfully가 정답입니다. 명사 또는 동사 ① color, '동사원형 + ing' ② coloring, 형용사 ③ colorful은 분사(painted)를 수식할 수 없으므로 정답이 될 수 없습니다.

어휘 bright 혱 밝은   cheerful 혱 쾌적한   colorful 혱 다채로운   colorfully 閅 다채롭게

03 'too + 형용사/부사 + to 동사원형'의 쓰임

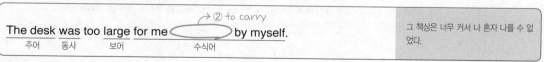

→ ② to carry

The desk was too large for me ⃝ by myself.
주어 / 동사 / 보어 / 수식어

그 책상은 너무 커서 나 혼자 나를 수 없었다.

🦉 **핵심포인트 해설** 빈칸은 'too + 형용사'(too large)와 함께 쓰이는 것의 자리입니다. '너무 ~해서 -할 수 없다'라는 의미를 나타내는 형용사 표현은 'too + 형용사 + to 동사원형'의 형태가 되어야 하므로 ② to carry가 정답입니다.

어휘 carry 동 나르다   by oneself 혼자

04 'so + 형용사/부사 + that 절'의 쓰임

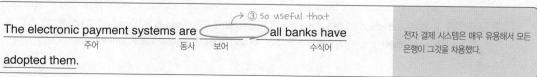

→ ③ so useful that

The electronic payment systems are ⃝ all banks have
주어 / 동사 / 보어 / 수식어

adopted them.

전자 결제 시스템은 매우 유용해서 모든 은행이 그것을 차용했다.

🦉 **핵심포인트 해설** 빈칸은 be 동사(are)의 주격 보어 자리입니다. 보어 자리에는 부사(usefully)가 아닌 형용사가 올 수 있으므로 형용사 useful이 쓰인 ①, ③번이 정답 후보입니다. '매우 ~해서 -하다'라는 의미를 나타내는 형용사 표현은 'so + 형용사 + that'의 형태가 되어야 하므로 ③ so useful that이 정답입니다.

어휘 electronic payment 몡 전자 결제   useful 혱 유용한   adopt 동 차용하다, 쓰다

05 '수사 + 하이픈(-) + 단수 단위 표현'의 쓰임

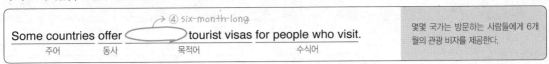

→ ④ six-month-long

Some countries offer ( ) tourist visas for people who visit.
주어 / 동사 / 목적어 / 수식어

몇몇 국가는 방문하는 사람들에게 6개월의 관광 비자를 제공한다.

핵심포인트 해설 빈칸은 명사(tourist visas)를 수식할 수 있는 것의 자리입니다. 명사를 앞에서 수식할 수 있는 형용사 표현 '수사 + 하이픈(-) + 단위 표현'에서 단위 표현(month-long)은 반드시 단수형이 되어야 하므로 ④ six-month-long이 정답입니다.

어휘 offer [동] 제공하다 tourist visa [명] 관광 비자 visit [동] 방문하다

06 형용사의 역할

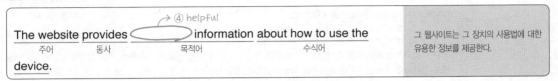

→ ④ helpful

The website provides ( ) information about how to use the device.
주어 / 동사 / 목적어 / 수식어

그 웹사이트는 그 장치의 사용법에 대한 유용한 정보를 제공한다.

핵심포인트 해설 빈칸은 명사(information)를 수식할 수 있는 것의 자리입니다. 명사를 앞에서 수식할 수 있는 것은 형용사이므로 형용사 ④ helpful이 정답입니다. 부사 ① helpfully, 동사 ② are helped, 명사 또는 동사 ③ helps는 명사를 수식할 수 없으므로 정답이 될 수 없습니다.

어휘 provide [동] 제공하다 helpful [형] 유용한 device [명] 장치, 기기

07 형용사의 역할

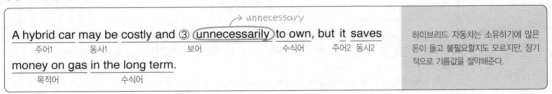

→ unnecessary

A hybrid car may be costly and ③ unnecessarily to own, but it saves money on gas in the long term.
주어1 / 동사1 / 보어 / 수식어 / 주어2 / 동사2 / 목적어 / 수식어

하이브리드 자동차는 소유하기에 많은 돈이 들고 불필요할지도 모르지만, 장기적으로 기름값을 절약해준다.

핵심포인트 해설 ③ be 동사(be)는 주격 보어를 취하는 동사입니다. 보어 자리에는 부사(unnecessarily)가 아닌 형용사 역할을 하는 것이 와야 하므로 부사 unnecessarily를 형용사 unnecessary로 고쳐야 합니다.

어휘 costly [형] 많은 돈이 드는 unnecessarily [부] 불필요하게 unnecessary [형] 불필요한 save [동] 절약하다
in the long term 장기적으로, 결국에는

08 부사의 역할

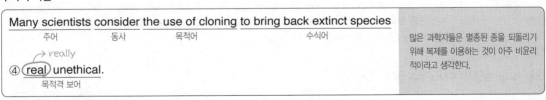

Many scientists consider the use of cloning to bring back extinct species ④ real unethical.
주어 / 동사 / 목적어 / 수식어 / 목적격 보어

→ really

많은 과학자들은 멸종된 종을 되돌리기 위해 복제를 이용하는 것이 아주 비윤리적이라고 생각한다.

핵심포인트 해설 ④ 형용사(unethical)를 앞에서 수식하는 것은 부사이므로 형용사 real을 부사 really로 고쳐야 합니다.

어휘 consider [동] 생각하다 clone [동] 복제하다 extinct [형] 멸종된 species [명] 종 unethical [형] 비윤리적인

09 -thing으로 끝나는 명사를 수식하는 형용사의 자리

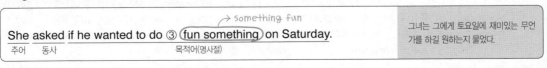

→ something fun

She asked if he wanted to do ③ fun something on Saturday.
주어 / 동사 / 목적어(명사절)

그녀는 그에게 토요일에 재미있는 무언가를 하길 원하는지 물었다.

핵심포인트 해설 ③ -thing으로 끝나는 명사(something)는 형용사(fun)가 뒤에서 수식하므로 fun something을 something fun으로 고쳐야 합니다.

10 주의해야 할 부사

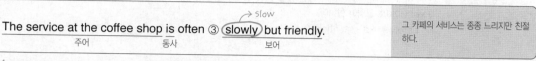

Some dreams(주어) have(동사) a deep impact(목적어) on people(수식어), while others ③ are not(→ are) rarely remembered.(수식어(부사절))

어떤 꿈들은 사람들에게 깊은 영향을 끼치는 반면에, 다른 것들은 거의 기억되지 않는다.

핵심포인트 해설 ③ 부정의 의미를 나타내는 부사 rarely(거의 ~않다)는 부정어(not, never)와 함께 쓰일 수 없으므로 are not을 are로 고쳐야 합니다.

어휘 deep [형] 깊은 impact [명] 영향

11 형용사의 역할

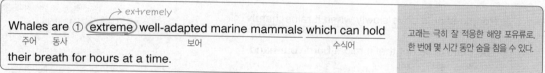

The service at the coffee shop(주어) is(동사) often ③ slowly(→ slow) but friendly.(보어)

그 카페의 서비스는 종종 느리지만 친절하다.

핵심포인트 해설 ③ be 동사(is)는 주격 보어를 취하는 동사입니다. 보어 자리에는 부사(slowly)가 아닌 형용사가 올 수 있으므로 부사 slowly를 형용사 slow로 고쳐야 합니다.

어휘 friendly [형] 친절한

12 부사의 역할

Whales(주어) are(동사) ① extreme(→ extremely) well-adapted marine mammals(보어) which can hold their breath for hours at a time.(수식어)

고래는 극히 잘 적응한 해양 포유류로, 한 번에 몇 시간 동안 숨을 참을 수 있다.

핵심포인트 해설 ① 분사(well-adapted)를 앞에서 수식할 수 있는 것은 부사이므로 형용사 extreme을 부사 extremely로 고쳐야 합니다.

어휘 whale [명] 고래 extreme [형] 극도의 extremely [부] 극히, 극도로 marine mammal [명] 해양 포유 동물
hold one's breath 숨을 참다

13 형용사의 역할

According to ① recently(→ recent) evidence(수식어), a volcanic eruption(주어) was not(동사) responsible(보어) for causing the dinosaurs' extinction.(수식어)

최근의 증거에 따르면, 화산 분출은 공룡의 멸종을 초래한 원인이 아니었다.

핵심포인트 해설 ① 명사(evidence)를 앞에서 수식할 수 있는 것은 부사(recently)가 아닌 형용사이므로 부사 recently를 형용사 recent로 고쳐야 합니다.

어휘 recently [부] 최근에 recent [형] 최근의 evidence [명] 증거 volcanic [형] 화산의 eruption [명] 분출
responsible for ~원인이 있는, ~에 책임이 있는 dinosaur [명] 공룡 extinction [명] 멸종

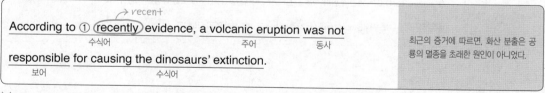

14 '수사 + 하이픈(-) + 단수 단위 표현'의 쓰임

① She usually has many appointments during weekend.
　　주어　　　　동사　　　　목적어　　　　　　　수식어

② The person who left this bag here was a 50-years-old woman.　→ 50-year-old
　　주어　　　　수식어　　　　　　동사　　　보어

③ We could barely stand the heat.
　　주어　　　동사　　　　　목적어

④ This winter has been even colder than last year.
　　주어　　　동사　　　　보어　　　수식어

① 그녀는 보통 주말에 약속이 많다.

② 이 가방을 여기에 두고 간 사람은 50세의 여성이었다.

③ 우리는 더위를 참기가 무척 어려웠다.

④ 이번 겨울은 지난 해보다 훨씬 더 추웠다.

🦉 **핵심포인트 해설** ② '수사 + 하이픈(-) + 단위 표현'에서 단위 표현(year-old)은 반드시 단수형이 되어야 하므로 50-years-old를 50-year-old로 고쳐야 합니다.

어휘 barely ⊞ 거의 ~않다　heat ⊞ 열기

15 혼동하기 쉬운 부사

① I went to the early show since it was cheaper.
　주어 동사　　수식어　　　　　수식어(부사절)

② He was too nervous to raise his hand in class.
　주어 동사　　보어　　　　　수식어

③ People should drive slowly when it rains hardly.　→ hard
　주어　　　동사　　　　　　수식어(부사절)

④ The plate is so hot that it might burn your hand.
　주어　　동사　보어　　　수식어

① 그것이 더 저렴했기 때문에 나는 조기 공연에 갔다.

② 그는 너무 긴장해서 수업 중에 손을 들 수 없었다.

③ 비가 심하게 올 때면 사람들은 천천히 운전해야 한다.

④ 그 접시는 매우 뜨거워서 당신의 손을 델 수 있다.

🦉 **핵심포인트 해설** ③ 문맥상 '비가 심하게 올 때면'이라는 의미가 되어야 자연스러우므로 부사 hardly(거의 ~않다)를 부사 hard(심하게)로 고쳐야 합니다.

어휘 nervous ⊞ 긴장한　plate ⊞ 접시　burn ⊞ 데다. 태우다

Day 05의 학습을 마친 여러분, 수고하셨습니다.
〈Hackers Test〉 07~15번의 심화 학습을 원하는 수험생들을 위해 **추가 오답 해설**을 제공합니다.

이용방법 해커스 공무원(gosi.Hackers.com)에서 추가 오답 해설(PDF) 다운받기

DAY 06 전치사

p.104

01 ①	02 ②	03 ②	04 ③	05 ④	06 ②	07 ①	08 ③
09 ③	10 ③	11 ④	12 ①	13 ④	14 ②	15 ②	

01 전치사 뒤에 올 수 있는 것

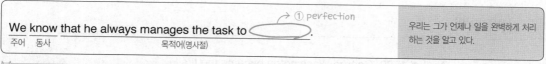

→ ① perfection

We know that he always manages the task to ◯◯◯◯◯.
주어 동사 목적어(명사절)

우리는 그가 언제나 일을 완벽하게 처리하는 것을 알고 있다.

🐱 핵심포인트 해설 빈칸은 전치사(to) 뒤에 올 수 있는 것의 자리입니다. 전치사 뒤에는 명사 역할을 하는 것이 와야 하므로 명사 ① perfection이 정답입니다. 형용사 또는 동사 ② perfect, 부사 ③ perfectly, 과거 동사 또는 분사 ④ perfected는 전치사 뒤에 올 수 없으므로 정답이 될 수 없습니다.

어휘 manage 통 처리하다 task 명 일 perfection 명 완벽 perfect 완벽한 perfectly 위 완벽하게

02 전치사의 쓰임

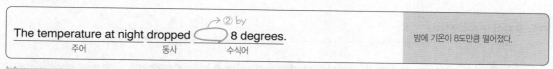

→ ② by

The temperature at night dropped ◯◯◯◯◯ 8 degrees.
주어 동사 수식어

밤에 기온이 8도만큼 떨어졌다.

🐱 핵심포인트 해설 빈칸은 명사(8 degrees) 앞에 쓰이는 전치사 자리입니다. 문맥상 '기온이 8도만큼 떨어졌다'라는 의미가 되어야 자연스러우므로 '~만큼'이라는 의미를 나타내는 전치사 ② by가 정답입니다.

어휘 temperature 명 기온 drop 통 떨어지다 degree 명 도

03 전치사의 쓰임

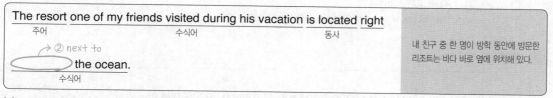

The resort one of my friends visited during his vacation is located right
주어 수식어 동사

→ ② next to

◯◯◯◯◯ the ocean.
수식어

내 친구 중 한 명이 방학 동안에 방문한 리조트는 바다 바로 옆에 위치해 있다.

🐱 핵심포인트 해설 빈칸은 명사(the ocean) 앞에 쓰이는 전치사 자리입니다. 문맥상 '바다 바로 옆에'라는 의미가 되어야 자연스러우므로 '~ 옆에'라는 의미를 나타내는 전치사 ② next to가 정답입니다. 형용사 ① next는 관사(the) 앞에 올 수 없으므로 정답이 될 수 없고, ③ besides는 '~외에도', ④ for는 '~을 위해'라는 의미를 나타내므로 정답이 될 수 없습니다.

어휘 locate 통 위치하다

04 오전/오후/저녁 앞에 쓰이는 전치사

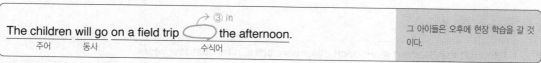

→ ③ in

The children will go on a field trip ◯◯◯◯◯ the afternoon.
주어 동사 수식어

그 아이들은 오후에 현장 학습을 갈 것이다.

🐱 핵심포인트 해설 빈칸은 오후 the afternoon 앞에 쓰이는 전치사 자리입니다. 오전/오후/저녁 앞에 쓰이는 시간 전치사는 in이므로 ③ in이 정답입니다.

어휘 field trip 명 현장 학습

05 전치사 뒤에 올 수 있는 것

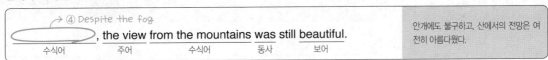

④ Despite the fog

_____, the view from the mountains was still beautiful.
수식어　　주어　　수식어　　동사　　보어

안개에도 불구하고, 산에서의 전망은 여전히 아름다웠다.

🐱 **핵심포인트 해설** 　빈칸은 문장(the view ~ beautiful)을 수식하는 전치사구의 자리입니다. 전치사(In spite of, Despite) 뒤에는 명사 역할을 하는 것이 와야 하므로 명사 the fog가 쓰인 ④ Despite the fog가 정답입니다. ② In spite the fog, ③ Despite of the fog는 전치사 In spite of와 Despite의 잘못된 형태가 쓰였으므로 정답이 될 수 없습니다.

어휘 　fog 圏 안개　view 圏 전망

06 전치사의 쓰임

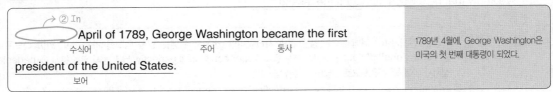

② In

_____ April of 1789, George Washington became the first
수식어　　주어　　동사

president of the United States.
보어

1789년 4월에, George Washington은 미국의 첫 번째 대통령이 되었다.

🐱 **핵심포인트 해설** 　빈칸은 월(April) 앞에 쓰이는 전치사 자리입니다. 월 앞에 쓰이는 시간 전치사는 in이므로 ② In이 정답입니다.

어휘 　become 圄 ~이 되다　president 圏 대통령

07 혼동하기 쉬운 전치사

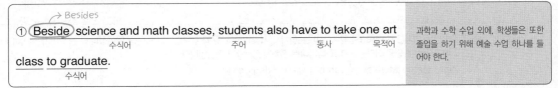

Besides

① Beside science and math classes, students also have to take one art
수식어　　주어　　동사　　목적어

class to graduate.
수식어

과학과 수학 수업 외에, 학생들은 또한 졸업을 하기 위해 예술 수업 하나를 들어야 한다.

🐱 **핵심포인트 해설** 　① 문맥상 '과학과 수학 수업 외에'라는 의미가 되어야 자연스러우므로 전치사 Beside(~옆에)를 전치사 Besides(~외에)로 고쳐야 합니다.

어휘 　class 圏 수업　graduate 圄 졸업하다

08 혼동하기 쉬운 전치사

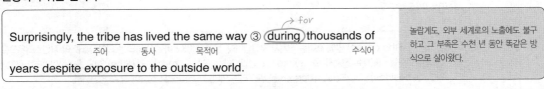

for

Surprisingly, the tribe has lived the same way ③ during thousands of
주어　　동사　　목적어　　수식어

years despite exposure to the outside world.

놀랍게도, 외부 세계로의 노출에도 불구하고 그 부족은 수천 년 동안 똑같은 방식으로 살아왔다.

🐱 **핵심포인트 해설** 　③ 기간을 나타내는 숫자(thousands of years) 앞에 와서 '~동안에'라는 의미를 나타내는 전치사는 for이므로 특정 기간을 나타내는 표현 앞에 올 수 있는 시간 전치사 during을 for로 고쳐야 합니다.

어휘 　surprisingly 閉 놀랍게도　tribe 圏 부족　exposure 圏 노출

09 혼동하기 쉬운 전치사

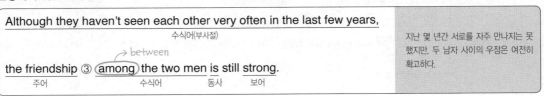

Although they haven't seen each other very often in the last few years,
수식어(부사절)

between

the friendship ③ among the two men is still strong.
주어　　수식어　　동사　　보어

지난 몇 년간 서로를 자주 만나지는 못했지만, 두 남자 사이의 우정은 여전히 확고하다.

🦉 **핵심포인트 해설** ③ '두 남자'는 두 명을 의미하므로 '셋 이상 사이'를 의미하는 전치사 among을 '둘 사이'를 의미하는 전치사 between으로 고쳐야 합니다.

어휘 friendship 명 우정 strong 형 확고한

10 전치사의 쓰임

People often prefer for their friends to send text messages ③ from them instead of calling.

→ to

주어　동사　수식어　목적어　수식어

사람들은 종종 그들의 친구들이 그들에게 전화하는 것 대신에 문자를 보내는 것을 선호한다.

🦉 **핵심포인트 해설** ③ 문맥상 '그들에게 문자를 보내다'라는 의미가 되어야 자연스러우므로 전치사 from(~로부터)을 '~에게'를 나타낼 수 있는 전치사 to로 고쳐야 합니다.

어휘 prefer 동 선호하다 instead of 전 ~ 대신에

11 혼동하기 쉬운 전치사

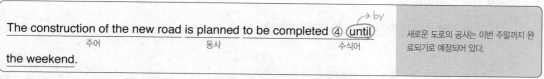

The construction of the new road is planned to be completed ④ until the weekend.

→ by

주어　동사　수식어

새로운 도로의 공사는 이번 주말까지 완료되기로 예정되어 있다.

🦉 **핵심포인트 해설** ④ 문맥상 '주말까지 완료되다'라는 의미가 되어야 자연스러우므로 상태나 동작이 어떤 시점까지 계속됨을 나타내는 전치사 until을 어떤 일이 완료되는 마감이나 기한을 나타내는 전치사 by로 고쳐야 합니다.

어휘 construction 명 건설, 공사 road 명 도로 complete 동 완료하다

12 전치사의 쓰임

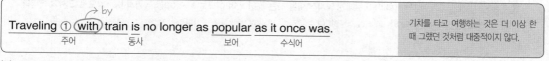

Traveling ① with train is no longer as popular as it once was.

→ by

주어　동사　보어　수식어

기차를 타고 여행하는 것은 더 이상 한 때 그랬던 것처럼 대중적이지 않다.

🦉 **핵심포인트 해설** ① 문맥상 '기차를 타고 여행하다'라는 의미가 되어야 하므로 전치사 with(~와 함께)를 '~을 타고'라는 의미를 나타낼 수 있는 전치사 by로 고쳐야 합니다.

어휘 no longer 더 이상 ~아닌 popular 형 대중적인, 유명한 once 부 한 때, 언젠가

13 전치사 뒤에 올 수 있는 것

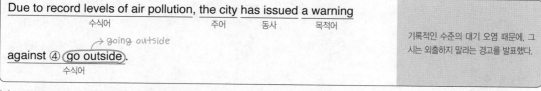

Due to record levels of air pollution, the city has issued a warning

수식어　주어　동사　목적어

against ④ go outside.

→ going outside

수식어

기록적인 수준의 대기 오염 때문에, 그 시는 외출하지 말라는 경고를 발표했다.

🦉 **핵심포인트 해설** ④ 전치사(against) 뒤에는 명사 역할을 하는 것이 와야 하므로 동사 go가 쓰인 go outside를 동명사 going이 쓰인 going outside로 고쳐야 합니다.

어휘 record level 명 기록적 수준 air pollution 명 대기 오염 issue 동 발표하다 warning 명 경고, 주의

14 전치사의 쓰임

① On Thursday, we will go out for dinner with our neighbors.
　　수식어　　　　　주어　　동사　　　　　　　　　　　수식어

　　　　　→ In spite of 또는 Despite
② (In spite) the cold, winter is my favorite season.
　　수식어　　　　　　주어　동사　　　보어

③ World War II lasted for six years.
　　주어　　　　동사　　수식어

④ I woke up early in the morning for the test.
　주어　동사　　　　　　수식어

① 목요일에, 우리는 이웃들과 함께 저녁을 먹으러 나갈 것이다.

② 추위에도 불구하고, 겨울은 내가 가장 좋아하는 계절이다.

③ 2차 세계 대전은 6년 동안 지속되었다.

④ 나는 시험을 위해 아침에 일찍 일어났다.

핵심포인트 해설 ② 문맥상 '추위에도 불구하고'라는 의미가 되어야 자연스러우므로 양보를 나타내는 전치사가 와야 하는데, 양보를 나타내는 전치사는 in spite of나 despite를 써야 하므로 In spite를 In spite of 또는 Despite로 고쳐야 합니다.

어휘　neighbor 圓 이웃　last 圄 지속되다

---

15 전치사 뒤에 올 수 있는 것

① We stayed late at the beach for the fireworks.
　주어　동사　　　　　　수식어

　　　　　　　　　　　　　→ being
② The company has a strict policy against (be) late.
　　주어　　　　동사　　　목적어　　　수식어

③ He couldn't sleep last night because of the noise outside.
　주어　　　동사　　　　　　　　　수식어

④ Her cousin sent her a postcard from Brazil.
　　주어　　동사 간접목적어 직접목적어　수식어

① 우리는 불꽃놀이를 위해 늦게까지 해변에 머물렀다.

② 그 회사는 지각하는 것에 대한 엄격한 방침을 가지고 있다.

③ 그는 밖에서 나는 소음 때문에 지난밤 잠을 자지 못했다.

④ 그녀의 사촌은 브라질에서 그녀에게 엽서를 보냈다.

핵심포인트 해설 ② 전치사(against) 뒤에는 명사 역할을 하는 것이 와야 하므로 동사 be를 동명사 being으로 고쳐야 합니다.

어휘　firework 圓 불꽃놀이　strict 圄 엄격한　policy 圓 방침, 정책　late 圄 지각한

Day 06의 학습을 마친 여러분, 수고하셨습니다.
〈Hackers Test〉 07~15번의 심화 학습을 원하는 수험생들을 위해 **추가 오답 해설**을 제공합니다.

　이용방법　해커스 공무원(gosi.Hackers.com)에서 추가 오답 해설(PDF) 다운받기

p.122

01 ④	02 ③	03 ②	04 ③	05 ③	06 ①	07 ③	08 ①
09 ②	10 ③	11 ③	12 ②	13 ①	14 ①	15 ②	

01 사역동사의 목적격 보어 자리에 올 수 있는 것

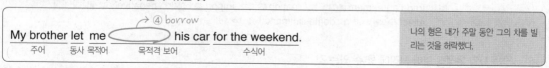

My brother let me _____ his car for the weekend.
주어   동사 목적어   목적격 보어   수식어

→ ④ borrow

나의 형은 내가 주말 동안 그의 차를 빌리는 것을 허락했다.

핵심포인트 해설 빈칸은 동사 let의 목적격 보어 자리입니다. 사역동사(let)는 목적격 보어로 동사원형을 취하므로 동사원형 ④ borrow가 정답입니다.

어휘 borrow ⑧ 빌리다

02 4형식 문장의 3형식 전환

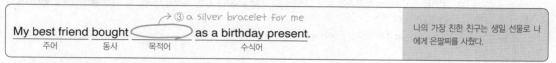

My best friend bought _____ as a birthday present.
주어   동사   목적어   수식어

→ ③ a silver bracelet for me

나의 가장 친한 친구는 생일 선물로 나에게 은팔찌를 사줬다.

핵심포인트 해설 빈칸은 4형식 동사 buy(bought)의 목적어 자리입니다. 동사 buy가 3형식으로 쓰이면 'buy + 직접 목적어(a silver bracelet) + 전치사(for) + 간접 목적어(me)'의 형태로 나타낼 수 있으므로 ③ a silver bracelet for me가 정답입니다. 동사 buy가 4형식으로 쓰이면, 전치사(for) 없이 2개의 목적어를 '간접 목적어(me) + 직접 목적어(a sliver bracelet)'의 순서로 취해야 하므로 ① a silver bracelet me는 정답이 될 수 없습니다.

어휘 bracelet ⑨ 팔찌 present ⑨ 선물

03 지각동사의 목적격 보어 자리에 올 수 있는 것 & 타동사의 쓰임

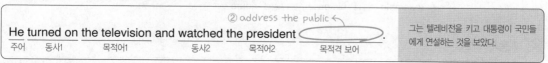

He turned on the television and watched the president _____ .
주어   동사1   목적어1   동사2   목적어2   목적격 보어

→ ② address the public

그는 텔레비전을 키고 대통령이 국민들에게 연설하는 것을 보았다.

핵심포인트 해설 빈칸은 동사 watch의 목적격 보어 자리입니다. 지각동사(watch)는 목적격 보어로 동사원형을 취하므로 동사원형 address가 쓰인 ①, ②번이 정답 후보입니다. 동사 address는 전치사(to) 없이 목적어(the public)를 바로 취하는 타동사이므로 ② address the public이 정답입니다.

어휘 turn on 켜다 address ⑧ 연설하다, 말하다 president ⑨ 대통령 public ⑨ 국민

04 자동사의 쓰임

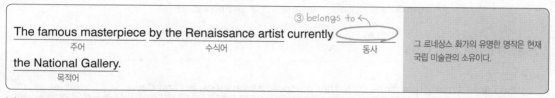

The famous masterpiece by the Renaissance artist currently _____
주어   수식어   동사
the National Gallery.
목적어

→ ③ belongs to

그 르네상스 화가의 유명한 명작은 현재 국립 미술관의 소유이다.

핵심포인트 해설 빈칸은 문장의 동사 자리입니다. 자동사 belong은 전치사 to 없이 목적어(the National Gallery)를 취할 수 없으므로 ③ belongs to가 정답입니다. 동사 자리에는 'to + 동사원형'이나 '동사원형 + ing'가 올 수 없으므로 ②, ④번은 정답이 될 수 없습니다.

어휘 masterpiece ⑨ 명작 currently ⑨ 현재

05 to 부정사를 목적격 보어로 취하는 동사

A new trade agreement (주어1) has forced (동사1) the nation (목적어1) (→ ③ to import) most of its oil, (목적격 보어) and this (주어2) has negatively affected (동사2) the domestic market. (목적어2)	새로운 무역 협정은 그 국가가 석유 대부분을 수입하도록 강요했고, 이는 내수 시장에 부정적으로 영향을 미쳤다.

핵심포인트 해설 빈칸은 동사 force(has forced)의 목적격 보어 자리입니다. 5형식 동사 force는 to 부정사를 목적격 보어로 취하므로 ③ to import가 정답입니다.

어휘 trade agreement [명] 무역 협정 nation [명] 국가 import [동] 수입하다 negatively [부] 부정적으로
affect [동] 영향을 미치다 domestic market [명] 내수 시장

06 사역동사의 목적격 보어 자리에 올 수 있는 것

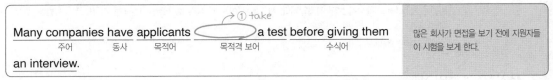

Many companies (주어) have (동사) applicants (목적어) (→ ① take) a test (목적격 보어) before giving them an interview. (수식어)	많은 회사가 면접을 보기 전에 지원자들이 시험을 보게 한다.

핵심포인트 해설 빈칸은 동사 have의 목적격 보어 자리입니다. 사역동사(have)는 목적격 보어로 동사원형을 취하므로 동사원형 ① take가 정답입니다.

어휘 applicant [명] 지원자 interview [명] 면접

07 타동사의 쓰임

I (주어) think (동사) that the actor really ③ resembles with (→ resembles) the historical figure. (목적어(명사절))	나는 그 배우가 정말로 그 역사 속의 인물과 닮았다고 생각한다.

핵심포인트 해설 ③ 동사 resemble은 전치사(with) 없이 목적어(the historical figure)를 바로 취하는 타동사이므로 resembles with를 resembles로 고쳐야 합니다.

어휘 resemble [동] 닮다 historical [형] 역사상의 figure [명] 인물, 수치

08 자동사의 쓰임

You (주어) should never ① respond (→ respond to) (동사) suspicious e-mails (목적어) that require you to make online payments. (수식어)	당신은 온라인으로 결제할 것을 요구하는 의심스러운 이메일에 절대 답장해서는 안 된다.

핵심포인트 해설 ① 동사 respond는 전치사(to) 없이 목적어(suspicious e-mails)를 취할 수 없는 자동사이므로 respond를 respond to로 고쳐야 합니다.

어휘 suspicious [형] 의심스러운 require [동] 요구하다 payment [명] 결제, 지불

09 4형식 문장의 3형식 전환

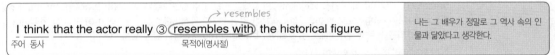

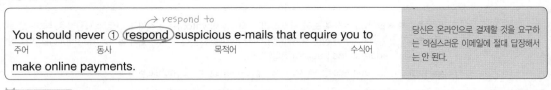

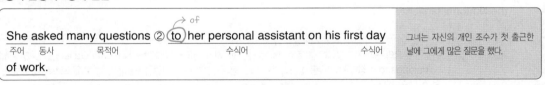

She (주어) asked (동사) many questions (목적어) ② to (→ of) her personal assistant (수식어) on his first day of work. (수식어)	그녀는 자신의 개인 조수가 첫 출근한 날에 그에게 많은 질문을 했다.

핵심포인트 해설 ② 4형식 문장을 3형식 문장으로 전환하면 '직접 목적어(~을/를) + 전치사 + 간접 목적어(~에게)' 순서로 오는데, 동사

ask는 전치사 of를 사용하여 'ask + 직접 목적어(many questions) + of + 간접 목적어(her personal assistant)'의 형태가 되어야 하므로 전치사 to를 of로 고쳐야 합니다.

어휘 personal [형] 개인의 assistant [명] 조수

10 자동사의 쓰임

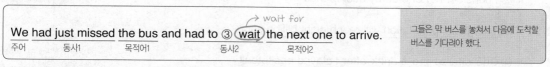

We had just missed the bus and had to ③ wait (→ wait for) the next one to arrive. 주어 / 동사1 / 목적어1 / 동사2 / 목적어2	그들은 막 버스를 놓쳐서 다음에 도착할 버스를 기다려야 했다.

[핵심포인트 해설] ③ 동사 wait은 전치사 for 없이 목적어(the next one)를 취할 수 없는 자동사이므로 wait을 wait for로 고쳐야 합니다.

어휘 miss [동] 놓치다 have to ~해야 한다 arrive [동] 도착하다

11 혼동하기 쉬운 자동사와 타동사

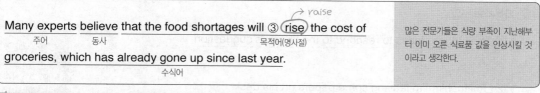

Many experts believe that the food shortages will ③ rise (→ raise) the cost of groceries, which has already gone up since last year. 주어 / 동사 / 목적어(명사절) / 수식어	많은 전문가들은 식량 부족이 지난해부터 이미 오른 식료품 값을 인상시킬 것이라고 생각한다.

[핵심포인트 해설] ③ 동사 rise는 목적어(the cost of groceries)를 취할 수 없는 자동사이므로 rise를 타동사 raise로 고쳐야 합니다.

어휘 expert [명] 전문가 shortage [명] 부족 cost [명] 값 grocery [명] 식료품 believe [동] 생각하다, 믿다

12 보어 자리에 올 수 있는 것

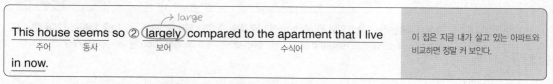

This house seems so ② largely (→ large) compared to the apartment that I live in now. 주어 / 동사 / 보어 / 수식어	이 집은 지금 내가 살고 있는 아파트와 비교하면 정말 커 보인다.

[핵심포인트 해설] ② 동사 seem은 주격 보어를 취하는 2형식 동사입니다. 보어 자리에 부사가 아닌 형용사 역할을 하는 것이 올 수 있으므로 부사 largely를 형용사 large로 고쳐야 합니다.

어휘 compared to ~와 비교하여 apartment [명] 아파트

13 혼동하기 쉬운 자동사와 타동사

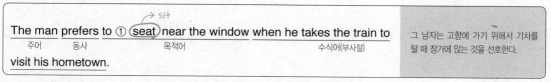

The man prefers to ① seat (→ sit) near the window when he takes the train to visit his hometown. 주어 / 동사 / 목적어 / 수식어(부사절)	그 남자는 고향에 가기 위해서 기차를 탈 때 창가에 앉는 것을 선호한다.

[핵심포인트 해설] ① 동사(seat) 뒤에 목적어가 없고, '앉다'는 자동사 sit을 사용하여 나타낼 수 있으므로 타동사 seat(~을 앉히다)을 자동사 sit으로 고쳐야 합니다.

어휘 prefer [동] 선호하다 hometown [명] 고향

14 자동사의 쓰임

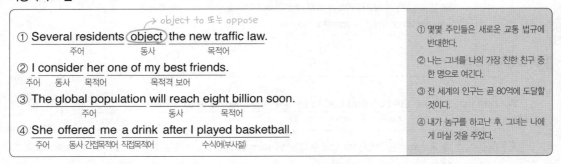

① Several residents object the new traffic law. (object → object to 또는 oppose)
주어 / 동사 / 목적어

② I consider her one of my best friends.
주어 / 동사 / 목적어 / 목적격 보어

③ The global population will reach eight billion soon.
주어 / 동사 / 목적어

④ She offered me a drink after I played basketball.
주어 / 동사 / 간접목적어 / 직접목적어 / 수식어(부사절)

① 몇몇 주민들은 새로운 교통 법규에 반대한다.
② 나는 그녀를 나의 가장 친한 친구 중 한 명으로 여긴다.
③ 전 세계의 인구는 곧 80억에 도달할 것이다.
④ 내가 농구를 하고난 후, 그녀는 나에게 마실 것을 주었다.

핵심포인트 해설 ① 동사 object는 전치사(to) 없이 목적어(the new traffic law)를 취할 수 없는 자동사이므로 object를 object to 또는 전치사 없이 목적어를 취할 수 있는 타동사 oppose로 고쳐야 합니다.

어휘 resident [명] 주민 traffic law [명] 교통 법규 global [형] 세계적인 billion [명] 10억 offer [동] 주다, 제공하다

15 타동사의 쓰임

① The judge refuses to respond to the lawyer's suggestion.
주어 / 동사 / 목적어

② Tell to him I'm leaving some papers on his desk. (Tell to → Tell)
동사 / 간접목적어 / 직접목적어(명사절)

③ She prepared a dinner for the guests.
주어 / 동사 / 목적어 / 수식어

④ His apology was too sincere for me to remain angry.
주어 / 동사 / 보어 / 수식어

① 그 판사는 변호사의 제안에 응하는 것을 거절했다.
② 그의 책상에 내가 몇 장의 문서를 놓고 간다는 것을 그에게 말해주세요.
③ 그녀는 손님들을 위해서 저녁을 준비했다.
④ 그의 사과는 너무나 진실해서 나는 화난 상태로 있을 수 없었다.

핵심포인트 해설 ② 동사 tell은 전치사(to) 없이 목적어(him)를 바로 취할 수 있는 타동사이므로 Tell to를 Tell로 고쳐야 합니다.

어휘 refuse [동] 거절하다 respond [동] 부응하다 lawyer [명] 변호사 suggestion [명] 제안 sincere [형] 진실된

Day 07의 학습을 마친 여러분, 수고하셨습니다.
〈Hackers Test〉 07~15번의 심화 학습을 원하는 수험생들을 위해 **추가 오답 해설**을 제공합니다.

이용방법 해커스 공무원(gosi.Hackers.com)에서 추가 오답 해설(PDF) 다운받기

DAY 08 수 일치

p.136

01 ②	02 ④	03 ①	04 ②	05 ③	06 ④	07 ③	08 ②
09 ①	10 ②	11 ②	12 ③	13 ②	14 ②	15 ③	

01 동명사구 주어와 동사의 수 일치

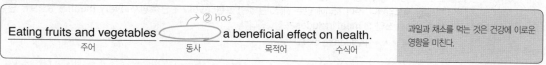

Eating fruits and vegetables ⟶ ② has a beneficial effect on health.
주어 / 동사 / 목적어 / 수식어

과일과 채소를 먹는 것은 건강에 이로운 영향을 미친다.

🦉**핵심포인트 해설** 빈칸은 문장의 동사 자리입니다. 주어 자리에 단수 취급하는 동명사구(Eating ~ vegetables)가 왔으므로 단수 동사 ② has가 정답입니다. 동사 자리에 'to + 동사원형'이나 '동사원형 + ing'는 올 수 없으므로 ③ to have, ④ having은 정답이 될 수 없습니다.

어휘 beneficial 휑 이로운 effect 휑 영향

02 복수 수량 표현이 온 주어와 동사의 수 일치

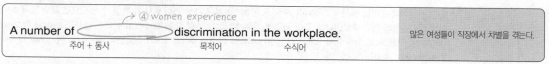

A number of ⟶ ④ women experience discrimination in the workplace.
주어 + 동사 / 목적어 / 수식어

많은 여성들이 직장에서 차별을 겪는다.

🦉**핵심포인트 해설** 수량 표현 a number of는 복수 명사 앞에 올 수 있으므로 복수 명사 women이 쓰인 ①, ④번이 정답 후보입니다. 주어 자리에 복수 취급하는 수량 표현 'a number of + 복수 명사'(A number of women)가 왔으므로 복수 동사 experience가 쓰인 ④ women experience가 정답입니다.

어휘 experience 통 겪다, 경험하다 discrimination 명 차별 workplace 명 직장

03 단수 수량 표현이 온 주어와 동사의 수 일치

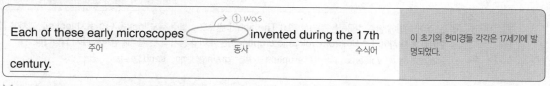

Each of these early microscopes ⟶ ① was invented during the 17th
주어 / 동사 / 수식어
century.

이 초기의 현미경들 각각은 17세기에 발명되었다.

🦉**핵심포인트 해설** 빈칸은 문장의 동사 자리입니다. 주어 자리에 단수 취급하는 수량 표현 'each of + 복수 명사'(Each of ~ microscopes)가 왔으므로 단수 동사 ① was가 정답입니다. 동사 자리에 'to + 동사원형'이나 '동사원형 + ing'는 올 수 없으므로 ③ to be, ④ being은 정답이 될 수 없습니다.

어휘 early 휑 초기의 microscope 명 현미경 invent 통 발명하다 century 명 세기

04 가짜 주어 there 구문의 수 일치

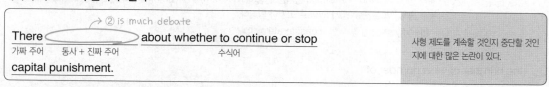

There ⟶ ② is much debate about whether to continue or stop
가짜 주어 / 동사 + 진짜 주어 / 수식어
capital punishment.

사형 제도를 계속할 것인지 중단할 것인지에 대한 많은 논란이 있다.

🦉**핵심포인트 해설** 빈칸은 문장의 주어와 동사 자리입니다. 문장의 진짜 주어 debate는 불가산 명사이므로 복수 형태로 쓸 수 없고, 불가산 명사 앞에 올 수 있는 수량 표현 much와 함께 쓰여야 하므로 ①, ②번이 정답 후보입니다. 가짜 주어 there 구문은 'there + 동사 + 진짜 주어(much debate)'의 형태를 취하는데, 동사는 진짜 주어에 수 일치시켜야 합니다. 진짜 주어

자리에 단수 취급하는 불가산 명사 debate가 왔으므로 단수 동사 is가 쓰인 ② is much debate가 정답입니다.

어휘 debate [명] 논란, 논의 continue [동] 계속하다 capital punishment [명] 사형

05 단수 수량 표현이 온 주어와 동사의 수 일치

→ ③ meal includes

At this restaurant, every ______ dessert.

수식어 / 주어 + 동사 / 목적어

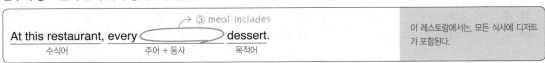

이 레스토랑에서는, 모든 식사에 디저트가 포함된다.

핵심포인트 해설 빈칸은 문장의 주어와 동사 자리입니다. 수량 표현 every는 단수 명사 앞에 올 수 있으므로 단수 명사 meal이 쓰인 ①, ③번이 정답 후보입니다. 주어 자리에 단수 취급하는 수량 표현 'every + 단수 명사'(every meal)가 왔으므로 단수 동사 includes가 쓰인 ③ meal includes가 정답입니다.

어휘 meal [명] 식사 include [동] 포함되다, 포함하다

06 복수 수량 표현이 온 주어와 동사의 수 일치

→ ④ copies of the book are

Several first-edition ______ available to purchase at the store near the public park.

주어 + 동사 / 보어 / 수식어

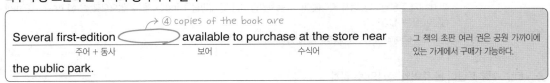

그 책의 초판 여러 권은 공원 가까이에 있는 가게에서 구매가 가능하다.

핵심포인트 해설 빈칸은 문장의 주어와 동사 자리입니다. 수량 표현 several은 가산 복수 명사 앞에 올 수 있으므로 복수 명사 copies가 쓰인 ②, ④번이 정답 후보입니다. 주어 자리에 복수 취급하는 수량 표현 'several + 복수 명사'(Several first-edition copies)가 왔으므로 복수 동사 are가 쓰인 ④ copies of the book are가 정답입니다. 주어와 동사 사이의 수식어(of the book)는 동사의 수 결정에 영향을 주지 않습니다.

어휘 edition [명] 판 available [형] 구할 수 있는 purchase [동] 구매하다

07 주어와 동사 사이에 수식어가 온 경우의 수 일치

→ looks

The ash from volcanic eruptions ③ look like grains of sand.

주어 / 수식어 / 동사 / 목적어

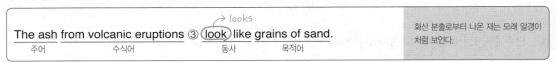

화산 분출로부터 나온 재는 모래 알갱이처럼 보인다.

핵심포인트 해설 ③ 주어 자리에 단수 취급하는 불가산 명사 The ash가 왔으므로 복수 동사 look을 단수 동사 looks로 고쳐야 합니다. 주어와 동사 사이의 수식어(from volcanic eruptions)는 주어와 동사의 수 결정에 영향을 주지 않습니다.

어휘 ash [명] 재 volcanic [형] 화산의 eruption [명] 분출 grain [명] 알갱이 sand [명] 모래

08 주격 형용사절의 동사 수 일치

→ lives

The man who ② live next door to me is friendly and considerate.

주어 / 수식어 / 동사 / 보어

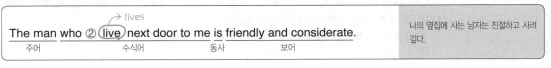

나의 옆집에 사는 남자는 친절하고 사려 깊다.

핵심포인트 해설 ② 주격 형용사절(who ~ me) 내의 동사는 선행사(The man)에 수 일치시켜야 하는데, 선행사 The man이 단수이므로 복수 동사 live를 단수 동사 lives로 고쳐야 합니다.

어휘 friendly [형] 친절한, 우호적인 considerate [형] 사려깊은

09 the number of vs. a number of

→ A number of

① The number of guests at the hotel have complained about the service.

주어 / 수식어 / 동사 / 수식어

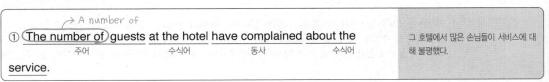

그 호텔에서 많은 손님들이 서비스에 대해 불평했다.

핵심포인트 해설 ① 문맥상 '많은 손님들이 ~ 불평했다'라는 의미가 되어야 자연스럽고, 문장에 복수 동사 have가 쓰였으므로 단수 취급하는 수량 표현 The number of(~의 수)를 복수 취급하는 수량 표현 A number of(많은 ~)로 고쳐야 합니다.

어휘 complain [동] 불평하다

10 to 부정사구 주어와 동사의 수 일치

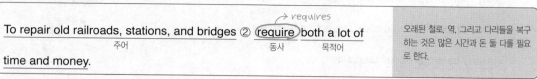

To repair old railroads, stations, and bridges(주어) ② require(동사) → requires both a lot of time and money(목적어).	오래된 철로, 역, 그리고 다리들을 복구하는 것은 많은 시간과 돈 둘 다를 필요로 한다.

핵심포인트 해설 ② 주어 자리에 단수 취급하는 to 부정사구(To repair ~ bridges)가 왔으므로 복수 동사 require를 단수 동사 requires로 고쳐야 합니다.

어휘 repair [동] 복구하다 railroad [명] 철로 require [동] 필요로 하다

11 단수 수량 표현이 온 주어와 동사의 수 일치

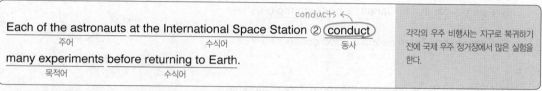

Each of the astronauts(주어) at the International Space Station(수식어) ② conduct(동사) → conducts many experiments(목적어) before returning to Earth(수식어).	각각의 우주 비행사는 지구로 복귀하기 전에 국제 우주 정거장에서 많은 실험을 한다.

핵심포인트 해설 ② 주어 자리에 단수 취급하는 수량 표현 'each of + 복수 명사'(Each of the astronauts)가 왔으므로 복수 동사 conduct를 단수 동사 conducts로 고쳐야 합니다.

어휘 astronaut [명] 우주 비행사 International Space Station [명] 국제 우주 정거장 conduct [동] (특정한 활동을) 하다 experiment [명] 실험

12 주어와 동사 사이에 수식어가 온 경우의 수 일치

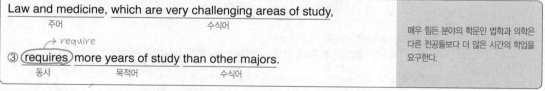

Law and medicine(주어), which are very challenging areas of study(수식어), ③ requires(동사) → require more years of study(목적어) than other majors(수식어).	매우 힘든 분야의 학문인 법학과 의학은 다른 전공들보다 더 많은 시간의 학업을 요구한다.

핵심포인트 해설 ③ and로 연결된 주어(Law and medicine)는 복수 취급하므로 단수 동사 requires를 복수 동사 require로 고쳐야 합니다. 주어와 동사 사이의 수식어(which ~ study)는 동사의 수 결정에 영향을 주지 않습니다.

어휘 challenging [형] 힘든, 도전적인 area [명] 분야 require [동] 요구하다 major [명] 전공

13 명사절 주어와 동사의 수 일치

What was shameful(주어(명사절)) ② were(동사) → was that the award-winning journalist had written fake stories(보어(명사절)).	부끄러운 것은 상을 받은 그 기자가 거짓 이야기를 썼다는 것이다.

핵심포인트 해설 ② 주어 자리에 단수 취급하는 명사절(What ~ shameful)이 왔으므로 복수 동사 were를 단수 동사 was로 고쳐야 합니다.

어휘 shameful [형] 부끄러운, 수치스러운 award-winning [형] 상을 받은 journalist [명] 기자 fake [형] 거짓된, 가짜의

14 접속사로 연결된 주어와 동사의 수 일치

① All of the houses on this street are white.
　　주어　　　　　　　수식어　　　동사　보어

② My mother and I both enjoys biking in the park.
　　주어　　　　　　　동사　　목적어　　수식어
（enjoys → enjoy）

③ One of the mountain trails leads to a temple.
　　　　주어　　　　　　　동사　　　목적어

④ Many cars are parked outside.
　　주어　　동사　　수식어

① 이 길에 있는 모든 집들은 하얗다.
② 엄마와 나는 둘 다 공원에서 자전거 타는 것을 즐긴다.
③ 그 산길들 중 하나는 사원으로 이어진다.
④ 많은 차들이 밖에 주차되어 있다.

🦉핵심포인트 해설　② and로 연결된 주어(My mother and I)는 복수 취급하므로 단수 동사 enjoys를 복수 동사 enjoy로 고쳐야 합니다.
어휘　trail 阌 산길　lead to ~로 이어지다　temple 阌 사원　park 阍 주차하다

15 단수 수량 표현이 온 주어와 동사의 수 일치

① Few people live in Canada's northern region.
　　주어　　동사　　　　　수식어

② Every sports team needs a good coach.
　　주어　　　　　동사　　목적어

③ Neither of the windows in the room have curtains.
　　주어　　　　　　수식어　　동사　목적어
（have → has）

④ There is a spider crawling up the wall.
가짜 주어 동사 진짜 주어　　수식어

① 캐나다 북부 지역에 사는 사람들은 거의 없다.
② 모든 스포츠팀은 좋은 코치를 필요로 한다.
③ 방의 어느 쪽 창문에도 커튼이 없다.
④ 벽을 타고 올라가고 있는 거미가 있다.

🦉핵심포인트 해설　③ 주어 자리에 단수 취급하는 수량 표현 'neither of + 복수 명사'(Neither of the windows)가 왔으므로 복수 동사 have를 단수 동사 has로 고쳐야 합니다.
어휘　northern 阌 북부의　region 阌 지역　crawl 阍 기어가다

Day 08의 학습을 마친 여러분, 수고하셨습니다.
〈Hackers Test〉 07~15번의 심화 학습을 원하는 수험생들을 위해 **추가 오답 해설**을 제공합니다.

🔲이용방법　해커스 공무원(gosi.Hackers.com)에서 추가 오답 해설(PDF) 다운받기

DAY 09 시제

p.150

01 ④	02 ②	03 ④	04 ①	05 ③	06 ③	07 ③	08 ①
09 ①	10 ②	11 ②	12 ②	13 ②	14 ③	15 ②	

01 과거완료 시제의 사용

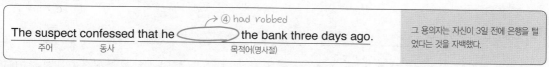

④ had robbed

The suspect confessed that he ⬭ the bank three days ago.
　　　주어　　　　　　동사　　　　　　　　　　　　　　　목적어(명사절)

그 용의자는 자신이 3일 전에 은행을 털었다는 것을 자백했다.

🦉**핵심포인트 해설** 　빈칸은 that 절의 동사 자리입니다. 문맥상 that 절의 '그가 은행을 턴' 시점이 주절의 '용의자가 자백을 한'(The suspect confessed) 과거 시점보다 이전에 발생한 일이 되어야 자연스러우므로, 특정 과거 시점 이전에 발생한 일을 표현하는 과거완료 시제 ④ had robbed가 정답입니다.

어휘　suspect 몡 용의자　confess 통 자백하다　rob 통 털다, 도둑질하다

02 특정 시제와 함께 자주 쓰이는 표현과의 시제 일치

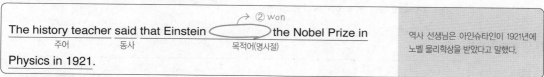

② won

The history teacher said that Einstein ⬭ the Nobel Prize in
　　　　주어　　　　　　　동사　　　　　　　　　　　　　목적어(명사절)

Physics in 1921.

역사 선생님은 아인슈타인이 1921년에 노벨 물리학상을 받았다고 말했다.

🦉**핵심포인트 해설** 　빈칸은 that 절(that Einstein ~ in 1921)의 동사 자리입니다. that 절에 과거 시제와 함께 자주 쓰이는 시간 표현 'in + 과거 연도'(in 1921)가 왔고, 문맥상 '아인슈타인 ~ 노벨 물리학상을 받았다'는 역사적인 사실을 표현하고 있으므로 과거 시제 ② won이 정답입니다.

어휘　history 몡 역사　physics 몡 물리학

03 과거완료 시제의 사용

④ had departed

The flight ⬭ before we got to the airport.
　　주어　　　　　　동사　　　　　　　　　수식어(부사절)

그 항공편은 우리가 공항에 도착하기 전에 출발했다.

🦉**핵심포인트 해설** 　빈칸은 문장의 동사 자리입니다. 문맥상 주절의 '항공편이 출발한' 시점이 부사절의 '우리가 공항에 도착한'(we got to the airport) 과거 시점보다 이전에 발생한 일이 되어야 자연스러우므로, 특정 과거 시점 이전에 발생한 일을 표현하는 과거완료 시제 ④ had departed가 정답입니다.

어휘　flight 몡 항공편　depart 통 출발하다, 떠나다

04 특정 시제와 함께 자주 쓰이는 표현과의 시제 일치

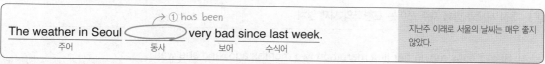

① has been

The weather in Seoul ⬭ very bad since last week.
　　　　주어　　　　　　　동사　　　　　보어　　　　수식어

지난주 이래로 서울의 날씨는 매우 좋지 않았다.

🦉**핵심포인트 해설** 　빈칸은 문장의 동사 자리입니다. 현재완료 시제와 함께 자주 쓰이는 시간 표현 since(~이래로)가 왔고 '지난주 이래로 서울의 날씨는 좋지 않았다'라는 과거에 시작된 일이 현재까지 계속되고 있음을 표현하고 있으므로 현재완료 시제 ① has been이 정답입니다.

05 I wish 가정법의 시제 일치

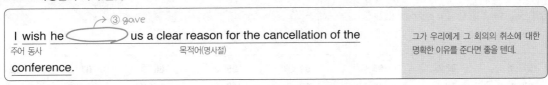

I wish he ③ gave us a clear reason for the cancellation of the
주어 동사 목적어(명사절)
conference.

그가 우리에게 그 회의의 취소에 대한 명확한 이유를 준다면 좋을 텐데.

🦉 **핵심포인트 해설** 빈칸은 I wish 가정법을 완성하는 동사 자리입니다. 현재 사실에 반대되는 일을 소망하는 I wish 가정법 과거는 'I wish + 주어(he) + 과거 동사'(~한다면 좋을 텐데)의 형태로 나타낼 수 있으므로 과거 동사 ③ gave가 정답입니다.

어휘 cancellation 圀 취소 conference 圀 회의

06 현재진행 시제의 사용

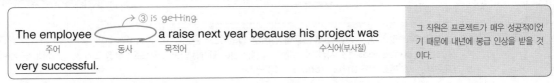

The employee ③ is getting a raise next year because his project was
주어 동사 목적어 수식어(부사절)
very successful.

그 직원은 프로젝트가 매우 성공적이었기 때문에 내년에 봉급 인상을 받을 것이다.

🦉 **핵심포인트 해설** 빈칸은 문장의 동사 자리입니다. 미래 시제와 함께 자주 쓰이는 시간 표현 'next + 시간 표현'(next year)이 왔으므로 미래 시제가 와야 합니다. 가까운 미래의 일을 나타낼 때는 현재진행 시제가 미래 시간 표현과 함께 쓰여 미래를 나타낼 수 있으므로 현재진행 시제 ③ is getting이 정답입니다.

어휘 raise 圀 봉급 인상 successful 혱 성공적인

07 현재 시제의 사용

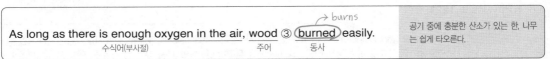

As long as there is enough oxygen in the air, wood ③ burned(→burns) easily.
수식어(부사절) 주어 동사

공기 중에 충분한 산소가 있는 한, 나무는 쉽게 타오른다.

🦉 **핵심포인트 해설** ③ 문맥상 '공기 중에 산소가 있는 한, 나무는 쉽게 타오른다'라는 일반적인 사실을 표현하고 있으므로 과거 시제 burned를 현재 시제 burns로 고쳐야 합니다.

어휘 oxygen 圀 산소 burn 图 타오르다 easily 凰 쉽게

08 가정법의 if 절과 주절의 시제 일치

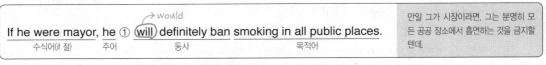

If he were mayor, he ① will(→would) definitely ban smoking in all public places.
수식어(if 절) 주어 동사 목적어

만일 그가 시장이라면, 그는 분명히 모든 공공 장소에서 흡연하는 것을 금지할 텐데.

🦉 **핵심포인트 해설** ① if 절에 현재 상황을 반대로 가정하는 가정법 과거 'if + 주어 + 과거 동사'의 형태인 If he were mayor가 왔으므로, 주절에도 가정법 과거를 만드는 '주어 + would/should/could/might + 동사원형'의 형태가 와야 합니다. 따라서 will을 would로 고쳐야 합니다.

어휘 mayor 圀 시장 definitely 凰 분명히, 틀림없이 ban 图 금지하다

09 특정 시제와 함께 자주 쓰이는 표현과의 시제 일치

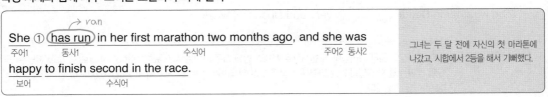

She ① has run(→ran) in her first marathon two months ago, and she was
주어1 동사1 수식어 주어2 동사2
happy to finish second in the race.
보어 수식어

그녀는 두 달 전에 자신의 첫 마라톤에 나갔고, 시합에서 2등을 해서 기뻤다.

🦉 **핵심포인트 해설** ① 과거 시제와 자주 함께 쓰이는 '시간 표현 + ago'(two months age)가 왔으므로 현재완료 시제 has run을 과거 시

제 ran으로 고쳐야 합니다.

어휘 run in marathon 마라톤에 나가다　race 몡 시합, 경주

10 조건을 나타내는 부사절에서의 시제 사용

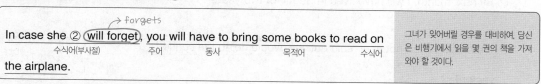

In case she ② (will forget), you will have to bring some books to read on
수식어(부사절)　주어　동사　목적어　수식어
the airplane.

> → forgets

그녀가 잊어버릴 경우를 대비하여, 당신은 비행기에서 읽을 몇 권의 책을 가져와야 할 것이다.

🦉핵심포인트 해설 ② 조건을 나타내는 접속사(In case)가 이끄는 절에서는 미래를 나타내기 위해 미래 시제 대신 현재 시제를 써야 하므로 미래 시제 will forget을 현재 시제 forgets로 고쳐야 합니다.

어휘 forget 통 잊다

11 미래완료 시제의 사용

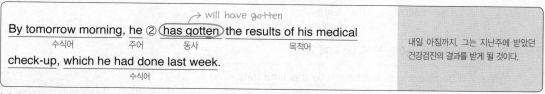

By tomorrow morning, he ② (has gotten) the results of his medical
수식어　주어　동사　목적어
check-up, which he had done last week.
수식어

> → will have gotten

내일 아침까지, 그는 지난주에 받았던 건강검진의 결과를 받게 될 것이다.

🦉핵심포인트 해설 ② 문맥상 '내일 아침까지, 건강검진의 결과를 받게 될 것이다'라는 과거에 발생한 동작이 미래의 어떤 시점까지 완료될 것임을 표현하고 있으므로 현재완료 시제 has gotten을 미래완료 시제 will have gotten으로 고쳐야 합니다.

어휘 medical check-up 몡 건강검진

12 시간을 나타내는 부사절에서의 시제 사용

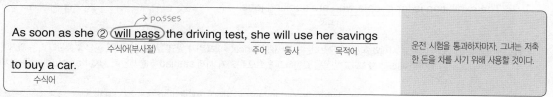

As soon as she ② (will pass) the driving test, she will use her savings
수식어(부사절)　주어　동사　목적어
to buy a car.
수식어

> → passes

운전 시험을 통과하자마자, 그녀는 저축한 돈을 차를 사기 위해 사용할 것이다.

🦉핵심포인트 해설 ② 시간을 나타내는 부사절 접속사(As soon as)가 이끄는 절에서는 미래를 나타내기 위해 미래 시제 대신 현재 시제를 써야 하므로 미래 시제 will pass를 현재 시제 passes로 고쳐야 합니다.

어휘 saving 몡 저축한 돈

13 과거 시제의 사용

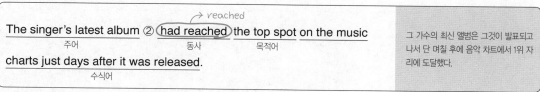

The singer's latest album ② (had reached) the top spot on the music
주어　동사　목적어
charts just days after it was released.
수식어

> → reached

그 가수의 최신 앨범은 그것이 발표되고 나서 단 며칠 후에 음악 차트에서 1위 자리에 도달했다.

🦉핵심포인트 해설 ② 문맥상 주절의 '1위에 오른' 시점이 부사절의 '그것이 발표된'(it was released) 과거 시점보다 먼저 일어난 일이 될 수 없으므로 특정 과거 시점 이전에 발생한 일을 표현하는 과거완료 시제 had reached를 사용할 수 없습니다. 따라서 had reached를 이미 끝난 과거의 일을 표현하는 과거 시제 reached로 고쳐야 합니다.

어휘 latest 혱 최신의, 최근의　release 통 발표하다

14 가정법의 if절과 주절의 시제 일치

① I am washing the dishes now.
주어 동사 목적어

② By next month, I will have lived in Seoul for two years.
수식어 주어 동사 수식어

③ If the tickets had not been sold out, we would go (→ would have gone) to the concert yesterday.
수식어(if 절) 주어 동사 수식어

④ In the fall, the leaves turn red and yellow.
수식어 주어 동사 보어

① 나는 지금 설거지를 하고 있다.
② 다음 달이면, 나는 서울에 2년 동안 산 것이 될 것이다.
③ 만약 티켓이 매진되지 않았다면, 우리는 어제 그 콘서트에 갔을 텐데.
④ 가을에는, 나뭇잎이 빨갛고 노랗게 변한다.

핵심포인트 해설 ③ if절에 과거 상황을 반대로 가정하는 가정법 과거완료 '주어 + had p.p.' 형태인 If the tickets had not been sold out이 왔으므로 주절에도 가정법 과거완료를 만드는 '주어 + would/should/could/might + have p.p.'의 형태가 와야 합니다. 따라서 would go를 would have gone으로 고쳐야 합니다.

어휘 sold out 표가 매진된 leaf [명] 나뭇잎

15 특정 시제와 함께 자주 쓰이는 표현과의 시제 일치

① We will be relaxing at the beach by this time tomorrow.
주어 동사 수식어

② The girl studied (→ has studied) at this school since 2012.
주어 동사 수식어

③ If I won the lottery, I would invest the money wisely.
수식어(if 절) 주어 동사 목적어

④ The exhibition is for people who are seeking jobs.
주어 동사 보어

① 우리는 내일 이 시간 즈음 해변에서 휴식을 취하고 있을 것이다.
② 그 소녀는 2012년 이래로 이 학교에서 공부를 해왔다.
③ 내가 만약 복권에 당첨된다면, 그 돈을 현명하게 투자할 텐데.
④ 그 박람회는 일자리를 찾고 있는 사람들을 위한 것이다.

핵심포인트 해설 ② 현재완료 시제와 함께 자주 쓰이는 시간 표현 since(~이래로)가 왔고, '2012년 이래로 공부를 해왔다'라는 과거에 시작된 일이 현재까지 계속되고 있음을 표현하고 있으므로 과거 시제 studied를 현재완료 시제 has studied로 고쳐야 합니다.

어휘 relax [동] 휴식을 취하다 lottery [명] 복권 invest [동] 투자하다 exhibition [명] 박람회 seek [동] 찾다, 추구하다

Day 09의 학습을 마친 여러분, 수고하셨습니다.
〈Hackers Test〉 07~15번의 심화 학습을 원하는 수험생들을 위해 **추가 오답 해설**을 제공합니다.

이용방법 해커스 공무원(gosi.Hackers.com)에서 추가 오답 해설(PDF) 다운받기

p.164

01 ①	02 ②	03 ③	04 ④	05 ②	06 ③	07 ①	08 ②
09 ②	10 ②	11 ②	12 ②	13 ②	14 ③	15 ④	

01 수동태의 쓰임

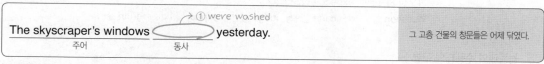

The skyscraper's windows ⟶ ① were washed yesterday.
주어 / 동사

그 고층 건물의 창문들은 어제 닦였다.

🦉 **핵심포인트 해설** 빈칸은 문장의 동사 자리입니다. 동사 뒤에 목적어가 없고, 주어 The skyscraper's windows와 동사가 '고층 건물의 창문들이 닦이다'라는 의미의 수동 관계이므로 수동태가 쓰인 ①, ③번이 정답 후보입니다. 주어 자리에 복수 명사 The skyscraper's windows가 왔으므로 복수 동사 were가 쓰인 ① were washed가 정답입니다.

어휘 skyscraper 뗑 고층 건물 wash 통 닦다

02 수동태로 쓰일 수 없는 자동사

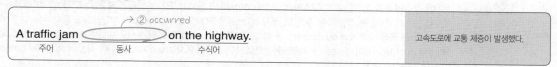

A traffic jam ⟶ ② occurred on the highway.
주어 / 동사 / 수식어

고속도로에 교통 체증이 발생했다.

🦉 **핵심포인트 해설** 빈칸은 문장의 동사 자리입니다. 자동사 occur는 수동태로 쓰일 수 없으므로 능동태로 쓰인 ② occurred가 정답입니다. 주어 자리에 단수 명사 A traffic jam이 왔으므로 복수 동사 ④ occur는 정답이 될 수 없습니다.

어휘 traffic jam 뗑 교통 체증 occur 통 발생하다 highway 뗑 고속도로

03 동사원형을 목적격 보어로 취하는 5형식 동사의 수동태

He ⟶ ③ was seen to go jogging at midnight.
주어 / 동사 + 보어 / 수식어

그가 자정에 조깅을 하는 것이 목격되었다.

🦉 **핵심포인트 해설** 빈칸은 문장의 동사 자리입니다. 동사원형을 목적격 보어로 취하는 5형식 동사(see)가 수동태가 되면 목적격 보어 앞에 to를 쓴 to 부정사(to go)가 수동태 동사(was seen) 뒤에 남아야 하므로 ③ was seen to go가 정답입니다.

어휘 midnight 뗑 자정

04 4형식 동사의 수동태

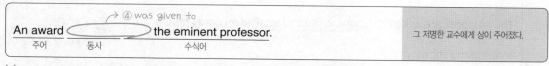

An award ⟶ ④ was given to the eminent professor.
주어 / 동사 / 수식어

그 저명한 교수에게 상이 주어졌다.

🦉 **핵심포인트 해설** 빈칸은 문장의 동사 자리입니다. 동사 give는 2개의 목적어를 '간접 목적어(the eminent professor) + 직접 목적어(an award)'의 순서로 취하는 4형식 동사로, 직접 목적어(an award)가 주어로 간 수동태의 경우 수동태 동사(was given) 뒤에 '전치사(to) + 간접 목적어(the eminent professor)'가 와야 하므로 ④ was given to가 정답입니다. 문맥상 '그 교수에게 상이 주어졌다'는 의미가 되어야 자연스러우므로 능동태 ②, ③번은 정답이 될 수 없습니다.

어휘 award 뗑 상 eminent 혱 저명한, 탁월한

05 능동태와 수동태의 구별

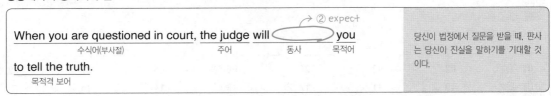

When you are questioned in court, the judge will _____ you
　　　　수식어(부사절)　　　　　　　　　주어　　　동사　　목적어
to tell the truth.
목적격 보어

② expect

당신이 법정에서 질문을 받을 때, 판사는 당신이 진실을 말하기를 기대할 것이다.

🐱 **핵심포인트 해설** 빈칸은 문장의 동사 자리입니다. 빈칸 뒤에 목적어 you가 왔고, 주어 the judge와 동사가 '판사는 당신이 진실을 말하기를 기대한다'라는 의미의 능동 관계이므로 능동태가 쓰인 ②, ③번이 정답 후보입니다. 조동사(will) 다음에는 반드시 동사원형이 와야 하므로 ② expect가 정답입니다.

어휘 **question** 통 질문하다　**court** 몡 법정　**judge** 몡 판사　**expect** 통 기대하다　**truth** 몡 진실

06 능동태와 수동태의 구별

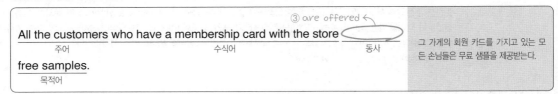

③ are offered

All the customers who have a membership card with the store _____
　　주어　　　　　　　수식어　　　　　　　　　　　　　　　동사
free samples.
목적어

그 가게의 회원 카드를 가지고 있는 모든 손님들은 무료 샘플을 제공받는다.

🐱 **핵심포인트 해설** 빈칸은 문장의 동사 자리입니다. 주어(All the customers)와 동사가 '모든 손님들은 제공받는다'라는 의미의 수동 관계이므로 능동태 ①, ②는 정답이 될 수 없고, 동사 offer의 수동태 ③ are offered가 정답입니다. 동사 offer는 2개의 목적어를 '간접 목적어(all the customers) + 직접 목적어(free samples)'의 순서로 취하는 4형식 동사로, 간접 목적어(all the customers)가 주어로 간 수동태 문장으로 쓰여 수동태 동사(are offered) 뒤에 직접 목적어(free samples)가 그대로 남았습니다.

어휘 **customer** 몡 손님　**membership** 몡 회원

07 동사원형을 목적격 보어로 취하는 5형식 동사의 수동태

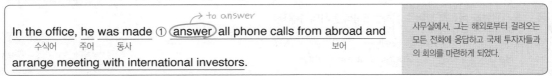

→ to answer

In the office, he was made ① answer all phone calls from abroad and
　수식어　　주어　동사　　　　　　　　　　　　보어
arrange meeting with international investors.

사무실에서, 그는 해외로부터 걸려오는 모든 전화에 응답하고 국제 투자자들과의 회의를 마련하게 되었다.

🐱 **핵심포인트 해설** ① 동사원형을 목적격 보어로 취하는 5형식 동사(make)가 수동태가 되면 목적격 보어 앞에 전치사 to를 쓴 to 부정사(to answer)가 수동태 동사(was made) 뒤에 남아야 하므로 동사원형 answer를 to answer로 고쳐야 합니다.

어휘 **arrange** 통 마련하다　**international** 몡 국제적인　**investor** 몡 투자자

08 5형식 동사의 수동태

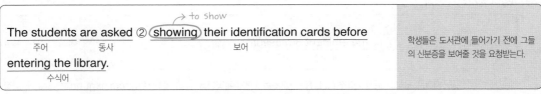

→ to show

The students are asked ② showing their identification cards before
　　주어　　　　동사　　　　　　　　　　보어
entering the library.
　　수식어

학생들은 도서관에 들어가기 전에 그들의 신분증을 보여줄 것을 요청받는다.

🐱 **핵심포인트 해설** ② to 부정사를 목적격 보어로 취하는 5형식 동사(ask)가 수동태가 되면 to 부정사 목적격 보어는 수동태 동사(are asked) 뒤에 그대로 남아야 하므로 동명사 showing을 to 부정사 to show로 고쳐야 합니다.

어휘 **identification card** 몡 신분증

09 '자동사 + 전치사'의 수동태

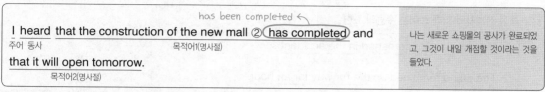

The athlete was ②(looked up) by the younger students as well as his
　주어　　　　　　동사　　　　　　　　　　　　　　　수식어
→ looked up to

teammates.

그 운동선수는 그의 팀 동료들뿐만 아니라 어린 학생들에게도 존경받았다.

🦉 **핵심포인트 해설** ② 자동사는 수동태가 될 수 없지만, 전치사와 함께 짝을 이루어 '자동사(look up) + 전치사(to)'로 쓰이면 수동태가 될 수 있습니다. 이때 자동사(look up) 뒤의 전치사는 수동태 동사(was looked up) 뒤에 그대로 남아야 하므로 looked up을 looked up to로 고쳐야 합니다.

어휘 athlete 뗑 운동선수　look up to 존경하다

10 능동태와 수동태의 구별

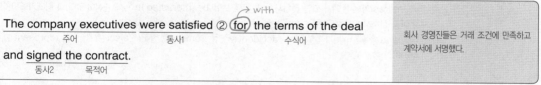

has been completed ←

I heard that the construction of the new mall ②(has completed) and
주어 동사　　　　　　　목적어1(명사절)

that it will open tomorrow.
　　목적어2(명사절)

나는 새로운 쇼핑몰의 공사가 완료되었고, 그것이 내일 개점할 것이라는 것을 들었다.

🦉 **핵심포인트 해설** ② 동사(has completed) 뒤에 목적어가 없고, 주어 the construction of the new mall과 동사가 '쇼핑몰의 공사가 완료되다'라는 의미의 수동 관계이므로 능동태 has completed를 수동태 has been completed로 고쳐야 합니다.

어휘 construction 뗑 공사, 건설　open 뗑 개점하다, 개업하다

11 특정 전치사와 함께 쓰이는 수동태 표현

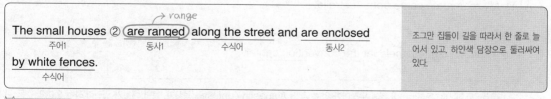

→ with

The company executives were satisfied ②(for) the terms of the deal
　　주어　　　　　　　　동사1　　　　　　　수식어

and signed the contract.
　동사2　　목적어

회사 경영진은 거래 조건에 만족하고 계약서에 서명했다.

🦉 **핵심포인트 해설** ② 동사 satisfy가 수동태(were satisfied)로 쓰이면 전치사 with와 함께 쓰여 be satisfied with(~에 만족하다)의 형태가 되어야 하므로 전치사 for를 with로 고쳐야 합니다.

어휘 executive 뗑 경영진　satisfy 뗑 만족시키다　term 뗑 조건　deal 뗑 거래　sign 뗑 서명하다　contract 뗑 계약서

12 수동태로 쓰일 수 없는 자동사

→ range

The small houses ②(are ranged) along the street and are enclosed
　　주어1　　　　　　동사1　　　　수식어　　　　　　　동사2

by white fences.
　수식어

조그만 집들이 길을 따라서 한 줄로 늘어서 있고, 하얀색 담장으로 둘러싸여 있다.

🦉 **핵심포인트 해설** ② 자동사(range)는 수동태로 쓰일 수 없으므로 수동태 are ranged를 자동사 ranged로 고쳐야 합니다.

어휘 range 뗑 한 줄로 늘어서다　enclose 뗑 둘러싸다　fence 뗑 담장, 울타리

13 능동태와 수동태의 구별

> are considered

Some exotic species ② ~~consider~~ a problem because they have no
　　　주어　　　　　　　　동사　　　　보어
natural predators in the local environment.
　　　　　　　수식어(부사절)

몇몇 외래종들은 현지 환경에 자연적 포식자가 없기 때문에 문제로 여겨진다.

🔑 **핵심포인트 해설** ② 주어 Some exotic species와 동사가 '몇몇 외래종은 문제로 여겨진다'라는 의미의 수동 관계이므로 능동태 동사 consider를 수동태 동사 are considered로 고쳐야 합니다. 목적어와 목적격 보어를 취하는 5형식 동사(consider)가 수동태가 되면 수동태 동사(are considered) 뒤에 목적격 보어(a problem)가 그대로 남아야 하므로 목적격 보어 a problem이 동사 뒤에 쓰였습니다.

어휘 **exotic** 휑 외국의　**predator** 휑 포식자　**local** 휑 현지의　**environment** 휑 환경

14 특정 전치사와 함께 쓰이는 수동태 표현

① His car was not damaged in the accident.
　　주어　　　　동사　　　　　　수식어
② The plane remained on the runway for an hour.
　　주어　　　　동사　　　　　　수식어

> in

③ We are interested ~~of~~ buying a new house.
　　주어　　동사　　　　　　수식어
④ She was elected to represent her state as a senator.
　　주어　　동사　　　　　　수식어

① 그의 차는 그 사고에서 훼손되지 않았다.
② 그 비행기는 활주로에 한 시간 동안 남아 있었다.
③ 우리는 새 집을 사는 데 관심이 있다.
④ 그녀는 그녀의 주를 대표하도록 상원 의원으로 선출되었다.

🔑 **핵심포인트 해설** ③ 동사 interest가 수동태가 되면 전치사 in과 함께 쓰여 'be interested in'(~에 관심이 있다)의 형태가 되어야 하므로 전치사 of를 전치사 in으로 고쳐야 합니다.

어휘 **damage** 동 훼손시키다, 손상을 입히다　**accident** 휑 사고　**runway** 휑 활주로　**elect** 동 선출하다　**represent** 동 대표하다
　　senator 휑 상원 의원

15 능동태와 수동태의 구별

① Many people were surprised at the survey results.
　　주어　　　　동사　　　　　　수식어
② The old apartment will be renovated next year.
　　주어　　　　　　동사　　　　수식어
③ My roommate came from Australia.
　　주어　　　　동사　　수식어

> was held

④ A speech contest ~~held~~ at the convention center.
　　주어　　　　동사　　　　수식어

① 많은 사람들은 그 설문 조사 결과에 놀랐다.
② 그 오래된 아파트는 내년에 보수될 것이다.
③ 나의 룸메이트는 호주에서 왔다.
④ 컨벤션 센터에서 웅변 대회가 열렸다.

🔑 **핵심포인트 해설** ④ 동사(held) 뒤에 목적어가 없고, 주어 A speech contest와 동사가 '웅변 대회가 열리다'라는 의미의 수동 관계이므로 능동태 동사 held를 수동태 동사 was held로 고쳐야 합니다.

어휘 **survey** 휑 (설문) 조사　**renovate** 동 보수하다

Day 10의 학습을 마친 여러분, 수고하셨습니다.
〈Hackers Test〉 07~15번의 심화 학습을 원하는 수험생들을 위해 **추가 오답 해설**을 제공합니다.

이용방법 해커스 공무원(gosi.Hackers.com)에서 추가 오답 해설(PDF) 다운받기

p.176

01 ④	02 ③	03 ①	04 ④	05 ②	06 ②	07 ①	08 ③
09 ③	10 ③	11 ①	12 ③	13 ②	14 ②	15 ④	

01 조동사 뒤에 올 수 있는 것

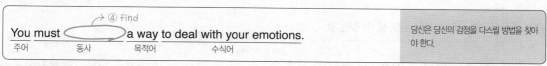

You must ◯ (④ find) a way to deal with your emotions.
주어   동사   목적어   수식어

당신은 당신의 감정을 다스릴 방법을 찾아야 한다.

🦉 **핵심포인트 해설** 빈칸은 조동사(must) 뒤에 오는 것의 자리입니다. 조동사(must) 뒤에는 반드시 동사원형이 와야 하므로 동사원형(be, find)가 쓰인 ③, ④번이 정답 후보입니다. 동사(find) 뒤에 목적어(a way)가 있고 문맥상 주어(You)와 동사가 '당신은 방법을 찾아야 한다'라는 의미의 능동 관계이므로 수동태 ③ be found는 정답이 될 수 없고, 능동태 ④ find가 정답입니다.

어휘 deal with ~을 다루다   emotion 📖 감정

02 제안을 나타내는 동사가 주절에 올 경우 종속절 동사의 형태

I suggested that she ◯ (③ visit) a dentist.
주어   동사   목적어(명사절)

나는 그녀가 치과에 가야 한다고 제안했다.

🦉 **핵심포인트 해설** 빈칸은 종속절(that ~ a dentist)의 동사 자리입니다. 주절에 제안을 나타내는 동사(suggest)가 올 경우 종속절에는 '(should +) 동사원형'이 와야 하므로 동사원형 ③ visit가 정답입니다.

어휘 dentist 📖 치과, 치과 의사

03 조동사처럼 쓰이는 표현 뒤에 올 수 있는 것

He used to ◯ (① watch) TV every evening, but now he reads books.
주어1   동사1   목적어1   수식어   주어2 동사2 목적어2

그는 매일 저녁 TV를 보곤 했지만, 이제는 책을 읽는다.

🦉 **핵심포인트 해설** 빈칸은 조동사처럼 쓰이는 표현(used to) 뒤에 오는 것의 자리입니다. 'used to'(~하곤 했다) 뒤에는 반드시 동사원형이 와야 하므로 ① watch가 정답입니다.

04 조동사처럼 쓰이는 표현 뒤에 올 수 있는 것

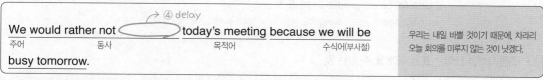

We would rather not ◯ (④ delay) today's meeting because we will be busy tomorrow.
주어   동사   목적어   수식어(부사절)

우리는 내일 바쁠 것이기 때문에, 차라리 오늘 회의를 미루지 않는 것이 낫겠다.

🦉 **핵심포인트 해설** 빈칸은 조동사처럼 쓰이는 표현(would rather) 뒤에 오는 것의 자리입니다. 'would rather'(차라리 ~하는 게 낫다) 뒤에는 반드시 동사원형이 와야 하므로 동사원형 ④ delay가 정답입니다.

어휘 delay 📖 미루다   meeting 📖 회의

05 '조동사 + have p.p.'의 쓰임

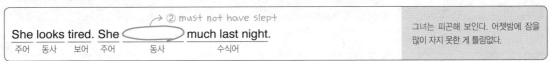

→ ② must not have slept She looks tired. She ( ) much last night. 주어 동사 보어 주어 동사 수식어	그녀는 피곤해 보인다. 어젯밤에 잠을 많이 자지 못한 게 틀림없다.

핵심포인트 해설 빈칸은 문장의 동사 자리입니다. 문맥상 '어젯밤에 잠을 많이 자지 못한 게 틀림없다'라는 의미가 되어야 자연스러우므로 과거 사실에 대한 강한 확신을 나타내는 'must have p.p.'(~했음에 틀림없다)가 쓰인 ② must not have slept가 정답입니다.

어휘 tired [형] 피곤한

06 조동사처럼 쓰이는 표현 뒤에 올 수 있는 것

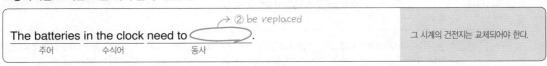

→ ② be replaced The batteries in the clock need to ( ). 주어 수식어 동사	그 시계의 건전지는 교체되어야 한다.

핵심포인트 해설 빈칸은 조동사처럼 쓰이는 표현(need to) 뒤에 오는 것의 자리입니다. 'need to'(~해야 한다) 뒤에는 반드시 동사원형이 와야 하므로 동사원형(be, replace)이 쓰인 ②, ③번이 정답 후보입니다. 빈칸 뒤에 목적어가 없고 주어(The batteries)와 동사가 '건전지는 교체되어야 한다'라는 의미의 수동 관계이므로 수동태 ② be replaced가 정답입니다.

어휘 replace [동] 교체하다

07 used to vs. be used to

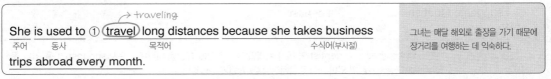

→ traveling She is used to ① (travel) long distances because she takes business trips abroad every month. 주어 동사 목적어 수식어(부사절)	그녀는 매달 해외로 출장을 가기 때문에 장거리를 여행하는 데 익숙하다.

핵심포인트 해설 ① 'be used to'(~하는 데 익숙하다) 뒤에는 '동사원형 + ing' 와야 하므로 동사원형 travel을 '동사원형 + ing' traveling으로 고쳐야 합니다.

어휘 distance [명] 거리 business trip [명] 출장 abroad [부] 해외로

08 의무를 나타내는 형용사가 주절에 올 경우 종속절 동사의 형태

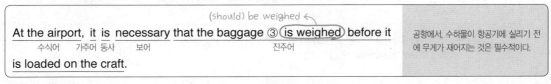

(should) be weighed ← At the airport, it is necessary that the baggage ③ (is weighed) before it is loaded on the craft. 수식어 가주어 동사 보어 진주어	공항에서, 수하물이 항공기에 실리기 전에 무게가 재어지는 것은 필수적이다.

핵심포인트 해설 ③ 주절에 의무를 나타내는 형용사(necessary)가 오면 종속절에는 '(should +) 동사원형'이 와야 하므로 is weighed를 (should) be weighed로 고쳐야 합니다.

어휘 baggage [명] 수하물 weigh [동] 무게를 재다 load [동] 싣다, 적재하다 craft [명] 항공기

09 조동사처럼 쓰이는 표현 뒤에 올 수 있는 것

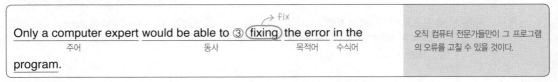

→ fix Only a computer expert would be able to ③ (fixing) the error in the program. 주어 동사 목적어 수식어	오직 컴퓨터 전문가들만이 그 프로그램의 오류를 고칠 수 있을 것이다.

핵심포인트 해설 ③ 조동사처럼 쓰이는 표현 'be able to'(~할 수 있다) 뒤에는 반드시 동사원형이 와야 하므로 '동사원형 + ing' fixing을

동사원형 fix로 고쳐야 합니다.

어휘 **expert** 명 전문가 **fix** 통 고치다

10 조동사처럼 쓰이는 표현 뒤에 올 수 있는 것

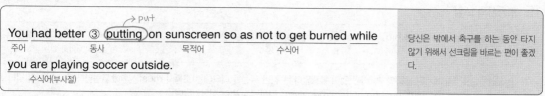

You had better ③ <u>putting</u> on sunscreen so as not to get burned while
주어   동사   목적어   수식어

you are playing soccer outside.
   수식어(부사절)

→ put

당신은 밖에서 축구를 하는 동안 타지 않기 위해서 선크림을 바르는 편이 좋겠다.

핵심포인트 해설 ③ 조동사처럼 쓰이는 표현 'had better'(~하는 게 좋겠다) 뒤에는 반드시 동사원형이 와야 하므로 '동명사 + ing' putting을 동사원형 put로 고쳐야 합니다.

어휘 **burn** 통 (햇볕 등에) 타다 **outside** 부 밖에서

11 조동사처럼 쓰이는 표현 뒤에 올 수 있는 것

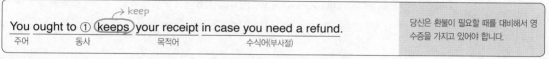

You ought to ① <u>keeps</u> your receipt in case you need a refund.
주어   동사   목적어   수식어(부사절)

→ keep

당신은 환불이 필요할 때를 대비해서 영수증을 가지고 있어야 합니다.

핵심포인트 해설 ① 조동사처럼 쓰이는 표현 'ought to'(~해야 한다) 뒤에는 반드시 동사원형이 와야 하므로 3인칭 단수 동사 keeps를 동사원형 keep으로 고쳐야 합니다.

어휘 **receipt** 명 영수증 **refund** 명 환불

12 요청을 나타내는 동사가 주절에 올 경우 종속절 동사의 형태

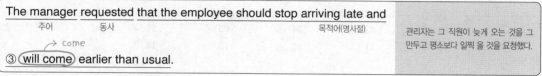

The manager requested that the employee should stop arriving late and
주어   동사   목적어(명사절)

③ <u>will come</u> earlier than usual.

→ come

관리자는 그 직원이 늦게 오는 것을 그만두고 평소보다 일찍 올 것을 요청했다.

핵심포인트 해설 ③ 주절에 요청을 나타내는 동사 request가 올 경우 종속절에는 '(should +) 동사원형'이 와야 하므로 will come을 '(should +) 동사원형'으로 고쳐야 하는데, and 앞에 should가 이미 쓰였으므로 동사원형 come으로 고쳐야 합니다.

어휘 **request** 통 요청하다 **employee** 명 직원 **arrive** 통 도착하다 **usual** 형 평상시의

13 조동사처럼 쓰이는 표현 뒤에 올 수 있는 것

Many people are going to ② <u>attending</u> the party, so we have to prepare
주어1   동사1   목적어1   주어2   동사2

enough food.
   목적어2

→ attend

많은 사람들이 파티에 참석할 것이므로 우리는 충분한 음식을 준비해야 한다.

핵심포인트 해설 ② 조동사처럼 쓰이는 표현 'be going to'(~할 것이다) 뒤에는 동사원형이 와야 하므로 '동사원형 + ing' attending을 동사원형 attend로 고쳐야 합니다.

어휘 **attend** 통 참석하다 **prepare** 통 준비하다

14 '조동사 + have p.p.'의 쓰임

He could not have passed the exam without the support of his family.
주어   동사   목적어   수식어

그는 가족의 지원이 없었더라면 시험에 합격했을 리 없다.

🦉 **핵심포인트 해설** 제시된 문장의 '시험에 합격했을 리 없다'를 과거의 일에 대한 추측을 나타내는 'could not have p.p.'(~했을 리가 없다)를 사용하여 He could not have passed ~ his family로 나타낸 ②번이 정답입니다.

어휘 support ⑧ 지원

15 조동사의 쓰임

Her apartment is so big. It must be quite expensive.	그녀의 아파트는 매우 크다. 그것은 꽤
주어 동사 보어 주어 동사 보어	비싼 것이 틀림없다.

🦉 **핵심포인트 해설** 제시된 문장의 '꽤 비싼 것이 틀림없다'는 강한 확신을 나타내는 조동사 must(~함에 틀림없다)를 사용하여 나타낼 수 있으므로 It must be quite expensive로 나타낸 ④번이 정답입니다.

어휘 expensive ⑱ 비싼

Day 11의 학습을 마친 여러분, 수고하셨습니다.
〈Hackers Test〉 07~15번의 심화 학습을 원하는 수험생들을 위해 **추가 오답 해설**을 제공합니다.

🔲 **이용방법** 해커스 공무원(gosi.Hackers.com)에서 추가 오답 해설(PDF) 다운받기

DAY **12**   to 부정사

p.190

01 ③	02 ④	03 ①	04 ③	05 ②	06 ③	07 ③	08 ②
09 ④	10 ②	11 ③	12 ④	13 ①	14 ④	15 ②	

01 to 부정사를 목적어로 취하는 동사

The play failed ⟨③ to amuse⟩ the crowd.	그 연극은 사람들을 즐겁게 하지 못했다.
주어 동사 목적어	

🦉 **핵심포인트 해설** 빈칸은 동사 fail의 목적어 자리입니다. 동사 fail은 to 부정사를 목적어로 취하는 동사이므로 to 부정사 ③ to amuse가 정답입니다.

어휘 play ⑱ 연극 amuse ⑧ 즐겁게 하다 crowd ⑱ 사람들, 군중

02 to 부정사를 목적격 보어로 취하는 동사

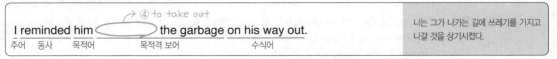

I reminded him ⟨④ to take out⟩ the garbage on his way out.	나는 그가 나가는 길에 쓰레기를 가지고
주어 동사 목적어 목적격 보어 수식어	나갈 것을 상기시켰다.

🦉 **핵심포인트 해설** 빈칸은 동사 remind의 목적격 보어 자리입니다. remind는 목적격 보어로 to 부정사를 취하는 동사이므로 ④ to take out이 정답입니다.

어휘 remind ⑧ 상기시키다, 다시 알려주다 garbage ⑱ 쓰레기

03 to 부정사의 의미상의 주어

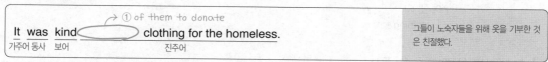

It was kind ① of them to donate clothing for the homeless.
가주어 동사 보어 진주어

> 그들이 노숙자들을 위해 옷을 기부한 것은 친절했다.

🐱 **핵심포인트 해설** 빈칸은 가짜 주어 it이 쓰인 문장의 진짜 주어 자리입니다. 주어 자리에 to 부정사구처럼 긴 주어가 올 경우 이를 대신하는 가짜 주어 it이 쓰였으므로 진짜 주어 자리에 to 부정사(to donate ~ homeless)가 온 ①, ②, ④번이 정답 후보입니다. 사람의 성질을 나타내는 형용사(kind)가 to 부정사(to donate) 앞에 쓰일 경우 to 부정사의 의미상의 주어는 'of + 대명사의 목적격'의 형태로 to 부정사 앞에 써야 하므로 ① of them to donate가 정답입니다.

어휘 clothing 圆 옷   homeless 圆 노숙자

04 'enough to'의 어순

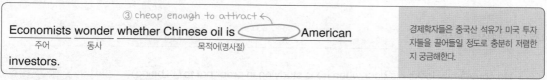

Economists wonder whether Chinese oil is ③ cheap enough to attract American investors.
주어 동사 목적어(명사절) 목적어(명사절)

> 경제학자들은 중국산 석유가 미국 투자자들을 끌어들일 정도로 충분히 저렴한지 궁금해한다.

🐱 **핵심포인트 해설** 빈칸은 명사절 접속사 whether가 이끄는 절의 be 동사(is)의 보어 자리입니다. to 부정사 관련 표현 enough to는 '형용사(cheap) + enough + to 부정사(~할 정도로 충분히 -한)의 어순이 되어야 하므로 ③ cheap enough to attract가 정답입니다. to 부정사의 형태는 'to + 동사원형'이므로 to 뒤에 동명사가 온 ① cheap enough to attracting은 정답이 될 수 없습니다.

어휘 economist 圆 경제학자   wonder 용 궁금해하다   attract 용 끌어들이다   investor 圆 투자자

05 to 부정사를 목적격 보어로 취하는 동사

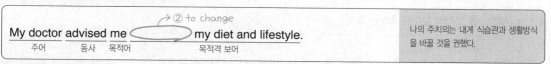

My doctor advised me ② to change my diet and lifestyle.
주어 동사 목적어 목적격 보어

> 나의 주치의는 내게 식습관과 생활방식을 바꿀 것을 권했다.

🐱 **핵심포인트 해설** 빈칸은 동사 advise의 목적격 보어 자리입니다. 동사 advise는 to 부정사를 목적격 보어로 취하는 동사이므로 to 부정사 ② to change가 정답입니다.

어휘 advise 용 권하다   diet 圆 식습관   lifestyle 圆 생활방식

06 to 부정사의 의미상의 주어

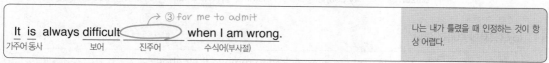

It is always difficult ③ for me to admit when I am wrong.
가주어 동사 보어 진주어 수식어(부사절)

> 나는 내가 틀렸을 때 인정하는 것이 항상 어렵다.

🐱 **핵심포인트 해설** 빈칸은 가짜 주어 it이 쓰인 문장의 진짜 주어 자리입니다. 주어 자리에 to 부정사구와 같이 긴 주어가 온 경우 이를 대신하는 가짜 주어 it이 쓰였으므로 진짜 주어 자리에는 to 부정사(to admit)가 와야 하고, to 부정사의 의미상의 주어는 'for + 대명사의 목적격(me)'을 to 부정사(to admit) 앞에 써야 하므로 ③ for me to admit이 정답입니다. 'of + 대명사의 목적격'은 사람의 성질을 나타내는 형용사가 to 부정사 앞에 온 경우에 쓸 수 있으므로 ① of me to admit은 정답이 될 수 없습니다.

어휘 admit 용 인정하다

07 to 부정사를 취하는 형용사

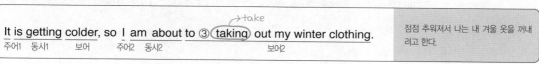

It is getting colder, so I am about to ③ (taking) out my winter clothing. → take
주어1 동사1 보어 주어2 동사2 보어2

> 점점 추워져서 나는 내 겨울 옷을 꺼내려고 한다.

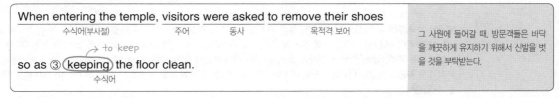

🦉 **핵심포인트 해설** ③ 형용사 about은 to 부정사를 취해 'be about to'(막 ~하려 하다)로 쓰이므로 동명사 taking을 동사원형 take로 고쳐야 합니다.

어휘 clothing ⑲ 옷

08 to 부정사를 목적어로 취하는 동사

> → to publish
>
> The writer plans ② (publish) her unreleased short stories before she
> <u>주어</u> <u>동사</u> <u>목적어</u> <u>수식어(부사절)</u>
> retires.

그 작가는 은퇴하기 전에 그녀의 공개되지 않은 단편들을 출판할 계획이다.

🦉 **핵심포인트 해설** ② 동사 plan은 to 부정사를 목적어로 취하는 동사이므로 동사원형 publish를 to 부정사 to publish로 고쳐야 합니다.

어휘 publish ⑧ 출판하다 unreleased ⑱ 공개되지 않은 retire ⑧ 은퇴하다

09 to 부정사의 부사적 역할

> be ←
>
> He sometimes locks his door when he is studying in order not to ④ (being)
> <u>주어</u> <u>동사</u> <u>목적어</u> <u>수식어(부사절)</u> <u>수식어</u>
> disturbed.

그는 공부할 때 방해를 받지 않기 위해서 가끔 문을 잠근다.

🦉 **핵심포인트 해설** ④ 문맥상 '방해를 받지 않기 위해서'라는 의미가 되어야 자연스럽고 '~하기 위해서'는 부사처럼 문장을 수식할 수 있는 to 부정사를 사용하여 나타낼 수 있는데, 이때 to 부정사의 to 대신 in order to를 쓸 수 있으므로 동명사 being을 앞에 나온 to와 함께 to 부정사 형태를 이루는 동사원형 be로 고쳐야 합니다.

어휘 lock ⑧ 잠그다 disturb ⑧ 방해하다

10 to 부정사를 목적격 보어로 취하는 동사

> → to install
>
> The citizens ask the city council ② (install) a traffic light to reduce the
> <u>주어</u> <u>동사</u> <u>목적어</u> <u>목적격 보어</u> <u>수식어</u>
> number of accidents.

시민들은 사고의 수를 줄이기 위해서 시의회가 신호등을 설치할 것을 부탁했다.

🦉 **핵심포인트 해설** ② 동사 ask는 to 부정사를 목적격 보어로 취하는 동사이므로 동사원형 install을 to 부정사 to install로 고쳐야 합니다.

어휘 citizen ⑲ 시민 city council ⑲ 시의회 install ⑧ 설치하다 traffic light ⑲ 신호등 reduce ⑧ 줄이다

11 to 부정사의 부사적 역할

> When entering the temple, visitors were asked to remove their shoes
> <u>수식어(부사절)</u> <u>주어</u> <u>동사</u> <u>목적격 보어</u>
> → to keep
> so as ③ (keeping) the floor clean.
> <u>수식어</u>

그 사원에 들어갈 때, 방문객들은 바닥을 깨끗하게 유지하기 위해서 신발을 벗을 것을 부탁받는다.

🦉 **핵심포인트 해설** ③ 문맥상 '깨끗하게 유지하기 위해서'라는 의미가 되어야 자연스럽고 '~하기 위해서'는 부사처럼 문장을 수식할 수 있는 to 부정사를 사용하여 나타낼 수 있는데, 이때, to 부정사의 to 대신 so as to를 쓸 수 있으므로 so as 뒤의 동명사 keeping을 to keep으로 고쳐야 합니다.

어휘 enter ⑧ 들어가다 temple ⑲ 사원 ask ⑧ 부탁하다 remove ⑧ 벗다, 치우다 floor ⑲ 바닥

12 to 부정사를 목적격 보어로 취하는 동사

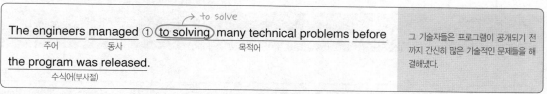

Most European countries failed to welcome Jewish refugees after the war, which caused many Jewish people ④ immigrate elsewhere.
(주어 / 동사 / 목적어 / 수식어 / 수식어)
→ to immigrate

대부분의 유럽 국가들은 전쟁 후에 유대인 난민들을 환영하지 못했고, 이는 많은 유대인들로 하여금 다른 곳으로 이주하게 했다.

핵심포인트 해설 ④ 동사 cause는 to 부정사를 목적격 보어로 취하는 동사이므로 동사원형 immigrate를 to 부정사 to immigrate로 고쳐야 합니다.

어휘 Jewish [명] 유대인 refugee [명] 난민, 망명자 immigrate [동] 이주하다 elsewhere [부] 다른 곳으로

13 to 부정사를 목적으로 취하는 동사 & to 부정사의 형태

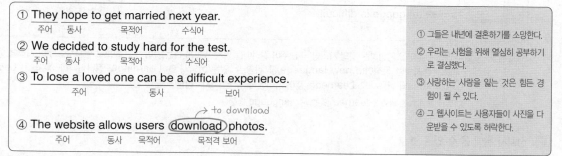

The engineers managed ① to solving many technical problems before the program was released.
(주어 / 동사 / 목적어 / 수식어(부사절))
→ to solve

그 기술자들은 프로그램이 공개되기 전까지 간신히 많은 기술적인 문제들을 해결해냈다.

핵심포인트 해설 ① 동사 manage는 to 부정사를 목적어로 취하는 동사입니다. to 부정사의 형태는 'to + 동사원형'이므로 to 뒤에 동명사가 쓰인 to solving을 to solve로 고쳐야 합니다.

어휘 technical [형] 기술적인 release [동] 공개하다

14 to 부정사를 목적격 보어로 취하는 동사

① They hope to get married next year.
(주어 / 동사 / 목적어 / 수식어)

② We decided to study hard for the test.
(주어 / 동사 / 목적어 / 수식어)

③ To lose a loved one can be a difficult experience.
(주어 / 동사 / 보어)

④ The website allows users download photos.
(주어 / 동사 / 목적어 / 목적격 보어)
→ to download

① 그들은 내년에 결혼하기를 소망한다.
② 우리는 시험을 위해 열심히 공부하기로 결심했다.
③ 사랑하는 사람을 잃는 것은 힘든 경험이 될 수 있다.
④ 그 웹사이트는 사용자들이 사진을 다운받을 수 있도록 허락한다.

핵심포인트 해설 ④ 동사 allow는 to 부정사를 목적격 보어로 취하는 동사이므로 동사원형 download를 to 부정사 to download로 고쳐야 합니다.

어휘 get married 결혼하다 experience [명] 경험 download [동] 다운로드하다

15 to 부정사의 부사적 역할

① I am willing to lend you some money.
(주어 / 동사 / 목적어)

② Fishermen cast nets so as catch fish.
(주어 / 동사 / 목적어 / 수식어)
→ to catch

③ I was pleased to meet my new colleagues.
(주어 / 동사 / 보어 / 수식어)

④ He takes vitamins to stay healthy.
(주어 / 동사 / 목적어 / 수식어)

① 나는 너에게 기꺼이 약간의 돈을 빌려 줄 것이다.
② 어부들은 물고기를 잡기 위해 그물을 던진다.
③ 나는 나의 새로운 동료를 만나게 되어서 기뻤다.
④ 그는 건강을 유지하기 위해 비타민을 복용한다.

핵심포인트 해설 ② 문맥상 '물고기를 잡기 위해서'라는 의미가 되어야 자연스럽고 '~하기 위해서'는 부사처럼 문장을 수식할 수 있는 to

부정사를 사용하여 나타낼 수 있는데, 이때 to 부정사의 to 대신 so as to를 쓸 수 있으므로 동사원형 catch를 to 부정사 to catch로 고쳐야 합니다.

어휘 lend [동] 빌려주다 cast [동] 던지다 net [명] 그물 colleague [명] 동료

> **Day 12**의 학습을 마친 여러분, 수고하셨습니다.
> 〈Hackers Test〉 07~15번의 심화 학습을 원하는 수험생들을 위해 **추가 오답 해설**을 제공합니다.
>
> [이용방법] 해커스 공무원(gosi.Hackers.com)에서 추가 오답 해설(PDF) 다운받기

DAY 13 동명사

p.202

01 ③	02 ④	03 ①	04 ②	05 ④	06 ①	07 ③	08 ①
09 ①	10 ①	11 ④	12 ①	13 ③	14 ③	15 ④	

01 주어 자리에 올 수 있는 것

→ ③ Learning

( ) a new language is difficult.
주어 동사 보어

새로운 언어를 배우는 것은 어렵다.

[핵심포인트 해설] 빈칸은 주어를 완성하는 것의 자리입니다. 주어 자리에는 명사 역할을 하는 것이 와야 하므로 명사처럼 주어 자리에 올 수 있고 동사처럼 목적어(a new language)를 취할 수 있는 동명사 ③ Learning이 정답입니다. 동사 ① Learn, ④ Learns와 형용사 ② Learned는 주어 자리에 올 수 없으므로 정답이 될 수 없습니다.

어휘 learn [동] 배우다 learned [형] 박식한 language [명] 언어

02 전치사 뒤에 올 수 있는 것

→ ④ exporting

The country makes most of its money from ( ) oil.
주어 동사 목적어 수식어

그 나라는 대부분의 수익을 석유 수출로부터 얻는다.

[핵심포인트 해설] 빈칸은 전치사(from) 뒤에 올 수 있는 것의 자리입니다. 전치사 뒤에는 명사 역할을 하는 것이 와야 하므로, 명사처럼 전치사 뒤에 올 수 있고 동사처럼 목적어(oil)를 취할 수 있는 동명사 ④ exporting이 정답입니다. 명사는 목적어를 취할 수 없고 동사는 전치사 뒤에 올 수 없으므로 명사 또는 동사 ① exports, ③ export는 정답이 될 수 없습니다.

어휘 make money 수익을 얻다 export [동] 수출하다, [명] 수출 oil [명] 석유, 기름

03 동명사와 to 부정사를 모두 취할 수 있는 동사 & 동명사의 부정형의 올바른 형태

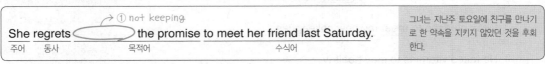

→ ① not keeping

She regrets ( ) the promise to meet her friend last Saturday.
주어 동사 목적어 수식어

그녀는 지난주 토요일에 친구를 만나기로 한 약속을 지키지 않았던 것을 후회한다.

[핵심포인트 해설] 빈칸은 동사 regret의 목적어 자리입니다. 동사 regret은 동명사나 to 부정사를 모두 목적어로 취할 수 있는데, 문맥상 '약속을 지키지 않았던 것을 후회한다'라는 과거의 의미가 되어야 자연스러우므로 동명사 keeping이 쓰인 ①, ②번이

정답 후보입니다. 동명사의 부정형은 동명사 앞에 **not**을 붙여야 하므로 ① not keeping이 정답입니다.

어휘 promise 똉 약속

04 전치사 뒤에 올 수 있는 것 & 동명사의 의미상 주어

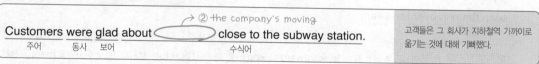

Customers were glad about ② the company's moving close to the subway station.
주어   동사   보어   수식어

고객들은 그 회사가 지하철역 가까이로 옮기는 것에 대해 기뻐했다.

🦉 핵심포인트 해설 빈칸은 전치사(about)의 뒤에 올 수 있는 것의 자리입니다. 전치사 뒤에는 명사 역할을 하는 것이 와야 하므로 동명사 moving이 쓰인 ②, ④번이 정답 후보입니다. 동명사의 의미상 주어는 명사의 소유격(the company's)이 동명사 (moving) 앞에 와야 하므로 ② the company's moving이 정답입니다.

어휘 customer 똉 고객, 손님   glad 휑 기쁜   move 동 옮기다, 이사하다

05 동명사를 목적어로 취하는 동사

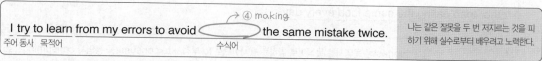

I try to learn from my errors to avoid ④ making the same mistake twice.
주어 동사 목적어   수식어

나는 같은 잘못을 두 번 저지르는 것을 피하기 위해 실수로부터 배우려고 노력한다.

🦉 핵심포인트 해설 빈칸은 동사 avoid의 목적어 자리입니다. 동사 avoid는 동명사를 목적어로 취하는 동사이므로 동명사 ④ making이 정답입니다.

어휘 error 똉 실수, 오류   mistake 똉 잘못, 실수   twice 튀 두 번

06 동명사를 취하는 표현

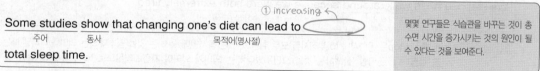

Some studies show that changing one's diet can lead to ① increasing
주어   동사   목적어(명사절)
total sleep time.

몇몇 연구들은 식습관을 바꾸는 것이 총 수면 시간을 증가시키는 것의 원인이 될 수 있다는 것을 보여준다.

🦉 핵심포인트 해설 빈칸은 동명사를 취하는 표현 다음에 올 수 있는 것의 자리입니다. 동명사를 취하는 표현 'lead to -ing'(~의 원인이 되다) 에서 to는 전치사이므로 동명사가 쓰인 ①, ④번이 정답 후보입니다. 빈칸 뒤에 목적어(total sleep time)가 있고, that 절의 주어 changing one's diet와 동사가 '식습관을 바꾸는 것이 총 수면 시간을 증가시키는 것의 원인이 되다'라는 의 미의 능동 관계이므로 능동태 ① increasing이 정답입니다.

어휘 diet 똉 식습관   increase 동 증가하다

07 동명사와 to 부정사를 모두 취할 수 있는 동사

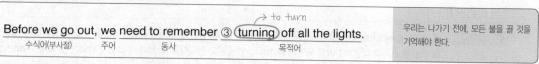

Before we go out, we need to remember ③ turning off all the lights.
수식어(부사절)   주어   동사   목적어

우리는 나가기 전에, 모든 불을 끌 것을 기억해야 한다.

🦉 핵심포인트 해설 ③ 동사 remember는 to 부정사나 동명사를 모두 목적어로 취할 수 있는 동사입니다. 문맥상 '불을 끌 것을 기억하다'라 는 미래의 의미가 되어야 자연스러우므로 동명사 turning을 to 부정사 to turn으로 고쳐야 합니다.

어휘 turn off 끄다

08 동명사를 취하는 표현

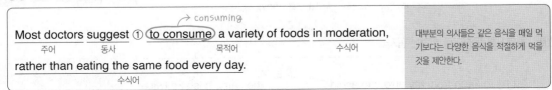

> meeting
> I'm looking forward to ① (meet) my high school friends since I haven't
> 주어   동사   목적어
>
> seen them in over ten years.
> 수식어(부사절)

나는 그들을 십 년 넘게 보지 못했기 때문에 내 고등학교 친구들을 만나기를 고대하고 있다.

🦉 **핵심포인트 해설** ① 동명사를 취하는 표현 'look forward to -ing'(~을 고대하다)에서 to는 전치사이므로 동사원형 meet을 전치사 뒤에 올 수 있는 동명사 meeting으로 고쳐야 합니다.

09 동명사를 목적어로 취하는 동사

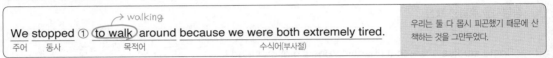

> consuming
> Most doctors suggest ① (to consume) a variety of foods in moderation,
> 주어   동사   목적어   수식어
>
> rather than eating the same food every day.
> 수식어

대부분의 의사들은 같은 음식을 매일 먹기보다는 다양한 음식을 적절하게 먹을 것을 제안한다.

🦉 **핵심포인트 해설** ① 동사 suggest는 동명사를 목적어로 취하는 동사이므로 to 부정사 to consume을 동명사 consuming으로 고쳐야 합니다.

어휘 consume 통 먹다, 소모하다   in moderation 적절하게   rather than ~보다는

10 동명사와 to 부정사를 모두 취할 수 있는 동사

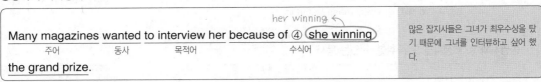

> walking
> We stopped ① (to walk) around because we were both extremely tired.
> 주어   동사   목적어   수식어(부사절)

우리는 둘 다 몹시 피곤했기 때문에 산책하는 것을 그만두었다.

🦉 **핵심포인트 해설** ① 동사 stop은 동명사나 to 부정사를 모두 취할 수 있는 동사인데, '~하는 것을 멈추다'라는 의미를 나타낼 때는 동명사를 취합니다. 문맥상 '산책하는 것을 그만두었다'라는 의미가 되어야 자연스러우므로 to 부정사 to walk를 동명사 walking으로 고쳐야 합니다.

어휘 extremely 뷔 몹시, 극도로

11 동명사의 의미상 주어

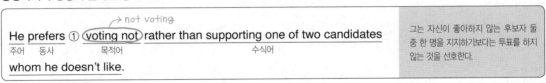

>   her winning
> Many magazines wanted to interview her because of ④ (she winning)
> 주어   동사   목적어   수식어
>
> the grand prize.

많은 잡지사들은 그녀가 최우수상을 탔기 때문에 그녀를 인터뷰하고 싶어 했다.

🦉 **핵심포인트 해설** ④ 전치사(because of) 뒤에는 동명사(winning)가 올 수 있고, 동명사의 의미상 주어는 소유격 형태로 동명사 앞에 와야 하므로 소유격 대명사 her를 동명사 winning 앞에 써야 합니다. 따라서 주격 대명사 she가 온 she winning을 her winning으로 고쳐야 합니다.

어휘 magazine 뗑 잡지사, 잡지   win 통 타다, 획득하다   grand prize 뗑 최우수상

12 동명사의 부정형의 올바른 형태

> not voting
> He prefers ① (voting not) rather than supporting one of two candidates
> 주어   동사   목적어   수식어
>
> whom he doesn't like.

그는 자신이 좋아하지 않는 후보자 둘 중 한 명을 지지하기보다는 투표를 하지 않는 것을 선호한다.

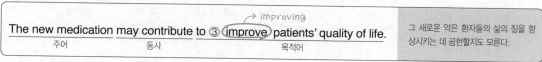

핵심포인트 해설 ① 동명사의 부정형은 동명사(voting) 앞에 not을 붙여야 하므로 voting not을 not voting으로 고쳐야 합니다.

어휘 prefer 통 선호하다   vote 통 투표하다   support 통 지지하다   candidate 명 후보자

13 동명사를 취하는 표현

→ improving

The new medication may contribute to ③ improve patients' quality of life.
　　주어　　　　　　　동사　　　　　　　　　　목적어

그 새로운 약은 환자들의 삶의 질을 향상시키는 데 공헌할지도 모른다.

핵심포인트 해설 ③ 동명사를 취하는 표현 'contribute to -ing'(~에 공헌하다)에서 to는 전치사이므로 동사원형 improve를 전치사 뒤에 올 수 있는 동명사 improving으로 고쳐야 합니다.

어휘 medication 명 약   improve 통 향상시키다   patient 명 환자   quality 명 질

14 동명사를 취하는 표현

① Wearing a bicycle helmet protects your head.
　　주어　　　　　　　　동사　　　목적어

② We enjoy going to the beach during the summer.
　주어　동사　　목적어　　　　　　수식어

→ cleaning

③ I was busy to clean my room this afternoon.
　주어 동사　보어　　　　　　수식어

④ Everyone needs to pay tuition by the end of this month.
　주어　　　　동사　　　　목적어　　　　　수식어

① 자전거 헬멧을 착용하는 것은 당신의 머리를 보호한다.

② 우리는 여름 동안 바닷가에 가는 것을 즐긴다.

③ 나는 오늘 오후에 내 방을 청소하느라 바빴다.

④ 모든 사람은 이달 말까지 수업료를 지불해야 한다.

핵심포인트 해설 ③ 동명사를 취하는 표현 'be busy -ing'(~하느라 바쁘다)의 형태가 되어야 하므로 to 부정사 to clean을 동명사 cleaning으로 고쳐야 합니다.

어휘 protect 통 보호하다   tuition 명 수업료

15 동명사를 목적어로 취하는 동사

① The students denied cheating on the test.
　　주어　　　　동사　　목적어　　　수식어

② My father's hobby is playing the guitar.
　　　주어　　　　　동사　　　보어

③ Many people object to constructing nuclear power plants.
　　주어　　　　동사　　　　　　목적어

→ buying

④ He is considering to buy new clothes.
　주어　　동사　　　　목적어

① 그 학생들은 시험에서 부정 행위를 한 것을 부인했다.

② 나의 아버지의 취미는 기타를 연주하는 것이다.

③ 많은 사람들이 원자력발전소의 건설에 반대한다.

④ 그는 새 옷을 사는 것을 고려 중이다.

핵심포인트 해설 ④ 동사 consider는 동명사를 목적어로 취하는 동사이므로 to 부정사 to buy를 동명사 buying으로 고쳐야 합니다.

어휘 deny 통 부인하다   cheating 명 부정 행위   hobby 명 취미   construct 통 건설하다   nuclear 형 원자력의

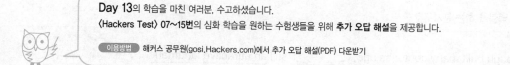

Day 13의 학습을 마친 여러분, 수고하셨습니다.
〈Hackers Test〉 07~15번의 심화 학습을 원하는 수험생들을 위해 **추가 오답 해설**을 제공합니다.

이용방법 해커스 공무원(gosi.Hackers.com)에서 추가 오답 해설(PDF) 다운받기

DAY 13 동명사

DAY **14** 분사

01 ②	02 ④	03 ④	04 ②	05 ③	06 ③	07 ④	08 ①
09 ④	10 ②	11 ②	12 ①	13 ③	14 ②	15 ④	

01 분사구문의 올바른 형태

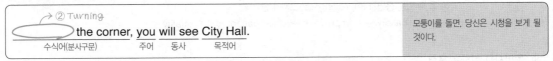

박물관에 전시된 미술품의 대부분은... 모퉁이를 돌면, 당신은 시청을 보게 될 것이다.

🐱 **핵심포인트 해설** 빈칸은 주어(you)와 동사(will see), 목적어(City Hall)를 갖춘 완전한 문장의 수식어 자리에 오는 분사구문을 완성하는 것의 자리입니다. 분사구문은 '(접속사 +) 분사'의 형태가 되어야 하므로 분사 ①, ②번이 정답 후보입니다. 주절의 주어 you와 분사가 '당신이 모퉁이를 돌다'라는 의미의 능동 관계이므로 현재분사 ② Turning이 정답입니다. 분사구문의 자리에는 동사원형(Be)이나 동사(Turns)가 올 수 없으므로 ①, ④번은 정답이 될 수 없습니다.

어휘 corner 圓 모퉁이 City Hall 圓 시청

02 분사의 역할

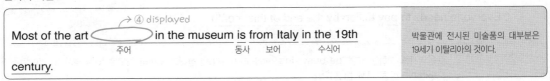

박물관에 전시된 미술품의 대부분은 19세기 이탈리아의 것이다.

🐱 **핵심포인트 해설** 빈칸은 명사(Most of the art)를 뒤에서 수식할 수 있는 것의 자리입니다. 분사는 형용사처럼 명사를 앞이나 뒤에서 수식할 수 있으므로 분사 ③, ④번이 정답 후보입니다. 수식받는 명사 Most of the art와 분사가 '전시된 미술품의 대부분'이라는 의미의 수동 관계이므로 과거분사 ④ displayed가 정답입니다. 문장에 동사 is가 있으므로 동사(is, are)가 쓰인 ① is displayed, ② are displayed는 정답이 될 수 없습니다.

어휘 display 圄 전시하다 museum 圓 박물관 century 圓 세기

03 분사구문의 부정형의 올바른 형태

중국어를 모르기 때문에, 나는 그 간판을 읽을 수 없었다.

🐱 **핵심포인트 해설** 빈칸은 주어(I)와 동사(couldn't read), 목적어(the signs)를 갖춘 완전한 문장의 수식어 자리에 오는 분사구문의 분사 자리입니다. 분사구문의 부정형은 분사 앞에 not이나 never를 붙여야 하므로 ②, ④번이 정답 후보입니다. 주절의 주어 I와 분사가 '내가 중국어를 모른다'라는 의미의 능동 관계이므로 현재분사 knowing이 쓰인 ④ Not knowing이 정답입니다.

어휘 Chinese 圓 중국어 sign 圓 간판

04 수식어 역할을 하는 분사구문

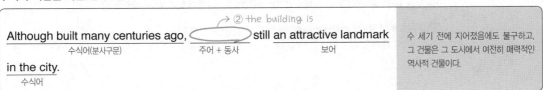

수 세기 전에 지어졌음에도 불구하고, 그 건물은 그 도시에서 여전히 매력적인 역사적 건물이다.

52 공무원학원·동영상강의 gosi.Hackers.com

빈칸은 수식어 역할을 하는 분사구문 다음에 올 수 있는 것의 자리입니다. 분사구문 다음에는 완전한 문장이 와야 하므로 주어(the building)와 동사(is)가 모두 갖추어진 ② the building is가 정답입니다.

어휘 century 圄 세기 attractive 圈 매력적인 landmark 圄 역사적인 건물, 주요 지형건물

05 사역동사의 목적격 보어 자리에 올 수 있는 것

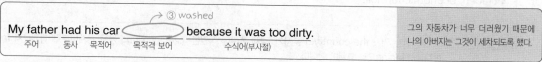

빈칸은 사역동사 have(had)의 목적격 보어 자리입니다. 사역동사는 목적격 보어로 동사원형이나 과거분사를 취할 수 있는데, 목적어와 목적격 보어가 수동 관계이면 목적격 보어로 과거분사가 와야 합니다. 목적어 his car와 목적격 보어가 '자동차가 세차되다'라는 의미의 수동 관계이므로 과거분사 ③ washed가 정답입니다. 사역동사의 목적격 보어 자리에는 현재분사나 to 부정사가 올 수 없으므로 ① washing, ④ to wash는 정답이 될 수 없습니다.

06 지각동사의 목적격 보어 자리에 올 수 있는 것

빈칸은 지각동사 hear(heard)의 목적격 보어 자리입니다. 지각동사는 목적격 보어로 동사원형이나 과거분사를 취할 수 있는데, 목적어와 목적격 보어가 능동 관계이면 동사원형을, 수동 관계이면 과거분사를 목적격 보어로 취합니다. 목적어 someone과 목적격 보어가 '누군가가 문을 두드리다'라는 의미의 능동 관계이므로 동사원형 ③ knock가 정답입니다.

어휘 knock 圄 두드리다

07 감정동사의 분사

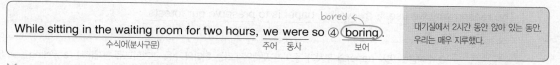

④ 감정을 나타내는 동사(bore)의 경우 주어가 감정의 원인이면 현재분사를, 감정을 느끼는 주체이면 과거분사를 써야 합니다. 주어 we가 지루한 감정을 느끼는 주체이므로 현재분사 boring을 과거분사 bored로 고쳐야 합니다.

어휘 waiting room 圄 대기실 bore 圄 ~을 지루하게 하다

08 분사구문의 부정형의 올바른 형태

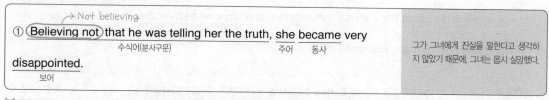

① 분사구문의 부정형은 분사(Believing) 앞에 not이 와야 하므로 Believing not을 Not believing으로 고쳐야 합니다.

어휘 truth 圄 진실, 사실 disappoint 圄 ~을 실망시키다

09 현재분사 vs. 과거분사

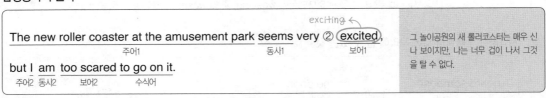

Several nations promised to provide financial support to the country
주어 　　　　　 동사 　　　　　　　 목적어

→ facing

④ (faced) economic turmoil.
　　　 수식어

몇몇 나라들은 경제 혼란에 직면한 국가에게 재정적 지원을 제공하기로 약속했다.

🐱 **핵심포인트 해설** ④ 수식받는 명사 the country와 분사가 '경제 혼란에 직면한 국가'라는 의미의 능동 관계이므로 과거분사 faced를 현재분사 facing으로 고쳐야 합니다.

어휘 **provide** 통 제공하다 **financial** 형 재정의 **support** 명 지원 통 지원하다 **face** 통 직면하다 **turmoil** 명 혼란, 소란

10 감정동사의 분사

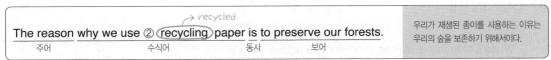

exciting ←

The new roller coaster at the amusement park seems very ② (excited),
　　　　　　　 주어1 　　　　　　　　　　　 동사1 　　　　 보어1

but I am too scared to go on it.
주어2 동사2 　 보어2 　　　 수식어

그 놀이공원의 새 롤러코스터는 매우 신나 보이지만, 나는 너무 겁이 나서 그것을 탈 수 없다.

🐱 **핵심포인트 해설** ② 감정을 나타내는 동사(excite)의 경우 주어가 감정의 원인이면 현재분사를, 주어가 감정을 느끼는 주체이면 과거분사를 써야 합니다. 주어 The new roller coaster가 신나는 감정을 일으키는 원인이므로 과거분사 excited를 현재분사 exciting으로 고쳐야 합니다.

어휘 **amusement park** 명 놀이공원 **scare** 통 겁나게 하다

11 현재분사 vs. 과거분사

→ recycled

The reason why we use ② (recycling) paper is to preserve our forests.
　　 주어 　　　　　　　　　 수식어 　　　　 동사 　　 보어

우리가 재생된 종이를 사용하는 이유는 우리의 숲을 보존하기 위해서이다.

🐱 **핵심포인트 해설** ② 수식받는 명사 paper와 분사가 '종이가 재생되다'라는 의미의 수동 관계이므로 현재분사 recycling을 과거분사 recycled로 고쳐야 합니다.

어휘 **recycle** 통 재생하다, 재활용하다 **preserve** 통 보존하다 **forest** 명 숲

12 분사구문의 현재분사 vs. 과거분사

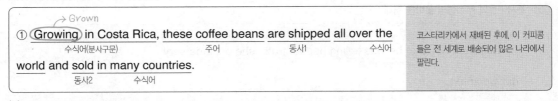

→ Grown

① (Growing) in Costa Rica, these coffee beans are shipped all over the
　 수식어(분사구문) 　　　　　　　　 주어 　　　 동사1 　　　 수식어

world and sold in many countries.
　　　　 동사2 　　 수식어

코스타리카에서 재배된 후에, 이 커피콩들은 전 세계로 배송되어 많은 나라에서 팔린다.

🐱 **핵심포인트 해설** ① 주절의 주어 these coffee beans와 분사구문이 '커피가 재배되다'라는 의미의 수동 관계이므로 현재분사 Growing을 과거분사 Grown으로 고쳐야 합니다.

어휘 **grow** 통 재배하다, 자라다 **ship** 통 배송하다, 수송하다

13 분사의 역할

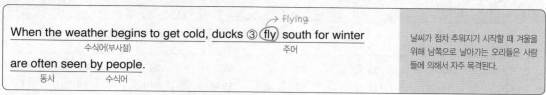

When the weather begins to get cold, ducks ③ ~~fly~~ → flying south for winter
　　　　　수식어(부사절)　　　　　　　　　　　주어

are often seen by people.
　동사　　　　수식어

날씨가 점차 추워지기 시작할 때 겨울을 위해 남쪽으로 날아가는 오리들은 사람들에 의해서 자주 목격된다.

🦉 **핵심포인트 해설** ③ 주어 자리에는 명사 역할을 하는 것이 와야 하므로 절(ducks ~ winter)은 올 수 없습니다. 따라서 동사 fly를 명사 ducks를 수식하는 분사로 고쳐야 하는데, 수식받는 명사 ducks와 분사가 '오리가 날아가다'라는 능동의 의미가 되어야 자연스러우므로 동사 fly를 현재분사 flying으로 고쳐야 합니다.

14 사역동사의 목적격 보어 자리에 올 수 있는 것

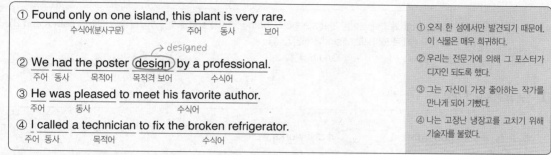

① Found only on one island, this plant is very rare.
　　수식어(분사구문)　　　　　　　주어　　동사　보어

② We had the poster ~~design~~ → designed by a professional.
　주어　동사　목적어　　목적격 보어　　　수식어

③ He was pleased to meet his favorite author.
　주어　　동사　　　　수식어

④ I called a technician to fix the broken refrigerator.
　주어　동사　　목적어　　　　수식어

① 오직 한 섬에서만 발견되기 때문에, 이 식물은 매우 희귀하다.

② 우리는 전문가에 의해 그 포스터가 디자인 되도록 했다.

③ 그는 자신이 가장 좋아하는 작가를 만나게 되어 기뻤다.

④ 나는 고장난 냉장고를 고치기 위해 기술자를 불렀다.

🦉 **핵심포인트 해설** ② 사역동사 have(had)는 목적격 보어로 동사원형이나 과거분사를 취할 수 있는데, 목적어와 목적격 보어가 수동 관계이면 목적격 보어로 과거 분사가 와야 합니다. 목적어 the poster와 목적격 보어가 '포스터가 디자인 되다'라는 의미의 수동 관계이므로 명사 또는 동사원형 design을 과거분사 designed로 고쳐야 합니다.

어휘 plant 圀 식물　professional 圀 전문가　author 圀 작가　technician 圀 기술자　broken 閿 고장난, 깨진
　　 refrigerator 圀 냉장고

15 분사의 역할

① He heard some disappointing news yesterday.
　주어　동사　　　목적어　　　　수식어

② The fact that the library had closed was frustrating.
　　주어　　　수식어　　　　　　　동사　　보어

③ The spokesperson read a prepared speech.
　　주어　　　　　동사　　목적어

④ The man ~~stands~~ → standing there is my colleague.
　　주어　　　　　　동사　　보어

① 그는 어제 실망스러운 소식을 들었다.

② 도서관이 닫았다는 사실은 불만스럽다.

③ 대변인은 준비된 연설을 읽었다.

④ 저기 서 있는 남자는 나의 동료이다.

🦉 **핵심포인트 해설** ④ 문장에 두 개의 동사(stands, is)는 올 수 없으므로 동사 stands를 명사 man을 수식하는 분사로 고쳐야 합니다. 수식받는 명사 man과 분사가 '남자가 서 있다'라는 능동의 의미가 되어야 자연스러우므로 동사 stands를 현재분사 standing으로 고쳐야 합니다.

어휘 disappointing 閿 실망스러운　frustrating 閿 불만스러운　spokesperson 圀 대변인　prepare 圄 준비하다
　　 colleague 圀 동료

> **Day 14**의 학습을 마친 여러분, 수고하셨습니다.
> 〈Hackers Test〉 07~15번의 심화 학습을 원하는 수험생들을 위해 **추가 오답 해설**을 제공합니다.
>
> **이용방법** 해커스 공무원(gosi.Hackers.com)에서 추가 오답 해설(PDF) 다운받기

DAY 15 접속사

p.230

01 ②	02 ④	03 ②	04 ②	05 ①	06 ③	07 ③	08 ③
09 ②	10 ③	11 ②	12 ③	13 ④	14 ③	15 ②	

01 상관 접속사의 올바른 형태

→ ② and

Both oranges (______) lemons are grown in the south.

주어 / 동사 / 수식어

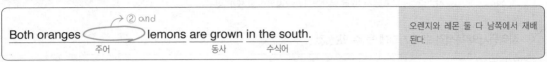

오렌지와 레몬 둘 다 남쪽에서 재배된다.

핵심포인트 해설 빈칸은 Both와 함께 쓰이는 것의 자리입니다. both는 접속사 and와 짝을 이루어 상관 접속사 'both A and B'(A와 B 둘 다)의 형태로 쓰이므로 ② and가 정답입니다.

어휘 grow [동] 재배하다, 자라다 south [명] 남쪽

02 등위 접속사의 쓰임

→ ④ yet

It is an old computer, (______) it still works well.

주어1 동사1 보어 / 주어2 동사2

이것은 오래된 컴퓨터지만, 여전히 잘 작동된다.

핵심포인트 해설 빈칸은 절(It is an older computer)과 절(it still works well)을 연결하는 접속사의 자리입니다. 문맥상 '오래된 컴퓨터지만 여전히 잘 작동된다'라는 의미가 되어야 자연스러우므로 '그러나'라는 뜻의 등위 접속사 ④ yet이 정답입니다.

어휘 old [형] 오래된, 낡은 work [동] (기계, 장치 등이) 작동되다

03 접속사로 연결된 주어와 동사의 수 일치

→ ② feeds

The farmer as well as his sons (______) the cows every morning.

주어 / 동사 / 목적어 / 수식어

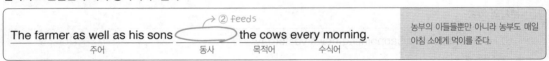

농부의 아들들뿐만 아니라 농부도 매일 아침 소에게 먹이를 준다.

핵심포인트 해설 빈칸은 문장의 동사 자리입니다. 접속사 'B as well as A'(A뿐만 아니라 B도)로 연결된 주어는 B(The farmer)에 동사를 수 일치시켜야 하는데, B 자리에 단수 명사 The farmer가 왔으므로 단수 동사 ② feeds가 정답입니다. 동사 자리에 'to + 동사원형'은 올 수 없으므로 ③ to feed는 정답이 될 수 없습니다.

어휘 farmer [명] 농부 feed [동] 먹이를 주다

04 상관 접속사의 올바른 형태

→ ② Neither

(______) the parcel nor the letter was delivered to its destination on time.

주어 / 동사 / 수식어

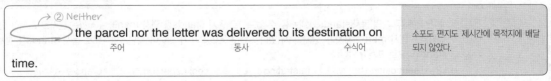

소포도 편지도 제시간에 목적지에 배달되지 않았다.

핵심포인트 해설 빈칸은 접속사 nor와 함께 쓰이는 것의 자리입니다. nor는 neither와 함께 짝을 이루어 상관 접속사 'neither A nor B'(A도 B도 아닌)의 형태로 쓰이므로 ② Neither가 정답입니다.

어휘 parcel [명] 소포 deliver [동] 배달하다 destination [명] 목적지, 도착지

05 접속사로 연결된 주어와 동사의 수 일치

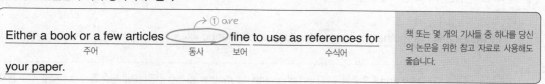

Either a book or a few articles ___ ① are ___ fine to use as references for your paper.

주어 / 동사 / 보어 / 수식어

책 또는 몇 개의 기사들 중 하나를 당신의 논문을 위한 참고 자료로 사용해도 좋습니다.

핵심포인트 해설 빈칸은 문장의 동사 자리입니다. 상관 접속사 'either A or B'(A 또는 B 중 하나)로 연결된 주어는 B(a few articles)에 동사를 수 일치시켜야 하는데, B 자리에 복수 명사 a few articles가 왔으므로 복수 동사 ① are가 정답입니다. 동사 자리에 'to + 동사원형'이나 '동사원형 + ing'는 올 수 없으므로 ③ to be, ④ being은 정답이 될 수 없습니다.

어휘 article 명 기사 reference 명 참고 자료 paper 명 논문

06 상관 접속사의 올바른 형태

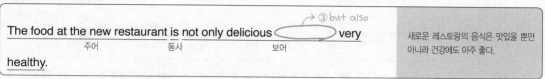

The food at the new restaurant is not only delicious ___ ③ but also ___ very healthy.

주어 / 동사 / 보어

새로운 레스토랑의 음식은 맛있을 뿐만 아니라 건강에도 아주 좋다.

핵심포인트 해설 빈칸은 not only와 함께 쓰이는 것의 자리입니다. not only는 but (also)과 짝을 이루어 상관 접속사 'not only A but (also) B'(A뿐만 아니라 B도)의 형태로 쓰이므로 ③ but also가 정답입니다.

어휘 healthy 형 건강에 좋은, 건강한

07 상관 접속사의 올바른 형태

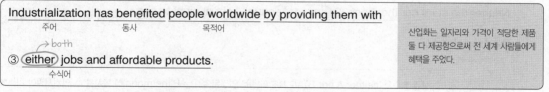

Industrialization has benefited people worldwide by providing them with

주어 / 동사 / 목적어

③ either → both jobs and affordable products.

수식어

핵심포인트 해설 ③ 상관 접속사는 서로 짝이 맞는 것을 써야 합니다. 문장에 쓰인 and는 both와 함께 'both A and B'(A와 B 둘 다)의 형태로 쓰이므로 either를 both로 고쳐야 합니다.

어휘 industrialization 명 산업화 benefit 동 혜택을 주다, ~의 이익이 되다 worldwide 형 전 세계적인 provide A with B A에게 B를 제공하다 affordable 형 (가격이) 적당한, 알맞은

08 등위 접속사의 쓰임

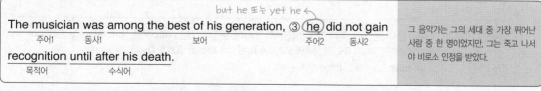

The musician was among the best of his generation, ③ he → but he 또는 yet he did not gain

주어1 / 동사1 / 보어 / 주어2 / 동사2

recognition until after his death.

목적어 / 수식어

그 음악가는 그의 세대 중 가장 뛰어난 사람 중 한 명이었지만, 그는 죽고 나서야 비로소 인정을 받았다.

핵심포인트 해설 ③ 두 개의 절(The musician ~ his generation, he ~ his death)은 접속사 없이 콤마(,)로 연결될 수 없습니다. 문맥상 '가장 뛰어난 사람 중 한 명이었지만, 죽고 나서야 인정을 받았다'라는 의미가 되어야 자연스러우므로 '그러나'를 뜻하는 등위 접속사 but 또는 yet이 절과 절 사이에 와야 합니다. 따라서 he를 but he 또는 yet he로 고쳐야 합니다.

어휘 musician 명 음악가 generation 명 세대 recognition 명 인정 death 명 죽음

접속사

해커스 공무원 영어 기초 영문법

09 접속사로 연결된 주어와 동사의 수 일치

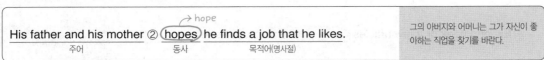

His father and his mother ② (hopes → hope) he finds a job that he likes.
주어 / 동사 / 목적어(명사절)

그의 아버지와 어머니는 그가 자신이 좋아하는 직업을 찾기를 바란다.

핵심포인트 해설 ② 접속사 and로 연결된 주어(His father and his mother)는 복수 취급하므로 단수 동사 hopes를 복수 동사 hope로 고쳐야 합니다.

어휘 find [동] 찾다

10 상관 접속사의 올바른 형태

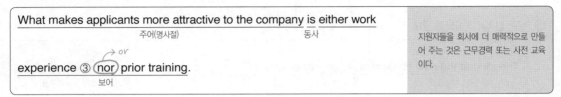

What makes applicants more attractive to the company is either work experience ③ (nor → or) prior training.
주어(명사절) / 동사 / 보어

지원자들을 회사에 더 매력적으로 만들어 주는 것은 근무경력 또는 사전 교육이다.

핵심포인트 해설 ③ 상관 접속사는 서로 짝이 맞는 것을 써야 합니다. 문장에 쓰인 either는 or와 함께 'either A or B'(A 또는 B 중 하나)의 형태로 쓰이므로 nor를 or로 고쳐야 합니다.

어휘 applicant [명] 지원자 attractive [형] 매력적인 work experience [명] 근무 경력 prior [형] 사전의 training [명] 교육, 훈련

11 접속사로 연결된 주어와 동사의 수 일치

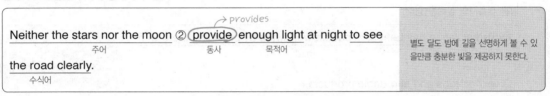

Neither the stars nor the moon ② (provide → provides) enough light at night to see the road clearly.
주어 / 동사 / 목적어 / 수식어

별도 달도 밤에 길을 선명하게 볼 수 있을만큼 충분한 빛을 제공하지 못한다.

핵심포인트 해설 ② 상관 접속사 'neither A nor B'(A도 B도 아닌)로 연결된 주어는 B(the moon)에 동사를 수 일치시켜야 하는데, B 자리에 단수 명사 the moon이 왔으므로 복수 동사 provide를 단수 동사 provides로 고쳐야 합니다.

어휘 light [명] 빛 clearly [부] 선명하게, 또렷하게

12 상관 접속사의 올바른 형태

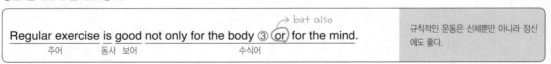

Regular exercise is good not only for the body ③ (or → but also) for the mind.
주어 / 동사 / 보어 / 수식어

규칙적인 운동은 신체뿐만 아니라 정신에도 좋다.

핵심포인트 해설 ③ 상관 접속사는 서로 짝이 맞는 것을 써야 합니다. 문장에 쓰인 not only는 but (also)과 함께 'not only A but (also) B'(A뿐만 아니라 B도)의 형태로 쓰이므로 or를 but also로 고쳐야 합니다.

어휘 regular [형] 규칙적인 mind [명] 정신, 마음

13 상관 접속사의 올바른 형태

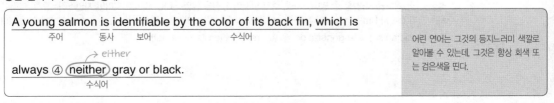

A young salmon is identifiable by the color of its back fin, which is always ④ (neither → either) gray or black.
주어 / 동사 / 보어 / 수식어 / 수식어

어린 연어는 그것의 등지느러미 색깔로 알아볼 수 있는데, 그것은 항상 회색 또는 검은색을 띤다.

핵심포인트 해설 ④ 상관 접속사는 서로 짝이 맞는 것을 써야 합니다. 문장에 쓰인 or는 either와 함께 'either A or B'(A 또는 B 중 하나)

의 형태로 쓰이므로 neither를 either로 고쳐야 합니다.

어휘 salmon 몡 연어 identifiable 혱 알아볼 수 있는 fin 몡 지느러미

14 접속사로 연결된 주어와 동사의 수 일치

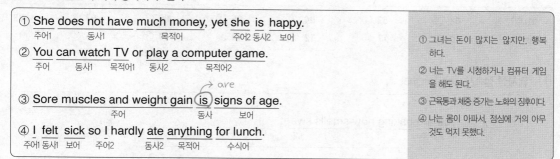

① She does not have much money, yet she is happy.
  주어1   동사1   목적어   주어2 동사2 보어

② You can watch TV or play a computer game.
  주어 동사1 목적어1 동사2   목적어2

③ Sore muscles and weight gain (is) signs of age.　→ are
              주어   동사   보어

④ I felt sick so I hardly ate anything for lunch.
  주어1 동사1 보어 주어2   동사2 목적어   수식어

① 그녀는 돈이 많지는 않지만, 행복하다.

② 너는 TV를 시청하거나 컴퓨터 게임을 해도 된다.

③ 근육통과 체중 증가는 노화의 징후이다.

④ 나는 몸이 아파서, 점심에 거의 아무것도 먹지 못했다.

 핵심포인트 해설　③ 접속사 and로 연결된 주어(Sore muscles and weight gain)는 복수 취급하므로 단수 동사 is를 복수 동사 are로 고쳐야 합니다.

어휘 sore muscles 몡 근육통 weight gain 몡 체중 증가 sign 몡 징후, 조짐 hardly 閈 거의 ~ 아니다

15 등위 접속사의 쓰임

① The movie was neither funny nor exciting.
  주어   동사   보어

② The weather was nice, (we) went for a walk.　→ so we
  주어1 동사1 보어 주어2 동사2 수식어

③ He tried to call his friend, but there was no answer.
  주어 동사1   목적어   가짜 주어 동사2 진짜 주어

④ The store sells a variety of cakes and cookies.
  주어   동사   목적어

① 그 영화는 재미있지도 흥미진진하지도 않았다.

② 날씨가 좋아서, 우리는 산책을 하러 갔다.

③ 그는 그의 친구에게 전화를 시도했지만, 아무도 받지 않았다.

④ 그 상점은 다양한 케이크와 쿠키를 판매한다.

 핵심포인트 해설　② 두 개의 절(The weather ~ nice, we ~ walk)은 접속사 없이 콤마(,)로 연결될 수 없습니다. 문맥상 '날씨가 좋아서 산책을 하러 갔다'라는 의미가 되어야 자연스러우므로 '그래서'를 뜻하는 등위 접속사 so가 결과 절 사이에 와야 합니다. 따라서 The weather was nice, we went for a walk를 The weather was nice, so we went for a walk로 고쳐야 합니다.

어휘 exciting 혱 흥미진진한 walk 몡 산책 a variety of 혱 다양한, 여러가지의

Day 15의 학습을 마친 여러분, 수고하셨습니다.
〈Hackers Test〉 07~15번의 심화 학습을 원하는 수험생들을 위해 **추가 오답 해설**을 제공합니다.

이용방법　해커스 공무원(gosi.Hackers.com)에서 추가 오답 해설(PDF) 다운받기

01 ②	02 ③	03 ④	04 ③	05 ①	06 ②	07 ③	08 ①
09 ①	10 ③	11 ④	12 ①	13 ③	14 ③	15 ④	

01 명사절 접속사 what vs. that

> ② What
> _____ you are baking now smells sweet.
>   주어(명사절)   동사   보어

네가 지금 굽고 있는 것은 달콤한 냄새 가 난다.

🐱**핵심포인트 해설**　빈칸은 주어 자리에서 목적어가 없는 불완전한 절(you are baking)을 이끌 수 있는 것의 자리입니다. 불완전한 절을 이 끌면서 주어 자리에 올 수 있는 것은 명사절 접속사 what이므로 ② What이 정답입니다. 명사절 접속사 that은 불완전 한 절을 이끌 수 없으므로 ① That은 정답이 될 수 없고, 의문사 which는 '당신이 굽고 있는 어느 것은'이라는 어색한 의 미가 되므로 ③ Which는 정답이 될 수 없습니다. if가 이끄는 명사절은 주어 자리에 올 수 없으므로 ④ If도 정답이 될 수 없습니다.

어휘　bake 屬 굽다　sweet 屬 달콤한

02 간접의문문의 어순

> ③ why the store was
> I wondered _____ closed so early on a weeknight.
> 주어   동사   목적어(명사절)

나는 평일 저녁에 왜 그 상점이 문을 이 렇게 일찍 닫았는지 궁금했다.

🐱**핵심포인트 해설**　빈칸은 동사(wondered)의 목적어 자리입니다. 목적어 자리에는 명사절이 올 수 있는데, 의문사가 이끄는 명사절인 간접 의문문은 '의문사(why) + 주어(the store) + 동사(was)'의 어순이 되어야 하므로 ③ why the store was가 정답입 니다.

어휘　wonder 屬 궁금하다　weeknight 屬 평일 저녁

03 명사절 접속사 what vs. that

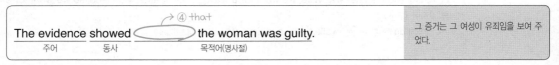

> ④ that
> The evidence showed _____ the woman was guilty.
>   주어   동사   목적어(명사절)

그 증거는 그 여성이 유죄임을 보여 주 었다.

🐱**핵심포인트 해설**　빈칸은 목적어 자리에서 완전한 절(the woman was guilty)을 이끌 수 있는 것의 자리입니다. 완전한 절을 이끌면서 동 사 show의 목적어 자리에 올 수 있는 것은 명사절 접속사 that이므로 ④ that이 정답입니다. 전치사 about 뒤에는 절 (the woman was gulity)이 올 수 없으므로 ① about은 정답이 될 수 없고, 명사절 접속사 what은 완전한 절을 이끌 수 없으므로 ② what도 정답이 될 수 없습니다.

어휘　evidence 屬 증거　guilty 屬 유죄의

04 전치사 뒤에 올 수 있는 명사절 접속사

> ③ whether
> People are curious about _____ the Great Wall of China can be
> 주어   동사   보어   수식어
> seen from space.

사람들은 중국의 만리장성이 우주에서 보일지 아닐지를 궁금해한다.

🐱**핵심포인트 해설**　빈칸은 전치사(about) 뒤에서 완전한 절(the Great wall of China ~ from space)을 이끌 수 있는 것의 자리입니다. 따라서 전치사 뒤에서 완전한 절을 이끄는 명사절 접속사 ③ whether가 정답입니다. 대명사(it)는 절을 이끌 수 없으므로

① it은 정답이 될 수 없고, if가 이끄는 명사절은 전치사(about)의 뒤에 올 수 없으므로 ② if도 정답이 될 수 없습니다. 명사절 접속사 what은 완전한 절을 이끌 수 없으므로 ④ what도 정답이 될 수 없습니다.

어휘 curious 혱 궁금한 the Great Wall 혱 만리장성

05 명사절의 올바른 형태

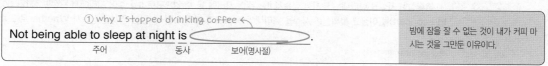

Not being able to sleep at night is ①why I stopped drinking coffee.
주어   동사   보어(명사절)

밤에 잠을 잘 수 없는 것이 내가 커피 마시는 것을 그만둔 이유이다.

🦉 핵심포인트 해설 빈칸은 be 동사(is) 뒤에서 주어를 보충 설명하는 주격 보어 자리입니다. 보어 자리에는 명사 역할을 하는 것이 올 수 있으므로 의문사(why)가 이끄는 명사절이 올 수 있는데, 명사절의 형태는 '명사절 접속사(why) + 주어 + 동사'이므로 의문사 why 뒤에 주어(I)와 동사(stopped)가 온 ① why I stopped drinking coffee가 정답입니다. 의문사가 이끄는 명사절인 간접 의문문은 '의문사(why) + 주어(I) + 동사(stopped)'의 어순이 되어야 하므로 ④ why did I stop drinking coffee는 정답이 될 수 없습니다.

어휘 be able to ~할 수 있다

06 전치사 뒤에 올 수 있는 명사절 접속사

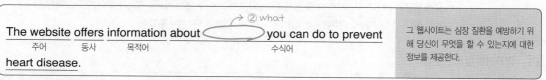

The website offers information about ②what you can do to prevent
주어   동사   목적어   수식어
heart disease.

그 웹사이트는 심장 질환을 예방하기 위해 당신이 무엇을 할 수 있는지에 대한 정보를 제공한다.

🦉 핵심포인트 해설 빈칸은 전치사(about)의 뒤에서 불완전한 절(you ~ heart disease)을 이끌 수 있는 것의 자리입니다. 불완전한 절을 이끌면서 전치사(about) 뒤에 올 수 있는 것은 명사절 접속사 what이므로 ② what이 정답입니다. 뒤에 불완전한 절이 왔으므로 완전한 절을 이끄는 ① that은 정답이 될 수 없고 전치사 뒤에 if는 올 수 없으므로 ③ if도 정답이 될 수 없습니다. 의문사 which는 '어느 것을 할 수 있는지'라는 어색한 의미가 되므로 ④ which는 정답이 될 수 없습니다.

어휘 offer 동 제공하다 prevent 동 예방하다, 막다 heart disease 혱 심장 질환

07 간접 의문문의 어순

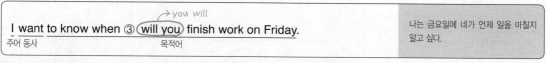

I want to know when ③ will you (you will) finish work on Friday.
주어 동사   목적어

나는 금요일에 네가 언제 일을 마칠지 알고 싶다.

🦉 핵심포인트 해설 ③ 의문사가 이끄는 명사절인 간접 의문문은 '의문사(when) + 주어(you) + 동사(will finish)'의 어순이 되어야 하므로 will you를 you will로 고쳐야 합니다.

어휘 finish 동 마치다, 끝내다

08 명사절 접속사 what vs. that

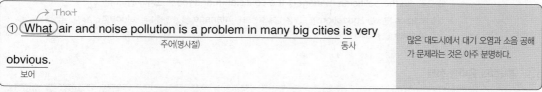

① What (That) air and noise pollution is a problem in many big cities is very
                  주어(명사절)   동사
obvious.
보어

많은 대도시에서 대기 오염과 소음 공해가 문제라는 것은 아주 분명하다.

🦉 핵심포인트 해설 ① 명사절 접속사 what은 완전한 절(air ~ cities)을 이끌 수 없으므로 What을 완전한 절을 이끌면서 문장의 주어 자리에 올 수 있는 명사절 접속사 That으로 고쳐야 합니다.

어휘 noise pollution 혱 소음 공해 obvious 혱 분명한

09 주어 자리에 올 수 있는 명사절 접속사

> → Whether

① (If) he goes to the concert or not does not matter to me.
주어(명사절)   동사   수식어

그가 콘서트에 가는지 안 가는지는 나에게 중요하지 않다.

🦉**핵심포인트 해설** ① 불확실한 사실을 나타내는 명사절 접속사 if는 주어 자리에 올 수 없으므로 If를 주어 자리에서 완전한 절(he goes to the concert)을 이끌고 불확실한 사실을 나타내며 or not과 함께 쓰일 수 있는 명사절 접속사 Whether로 고쳐야 합니다.

어휘 matter 图 중요하다

10 명사절 접속사 how의 쓰임

> → what

John decided to attend his friend's class to see ③ (how) the course
주어   동사   목적어   수식어

was like.

John은 그 강의가 어떤지 알아보기 위해 친구의 수업에 참석하기로 했다.

🦉**핵심포인트 해설** ③ 의문사 how는 what ~ like로 바꾸어 쓸 수 있으므로 how 뒤에 전치사(like)로 끝나는 절이 오면 전치사가 중복된 틀린 문장이 됩니다. 따라서 how를 전치사 like와 함께 쓰일 수 있는 명사절 접속사 what으로 고쳐야 합니다.

어휘 decide 图 결정하다   attend 图 참석하다   see 图 알아보다   course 图 강의

11 명사절의 올바른 형태

> → prefer

Convenience is why so many people ④ (to prefer) cities rather than
주어   동사   보어(명사절)

rural areas.

편리함은 매우 많은 사람들이 시골 지역보다 도시를 선호하는 이유이다.

🦉**핵심포인트 해설** ④ 명사절을 이끄는 의문사(why) 다음에는 주어와 동사를 모두 갖춘 완전한 절이 와야 하는데, 주어 people이 복수 명사이므로 동사 자리에 올 수 없는 to 부정사 to prefer를 복수 동사 prefer로 고쳐야 합니다.

어휘 convenience 图 편리함   prefer 图 선호하다   rural 图 시골의

12 간접 의문문의 올바른 형태

> → the politician managed

Citizens questioned how ① (did the politician manage) to be elected
주어   동사   목적어(명사절)

despite the fact that people seemed to dislike him.
수식어

시민들은 사람들이 그를 싫어하는 것 같아 보임에도 불구하고 어떻게 그 정치인이 용케 당선되었는지 의문을 가졌다.

🦉**핵심포인트 해설** ① 의문사가 이끄는 명사절인 간접 의문문은 '의문사(how) + 주어(the politician) + 동사(managed)'의 어순이 되어야 하므로 did the politician manage를 the politician managed로 고쳐야 합니다.

어휘 citizen 图 시민   question 图 의문을 갖다, 의심하다   manage 图 용케 해내다   elect 图 선출하다, 당선되다   dislike 图 싫어하다

13 명사절의 올바른 형태

> → survived

How the mountain climbers barely ③ (surviving) Everest has been made
주어(명사절)   동사

into a movie.
수식어

그 등반가들이 어떻게 에베레스트에서 간신히 살아남았는지가 영화로 제작되었다.

③ 의문사(How)가 이끄는 명사절 다음에는 완전한 명사절이 와야 하는데, 명사절(How ~ Everest) 안에 동사가 없으므로 '동사원형 + ing' surviving을 동사로 고쳐야 합니다. 문맥상 '그 등산객들이 어떻게 살아남았는지'라는 이미 끝난 과거의 상황을 표현하고 있으므로 surviving을 과거 동사 survived로 고쳐야 합니다.

어휘 climber 圐 등반가 barely 凰 간신히, 가까스로 survive 圐 살아남다

14 명사절 접속사 what vs. that

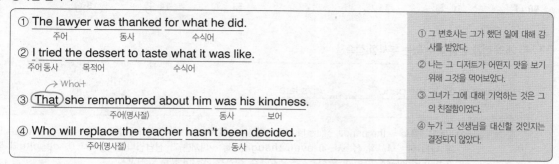

① The lawyer was thanked for what he did.
　주어　　　　　　동사　　　　　수식어

② I tried the dessert to taste what it was like.
주어 동사　　목적어　　　　　　수식어

③ That she remembered about him was his kindness.　→ What
　　　　　　주어(명사절)　　　　　동사　　　보어

④ Who will replace the teacher hasn't been decided.
　　　　　주어(명사절)　　　　　　　　　동사

① 그 변호사는 그가 했던 일에 대해 감사를 받았다.

② 나는 그 디저트가 어떤지 맛을 보기 위해 그것을 먹어보았다.

③ 그녀가 그에 대해 기억하는 것은 그의 친절함이었다.

④ 누가 그 선생님을 대신할 것인지는 결정되지 않았다.

 ③ 명사절 접속사 that은 목적어가 없는 불완전한 절(she remembered about him)을 이끌 수 없으므로 That을 불완전한 절을 이끄는 명사절 접속사 What으로 고쳐야 합니다.

어휘 thank 圐 감사하다 taste 圐 맛보다 kindness 圐 친절함 replace 圐 대신하다

15 명사절의 올바른 형태

① He declared that he would retire from politics.
　주어　　동사　　　　목적어(명사절)

② I'd like to know if the treatment is safe.
　주어　　동사　　　목적어(명사절)

③ The man hasn't determined which car to buy.
　　주어　　　동사　　　　목적어(명사절)

④ What it made him happy was music.　→ made
　　　　주어(명사절)　　　동사　보어

① 그는 정계에서 은퇴할 것을 선언했다.

② 나는 그 치료법이 안전한지 아닌지 알기를 원한다.

③ 그 남자는 어떤 차를 살지 결정하지 않았다.

④ 그를 행복하게 해주는 것은 음악이었다.

 ④ 명사절 접속사 what(~한 것)은 완전한 절(it made him happy)을 이끌 수 없고, 문맥상 '그를 행복하게 해주는 것'이라는 의미가 되어야 하므로 명사절(What ~ happy)을 주어 it을 삭제하여 What made him happy로 고쳐야 합니다. What을 완전한 절을 이끄는 명사절 접속사 That으로 고쳐 That it made him happy로 만들면, '그것은 그를 행복하게 해주는 것은 음악이었다'라는 어색한 문장이 되므로 정답이 될 수 없습니다.

어휘 declare 圐 선언하다 retire 圐 은퇴하다 politics 圐 정계, 정치 treatment 圐 치료법 determine 圐 결정하다

Day 16의 학습을 마친 여러분, 수고하셨습니다.
〈Hackers Test〉 07~15번의 심화 학습을 원하는 수험생들을 위해 **추가 오답 해설**을 제공합니다.

이용방법 해커스 공무원(gosi.Hackers.com)에서 추가 오답 해설(PDF) 다운받기

DAY 17 부사절

p.254

01 ④	02 ②	03 ③	04 ④	05 ③	06 ①	07 ③	08 ③
09 ③	10 ②	11 ②	12 ③	13 ①	14 ②	15 ④	

01 두 개의 절을 연결할 수 있는 부사절 접속사

→ ④ even though

He wants to go to the park ______ it's late.
주어 동사 목적어 수식어 수식어(부사절)

비록 늦었지만, 그는 공원에 가고 싶어 한다.

핵심포인트 해설 빈칸은 절(He ~ the park)과 절(it's late)을 연결하는 것의 자리입니다. 두 개의 절을 연결하는 것은 접속사이므로 양보를 나타내는 부사절 접속사 ④ even though(비록 ~이지만)가 정답입니다. 전치사 ① despite와 부사 ② nevertheless, ③ even은 절과 절을 연결할 수 없으므로 정답이 될 수 없습니다.

어휘 park [명] 공원 late [형] 늦은

02 두 개의 절을 연결할 수 있는 부사절 접속사

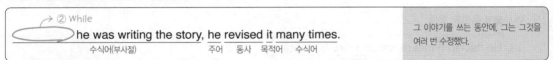

→ ② While

______ he was writing the story, he revised it many times.
수식어(부사절) 주어 동사 목적어 수식어

그 이야기를 쓰는 동안에, 그는 그것을 여러 번 수정했다.

핵심포인트 해설 빈칸은 절(he ~ the story)과 절(he ~ times)을 연결하는 것의 자리입니다. 두 개의 절을 연결하는 것은 접속사이므로 부사절 접속사 ② While(~하는 동안)이 정답입니다. 부사 ① Afterwards와 전치사 ③ During, ④ In은 절과 절을 연결할 수 없으므로 정답이 될 수 없습니다.

어휘 revise [동] 수정하다

03 부사절 접속사 vs. 전치사 & 부사절의 올바른 형태

③ because the storm caused ←

The lights were turned off suddenly ______ a power outage.
주어 동사 수식어(부사절)

폭풍이 정전을 일으켰기 때문에, 불이 갑자기 꺼졌다.

핵심포인트 해설 빈칸은 절(The lights ~ suddenly)과 절을 연결하는 것의 자리입니다. 두 개의 절을 연결하는 것은 접속사이고, 부사절 접속사(because) 다음에는 절이 와야 하므로, 부사절 접속사 because 뒤에 주어(the storm)와 동사(caused)가 온 ③ because the storm caused가 정답입니다. 전치사(because of) 뒤에는 명사 역할을 하는 것이 와야 하므로 ② because of the storm caused, ④ because of the storm causes는 정답이 될 수 없습니다.

어휘 turn off 끄다 storm [명] 폭풍, 폭풍우 power outage [명] 정전

04 결과를 나타내는 부사절 접속사의 올바른 어순

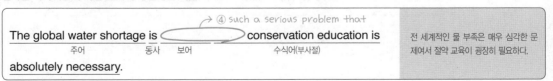

→ ④ such a serious problem that

The global water shortage is ______ conservation education is absolutely necessary.
주어 동사 보어 수식어(부사절)

전 세계적인 물 부족은 매우 심각한 문제여서 절약 교육이 굉장히 필요하다.

핵심포인트 해설 빈칸은 결과를 나타내는 부사절 접속사의 자리입니다. such ~ that(매우 ~해서 -하다)은 'such + a/an + 형용사(serious) + 명사(problem) + that ~'의 어순이 되어야 하므로 ④ such a serious problem that이 정답입니다.

어휘 shortage [명] 부족 conservation [명] 절약, 보존 absolutely [부] 굉장히 necessary [형] 필요한

05 부사절의 올바른 형태

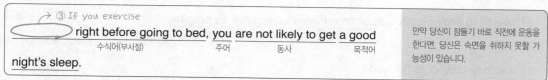

→ ③ If you exercise

______ right before going to bed, you are not likely to get a good night's sleep.

수식어(부사절) / 주어 / 동사 / 목적어

만약 당신이 잠들기 바로 직전에 운동을 한다면, 당신은 숙면을 취하지 못할 가능성이 있습니다.

핵심포인트 해설 빈칸은 절과 절(you are ~ sleep)을 연결하는 것의 자리입니다. 두 개의 절을 연결하는 것은 접속사이고, 부사절 접속사(If) 다음에는 절이 와야 하므로, 부사절 접속사 If 뒤에 주어(you)와 동사(exercise)가 온 ③ If you exercise가 정답입니다. 두 개의 절은 접속사 없이 콤마(,)로 연결될 수 없으므로 접속사가 없는 ① You exercise는 정답이 될 수 없습니다.

어휘 exercise [동] 운동하다

06 부사절 접속사 vs. 전치사

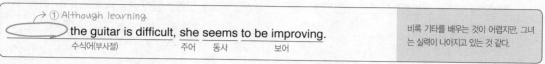

→ ① Although learning

______ the guitar is difficult, she seems to be improving.

수식어(부사절) / 주어 / 동사 / 보어

비록 기타를 배우는 것이 어렵지만, 그녀는 실력이 나아지고 있는 것 같다.

핵심포인트 해설 빈칸은 절과 절(she ~ improving)을 연결하는 것의 자리입니다. 두 개의 절을 연결하는 것은 접속사이므로 전치사 Despite가 쓰인 ③, ④번은 정답이 될 수 없고, 부사절의 주어 자리에는 명사 역할을 하는 것이 와야 하므로 부사절 접속사 Although 뒤 주어 자리에 동명사 learning이 쓰인 ① Although learning이 정답입니다.

어휘 difficult [형] 어려운 seem [동] ~하는 것 같다 improve [동] 나아지다, 개선되다

07 결과를 나타내는 부사절 접속사의 올바른 형태

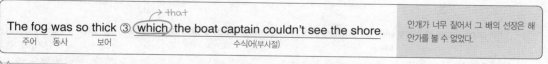

→ that

The fog was so thick ③ (which) the boat captain couldn't see the shore.

주어 / 동사 / 보어 / 수식어(부사절)

안개가 너무 짙어서 그 배의 선장은 해안가를 볼 수 없었다.

핵심포인트 해설 ③ 결과를 나타내는 부사절 접속사 so ~ that(매우 ~해서 -하다)의 형태가 되어야 하므로 which를 that으로 고쳐야 합니다.

어휘 fog [명] 안개 thick [형] 짙은, 두꺼운 captain [명] 선장 shore [명] 해안가

08 부사절 접속사 vs. 전치사

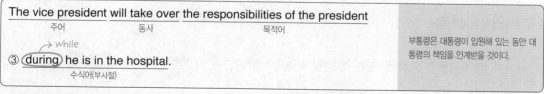

The vice president will take over the responsibilities of the president

주어 / 동사 / 목적어

→ while

③ (during) he is in the hospital.

수식어(부사절)

부통령은 대통령이 입원해 있는 동안 대통령의 책임을 인계받을 것이다.

핵심포인트 해설 ③ 전치사(during)는 절(The vice president ~ president)과 절(he ~ hospital)을 연결할 수 없으므로, 전치사 during을 두 개의 절을 연결할 수 있고 '~하는 동안'이라는 비슷한 의미를 가진 시간을 나타내는 부사절 접속사 while로 고쳐야 합니다.

어휘 vice president [명] 부통령 take over 인계받다, 떠맡다 responsibility [명] 책임 be in hospital 입원해 있다

09 부정어와 함께 쓰일 수 없는 부사절 접속사

Meat and dairy products must be refrigerated as soon as possible
주어   동사   수식어

→ should
lest they ③ (should not) spoil.
                 수식어(부사절)

육류와 유제품은 상하지 않도록 가능한 빨리 냉장 보관되어야 한다.

🦉 **핵심포인트 해설** ③ 부사절 접속사 lest(~하지 않도록)는 부정어 not과 함께 쓰일 수 없으므로 should not을 should로 고쳐야 합니다.

어휘 dairy product 명 유제품 refrigerate 동 냉장 보관하다 as soon as possible 가능한 한 빨리 spoil 동 상하다

10 부사절의 올바른 형태

→ continues
As long as the current rate of deforestation ② (to continue), many animal
                수식어(부사절)   주어

species will lose their habitats.
       동사   목적어

현재의 삼림 벌채 비율이 계속되는 한, 많은 동물 종들이 그들의 서식지를 잃을 것이다.

🦉 **핵심포인트 해설** ② 부사절은 '부사절 접속사(As long as) + 주어(the current rate) + 동사'의 형태가 되어야 하고 주어 자리에 단수 명사 the current rate가 왔으므로 동사 자리에 올 수 없는 'to + 동사원형' to continue를 단수 동사 continues로 고쳐야 합니다.

어휘 current 형 현재의 deforestation 명 삼림 벌채 species 명 종 habitat 명 서식지

11 부사절 접속사 vs. 부사

→ Nevertheless
The professor is very old. ② (Although), he remains active and still gives
     주어   동사   보어   주어   동사1   보어   동사2

lectures to students.
   목적어   수식어

그 교수는 매우 나이가 많다. 그럼에도 불구하고, 그는 여전히 활동적이고 아직도 학생들에게 강의를 한다.

🦉 **핵심포인트 해설** ② 부사절 접속사(Although)는 문장(he ~ students) 앞에 와서 문장을 수식할 수 없으므로 부사절 접속사 Although를 '그럼에도 불구하고'라는 비슷한 의미를 가진 부사 Nevertheless로 고쳐야 합니다.

어휘 remain 동 여전히 ~이다 active 형 활동적인 give a lecture 강의를 하다

12 부사절의 올바른 형태

→ while it is
Not using chemical pesticides is easy ③ (while is) difficult to undo the
            주어   동사   보어   수식어(부사절)

damage that they cause to lakes and rivers.

화학 살충제를 사용하지 않는 것은 쉬운 반면에, 그것이 호수와 강에 초래한 피해를 원상태로 돌리는 것은 어렵다.

🦉 **핵심포인트 해설** ③ 부사절은 '부사절 접속사(while) + 주어 + 동사(is)'의 형태가 되어야 하므로, while is를 진짜 주어인 to 부정사(to undo ~ rivers)를 대신해서 주어 자리에 쓰일 수 있는 가주어 it을 사용한 while it is로 고쳐야 합니다.

어휘 chemical 형 화학의 pesticide 명 살충제 undo 동 원상태로 돌리다 damage 명 피해 cause 동 초래하다, ~을 야기하다

13 부사절 접속사 vs. 전치사

→ Although/Even though/Though

① Despite flying machines would not be invented for centuries,
수식어(부사절)

Leonardo Da Vinci designed one using his imagination.
주어 동사 목적어 수식어

비록 수 세기 동안 하늘을 나는 기계들이 발명되지 않았지만, 레오나르도 다빈치는 상상력을 이용해 그것을 고안해 냈다.

핵심포인트 해설 ① 전치사(Despite)는 절(flying machines ~ centuries)과 절(Leonardo Da Vinci ~ imagination)을 연결할 수 없으므로 양보를 나타내는 전치사 Despite(~에도 불구하고)를 양보를 나타내는 부사절 접속사 Although, Even though, Though(비록 ~이지만) 중 하나로 고쳐야 합니다.

어휘 machine [명] 기계 invent [동] 발명하다 design [동] 고안하다, 디자인하다 imagination [명] 상상

14 부사절의 올바른 형태

① Once I graduate from college, I will move abroad.
수식어(부사절) 주어 동사

→ goes

② Most owls hunt after the sun going down.
주어 동사 수식어(부사절)

③ I will drive to work unless the roads are icy.
주어 동사 수식어(부사절)

④ The airplane must remain at the airport until the storm passes.
주어 동사 수식어 수식어(부사절)

① 일단 내가 대학을 졸업하면, 나는 해외로 이주할 것이다.
② 대부분의 부엉이는 해가 지고 난 후에 사냥을 한다.
③ 길이 얼음으로 덮여있지 않다면 나는 차를 운전해서 출근할 것이다.
④ 그 비행기는 폭풍이 지나갈 때까지 공항에 머물러야 한다.

핵심포인트 해설 ② 부사절은 '부사절 접속사(after) + 주어(the sun) + 동사'의 형태가 되어야 하므로 동사 자리에 올 수 없는 '동사원형 + ing' going을 동사로 고쳐야 하는데, 주어 자리에 단수 명사 the sun이 왔으므로 going을 단수 동사 goes로 고쳐야 합니다.

어휘 graduate [동] 졸업하다 abroad [부] 해외로 owl [명] 부엉이 icy [형] 얼음에 뒤덮인 remain [동] 머무르다, 남다

15 부사절 접속사 vs. 부사

① She has lived in this town since she had her first job.
주어 동사 수식어 수식어(부사절)

② When I have negative thoughts, I try to ignore them.
수식어(부사절) 주어 동사 목적어

③ He fixed the door so that it shut properly.
주어 동사 목적어 수식어(부사절)

→ After

④ Afterwards she finished the last chapter, she went to bed.
수식어(부사절) 주어 동사 수식어

① 그녀는 첫 번째 직장을 가진 이래로 이 마을에서 살아왔다.
② 나는 부정적인 생각이 들 때, 그것들을 무시하려고 노력한다.
③ 그는 문이 제대로 닫히게 하려고 그것을 고쳤다.
④ 그녀는 마지막 장을 읽은 후에, 잠자리에 들었다.

핵심포인트 해설 ④ 부사(Afterwards)는 절(she ~ chapter)과 절(she ~ to bed)을 연결할 수 없으므로 부사 Afterwards를 두 절을 연결할 수 있고 '~한 후에'라는 비슷한 의미를 가진 부사절 접속사 After로 고쳐야 합니다.

어휘 negative [형] 부정적인 ignore [동] 무시하다 shut [동] 닫히다 properly [부] 제대로

Day 17의 학습을 마친 여러분, 수고하셨습니다.
〈Hackers Test〉 07~15번의 심화 학습을 원하는 수험생들을 위해 **추가 오답 해설**을 제공합니다.

이용방법 해커스 공무원(gosi.Hackers.com)에서 추가 오답 해설(PDF) 다운받기

DAY 18 형용사절

p.268

01 ③	02 ②	03 ②	04 ④	05 ②	06 ③	07 ③	08 ①
09 ②	10 ①	11 ②	12 ①	13 ②	14 ②	15 ④	

01 관계대명사의 선택

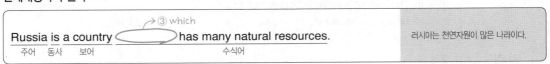

Russia is a country ──③ which── has many natural resources.
주어 동사 보어 수식어

러시아는 천연자원이 많은 나라이다.

🐱 핵심포인트 해설 빈칸은 앞에 나온 명사를 수식하며 불완전한 절(has ~ resources)을 이끄는 관계사의 자리입니다. 선행사 a country 가 사물이고, 형용사절 내에서 동사 has의 주어 역할을 하므로 사물을 나타내는 주격 관계대명사 ③ which가 정답입 니다.

어휘 natural resource 圆 천연자원

02 관계부사의 선택

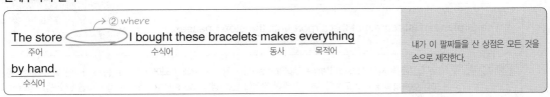

The store ──② where── I bought these bracelets makes everything
주어 수식어 동사 목적어

by hand.
수식어

내가 이 팔찌들을 산 상점은 모든 것을 손으로 제작한다.

🐱 핵심포인트 해설 빈칸은 앞에 나온 명사를 수식하며 완전한 절(I bought ~ bracelets)을 이끄는 관계사의 자리입니다. 선행사 The store가 장소를 나타내고, 빈칸 뒤에 완전한 절(I bought ~ bracelets)이 왔으므로 완전한 절을 이끌면서 장소를 나타 내는 명사 뒤에 쓰이는 관계부사 ② where가 정답입니다.

어휘 bracelet 圆 팔찌 by hand 사람 손으로

03 관계대명사의 선택

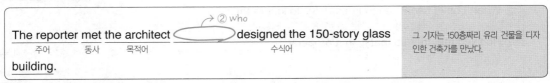

The reporter met the architect ──② who── designed the 150-story glass
주어 동사 목적어 수식어

building.

그 기자는 150층짜리 유리 건물을 디자 인한 건축가를 만났다.

🐱 핵심포인트 해설 빈칸은 앞에 나온 명사를 수식하며 불완전한 절(designed ~ building)을 이끄는 관계사의 자리입니다. 선행사 the architect가 사람이고, 형용사절 내에서 동사 designed의 주어 역할을 하므로 사람을 나타내는 주격 관계대명사 ② who가 정답입니다.

어휘 reporter 圆 기자 architect 圆 건축가 glass 圆 유리

04 관계부사의 선택

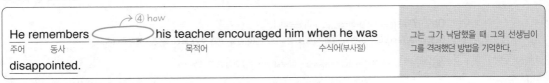

He remembers ──④ how── his teacher encouraged him when he was
주어 동사 목적어 수식어(부사절)

disappointed.

그는 그가 낙담했을 때 그의 선생님이 그를 격려했던 방법을 기억한다.

🐱 핵심포인트 해설 빈칸은 완전한 절(his teacher ~ him)을 이끄는 관계사의 자리입니다. 방법을 나타내는 관계부사 how는 선행사 the way와 함께 쓸 수 없고, the way나 how 중 하나는 반드시 생략해야 하므로 ④ how가 정답입니다. 정관사 the는 관계부사 how와 함께 쓰일 수 없으므로 ① the how는 정답이 될 수 없습니다.

어휘 remember [동] 기억하다 encourage [동] 격려하다 disappointed [형] 낙담한

05 관계대명사의 선택

→ ② that she wants

All (   ) after a tiring day is a cup of tea.

주어 / 수식어 / 동사 / 보어

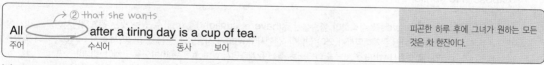

피곤한 하루 후에 그녀가 원하는 모든 것은 차 한잔이다.

핵심포인트 해설 빈칸은 대명사 All을 수식하는 것의 자리입니다. 선행사가 all을 포함한 경우 관계대명사 which는 쓸 수 없으므로 ② that she wants가 정답입니다. 형용사절은 '형용사절 접속사 (+ 주어) + 동사'의 형태가 되어야 하므로 동사 자리에 동명사 wanting이 온 ④ that she wanting은 정답이 될 수 없습니다.

어휘 tiring [형] 피곤한

06 관계대명사의 선택

→ ③ whose

Edgar Allen Poe was a very well-known author, (   ) detective novels are still very popular.

주어 / 동사 / 보어 / 수식어

Edgar Allen poe는 매우 유명한 작가였고, 그의 탐정 소설들은 아직도 매우 인기가 있다.

핵심포인트 해설 빈칸은 앞에 나온 명사를 수식하며 완전한 절(detective ~ popular)을 이끄는 관계사의 자리입니다. 선행사 author가 사람이고, 형용사절 내에서 detective novels가 누구의 것인지 나타내며 '~의 것'으로 해석되므로 사람을 나타내는 소유격 관계대명사 ③ whose가 정답입니다.

어휘 well-known [형] 유명한 author [명] 작가 detective [명] 탐정 novel [명] 소설

07 관계부사의 선택

→ when

Dusk is the time of day ③ where the wildlife becomes more active.

주어 동사 / 보어 / 수식어

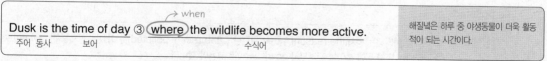

해질녘은 하루 중 야생동물이 더욱 활동적이 되는 시간이다.

핵심포인트 해설 ③ 선행사 the time of day가 시간을 나타내고, 관계사 뒤에 완전한 절(the wildlife ~ active)이 왔으므로 장소를 나타내는 명사 뒤에 쓰이는 관계부사 where를 시간을 나타내는 명사 뒤에 쓰이는 관계부사 when으로 고쳐야 합니다.

어휘 dusk [명] 해질녘 wildlife [명] 야생동물 active [형] 활동적인

08 관계대명사의 격 일치

→ who

The man ① whom delivers the mail in my neighborhood comes by my house every morning.

주어 / 수식어 / 동사 / 목적어 / 수식어

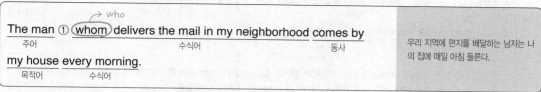

우리 지역에 편지를 배달하는 남자는 나의 집에 매일 아침 들른다.

핵심포인트 해설 ① 선행사 The man이 사람이고, 형용사절 내에서 동사 delivers의 주어 역할을 하므로 목적격 관계대명사 whom을 주격 관계대명사 who로 고쳐야 합니다.

어휘 deliver [동] 배달하다 neighborhood [명] 지역, 근처 come by 들르다

09 관계대명사 vs. 명사절 접속사

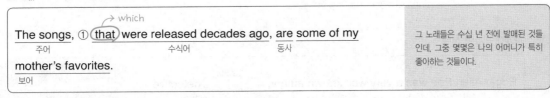

Mold is not able to grow in dark places like caves ② <u>what</u> have no → which 또는 that
주어   동사   수식어   수식어

exposure to sunlight.

곰팡이는 동물과 같이 빛에 노출이 없는 어두운 장소에서는 자랄 수 없다.

핵심포인트 해설 ② 명사 caves를 수식하며 불완전한 절(have ~ sunlight)을 이끌 수 있는 것은 관계대명사이므로 명사절 접속사 what이 아닌 관계대명사가 와야 합니다. 선행사 caves가 사물이고, 형용사절 내에서 동사 have의 주어 역할을 하므로 명사절 접속사 what을 사물을 나타내는 주격 관계대명사 which 또는 that으로 고쳐야 합니다.

어휘 mold 몡 곰팡이   cave 몡 동굴   exposure 몡 노출

10 콤마(,) 뒤에 올 수 있는 관계대명사

The songs, ① <u>that</u> were released decades ago, are some of my → which
주어   수식어   동사

mother's favorites.
보어

그 노래들은 수십 년 전에 발매된 것들 인데, 그중 몇몇은 나의 어머니가 특히 좋아하는 것들이다.

핵심포인트 해설 ① 관계대명사 that은 콤마(,) 뒤에 쓰일 수 없습니다. 선행사 The songs가 사물이고, 형용사절 내에서 동사 were released의 주어 역할을 하므로 that을 콤마(,) 뒤에 쓰이는 주격 관계대명사 which로 고쳐야 합니다.

어휘 release 동 발매하다, 공개하다   decade 몡 십년   favorite 몡 특히 좋아하는 것

11 관계부사의 선택

Toxic waste from factories is the reason ② <u>how</u> the rain in the city is → why
주어   동사   보어   수식어

so polluted.

공장에서 나온 유독성 폐기물은 도시에 내리는 비가 매우 오염된 이유이다.

핵심포인트 해설 ② 이유를 나타내는 명사(the reason) 뒤에서 완전한 절(the rain ~ polluted)을 이끄는 관계부사는 why이므로 방법을 나타내는 명사 뒤에 쓰이는 관계부사 how를 why로 고쳐야 합니다.

어휘 toxic 톙 유독성의   waste 몡 폐기물   factory 몡 공장

12 관계부사 = 전치사 + 관계대명사

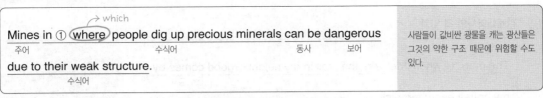

Mines in ① <u>where</u> people dig up precious minerals can be dangerous → which
주어   수식어   동사   보어

due to their weak structure.
수식어

사람들이 값비싼 광물을 캐는 광산들은 그것의 약한 구조 때문에 위험할 수도 있다.

핵심포인트 해설 ① 선행사 Mines가 장소이고 뒤에 완전한 절(people ~ minerals)이 왔으므로 장소를 나타내는 명사 뒤에 쓰이는 관계부사 where를 써야 하는데, 관계부사 where는 전치사 in과 함께 '전치사(in) + 관계대명사(which)'의 형태로 쓰일 수 있으므로 관계대명사 which로 고쳐야 합니다.

어휘 mine 몡 광산   dig up 캐내다   precious 톙 값비싼, 소중한   mineral 몡 광물   dangerous 톙 위험한   weak 톙 약한 structure 몡 구조

13 관계대명사 vs. 관계부사

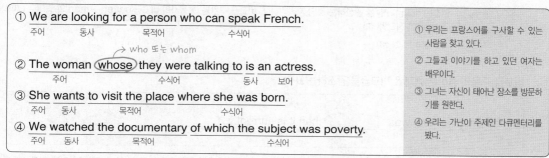

The construction company is planning to demolish several houses
　　　　　주어　　　　　　　　　　　동사　　　　　　　　　　목적어

　　　　　　　→ which 또는 that
② where without maintenance have become damaged.
　　　　　　　　　　　수식어

그 건설회사는 관리가 되지 않아 훼손된 집 몇 채를 철거할 계획이다.

🦉 핵심포인트 해설　② 선행사 several houses가 사물이고 뒤에 불완전한 절(without ~ damaged)이 왔으므로 관계대명사가 와야 합니다. 선행사 several houses가 형용사절 내에서 동사 have become damaged의 주어 역할을 하므로 관계부사 where를 주격 관계대명사 which 또는 that으로 고쳐야 합니다.

어휘　construction 圆 건설　demolish 圄 철거하다　maintenance 圆 관리, 유지　damage 圄 훼손하다 圆 훼손, 손상

14 관계대명사의 격 일치

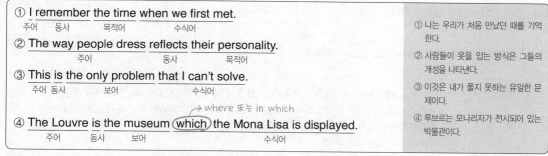

① We are looking for a person who can speak French.
　　주어　　동사　　　　목적어　　　　　　수식어

　　　　　　　　　　→ who 또는 whom
② The woman whose they were talking to is an actress.
　　　　주어　　　　수식어　　　　　　수식어　　　　동사　　보어

③ She wants to visit the place where she was born.
　　주어　동사　　　목적어　　　　　　수식어

④ We watched the documentary of which the subject was poverty.
　　주어　동사　　　목적어　　　　　　　　　수식어

① 우리는 프랑스어를 구사할 수 있는 사람을 찾고 있다.

② 그들과 이야기를 하고 있던 여자는 배우이다.

③ 그녀는 자신이 태어난 장소를 방문하기를 원한다.

④ 우리는 가난이 주제인 다큐멘터리를 봤다.

🦉 핵심포인트 해설　선행사 The woman이 사람이고 형용사절(they were talking to) 내에서 동사 were talking to의 목적어 역할을 하므로 소유격 관계대명사 whose를 목적격 관계대명사 who 또는 whom으로 고쳐야 합니다.

어휘　look for 찾다, 구하다　actress 圆 여배우　documentary 圆 다큐멘터리　subject 圆 주제　poverty 圆 가난

15 관계대명사 vs. 관계부사

① I remember the time when we first met.
　　주어　　동사　　　목적어　　　　수식어

② The way people dress reflects their personality.
　　　　주어　　　　　　동사　　　　　목적어

③ This is the only problem that I can't solve.
　　주어　동사　　　보어　　　　　　수식어

　　　　　　　　　　　　　→ where 또는 in which
④ The Louvre is the museum which the Mona Lisa is displayed.
　　주어　　　동사　　　보어　　　　　　　수식어

① 나는 우리가 처음 만났던 때를 기억한다.

② 사람들이 옷을 입는 방식은 그들의 개성을 나타낸다.

③ 이것은 내가 풀지 못하는 유일한 문제이다.

④ 루브르는 모나리자가 전시되어 있는 박물관이다.

🦉 핵심포인트 해설　④ 선행사 the museum이 장소를 나타내고 관계사 뒤에 완전한 절(the Mona Lisa is displayed)이 왔으므로 관계대명사 which를 장소를 나타내는 명사 뒤에 쓰이는 관계부사 where나 '전치사 + 관계대명사'의 형태인 in which로 고쳐야 합니다.

어휘　reflect 圄 나타내다, 반영하다　personality 圆 개성, 성격　solve 圄 풀다, 해결하다　display 圄 전시하다, 진열하다

Day 18의 학습을 마친 여러분, 수고하셨습니다.
〈Hackers Test〉 07~15번의 심화 학습을 원하는 수험생들을 위해 **추가 오답 해설**을 제공합니다.

이용방법　해커스 공무원(gosi.Hackers.com)에서 추가 오답 해설(PDF) 다운받기

DAY 19 　비교 구문

p.284

01 ④	02 ③	03 ②	04 ②	05 ③	06 ②	07 ②	08 ③
09 ④	10 ④	11 ③	12 ②	13 ④	14 ④	15 ③	

01　비교급 구문의 올바른 형태

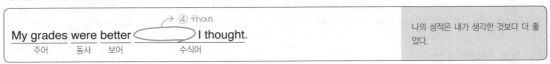

My grades were better [④ than] I thought.
주어　동사　보어　　　　수식어

나의 성적은 내가 생각한 것보다 더 좋았다.

🦉 **핵심포인트 해설**　빈칸은 비교급 구문을 완성하는 것의 자리입니다. 비교급 구문은 '형용사의 비교급(better) + than'의 형태로 나타내므로 ④ than이 정답입니다.

어휘　grade 몡 성적

02　비교급 구문의 올바른 형태 & 비교급을 강조하는 표현

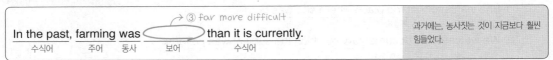

In the past, farming was [③ far more difficult] than it is currently.
수식어　　주어　동사　보어　　　　수식어

과거에는, 농사짓는 것이 지금보다 훨씬 힘들었다.

🦉 **핵심포인트 해설**　빈칸은 be 동사(was)의 보어 자리입니다. 보어 자리에는 형용사 역할을 하는 것이 올 수 있는데, 뒤에 비교급과 함께 쓰이는 than이 왔으므로 형용사의 비교급이 와야 합니다. 형용사의 비교급은 'more + 형용사'(more difficult)로 나타낼 수 있고, 비교급을 강조하는 표현 far는 비교급(more difficult) 앞에서 비교급을 강조하므로 ③ far more difficult가 정답입니다.

어휘　farm 동 농사를 짓다　currently 변 지금, 현재

03　명사 원급 구문의 올바른 형태

She owns almost as [② many books as] a library.
주어　동사　　　　목적어　　수식어

그녀는 거의 도서관만큼 많은 책을 소유하고 있다.

🦉 **핵심포인트 해설**　빈칸은 명사 원급 구문을 완성하는 것의 자리입니다. '~만큼 -한 명사'를 나타내는 명사 원급 구문은 'as + 형용사의 원급 + 명사 + as'의 형태로 나타내므로 ①, ②번이 정답 후보입니다. many는 복수 명사 앞에 쓰이는 수량 표현이므로 복수 명사 books와 함께 쓰인 ②번이 정답입니다.

어휘　own 동 소유하다　library 몡 도서관

04　원급을 포함한 표현의 올바른 형태

To some, a dog is not so much a pet [② as] a friend.
수식어　　주어 동사　　　　보어

누군가에게는, 개는 애완동물이라기보다는 친구이다.

🦉 **핵심포인트 해설**　빈칸은 원급을 포함한 표현을 완성하는 것의 자리입니다. 'A라기보다는 B인'은 원급을 포함한 표현 'not so much A as B'의 형태로 나타낼 수 있으므로 ② as가 정답입니다.

어휘　pet 몡 애완동물

05 최상급을 포함한 표현의 올바른 형태

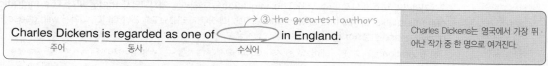

→ ③ the greatest authors

Charles Dickens is regarded as one of ⬚⬚⬚⬚⬚ in England.
　　　주어　　　　　동사　　　　　　　　　수식어

Charles Dickens는 영국에서 가장 뛰어난 작가 중 한 명으로 여겨진다.

🦉 **핵심포인트 해설** 빈칸은 최상급을 포함한 표현을 완성하는 것의 자리입니다. '가장 ~한 –중 하나'는 최상급을 포함한 표현 'one of the + 최상급 + 복수 명사'의 형태로 나타낼 수 있으므로 ③ the greatest authors가 정답입니다. 1음절 단어인 great의 최상급 형태는 '원급 + est'가 되어야 하므로 잘못된 형태의 최상급인 the most great를 사용한 ②번은 정답이 될 수 없습니다.

어휘 regard 통 ~을 –로 여기다　author 명 작가

06 비교급을 포함한 표현의 올바른 형태

→ ② The more you have

⬚⬚⬚⬚⬚, the more you want.
the + 비교급 + 주어 + 동사　　the + 비교급 + 주어 + 동사

당신이 더 가질수록, 더 원하게 된다.

🦉 **핵심포인트 해설** 빈칸은 비교급을 포함한 표현을 완성하는 것의 자리입니다. '더 ~할수록, 더 –하다'는 비교급을 포함한 표현 'the + 비교급(more) + 주어(you) + 동사(have), the + 비교급(more) + 주어(you) + 동사(want)'의 형태로 나타낼 수 있으므로 ② The more you have가 정답입니다.

07 최상급을 강조하는 표현

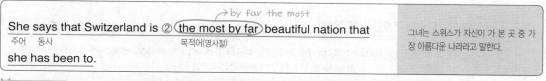

→ by far the most

She says that Switzerland is ② the most by far beautiful nation that
　주어　　동사　　　　　　　　　　　목적어(명사절)
she has been to.

그녀는 스위스가 자신이 가 본 곳 중 가장 아름다운 나라라고 말한다.

🦉 **핵심포인트 해설** ② 비교급을 강조하는 표현 by far(단연코)는 최상급을 강조하기 위해 최상급(the most) 앞에 와야 하므로 the most by far를 by far the most로 고쳐야 합니다.

어휘 Switzerland 명 스위스　nation 명 나라

08 원급 표현에서 형용사와 부사 구별

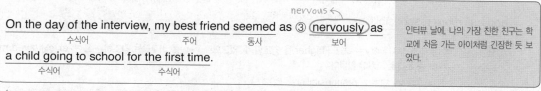

nervous ←

On the day of the interview, my best friend seemed as ③ nervously as
　　　　수식어　　　　　　　　　주어　　　　동사　　　　　　　보어
a child going to school for the first time.
　　수식어　　　　　　　　　수식어

인터뷰 날에, 나의 가장 친한 친구는 학교에 처음 가는 아이처럼 긴장한 듯 보였다.

🦉 **핵심포인트 해설** ③ 원급 표현은 'as + 형용사/부사의 원급 + as'의 형태로 나타내는데, as ~ as 사이가 형용사 자리인지 부사 자리인지는 as, as를 지우고 구별합니다. 동사 seem은 주격 보어를 취하는 동사로 보어 자리에는 부사가 아닌 형용사 역할을 하는 것이 와야 하므로 부사 nervously를 형용사 nervous로 고쳐야 합니다.

어휘 nervously 부 초조하게　nervous 형 긴장하는

09 비교급 구문에서 비교 대상 일치

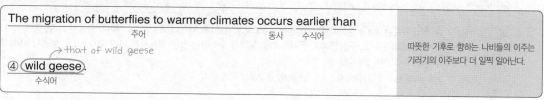

The migration of butterflies to warmer climates occurs earlier than
　　　　　　　　주어　　　　　　　　　　　　　동사　　수식어
→ that of wild geese
④ wild geese.
　　수식어

따뜻한 기후로 향하는 나비들의 이주는 기러기의 이주보다 더 일찍 일어난다.

④ 비교급 구문에서 비교하는 대상은 의미가 대등해야 합니다. 비교 대상은 '나비의 이주'와 '기러기'가 아닌 '나비의 이주'와 '기러기의 이주'이므로 단수 명사 The migration을 가리키는 지시대명사 that을 써서 The migration of butterflies(나비의 이주)와 that of wild geese(기러기의 이주)가 비교되도록 해야 합니다. 따라서 wild geese를 that of wild geese로 고쳐야 합니다.

어휘 migration 囘 이주, 이동 climate 囘 기후 occur 圄 일어나다, 발생하다 wild goose 囘 기러기(복수형은 wild geese)

10 비교급을 강조하는 표현

far/still/even/much/a lot ←

Although the Amazon is not as long as the Nile, it is ④ ⟨very⟩ larger
　　　　　　　　　　수식어(부사절)　　　　　　　　 주어 동사　　　　 보어

in total volume of water.
　　　수식어

> 비록 아마존 강은 나일 강만큼 길지는 않지만, 물의 총 양은 훨씬 더 많다.

🐱 핵심포인트 해설 ④ 강조 부사 very는 비교급(larger)을 강조할 수 없으므로, very를 비교급을 강조하는 표현 far/still/even/much/a lot 중 하나로 고쳐야 합니다.

어휘 total 囘 총, 전체의 volume 囘 양

11 비교급 형태로 최상급 의미를 만드는 표현의 올바른 형태

Scientists are developing a substance that is thinner than any other
　主어　　　 동사　　　　 목적어　　　　　　　　 수식어

→ material

③ ⟨materials⟩ but stronger than steel.

> 과학자들은 어떤 다른 소재보다 더 얇지만 강철보다 튼튼한 물질을 개발 중이다.

🐱 핵심포인트 해설 ③ 비교급 형태로 최상급 의미를 만드는 표현은 '비교급(thinner) + than any other + 단수 명사'의 형태로 나타낼 수 있으므로 복수 명사 materials를 단수 명사 material로 고쳐야 합니다.

어휘 substance 囘 물질 thin 囘 얇은, 가는 material 囘 소재 steel 囘 강철

12 비교급을 강조하는 표현

→ far/still/even/much/a lot

Her salary is ② ⟨very⟩ higher than his, because she works longer hours
　주어　 동사　　　　　 보어　　 수식어　　　　　　　 수식어(부사절)
and has more responsibilities.

> 그녀는 더 오래 일하고 더 많은 책임을 지기 때문에, 그녀의 월급은 그의 것보다 훨씬 더 높다.

🐱 핵심포인트 해설 ② 강조 부사 very는 비교급(higher)을 강조할 수 없으므로 very를 비교급을 강조하는 표현 far/still/even/much/a lot 중 하나로 고쳐야 합니다.

어휘 salary 囘 월급 responsibility 囘 책임

13 원급 구문에서 형용사와 부사 구별

→ quietly

Arriving late for the class, he sat down at his desk as ④ ⟨quiet⟩ as
　　　수식어　　　　　　 주어　 동사　　 수식어　　　　　 수식어
possible.

> 수업에 늦게 도착했기 때문에, 그는 자신의 책상에 가능한 조용히 앉았다.

🐱 핵심포인트 해설 ④ 원급 구문은 'as + 형용사/부사의 원급 + as'의 형태로 나타내는데, as ~ as 사이가 형용사 자리인지 부사 자리인지는 as, as를 지우고 구별합니다. 동사(sat)를 뒤에서 수식하는 것은 형용사가 아닌 부사이므로 형용사 quiet를 부사 quietly로 고쳐야 합니다.

어휘 late 凰 늦게 quiet 囘 조용한 quietly 凰 조용히

14 비교급을 포함한 표현의 올바른 형태

① Islam is growing faster than all the other religions.
　주어　　　동사　　　　　　수식어

② I would rather travel by train than by bus.
　주어　　　　동사　　　　　수식어

③ His bag is heavier than mine.
　주어　　동사　보어　　　수식어

→ the more
④ The older people get, (more) they learn.
　the + 비교급 + 주어 + 동사　　the + 비교급 + 주어 + 동사

① 이슬람교는 다른 어느 종교보다 빠르게 성장하고 있다.

② 나는 버스를 타고 여행하느니 기차를 타고 여행하겠다.

③ 그의 가방은 나의 것보다 무겁다.

④ 사람들은 더 나이가 들수록, 더 많이 배운다.

핵심포인트 해설 ④ 제시된 문장의 '더 나이가 들수록, 더 많이 배운다'는 비교급을 포함한 표현 'the + 비교급(older) + 주어(people) + 동사(get), the + 비교급(more) + 주어(they) + 동사(learn)'(더 ~할수록, 더 -하다)의 형태로 나타낼 수 있으므로 more를 the more로 고쳐야 합니다.

어휘 religion 圀 종교　learn 图 배우다

15 원급 형태로 최상급 의미를 만드는 표현의 올바른 형태

① She is as happy as she can be.
　주어 동사　　보어　　　수식어

② My little brother is much younger than I am.
　주어　　　　동사　　　보어　　　수식어

→ Nothing
③ (Everything) is so satisfying as accomplishing a goal.
　주어　　　동사　　보어　　　수식어

④ That building looks as tall as the sky.
　주어　　　　동사　　보어　수식어

① 그녀는 더없이 행복하다.

② 내 남동생은 나보다 훨씬 어리다.

③ 목표를 달성하는 것만큼 만족스러운 것은 없다.

④ 저 건물은 하늘만큼 높아 보인다.

핵심포인트 해설 ③ 원급 형태로 최상급 의미를 만드는 표현 'nothing + as[so] + 원급(satisfying) + as'(어떤 다른 -도 ~만큼 ~하지 않다)의 형태가 되어야 하므로 Everything을 Nothing으로 고쳐야 합니다.

어휘 satisfying 圀 만족스러운　accomplish 图 달성하다, 성취하다

Day 19의 학습을 마친 여러분, 수고하셨습니다.
〈Hackers Test〉 07~15번의 심화 학습을 원하는 수험생들을 위해 **추가 오답 해설**을 제공합니다.

이용방법 해커스 공무원(gosi.Hackers.com)에서 추가 오답 해설(PDF) 다운받기

p.296

01 ④	02 ③	03 ①	04 ③	05 ②	06 ②	07 ③	08 ①
09 ③	10 ③	11 ①	12 ②	13 ①	14 ①	15 ④	

01 부정을 나타내는 부사가 강조된 도치 구문의 올바른 형태

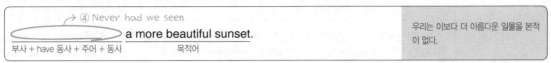

④ Never had we seen

_____ a more beautiful sunset.
부사 + have 동사 + 주어 + 동사   목적어

우리는 이보다 더 아름다운 일몰을 본적이 없다.

🦉**핵심포인트 해설** 빈칸은 문장의 주어와 동사 자리입니다. 부정을 나타내는 부사 never가 강조되어 문장의 맨 앞에 나오면 주어와 조동사가 도치되는데, 조동사가 없을 경우 be/have/do 동사가 주어 앞으로 와서 '부사 + have 동사(had) + 주어(we) + 동사(seen)'의 어순이 되어야 하므로 ④ Never had we seen이 정답입니다.

어휘 sunset 🅟 일몰

02 접속사로 연결된 병치 구문

③ appearance

Dinosaurs were varied in their size and _____.
주어   동사   수식어

공룡은 크기와 생김새가 다양했다.

🦉**핵심포인트 해설** 빈칸은 앞에 나온 명사(size)와 접속사 and로 연결된 것의 자리입니다. 접속사(and)로 연결된 병치 구문에서 접속사 앞, 뒤에는 같은 품사끼리 연결되어야 하는데, 접속사 and 앞에 명사 size가 왔으므로 and 뒤에도 명사가 와야 합니다. 따라서 동사 ① appear, ④ appeared나 to 부정사 ② to appear는 올 수 없고 명사 ③ appearance가 정답입니다.

어휘 dinosaur 🅟 공룡   varied 🅐 다양한   appearance 🅟 생김새

03 제한을 나타내는 부사가 강조된 도치 구문의 올바른 형태

① Not only can he speak

_____ French, but he also knows German.
부사 + 조동사 + 주어 + 동사1   목적어1   주어2   동사2   목적어2

그는 불어를 구사할 수 있을 뿐만 아니라 독일어도 알고 있다.

🦉**핵심포인트 해설** 빈칸은 문장의 주어와 동사 자리입니다. 제한을 나타내는 부사구(Not only)가 강조되어 문장의 맨 앞에 나오면 주어와 조동사가 도치되어 '부사구(Not only) + 조동사(can) + 주어(he) + 동사(speak)'의 어순이 되어야 하므로 ①, ②번이 정답 후보입니다. 조동사(can) 다음에는 반드시 동사원형(speak)이 와야 하므로 ① Not only can he speak가 정답입니다.

어휘 speak 🅥 구사하다, 말하다

04 접속사로 연결된 병치 구문

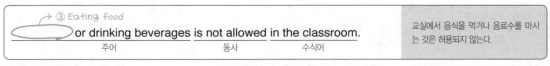

③ Eating food

_____ or drinking beverages is not allowed in the classroom.
주어   동사   수식어

교실에서 음식을 먹거나 음료수를 마시는 것은 허용되지 않는다.

🦉**핵심포인트 해설** 빈칸은 뒤에 나온 동명사구(drinking beverages)와 접속사 or로 연결된 것의 자리입니다. 접속사(or)로 연결된 병치 구문에서 접속사 앞, 뒤에는 같은 구조끼리 연결되어야 하는데, 접속사 or 뒤에 동명사구 drinking beverages가 왔으므로 or 앞에도 동명사구가 와야 합니다. 따라서 동명사구 ③ Eating food가 정답입니다.

어휘 beverage 🅟 음료   allow 🅥 허용하다, 허락하다

05 보어가 강조된 도치 구문의 올바른 형태

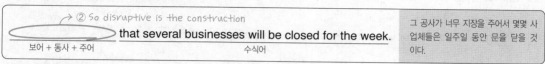

→ ② So disruptive is the construction

(보어 + 동사 + 주어) that several businesses will be closed for the week. (수식어)

그 공사가 너무 지장을 주어서 몇몇 사업체들은 일주일 동안 문을 닫을 것이다.

🦉 **핵심포인트 해설** 빈칸은 문장의 주어, 동사와 보어의 자리입니다. 형용사 보어(So disruptive)가 강조되어 문장의 맨 앞에 나오면 주어와 동사가 도치되어 '보어(So disruptive) + 동사 + 주어(the construction)'의 어순이 되어야 하므로 ①, ②번이 정답 후보입니다. 주어 the construction이 단수 명사이므로 단수 동사 is가 쓰인 ② So disruptive is the construction이 정답입니다.

어휘 disruptive 웹 지장을 주는 construction 웹 공사 business 웹 사업체

06 가정법 과거 도치 구문

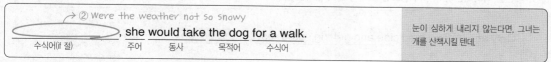

→ ② Were the weather not so snowy

(수식어(if 절)), she would take the dog for a walk. (주어) (동사) (목적어) (수식어)

눈이 심하게 내리지 않는다면, 그녀는 개를 산책시킬 텐데.

🦉 **핵심포인트 해설** 빈칸은 현재 상황을 반대로 가정하는 가정법 과거의 if 절의 자리입니다. 주절에 가정법 과거 '주어 + would + 동사원형'의 형태인 she would take가 왔으므로 if 절에도 가정법 과거 'If + 주어 + 과거 동사'의 형태가 와야 합니다. 이때 if가 생략되면 if 절의 동사(were)가 주어(the weather) 앞으로 와야 하므로 ② Were the weather not so snowy가 정답입니다. 주절에 가정법 과거가 쓰였으므로 if 절에 가정법 과거완료 'If + 주어 + had p.p.'의 형태에서 if가 생략되어 동사(had)가 주어(the weather) 앞으로 온 ① Had the weather been not so snowy는 정답이 될 수 없습니다.

어휘 snowy 웹 눈이 많이 내리는

07 접속사로 연결된 병치 구문

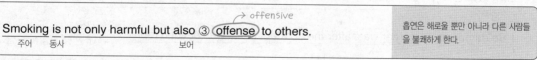

→ offensive

Smoking is not only harmful but also ③ offense to others. (주어) (동사) (보어)

흡연은 해로울 뿐만 아니라 다른 사람들을 불쾌하게 한다.

🦉 **핵심포인트 해설** ③ 상관 접속사(not only A but also B)로 연결된 병치 구문에서 접속사 앞, 뒤에는 같은 품사끼리 연결되어야 하는데, but also 앞에 형용사 harmful이 왔으므로 but also 뒤에도 형용사가 와야 합니다. 따라서 명사 offense를 형용사 offensive로 고쳐야 합니다.

어휘 harmful 웹 해로운 offense 웹 공격 offensive 웹 불쾌한, 모욕적인

08 부정을 나타내는 부사가 강조된 도치 구문의 올바른 형태

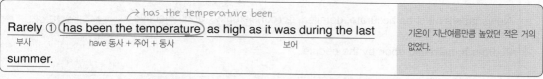

→ has the temperature been

Rarely ① has been the temperature as high as it was during the last (부사) (have 동사 + 주어 + 동사) (보어)
summer.

기온이 지난여름만큼 높았던 적은 거의 없었다.

🦉 **핵심포인트 해설** ① 부정을 나타내는 부사 Rarely(거의 ~않다)가 강조되어 문장의 맨 앞에 나오면 주어와 조동사가 도치되는데, 조동사가 없는 경우 be/have/do 동사가 주어 앞으로 와서 'have 동사(has) + 주어(the temperature) + 동사(been)'의 어순이 되어야 하므로 has been the temperature를 has the weather been으로 고쳐야 합니다.

어휘 temperature 웹 기온 during 웹 ~동안

09 접속사로 연결된 병치 구문

> to use 또는 use ←
>
> We give clients the option either to create a new account or ③ (using)
> 주어 동사 간접목적어 직접목적어   수식어
> an existing one.

우리는 고객들에게 새로운 계좌를 만들거나 기존의 계좌를 사용할 선택권을 제공한다.

🦉**핵심포인트 해설** ③ 상관 접속사(either A or B)로 연결된 병치 구문에서 접속사 앞, 뒤에는 같은 구조끼리 연결되어야 하는데, or 앞에 to 부정사 to create가 왔으므로 or 뒤에도 to 부정사가 와야 합니다. to 부정사 병치 구문에 두 번째 나온 to는 생략될 수 있으므로 동명사 using을 to 부정사 to use나 동사원형 use로 고쳐야 합니다.

어휘 client 명 고객 option 명 선택권 account 명 계좌 existing 형 기존의

10 제한을 나타내는 부사구가 강조된 도치 구문의 올바른 형태

> → did she begin
>
> Only after taking medicine and getting some rest ③ (she began)
>   only + 부사구   do 동사 + 주어 + 동사
> to recover from her cold.
>   목적어   수식어

약을 복용하고 휴식을 취한 후에야 그녀는 감기에서 회복되기 시작했다.

🦉**핵심포인트 해설** ③ 제한을 나타내는 부사구(Only after ~ rest)가 강조되어 문장의 맨 앞에 나오면 주어와 조동사가 도치되는데, 조동사가 없는 경우 be/have/do 동사가 주어 앞에 와서 'do 동사(did) + 주어(she) + 동사(begin)'의 어순이 되어야 하므로 she began을 did she begin으로 고쳐야 합니다.

어휘 medicine 명 약 recover 동 회복되다 cold 명 감기

11 보어가 강조된 도치 구문의 올바른 형태

> → was the car
>
> So damaged ① (the car was) after the accident that it was beyond repair.
>   보어   동사 + 주어   수식어

사고 후에 그 자동차는 매우 심하게 손상을 입어서 수리를 할 수 없을 정도였다.

🦉**핵심포인트 해설** ① 분사 보어(So damaged)가 강조되어 문장의 맨 앞에 나오면 주어와 동사가 도치되어 '보어(So damaged) + 동사(was) + 주어(the car)'의 어순이 되어야 하므로 the car was를 was the car로 고쳐야 합니다.

어휘 accident 명 사고 beyond repair 수리할 수 없을 정도의

12 콤마와 접속사로 연결된 병치 구문

> → consistent
>
> Newspapers must be accurate, detailed, ② (consistency), and objective
>   주어   동사   보어
> in order to be relied upon by the people.
>   수식어

신문이 사람들에게 신뢰받기 위해서는 정확하고, 상세하고, 일관성 있고, 객관적이어야 한다.

🦉**핵심포인트 해설** ② 콤마(,)와 접속사(and)로 연결된 병치 구문은 같은 품사끼리 연결되어야 하는데 콤마로(,) 연결된 명사 consistency 앞, 뒤에 형용사(accurate, detailed, objective)가 나열되고 있으므로 명사 consistency를 형용사 consistent로 고쳐야 합니다.

어휘 accurate 형 정확한 detailed 형 상세한 consistency 명 일관성 consistent 형 일관성 있는 objective 형 객관적인
rely upon 신뢰하다, 의지하다

13 가정법 과거완료의 도치 구문

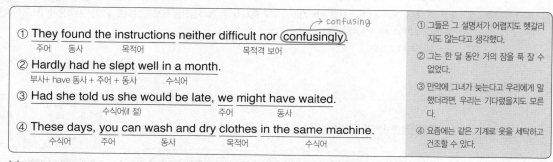

① ~~Have~~ → Had she known it would rain, she would have worn her rain boots
　　수식어(if 절)　　　　　　　주어　　　　동사　　　　목적어

this morning.
　수식어

그녀가 비가 오는 것을 알았더라면, 그녀는 오늘 아침에 장화를 신었을 텐데.

 핵심포인트 해설 ① 주절에 과거 상황을 반대로 가정하는 가정법 과거완료 '주어 + would + have p.p.'의 형태인 she would have worn이 왔으므로 if 절에도 가정법 과거완료 'if + 주어 + had p.p.'의 형태가 와야 합니다. 이때 if가 생략되면 if 절의 동사(had)가 주어(she) 앞으로 와야 하므로 Have를 Had로 고쳐야 합니다

어휘 rain 图 비가 오다　rain boot 圀 장화

14 접속사로 연결된 병치 구문

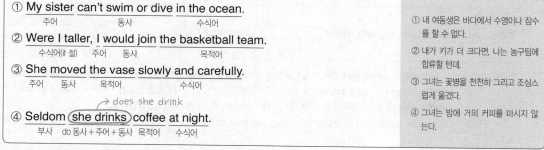

① They found the instructions neither difficult nor ~~confusingly~~ → confusing.
　주어　동사　　목적어　　　　　　　목적격 보어

② Hardly had he slept well in a month.
　부사+ have 동사 + 주어 + 동사　　수식어

③ Had she told us she would be late, we might have waited.
　　　수식어(if 절)　　　　　　주어　　　동사

④ These days, you can wash and dry clothes in the same machine.
　수식어　　주어　　　동사　　　목적어　　　수식어

① 그들은 그 설명서가 어렵지도 헷갈리지도 않는다고 생각했다.

② 그는 한 달 동안 거의 잠을 푹 잘 수 없었다.

③ 만약에 그녀가 늦는다고 우리에게 말했더라면, 우리는 기다렸을지도 모른다.

④ 요즘에는 같은 기계로 옷을 세탁하고 건조할 수 있다.

 핵심포인트 해설 ① 상관 접속사(neither A nor B)로 연결된 병치 구문에서 접속사 앞, 뒤에는 같은 품사끼리 연결되어야 하는데, nor 앞에 동사 find(found)의 목적격 보어 역할을 하는 형용사 difficult가 왔으므로 nor 뒤에도 형용사가 와야 합니다. 따라서 부사 confusingly를 형용사 confusing으로 고쳐야 합니다.

어휘 instruction 圀 설명서　confusingly 團 혼란스럽게도　confusing 團 헷갈리는, 혼란스러운　clothes 圀 옷, 의복

15 부정을 나타내는 부사가 강조된 도치 구문의 올바른 형태

① My sister can't swim or dive in the ocean.
　주어　　　동사　　　　　수식어

② Were I taller, I would join the basketball team.
　수식어(if 절)　주어　동사　　　　목적어

③ She moved the vase slowly and carefully.
　주어　동사　목적어　　　　수식어

④ Seldom ~~she drinks~~ → does she drink coffee at night.
　부사　 do 동사 + 주어 + 동사　목적어　수식어

① 내 여동생은 바다에서 수영이나 잠수를 할 수 없다.

② 내가 키가 더 크다면, 나는 농구팀에 합류할 텐데.

③ 그녀는 꽃병을 천천히 그리고 조심스럽게 옮겼다.

④ 그녀는 밤에 거의 커피를 마시지 않는다.

핵심포인트 해설 ④ 부정을 나타내는 부사 Seldom(거의 ~ 않다)이 강조되어 문장의 맨 앞에 나오면 주어와 조동사가 도치되는데, 조동사가 없는 경우 be/have/do 동사가 주어 앞에 와서 'do 동사(does) + 주어(she) + 동사(drink)'의 어순이 되어야 하므로 she drinks를 does she drink로 고쳐야 합니다.

어휘 dive 图 잠수하다　vase 圀 꽃병

Day 20의 학습을 마친 여러분, 수고하셨습니다.
〈Hackers Test〉 07~15번의 심화 학습을 원하는 수험생들을 위해 **추가 오답 해설**을 제공합니다.

[이용방법] 해커스 공무원(gosi.Hackers.com)에서 추가 오답 해설(PDF) 다운받기

Final Test 1

p.302

01 ③	02 ②	03 ④	04 ①	05 ②	06 ②	07 ①	08 ③	09 ③	10 ②
11 ④	12 ②	13 ④	14 ④	15 ③	16 ③	17 ①	18 ②	19 ④	20 ③

01 사역동사의 목적격 보어 자리에 올 수 있는 것

She opened curtains to let the sun ◯──── ③ shine in .
주어   동사   목적어   수식어

그녀는 볕이 들게 하려고 커튼을 걷었다.

🐱 **핵심포인트 해설** 빈칸은 5형식 동사 let의 목적격 보어 자리입니다. 동사 let은 동사원형을 목적격 보어로 취하는 사역동사이므로 동사원형을 쓴 ③ shine in이 정답입니다.

어휘 shine in 볕이 들다

02 조동사처럼 쓰이는 표현

He ◯──── ② used to think money was unimportant.
주어   동사   목적어(명사절)

그는 한때 돈이 중요하지 않다고 생각하곤 했다.

🐱 **핵심포인트 해설** 빈칸은 문장의 동사 자리입니다. 문맥상 '한때 돈이 중요하지 않다고 생각하곤 했다'라는 의미가 되어야 자연스러우므로 조동사처럼 쓰이는 표현 used to(~하곤 했다)가 쓰인 ②, ③번이 정답 후보입니다. 조동사처럼 쓰이는 표현(used to) 뒤에는 반드시 동사원형(think)이 와야 하므로 ② used to think가 정답입니다. is used to think는 '그가 생각하는 것에 사용되었다'라는 어색한 의미가 되므로 ①번은 정답이 될 수 없습니다.

어휘 unimportant 형 중요하지 않은, 하찮은

03 가정법 if 절과 주절의 시제 일치

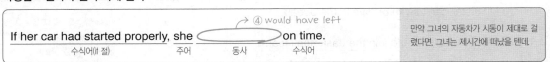

If her car had started properly, she ◯──── ④ would have left on time.
수식어(if 절)   주어   동사   수식어

만약 그녀의 자동차가 시동이 제대로 걸렸다면, 그녀는 제시간에 떠났을 텐데.

🐱 **핵심포인트 해설** 빈칸은 가정법 주절의 동사 자리입니다. if 절에 과거 상황을 반대로 가정하는 가정법 과거완료 'if + 주어 + had p.p.'의 형태인 If her car had started가 왔으므로 주절에도 가정법 과거완료를 만드는 '주어 + would/should/could/might + have p.p.' 형태가 와야 합니다. 따라서 ④ would have left가 정답입니다.

어휘 start 동 시동이 걸리다 properly 부 제대로 on time 제시간에

04 상관 접속사의 올바른 형태

I prefer listening to either classical music ◯──── ① or jazz.
주어 동사   목적어

나는 클래식 음악이나 재즈 음악을 듣는 것을 선호한다.

🐱 **핵심포인트 해설** 빈칸은 either와 함께 쓰이는 것의 자리입니다. either는 접속사 or와 짝을 이루어 상관 접속사 'either A or B'(A 또는 B 중 하나)의 형태로 쓰이므로 ① or가 정답입니다.

어휘 prefer 동 선호하다

05 '수사 + 하이픈(-) + 단위 표현'의 쓰임

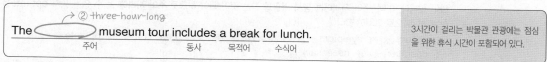

The ◯◯◯◯◯ museum tour includes a break for lunch.
　　　주어　　　　　　　　　동사　　　목적어　　수식어

> ② three-hour-long

3시간이 걸리는 박물관 관광에는 점심을 위한 휴식 시간이 포함되어 있다.

핵심포인트 해설 빈칸은 명사(museum tour)를 수식하는 형용사 역할을 하는 것의 자리입니다. 형용사처럼 명사를 앞에서 수식하는 '수사 + 하이픈(-) + 단위 표현'에서 단위 표현은 반드시 단수형이 되어야 하므로 ② three-hour-long이 정답입니다.

어휘 tour 몡 관광　include 통 포함하다　break 몡 휴식 시간

06 간접 의문문의 올바른 어순

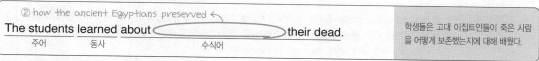

The students learned about ◯◯◯◯◯ their dead.
　　주어　　　　동사　　　　　　수식어

> ② how the ancient Egyptians preserved

학생들은 고대 이집트인들이 죽은 사람을 어떻게 보존했는지에 대해 배웠다.

핵심포인트 해설 빈칸은 전치사(about) 뒤에 오는 것의 자리입니다. 전치사 뒤에는 명사 역할을 하는 것이 와야 하므로 의문사가 이끄는 명사절인 간접 의문문이 올 수 있는데, 간접 의문문은 '의문사(how) + 주어(the ancient Egyptians) + 동사(preserved)'의 어순이 되어야 하므로 ② how the ancient Egyptians preserved가 정답입니다. 간접 의문문에 일반 의문문의 어순인 '의문사(how) + 조동사(did) + 주어(the ancient Egyptians) + 동사(preserve)'의 형태는 올 수 없으므로 ①번은 정답이 될 수 없습니다.

어휘 ancient 혱 고대의　preserve 통 보존하다　dead 몡 죽은 사람

07 제한을 나타내는 부사구가 강조된 도치 구문의 올바른 형태

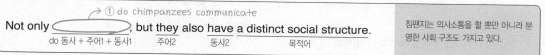

Not only ◯◯◯◯◯, but they also have a distinct social structure.
do 동사 + 주어1 + 동사1　　　주어2　　동사2　　　　목적어

> ① do chimpanzees communicate

침팬지는 의사소통을 할 뿐만 아니라 분명한 사회 구조도 가지고 있다.

핵심포인트 해설 빈칸은 문장의 주어와 동사 자리입니다. 제한을 나타내는 부사구 not only(~일 뿐만 아니라)가 강조되어 문장의 맨 앞에 오면 주어와 조동사가 도치되는데, 동사가 일반 동사일 경우 do 동사가 주어 앞으로 와서 'do 동사(do) + 주어(chimpanzees) + 동사(communicate)'의 어순이 되어야 하므로 ① do chimpanzees communicate가 정답입니다.

어휘 communicate 통 의사소통을 하다　distinct 혱 분명한, 확실한　social structure 몡 사회 구조

08 to 부정사를 목적격 보어로 취하는 동사

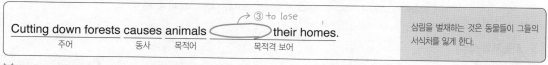

Cutting down forests causes animals ◯◯◯◯◯ their homes.
　　주어　　　　　동사　　목적어　　　목적격 보어

> ③ to lose

삼림을 벌채하는 것은 동물들이 그들의 서식처를 잃게 한다.

핵심포인트 해설 빈칸은 5형식 동사 cause의 목적격 보어 자리입니다. 동사 cause는 to 부정사를 목적격 보어로 취하는 동사이므로 to 부정사 ③ to lose가 정답입니다.

어휘 forest 몡 삼림, 숲　cause 통 ~이 -하게 하다　home 몡 서식처, 집

09 주어 자리에 올 수 있는 것

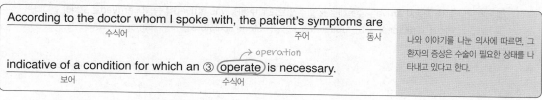

According to the doctor whom I spoke with, the patient's symptoms are
　　　　　　　수식어　　　　　　　　　　　　　주어　　　　　동사

indicative of a condition for which an ③ (operate) is necessary.
　　보어　　　　　　　　　　　　　수식어

> operation

나와 이야기를 나눈 의사에 따르면, 그 환자의 증상은 수술이 필요한 상태를 나타내고 있다고 한다.

③ 관계부사를 대신해서 쓰일 수 있는 '전치사 + 관계대명사'(for which) 다음에는 '주어 + 동사'가 갖추어진 완전한 절이 와야 합니다. 이때, 주어 자리에는 명사 역할을 하는 것이 와야 하므로 주어 자리에 올 수 없는 동사 operate를 명사 operation으로 고쳐야 합니다.

어휘 patient 몡 환자 symptom 몡 증상 indicative 혱 ~을 나타내는 condition 몡 상태 operate 동 수술하다 operation 몡 수술 necessary 혱 필요한

10 목적격 보어 자리에 올 수 있는 것

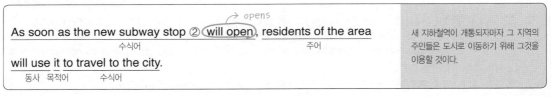

I thought it ② (rudely) to ask too many questions about his personal life.
주어 동사 가목적어 목적격 보어   진목적어

나는 그의 사생활에 관해서 너무 많은 질문을 하는 것은 무례하다고 생각했다.

② 동사 think(thought)는 목적어와 목적격 보어를 취하는 5형식 동사입니다. 보어 자리에는 부사(rudely)가 아닌 형용사 역할을 하는 것이 올 수 있으므로 부사 rudely를 형용사 rude로 고쳐야 합니다.

어휘 rudely 閈 무례하게 rude 혱 무례한 personal life 사생활

11 정관사와 함께 쓰이는 표현

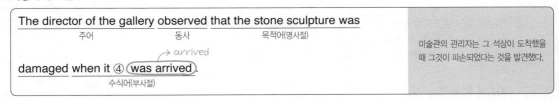

the same time ←

It is dangerous to drive and use a cell phone at ④ (a same time).
가주어 동사 보어   진주어

운전하면서 동시에 휴대전화를 사용하는 것은 위험하다.

④ same은 정관사 the와 함께 'the + same + 명사(time)'의 형태로 쓰이므로 a same time을 the same time으로 고쳐야 합니다.

어휘 dangerous 혱 위험한 cell phone 몡 휴대전화 at the same time 동시에

12 시간을 나타내는 부사절에서의 시제 사용

→ opens

As soon as the new subway stop ② (will open), residents of the area
수식어   주어

will use it to travel to the city.
동사 목적어   수식어

새 지하철역이 개통되자마자 그 지역의 주민들은 도시로 이동하기 위해 그것을 이용할 것이다.

② 시간을 나타내는 부사절 접속사(As soon as)가 이끄는 절에서는 미래를 나타내기 위해 미래 시제 대신 현재 시제를 써야 하므로 미래 시제 will open을 현재 시제 opens로 고쳐야 합니다.

어휘 subway stop 몡 지하철역 resident 몡 주민 area 몡 지역 travel 동 이동하다

13 자동사의 쓰임

The director of the gallery observed that the stone sculpture was
주어   동사   목적어(명사절)

→ arrived

damaged when it ④ (was arrived).
수식어(부사절)

미술관의 관리자는 그 석상이 도착했을 때 그것이 파손되었다는 것을 발견했다.

④ 자동사 arrive는 수동태로 쓰일 수 없으므로 수동태 was arrived를 능동태 arrived로 고쳐야 합니다.

어휘 director 몡 관리자 observe 동 발견하다 stone sculpture 몡 석상 damage 동 파손하다

14 목적어 자리에 올 수 있는 것

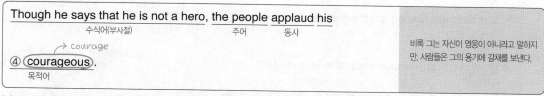

Though he says that he is not a hero, the people applaud his
　　　　　　수식어(부사절)　　　　　　　　　　　주어　　　동사

→ courage
④ courageous.
　　목적어

비록 그는 자신이 영웅이 아니라고 말하지만, 사람들은 그의 용기에 갈채를 보낸다.

🦉 **핵심포인트 해설** ④ 동사(applaud)의 목적어 자리에는 명사 역할을 하는 것이 와야 하므로 형용사 courageous를 명사 courage로 고쳐야 합니다.

어휘 hero 몡 영웅 applaud 통 갈채를 보내다 courageous 혱 용감한 courage 몡 용기

15 타동사의 쓰임

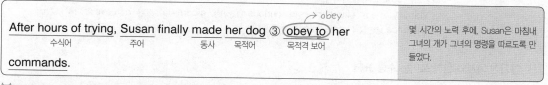

→ obey
After hours of trying, Susan finally made her dog ③ obey to her
　　수식어　　　　　　주어　　　　　동사　　목적어　　목적격 보어

commands.

몇 시간의 노력 후에, Susan은 마침내 그녀의 개가 그녀의 명령을 따르도록 만들었다.

🦉 **핵심포인트 해설** ③ 동사 obey는 전치사(to) 없이 목적어(her commands)를 바로 취하는 타동사이므로 obey to를 obey로 고쳐야 합니다.

어휘 try 통 노력하다 obey 통 (명령, 법 등을) 따르다 command 몡 명령

16 비교급에서 비교 대상의 일치

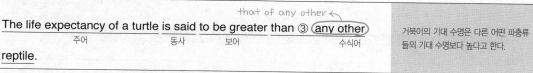

that of any other ←
The life expectancy of a turtle is said to be greater than ③ any other
　　　　　주어　　　　　　　　동사　　　　　　보어　　　　　　　　수식어

reptile.

거북이의 기대 수명은 다른 어떤 파충류들의 기대 수명보다 높다고 한다.

🦉 **핵심포인트 해설** ③ 비교급 구문(greater than)에서 비교하는 대상은 의미가 대등해야 합니다. 비교 대상은 '거북이의 기대 수명'과 '파충류'가 아닌 '거북이의 기대 수명'과 '파충류의 기대 수명'이므로 단수 명사 The life expectancy를 대신하는 지시대명사 that을 써서 The life expectancy of a turtle(거북이의 기대 수명)의 비교의 대상이 that of any other reptile(다른 어떤 파충류들의 기대 수명)이 되도록 해야 합니다. 따라서 any other를 that of any other로 고쳐야 합니다.

어휘 life expectancy 몡 기대 수명 turtle 몡 거북이 reptile 몡 파충류

17 주어와 동사의 수 일치

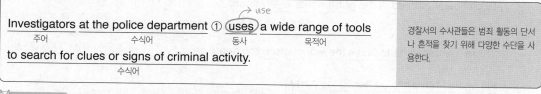

→ use
Investigators at the police department ① uses a wide range of tools
　　주어　　　　　　수식어　　　　　　　동사　　　　목적어

to search for clues or signs of criminal activity.
　　　　　　수식어

경찰서의 수사관들은 범죄 활동의 단서나 흔적을 찾기 위해 다양한 수단을 사용한다.

🦉 **핵심포인트 해설** ① 주어 자리에 복수 명사 Investigators가 왔으므로 단수 동사 uses를 복수 동사 use로 고쳐야 합니다. 주어와 동사 사이의 수식어(at the police department)는 주어와 동사의 수 결정에 영향을 주지 않습니다.

어휘 investigator 몡 수사관 a wide range of 다양한 tool 몡 수단, 도구 clue 몡 단서 sign 몡 흔적, 징후
　　　criminal 혱 범죄의

18 원급을 강조하는 표현

① She denied knowing anything about the situation.
주어 동사 목적어 수식어

→ very 또는 so
② He was (much) curious about the new student.
주어 동사 보어 수식어

③ It is such a gloomy day because of the dark clouds.
주어 동사 보어 수식어

④ Success can be achieved with patience and determination.
주어 동사 수식어

① 그녀는 그 상황에 대해 아는 것이 있음을 부인했다.
② 그는 새로운 학생에 대해 매우 궁금해했다.
③ 먹구름 때문에 참으로 음울한 날이다.
④ 성공은 인내심과 결단력으로 이루어질 수 있다.

핵심포인트 해설 ② much는 비교급 앞에서 비교급을 강조하는 표현이므로 much를 형용사의 원급(curious)을 강조하는 강조 부사 very 또는 so로 고쳐야 합니다.

어휘 deny [동] 부인하다 situation [명] 상황 curious [형] 궁금한 gloomy [형] 음울한 achieve [동] 이루다, 달성하다 patience [명] 인내심 determination [명] 결단력

19 불가산 명사와 함께 쓰이는 수량 표현

① I wish my teacher were more understanding.
주어 동사 목적어(명사절)

② A package was delivered to my home.
주어 동사 수식어

③ The school where he studies is very famous.
주어 동사 보어

→ much
④ Students become stressed from (many) homework they receive.
주어 동사 보어 수식어

① 나의 선생님이 더 이해심이 있다면 좋을 텐데.
② 소포가 내 집으로 배달되었다.
③ 그가 다니는 학교는 매우 유명하다.
④ 학생들은 그들이 받는 많은 숙제로 스트레스를 받는다.

핵심포인트 해설 ④ 수량 표현 many(많은)는 불가산 명사(homework)와 함께 쓰일 수 없으므로 many를 불가산 명사와 함께 쓰이는 수량 표현 much로 고쳐야 합니다.

어휘 understanding [형] 이해심 있는 deliver [동] 배달하다 receive [동] 받다

20 가짜 주어 there 구문의 수 일치

① Pets are not permitted to enter this building.
주어 동사 수식어

② Each flower planted in the garden has lovely scent.
주어 동사 목적어

→ remains
③ There (remain) time to finish the work before the deadline.
가짜 주어 동사 진짜 주어 수식어

④ He should have invited her to the party.
주어 동사 목적어 수식어

① 애완동물은 이 건물에 들어오는 것이 허용되지 않습니다.
② 정원에 심어진 각각의 꽃은 아주 좋은 향기를 가지고 있다.
③ 마감 전에 그 일을 끝낼 시간이 남아 있다.
④ 그는 그녀를 파티에 초대했어야 했다.

핵심포인트 해설 ③ 가짜 주어 there 구문은 'there + 동사 + 진짜 주어(time)'의 형태를 취하는데, 이때 동사는 진짜 주어에 수 일치시켜야 합니다. 진짜 주어 자리에 단수 취급하는 불가산 명사 time이 왔으므로 복수 동사 remain을 단수 동사 remains로 고쳐야 합니다.

어휘 pet [명] 애완동물 permit [동] 허용하다 lovely [형] 아주 좋은 scent [명] 향기 deadline [명] 마감 일자 invite [동] 초대하다

Final Test 1의 학습을 마친 여러분, 수고하셨습니다.

〈Final Test〉 09~20번의 심화 학습을 원하는 수험생들을 위해 **추가 오답 해설**을 제공합니다.

이용방법 해커스 공무원(gosi.Hackers.com)에서 추가 오답 해설(PDF) 다운받기

Final Test 2

01 ②	02 ④	03 ②	04 ③	05 ②	06 ④	07 ②	08 ①	09 ②	10 ④
11 ③	12 ②	13 ①	14 ②	15 ③	16 ③	17 ①	18 ③	19 ④	20 ③

01 부정대명사의 쓰임

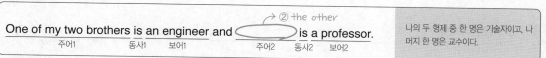

One of my two brothers is an engineer and ____ is a professor.
주어1　　　　　　동사1　보어1　　　　　　② the other　주어2　동사2　보어2

나의 두 형제 중 한 명은 기술자이고, 나머지 한 명은 교수이다.

핵심포인트 해설 빈칸은 접속사(and)로 연결된 절의 주어 자리입니다. 문맥상 '두 형제 중 한 명은 기술자이고, 나머지 한 명은 교수이다'라는 의미가 되어야 자연스러우므로 사람이나 사물이 둘 있을 경우 '두 개 중 나머지 하나'를 나타내는 부정대명사 ② the other가 정답입니다.

어휘 engineer ® 기술자　professor ® 교수

02 전치사 뒤에 올 수 있는 것

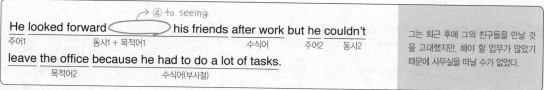

He looked forward ____ his friends after work but he couldn't
주어1　　　동사1 + 목적어1　　④ to seeing　　수식어　　　주어2　동사2

leave the office because he had to do a lot of tasks.
　목적어2　　　　　수식어(부사절)

그는 퇴근 후에 그의 친구들을 만날 것을 고대했지만, 해야 할 업무가 많았기 때문에 사무실을 떠날 수가 없었다.

핵심포인트 해설 빈칸은 look forward 뒤에 올 수 있는 것의 자리입니다. 동명사를 취하는 표현 'look forward to -ing'(~하기를 고대하다)에서 to는 전치사이고, 전치사(to) 뒤에는 명사 역할을 하는 것이 와야 하므로 동명사 seeing이 쓰인 ④ to seeing이 정답입니다.

어휘 leave ⑧ 떠나다　task ® 업무

03 가짜 주어 it의 쓰임

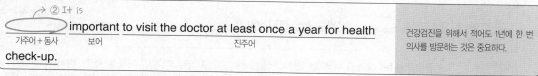

____ important to visit the doctor at least once a year for health
② It is
가주어 + 동사　　보어　　　　　　　　　진주어

check-up.

건강검진을 위해서 적어도 1년에 한 번 의사를 방문하는 것은 중요하다.

핵심포인트 해설 빈칸은 문장의 주어와 동사 자리입니다. to 부정사구(to visit ~ check-up)와 같이 긴 주어가 오면 가짜 주어 it이 진짜 주어(to 부정사구)를 대신해 주어 자리에 쓰일 수 있으므로 주어 자리에는 가짜 주어 it이 와야 합니다. 하나의 절에는 반드시 하나의 동사가 있어야 하므로 동사 is가 쓰인 ② It is가 정답입니다.

어휘 at least 적어도　health check-up ® 건강검진

Final Test 2 85

Final

Final Test 2

해커스 공무원 영어 기초 영문법

04 동명사를 목적어로 취하는 동사

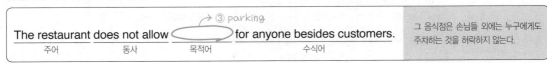

The restaurant does not allow ③ parking for anyone besides customers.
주어   동사   목적어   수식어

그 음식점은 손님들 외에는 누구에게도 주차하는 것을 허락하지 않는다.

🦉 **핵심포인트 해설** 빈칸은 동사 allow의 목적어 자리입니다. 동사 allow는 동명사를 목적어로 취하는 동사이므로 동명사 ③ parking이 정답입니다.

어휘 allow 图 허락하다   park 图 주차하다   besides 전 ~외에   customer 图 손님, 고객

05 원급 표현의 올바른 형태

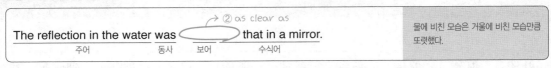

The reflection in the water was ② as clear as that in a mirror.
주어   동사   보어   수식어

물에 비친 모습은 거울에 비친 모습만큼 또렷했다.

🦉 **핵심포인트 해설** 빈칸은 be 동사(was)의 주격 보어 자리입니다. 원급 표현은 'as + 형용사/부사의 원급 + as'의 형태가 되어야 하므로 ①, ②번이 정답 후보입니다. as ~ as 사이에 오는 것은 as, as를 지우고 구별하는데 보어 자리에는 형용사 역할을 하는 것이 올 수 있으므로 형용사 clear가 쓰인 ② as clear as가 정답입니다.

어휘 reflection 명 (거울 등에 비친) 모습, 반사   clear 형 또렷한

06 관계대명사의 선택

The police officer questioned the man ④ whose house had just been
주어   동사   목적어   수식어

robbed.

그 경찰관은 막 도둑맞은 집의 주인에게 질문했다.

🦉 **핵심포인트 해설** 빈칸은 명사 the man을 뒤에서 수식하는 형용사절의 관계대명사 자리입니다. 선행사(the man)가 사람이고, 형용사절 내에서 house가 누구의 것인지 나타내므로, 사람을 나타내는 소유격 관계대명사 ④ whose가 정답입니다.

어휘 question 图 질문하다   rob 图 도둑질하다

07 동사원형을 목적격 보어로 취하는 동사의 수동태

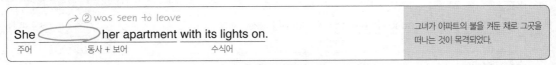

She ② was seen to leave her apartment with its lights on.
주어   동사 + 보어   수식어

그녀가 아파트의 불을 켜둔 채로 그곳을 떠나는 것이 목격되었다.

🦉 **핵심포인트 해설** 빈칸은 문장의 동사와 보어 자리입니다. 동사원형을 목적격 보어로 취하는 지각동사(see)가 수동태가 되면 목적격 보어는 to 부정사(to leave)가 되어 수동태 동사(was seen) 뒤에 남아야 하므로 ② was seen to leave가 정답입니다.

어휘 leave 图 떠나다

08 관계대명사의 선택

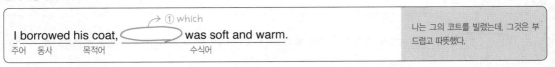

I borrowed his coat, ① which was soft and warm.
주어 동사   목적어   수식어

나는 그의 코트를 빌렸는데, 그것은 부드럽고 따뜻했다.

🦉 **핵심포인트 해설** 빈칸은 명사 his coat를 수식하는 형용사 역할을 하는 것의 자리입니다. 빈칸 뒤에 불완전한 절(was soft and warm)이 왔으므로 명사를 뒤에서 수식하며 불완전한 절을 이끄는 관계대명사가 와야 합니다. 선행사(his coat)가 사물이고 형용사절 내에서 동사 was의 주어 역할을 하므로 주격 관계대명사 ①, ②번이 정답 후보인데, 관계대명사 that은 콤마(,) 뒤에 쓰일 수 없으므로 ① which가 정답입니다. 명사절 접속사(what)는 명사(his coat)를 수식할 수 없으므로 ③ what

은 정답이 될 수 없고, 빈칸에 등위 접속사(and)가 오면 주어가 없는 절이 되므로 ④ and도 정답이 될 수 없습니다.

어휘 borrow 屠 빌리다 　soft 衡 부드러운 　warm 衡 따뜻한

09 to 부정사와 동명사를 모두 목적어로 취하는 동사

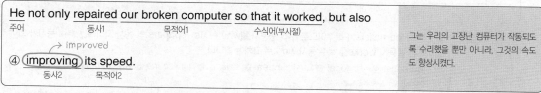

He didn't pay any penalties because he remembered ② renewing his
주어　　　동사　　　　목적어　　　　　　　　　　수식어(부사절)
license before it expired.

그는 자신의 면허가 만료되기 전에 그것을 갱신할 것을 기억했기 때문에 어떠한 벌금도 내지 않았다.

🦉핵심포인트 해설 ② 동사 remember는 to 부정사나 동명사를 모두 목적어로 취할 수 있는 동사인데, '~할 것을 기억하다'라는 미래의 의미일 때는 to 부정사를 목적어로 취하고 '~한 것을 기억하다'라는 과거의 의미일 때는 동명사를 목적어로 취합니다. 문맥상 '갱신할 것을 기억했기 때문에 벌금을 내지 않았다'라는 의미가 되어야 자연스러우므로 동명사 renewing을 to 부정사 to renew로 고쳐야 합니다.

어휘 penalty 衡 벌금 　renew 屠 갱신하다 　license 衡 면허 　expire 屠 만료되다

10 접속사로 연결된 병치 구문

He not only repaired our broken computer so that it worked, but also
주어　　　　　동사1　　목적어1　　　　　　수식어(부사절)
④ improving its speed.
　　동사2　　목적어2

그는 우리의 고장난 컴퓨터가 작동되도록 수리했을 뿐만 아니라, 그것의 속도도 향상시켰다.

🦉핵심포인트 해설 ④ 상관 접속사 'not only A but also B'(A뿐만 아니라 B도)로 연결된 병치 구문에서 접속사 앞, 뒤에는 같은 구조끼리 연결되어야 하는데, not only 다음에 과거 동사 repaired가 왔으므로 but also 다음에도 과거 동사가 와야 합니다. 따라서 동사 자리에 올 수 없는 '동사원형 + ing' improving을 과거 동사 improved로 고쳐야 합니다.

어휘 repair 屠 수리하다, 고치다 　broken 衡 고장난 　work 屠 작동되다 　improve 屠 향상시키다

11 전치사 뒤에 올 수 있는 것

Vision can be impaired by direct ③ expose to sunlight and other bright
주어　　　동사　　　　　　수식어
objects.

시력은 햇빛과 다른 밝은 물체로의 직접적인 노출에 의해 손상될 수 있다.

🦉핵심포인트 해설 ③ 전치사(by) 뒤에는 명사 역할을 하는 것이 와야 하고, 형용사(direct)의 수식을 받을 수 있는 것은 명사이므로 동사 expose를 명사 exposure로 고쳐야 합니다.

어휘 vision 衡 시력, 시각 　impair 屠 손상시키다 　expose 屠 노출시키다, 드러내다 　exposure 衡 노출, 폭로 　object 衡 물체

12 전치사 vs. 부사절 접속사

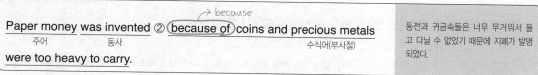

Paper money was invented ② because of coins and precious metals
주어　　　　동사　　　　　　　　　　　　　수식어(부사절)
were too heavy to carry.

동전과 귀금속들은 너무 무거워서 들고 다닐 수 없었기 때문에 지폐가 발명되었다.

🦉핵심포인트 해설 ② 전치사(because of)는 절(Paper money ~ invented)과 절(coins ~ to carry)을 연결할 수 없으므로 because of를 절과 절을 연결할 수 있는 부사절 접속사 because(~때문에)로 고쳐야 합니다.

어휘 paper money 衡 지폐 　invent 屠 발명하다 　precious metal 衡 귀금속 　heavy 衡 무거운

13 복수 명사와 함께 쓰이는 수량 표현

> → forms

One of the earliest ① form of written language was the symbols used
　　　　　　　　　　　주어　　　　　　　　　　　　　　　　동사　　　보어
in ancient Egypt.
수식어

문자 언어의 가장 초기 형태 중 하나는 고대 이집트에서 사용된 기호들이었다.

🦉**핵심포인트 해설** ① 수량 표현 'one of the'(~ 중 하나) 뒤에는 복수 명사가 와야 하므로 단수 명사 form을 복수 명사 forms로 고쳐야 합니다.

　　　　어휘 form 圐 형태　written language 圐 문자 언어　symbol 圐 기호　ancient 圐 고대의

14 주격 형용사절 동사의 수 일치

> → work

A number of journalists who ② works for local newspapers appeared
　　　　주어　　　　　　　　　　수식어　　　　　　　　　동사
at the scene where a gas explosion had just occurred.
　　　　　　　　　　　　　수식어

지역 신문사에서 일하는 많은 기자들이 가스 폭발이 막 발생한 현장에 도착했다.

🦉**핵심포인트 해설** ② 선행사 journalists가 복수이므로 주격 형용사절(who ~ newspapers)의 동사 자리에는 복수 동사가 와야 합니다. 따라서 단수 동사 works를 복수 동사 work로 고쳐야 합니다.

　　　　어휘 journalist 圐 기자　local 圐 지역의　appear 圐 도착하다, 나타나다　scene 圐 현장　explosion 圐 폭발
　　　　　　occur 圐 발생하다

15 혼동하기 쉬운 전치사

The launch of the satellite began the Space Race and created tensions
　　　주어　　　　　　　　동사1　　목적어1　　　　　동사2　　목적어2

> → between

③ among the two opposed nations during the Cold War.
　　　　　　　수식어

인공 위성의 발사는 우주 개발 경쟁을 시작했고, 냉전 동안에 두 적대 국가 사이에 긴장 상태를 불러일으켰다.

🦉**핵심포인트 해설** ③ '두 적대 국가 사이에'라는 의미이므로 셋 이상 사이를 나타낼 때 쓰이는 전치사 among(~사이에)을 둘 사이를 나타낼 때 쓰이는 전치사 between(~사이에)으로 고쳐야 합니다.

　　　　어휘 launch 圐 발사　satellite 圐 인공 위성　Space Race 圐 우주 개발 경쟁　tension 圐 긴장 상태
　　　　　　opposed 圐 적대하는, 대립된　nation 圐 국가　Cold War 圐 냉전

16 상관 접속사의 올바른 형태

The government is considering spending more money on either hiring
　　주어　　　　　　　동사　　　　　　목적어

> → or

more teachers in public schools ③ and reducing tuition fees.
　　　　　　　　　수식어

정부는 공립학교에 더 많은 선생님을 고용하거나 등록금을 낮추는 것 중 하나에 돈을 더 쓸 것을 고려하는 중이다.

🦉**핵심포인트 해설** ③ 상관 접속사는 서로 짝이 맞는 것을 써야 하는데, either는 or와 함께 'either A or B'(A 또는 B 중 하나)의 형태로 쓰이므로 and를 or로 고쳐야 합니다.

　　　　어휘 government 圐 정부　consider 圐 고려하다　hire 圐 고용하다　reduce 圐 낮추다, 줄이다　tuition fee 圐 등록금, 수업료

17 명사절 접속사의 쓰임

Most of ① ~~the~~ (→ what) doctors know about the newly discovered virus (주어) is (동사) that it can be treated through early detection. (보어(명사절))	의사들이 최근에 발견된 그 바이러스에 대해 아는 것의 대부분은 그것이 조기 발견을 통해 치료될 수 있다는 것이다.

핵심포인트 해설 ① 한 문장에 두 개의 동사(know, is)는 올 수 없고, 문맥상 '의사들이 바이러스에 대해 아는 것의 대부분'이라는 의미가 되어야 자연스러우므로 정관사 the를 전치사(of) 뒤에서 동사(know)의 목적어가 없는 불완전한 절(doctors ~ virus)을 이끌 수 있는 명사절 접속사 what으로 고쳐야 합니다.

어휘 newly 부 최근에, 새로이 discover 동 발견하다 treat 동 치료하다 detection 명 발견

18 타동사의 쓰임

① Had I checked my watch, (수식어(if 절)) I (주어) wouldn't have missed (동사) the bus (목적어).	① 내가 시계를 확인했었더라면, 나는 버스를 놓치지 않았을 텐데.
② Her glasses (주어) were (동사) so dirty (보어) that she could hardly see. (수식어(부사절))	② 그녀의 안경은 너무 더러워서 그녀는 거의 앞을 볼 수 없었다.
③ He (주어) looked (동사) nervous (보어) as he ~~addressed to~~ (→ addressed) the audience. (수식어(부사절))	③ 청중들에게 연설할 때 그는 초조해 보였다.
④ The snow storm (주어) last night left (동사) the roads (목적어) slippery (목적격 보어).	④ 어젯밤 눈보라가 도로를 미끄럽게 했다.

핵심포인트 해설 ③ 동사 address는 전치사(to) 없이 목적어(the audience)를 바로 취하는 타동사이므로 addressed to를 addressed로 고쳐야 합니다.

어휘 miss 동 놓치다 hardly 부 거의 ~아니다 nervous 형 초조한, 불안한 address 동 연설하다 audience 명 청중, 관중 slippery 형 미끄러운

19 등위 접속사의 쓰임

① She (주어) avoided (동사) speaking to him (목적어) for days after the argument. (수식어)	① 말다툼이 있은 후, 그녀는 며칠 동안 그와 이야기하기를 피했다.
② The weather (주어) lately is not (동사) so much hot (보어) as humid (수식어).	② 최근에 날씨는 덥기보다는 습하다.
③ My family (주어) settled (동사) in this neighborhood over 10 years ago. (수식어)	③ 나의 가족은 10년도 더 전에 이 동네에 정착했다.
④ Our air conditioner (주어1) broke, (동사1) ~~we~~ (→ so we) (접속사 + 주어2) had to buy (동사2) a new one (목적어).	④ 에어컨이 망가져서 우리는 새것을 사야 했다.

핵심포인트 해설 ④ 절(Our ~ broke)과 절(we ~ one)은 접속사 없이 연결될 수 없고, '에어컨이 망가져서 새것을 사야 한다'라는 의미가 되어야 자연스러우므로 절과 절을 연결하는 접속사 so(그래서)를 써서 we를 so we로 고쳐야 합니다.

어휘 avoid 동 피하다 argument 명 말다툼 lately 부 최근에 humid 형 습한 settle 동 정착하다 break 동 고장나다

20 to 부정사의 의미상 주어의 형태

① She spent all day searching for her missing ring.
　　주어　　동사　　목적어　　　　　　수식어

② The ball moved too quickly to catch.
　　주어　　동사　　　수식어

③ It was foolish (for) you to drop your phone twice.
　가주어 동사　　보어　　　　　　진주어

↗ of

④ He researched information on the life cycle of plants.
　　주어　　동사　　목적어　　　　　수식어

① 그녀는 자신의 없어진 반지를 찾느라 하루를 다 보냈다.

② 그 공은 너무 빠르게 움직여서 잡을 수 없었다.

③ 전화기를 두 번이나 떨어뜨리다니 너는 참 어리석었다.

④ 그는 식물의 생활 주기에 관한 정보를 조사했다.

 핵심포인트 해설　③ 사람의 성질을 나타내는 형용사(foolish)가 to 부정사(to drop) 앞에 쓰일 경우, to 부정사의 의미상 주어는 'for + 대명사의 목적격'이 아닌 'of + 대명사의 목적격'이 되어야 하므로 you 앞의 for를 of로 고쳐야 합니다.

어휘　missing 쪵 없어진, 분실된　foolish 쪵 어리석은　research 툑 조사하다　information 쪵 정보　life cycle 쪵 생활 주기

Final Test 2의 학습을 마친 여러분, 수고하셨습니다.
〈Final Test〉 09~20번의 심화 학습을 원하는 수험생들을 위해 **추가 오답 해설**을 제공합니다.

이용방법　해커스 공무원(gosi.Hackers.com)에서 추가 오답 해설(PDF) 다운받기

Final Test 3

p.310

| 01 ① | 02 ④ | 03 ② | 04 ④ | 05 ② | 06 ② | 07 ④ | 08 ② | 09 ② | 10 ② |
| 11 ③ | 12 ④ | 13 ① | 14 ② | 15 ② | 16 ③ | 17 ① | 18 ③ | 19 ② | 20 ① |

01 보어가 강조된 도치 구문의 올바른 형태

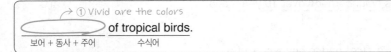

↗ ① Vivid are the colors

_____ of tropical birds.
보어 + 동사 + 주어　　수식어

열대 조류의 색은 선명하다.

 핵심포인트 해설　빈칸은 문장의 주어와 동사, 보어 자리입니다. 형용사(vivid) 보어가 강조되어 문장의 맨 앞에 나오면 주어와 동사가 도치되어 '형용사 보어(Vivid) + 동사(are) + 주어(the colors)'의 어순이 되어야 하므로 ① Vivid are the colors가 정답입니다.

어휘　vivid 쪵 선명한　tropical 쪵 열대의

02 to 부정사를 목적어로 취하는 동사 & 부사의 역할

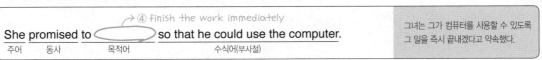

↗ ④ finish the work immediately

She promised to _____ so that he could use the computer.
주어　　동사　　　목적어　　　　　　수식어(부사절)

그녀는 그가 컴퓨터를 사용할 수 있도록 그 일을 즉시 끝내겠다고 약속했다.

 핵심포인트 해설　빈칸은 동사 promise의 목적어 자리입니다. 동사 promise는 to 부정사를 목적어로 취하는 동사인데, 빈칸 앞에 to가 있으므로 to와 함께 to 부정사를 완성하는 동사원형 finish가 쓰인 ③, ④번이 정답 후보입니다. to 부정사를 뒤에서 수식

하는 것은 형용사(immediate)가 아닌 부사(immediately)이므로 ④ finish the work immediately가 정답입니다.

어휘 promise [동] 약속하다 immediate [형] 즉각적인 immediately [부] 즉시, 즉각

03 불가산 명사와 함께 쓰이는 수량 표현

→ ② less fuel

Small cars use ______ per kilometer than large ones.

주어 동사 목적어 수식어

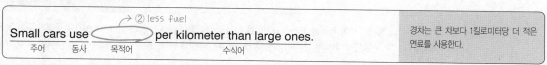

경차는 큰 차보다 1킬로미터당 더 적은 연료를 사용한다.

핵심포인트 해설 빈칸은 동사 use의 목적어 자리입니다. 뒤에 비교급 표현과 함께 쓰이는 than이 왔으므로 형용사의 비교급(fewer, less)이 쓰인 ①, ②번이 정답 후보입니다. 명사 fuel은 불가산 명사이므로 가산 명사와 함께 쓰이는 수량 표현 형용사 fewer가 쓰인 ① fewer fuel은 정답이 될 수 없고, 불가산 명사와 함께 쓰이는 수량 표현 형용사 less가 쓰인 ② less fuel이 정답입니다.

어휘 fuel [명] 연료

04 가정법 if 절과 주절의 시제 일치

→ ④ would rent

Were the apartment closer to a subway station, I ______ it.

수식어(if 절) 주어 동사 목적어

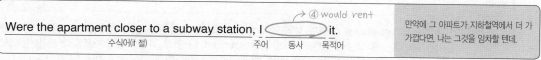

만약에 그 아파트가 지하철역에서 더 가까웠다면, 나는 그것을 임차할 텐데.

핵심포인트 해설 빈칸은 가정법 문장의 주절의 동사 자리입니다. if 절에 if가 생략되어 동사 were가 주어(the apartment) 앞으로 온 가정법 과거 Were the apartment가 왔으므로 주절에도 가정법 과거를 만드는 'would/should/could/might + 동사원형'의 형태가 와야 합니다. 따라서 ④ would rent가 정답입니다.

어휘 rent [동] 임차하다

05 혼동하기 쉬운 자동사와 타동사

→ ② rose

Unemployment rates ______ to 25 percent during the Great Depression.

주어 동사 수식어

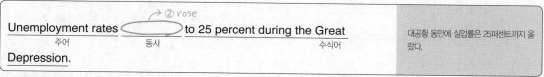

대공황 동안에 실업률은 25퍼센트까지 올랐다.

핵심포인트 해설 빈칸은 문장의 동사 자리입니다. 빈칸 뒤에 목적어가 없으므로 목적어가 필요한 타동사 ① raised, ③ raise는 정답이 될 수 없고, 자동사 rise의 과거형 ② rose가 정답입니다. 자동사(rise)는 수동태로 쓰일 수 없으므로 ④ were risen은 정답이 될 수 없습니다.

어휘 unemployment rate [명] 실업률 raise [동] ~을 올리다 rise [동] 오르다 Great Depression [명] 대공황

06 대명사의 수 일치

② those of other companies ←

This company's medications are more effective than ______.

주어 동사 보어 수식어

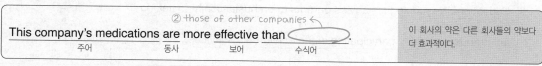

이 회사의 약은 다른 회사들의 약보다 더 효과적이다.

핵심포인트 해설 빈칸은 비교급 구문 more effective than 다음에 오는 것의 자리입니다. 지시대명사가 가리키는 명사 This company's medications가 복수이므로 복수 지시대명사 those가 쓰인 ②, ④번이 정답 후보입니다. 수량 표현 형용사 other는 복수 명사와 함께 쓰여야 하므로 other 뒤에 복수 명사 companies가 온 ② those of other companies가 정답입니다.

어휘 medication [명] 약 effective [형] 효과적인

07 동사원형을 목적격 보어로 취하는 동사의 수동태

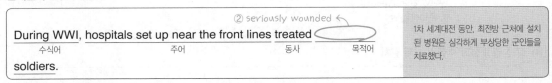

Jane ⟨④ was made to delay⟩ her flight because of an urgent situation at work.
주어 　동사 + 보어 　수식어

> Jane은 직장에서의 긴급한 상황 때문에 자신의 항공편을 연기해야만 했다.

핵심포인트 해설 빈칸은 문장의 동사와 보어 자리입니다. 동사원형을 목적격 보어로 취하는 5형식 동사(make)가 수동태가 되면 목적격 보어(delay)는 to 부정사(to delay)가 되어 수동태 동사(was made) 뒤에 남아야 하므로 ④ **was made to delay**가 정답입니다.

어휘 **flight** 명 항공편 **urgent** 형 긴급한, 시급한 **situation** 명 상황

08 현재분사 vs. 과거분사

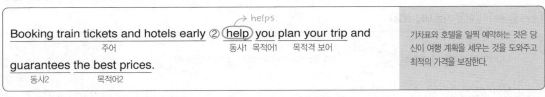

During WWI, hospitals set up near the front lines treated ⟨② seriously wounded⟩
수식어 　주어 　동사 　목적어

soldiers.

> 1차 세계대전 동안, 최전방 근처에 설치된 병원은 심각하게 부상당한 군인들을 치료했다.

핵심포인트 해설 빈칸은 명사 soldiers를 수식하는 형용사 역할을 하는 것의 자리입니다. 수식받는 명사 soldiers와 분사가 '군인들이 부상당하다'라는 의미의 수동 관계이므로 과거분사 wounded가 쓰인 ②, ④번이 정답 후보입니다. 분사를 앞에서 수식하는 것은 형용사(serious)가 아닌 부사(seriously)이므로 ② **seriously wounded**가 정답입니다.

어휘 **WWI(= World War I)** 명 1차 세계대전 **front line** 명 최전방 **treat** 동 치료하다 **seriously** 부 심각하게
serious 형 심각한 **wound** 동 부상을 입히다

09 동명사구 주어와 동사의 수 일치

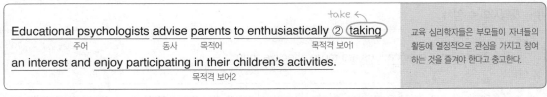

Booking train tickets and hotels early ② ⟨help⟩ you plan your trip and
주어 　동사1 목적어1 　목적격 보어

guarantees the best prices.
동사2 　목적어2

> 기차표와 호텔을 일찍 예약하는 것은 당신이 여행 계획을 세우는 것을 도와주고 최적의 가격을 보장한다.

핵심포인트 해설 ② 주어 자리에 단수 취급하는 동명사구(Booking ~ hotels early)가 왔으므로 복수 동사 help를 단수 동사 helps로 고쳐야 합니다.

어휘 **book** 동 예약하다 **plan** 동 계획을 세우다 **guarantee** 동 보장하다

10 to 부정사를 목적격 보어로 취하는 동사

Educational psychologists advise parents to enthusiastically ② ⟨taking⟩
주어 　동사 　목적어 　목적격 보어1

an interest and enjoy participating in their children's activities.
목적격 보어2

> 교육 심리학자들은 부모들이 자녀들의 활동에 열정적으로 관심을 가지고 참여하는 것을 즐겨야 한다고 충고한다.

핵심포인트 해설 ② 동사 advise는 to 부정사를 목적격 보어로 취하는 동사이므로 동명사 taking을 앞에 나온 to와 함께 to 부정사를 완성하는 동사원형 take로 고쳐야 합니다.

어휘 **educational** 형 교육의 **psychologist** 명 심리학자 **advise** 동 충고하다, 조언하다 **enthusiastically** 부 열정적으로
interest 명 관심, 호기심

11 혼동하기 쉬운 전치사

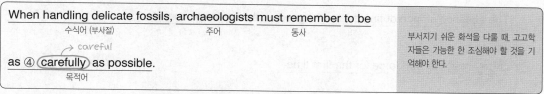

After he had paused ③ ⟨during⟩ five seconds, he answered the next
　　　　　　　　　　수식어(부사절)　　　　　　　　　주어　　　　동사
→ for

question of the interview.
　　　　목적어

그는 5초 동안 말을 잠시 멈춘 뒤, 인터뷰의 다음 질문에 답했다.

🦉 핵심포인트 해설　③ 며칠이나 몇 년 등과 같이 기간을 나타내는 숫자(five seconds)를 포함한 시간 표현 앞에 쓰이는 전치사는 for이므로 특정 기간을 나타내는 표현 앞에 쓰이는 전치사 during을 for로 고쳐야 합니다.

어휘　pause 통 (말, 일을 하다가) 잠시 멈추다　answer 통 대답하다

12 원급 구문의 형용사와 부사 구별

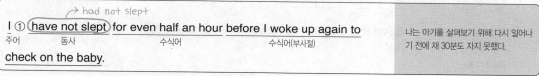

When handling delicate fossils, archaeologists must remember to be
　　　　수식어 (부사절)　　　　　　　주어　　　　　　　　동사

→ careful

as ④ ⟨carefully⟩ as possible.
　　　목적어

부서지기 쉬운 화석을 다룰 때, 고고학자들은 가능한 한 조심해야 할 것을 기억해야 한다.

🦉 핵심포인트 해설　④ 원급 구문은 'as + 형용사/부사의 원급 + as'의 형태로 나타내는데, as ~ as 사이가 형용사 자리인지 부사 자리인지는 as, as를 지우고 구별합니다. be 동사(be)는 주격 보어를 취하는 동사이고, 보어 자리에는 부사(carefully)가 아닌 형용사 역할을 하는 것이 와야 하므로 부사 carefully를 형용사 careful로 고쳐야 합니다.

어휘　handle 통 다루다　delicate 형 부서지기 쉬운　fossil 명 화석　archaeologist 명 고고학자　carefully 부 조심스럽게
　　　careful 형 조심하는

13 특정 과거 시점 이전에 발생한 일을 표현하는 시제

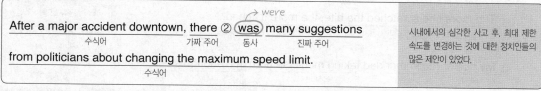

→ had not slept

I ① ⟨have not slept⟩ for even half an hour before I woke up again to
주어　　동사　　　　　　　수식어　　　　　　　수식어(부사절)

check on the baby.

나는 아기를 살펴보기 위해 다시 일어나기 전에 채 30분도 자지 못했다.

🦉 핵심포인트 해설　① '잠을 자지 못한' 시점이 '아기를 살펴보려고 일어난' 과거 시점(woke up ~ the baby)보다 이전 시점이므로 특정 과거 시점 이전에 발생한 일을 표현하는 과거완료 시제가 와야 합니다. 따라서 현재완료 시제 have not slept를 과거완료 시제 had not slept로 고쳐야 합니다.

어휘　check 통 살피다

14 가짜 주어 there 구문의 수 일치

→ were

After a major accident downtown, there ② ⟨was⟩ many suggestions
　　　　수식어　　　　　　　　　　　가짜 주어　동사　　진짜 주어

from politicians about changing the maximum speed limit.
　　　　　　　　　수식어

시내에서의 심각한 사고 후, 최대 제한 속도를 변경하는 것에 대한 정치인들의 많은 제안이 있었다.

🦉 핵심포인트 해설　② 가짜 주어 there 구문은 'there + 동사 + 진짜 주어(many suggestions)'의 형태를 취하는데, 동사는 진짜 주어에 수 일치시켜야 합니다. 진짜 주어 자리에 복수 명사 many suggestions가 왔으므로 단수 동사 was를 복수 동사 were로 고쳐야 합니다.

어휘　major 형 심각한　accident 명 사고　suggestion 명 제안, 의견　politician 명 정치인
　　　maximum speed limit 명 최대 제한 속도

15 형용사절의 동사 자리에 올 수 있는 것

> → read

People who usually ② reading books without a light on are known
주어   수식어   동사

to have poor vision.
보어

주로 전등을 켜지 않고 책을 읽는 사람들은 시력이 좋지 못한 것으로 알려져 있다.

🦉 **핵심포인트 해설** ② 주격 관계대명사(who)가 이끄는 형용사절(who ~ light on)의 동사 자리에 '동사원형 + ing'(reading)는 올 수 없고 선행사가 복수 명사이므로 reading을 복수 동사 read로 고쳐야 합니다.

어휘 poor 혱 좋지 못한   vision 몡 시력

---

16 동명사를 목적어로 취하는 동사

The absence of men during the war caused many women to consider
주어   수식어   동사   목적어

> → entering

③ to enter the workforce for the first time.
목적격 보어   수식어

전쟁 동안 남성들의 부재는 처음으로 많은 여성들이 노동자가 되는 것을 고려하게 했다.

🦉 **핵심포인트 해설** ③ 동사 consider는 동명사를 목적어로 취하는 동사이므로 to 부정사 to enter를 동명사 entering으로 고쳐야 합니다.

어휘 absence 몡 부재   consider 통 고려하다   workforce 몡 노동자, 노동 인구

---

17 부사의 역할

> → regularly

Exercising ① regular is difficult for people who have busy schedules,
주어1   동사1   보어   수식어

but most experts suggest that exercise be included in a person's daily
주어2   동사2   목적어(명사절)

routine.

바쁜 일정을 가진 사람들에게 운동을 규칙적으로 하는 것은 어렵지만, 대부분의 전문가들은 운동이 반드시 개인의 일과에 포함되어야 한다고 제안한다.

🦉 **핵심포인트 해설** ① 동명사(Exercising)를 수식할 수 있는 것은 부사이므로 형용사 regular를 부사 regularly로 고쳐야 합니다.

어휘 regular 혱 규칙적인   regularly 튀 규칙적으로   expert 몡 전문가   daily routine 몡 일과

---

18 병치 구문의 올바른 형태

① Rural life can seem quite boring compared to city life.
주어   동사   보어   수식어

② The more she scratched the bite, the more it itched.
     the + 비교급 + 주어 + 동사   the + 비교급 + 주어 + 동사

> → getting

③ My doctor recommended taking medicine and get enough sleep.
주어   동사   목적어1   목적어2

④ A number of vendors are selling fresh fish.
주어   동사   목적어

① 시골의 삶은 도시의 삶과 비교했을 때 꽤 지루해 보일 수 있다.
② 그녀가 물린 곳을 긁을수록, 그것은 더 가려웠다.
③ 나의 의사는 약을 복용하고 충분히 수면을 취할 것을 권했다.
④ 많은 상인들이 신선한 생선을 팔고 있다.

🦉 **핵심포인트 해설** ③ 접속사(and)로 연결된 병치 구문에서는 접속사 앞, 뒤에 같은 구조끼리 연결되어야 하는데, 동사 recommend는 동명사를 목적어로 취하므로 and 앞에 동명사 taking이 왔습니다. 따라서 and 뒤의 동사원형 get을 동명사 getting으로 고쳐야 합니다.

어휘 rural 혱 시골의   compared to ~와 비교하여   scratch 통 긁다   itch 통 가렵다   vendor 몡 상인, 행상인   recommend 통 권하다, 제안하다

19 능동태 vs. 수동태 구별

① Spring makes me feel happy and energetic.
　주어　　동사　　목적어　　　　목적격 보어

→ was arrested

② The thief (arrested) for stealing jewelry.
　주어　　동사　　　　　수식어

③ Instead of regretting my mistakes, I try to learn from them.
　　　　수식어　　　　　　　주어 동사 목적어　　수식어

④ For centuries, the world's population has had rapid growth.
　　수식어　　　　　　주어　　　　　동사　　목적어

① 봄은 나를 행복하고 활기차게 만든다.
② 그 도둑은 보석을 훔친 죄로 체포되었다.
③ 나는 나의 실수를 후회하는 것 대신에, 그것들로부터 배우려고 노력한다.
④ 수 세기 동안 세계 인구는 빠른 증가를 겪었다.

 핵심포인트 해설 ② 동사(arrested) 뒤에 목적어가 없고, 주어 The thief와 동사가 '도둑이 체포되었다'라는 의미의 수동 관계이므로 능동태 동사 arrested를 수동태 동사 was arrested로 고쳐야 합니다.

어휘 energetic 휑 활기찬　arrest 통 체포하다　steal 통 훔치다　regret 통 후회하다　population 몡 인구　rapid 휑 빠른
growth 몡 증가, 성장

20 간접 의문문의 올바른 형태

→ when the performance starts

① I don't know (when does the performance start).
　주어　동사　　　　목적어(명사절)

② The security guards are searching for a missing person.
　　　주어　　　　　　　동사　　　　　목적어

③ She is one of the smartest students I know.
　주어 동사　　　　　보어

④ Most citizens objected to the new immigration policy.
　　주어　　　　동사　　　　　수식어

① 나는 그 공연이 언제 시작할지 모른다.
② 경비원들은 실종자를 찾고 있다.
③ 그녀는 내가 아는 가장 똑똑한 학생들 중 한 명이다.
④ 대부분의 시민은 새로운 이민정책에 반대했다.

 핵심포인트 해설 ① 의문사가 이끄는 간접 의문은 '의문사(when) + 주어(the performance) + 동사(starts)'의 어순이 되어야 하므로 when does the performance start를 when the performance starts로 고쳐야 합니다.

어휘 performance 몡 공연　search for ~을 찾다　object 통 반대하다　immigration policy 몡 이민정책

Final Test 3의 학습을 마친 여러분, 수고하셨습니다.
〈Final Test〉 09~20번의 심화 학습을 원하는 수험생들을 위해 **추가 오답 해설**을 제공합니다.

이용방법 해커스 공무원(gosi.Hackers.com)에서 추가 오답 해설(PDF) 다운받기

p.314

| 01 ② | 02 ① | 03 ④ | 04 ① | 05 ② | 06 ④ | 07 ③ | 08 ③ | 09 ③ | 10 ④ |
| 11 ③ | 12 ① | 13 ① | 14 ① | 15 ④ | 16 ① | 17 ① | 18 ④ | 19 ② | 20 ② |

01 혼동하기 쉬운 자동사와 타동사

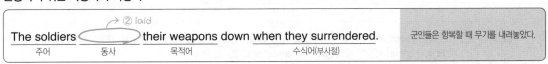

The soldiers _____ ② laid their weapons down when they surrendered.
주어 / 동사 / 목적어 / 수식어(부사절)

군인들은 항복할 때 무기를 내려놓았다.

핵심포인트 해설 빈칸은 문장의 동사 자리입니다. 문맥상 '무기를 내려놓았다'라는 의미가 되어야 자연스럽고, 빈칸 뒤에 목적어 their weapons가 있으므로 타동사 lay(~을 놓다)를 사용한 ①, ②번이 정답 후보입니다. when 절에 과거 시제인 surrendered가 왔으므로 타동사 lay의 과거 시제인 ② laid가 정답입니다. 빈칸 뒤에 목적어(their weapons)가 왔고, 자동사는 목적어를 취할 수 없으므로 자동사 lie가 '거짓말하다'라는 의미를 나타낼 때의 과거형 ③ lied나, '놓여 있다, 눕다'라는 의미를 나타낼 때의 과거분사 형태인 ④ lain은 정답이 될 수 없습니다.

어휘 lie 图 놓여 있다, 눕다 surrender 图 항복하다

02 현재분사 vs. 과거분사

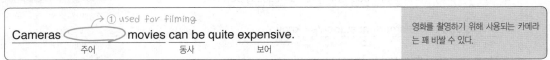

Cameras _____ ① used for filming movies can be quite expensive.
주어 / 동사 / 보어

영화를 촬영하기 위해 사용되는 카메라는 꽤 비쌀 수 있다.

핵심포인트 해설 빈칸은 명사 Cameras를 수식하는 것의 자리입니다. 빈칸 뒤에 문장의 동사 can be가 있고, 하나의 문장에 두 개의 동사는 올 수 없으므로 be 동사 are가 쓰인 ②, ④번은 정답이 될 수 없고, 명사를 뒤에서 수식할 수 있는 분사(used, using)가 쓰인 ①, ③번이 정답 후보입니다. 수식받는 명사 Cameras와 분사가 '카메라가 사용되다'라는 의미의 수동 관계이므로 과거분사 used가 쓰인 ① used for filming이 정답입니다.

어휘 film 图 촬영하다 quite 閈 꽤 expensive 圈 비싼

03 to 부정사 관련 표현 enough to & 혼동하기 쉬운 부사

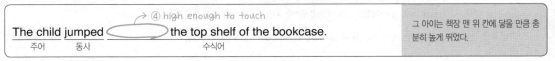

The child jumped _____ ④ high enough to touch the top shelf of the bookcase.
주어 / 동사 / 수식어

그 아이는 책장 맨 위 칸에 닿을 만큼 충분히 높게 뛰었다.

핵심포인트 해설 빈칸은 to 부정사 관련 표현 'enough to'(~할 정도로 충분히 -한)를 완성하는 것의 자리입니다. enough to는 '부사 + enough + to 부정사'의 어순이 되어야 하므로 ③, ④번이 정답 후보인데, 문맥상 '충분히 높게 뛰었다'라는 의미가 되어야 자연스러우므로 highly(매우)가 아닌 부사 high(높게)가 와야 합니다. 따라서 ④ high enough to touch가 정답입니다.

어휘 shelf 圈 칸, 선반 bookcase 圈 책장

04 '조동사 + have p.p.'의 올바른 쓰임

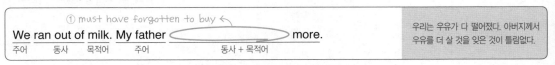

We ran out of milk. My father _____ ① must have forgotten to buy more.
주어 / 동사 / 목적어 / 주어 / 동사 + 목적어

우리는 우유가 다 떨어졌다. 아버지께서 우유를 더 살 것을 잊은 것이 틀림없다.

핵심포인트 해설 빈칸은 문장의 동사 자리입니다. 문맥상 '살 것을 잊은 것이 틀림없다'라는 의미가 되어야 하므로 couldn't have p.p. (~했을 리가 없다)가 아닌 must have p.p.(~했음에 틀림없다)를 사용한 ①, ②번이 정답 후보입니다. 동사 forget은 to 부정사나 동명사를 모두 목적어로 취할 수 있는데, '~할 것을 잊다'라는 미래의 의미를 나타낼 때는 to 부정사를 목적어로

취하므로 to 부정사 to buy가 쓰인 ① must have forgotten to buy가 정답입니다.
어휘 run out of ~을 다 써버리다

05 불가산 명사의 올바른 형태 & 불가산 명사와 함께 쓰이는 표현

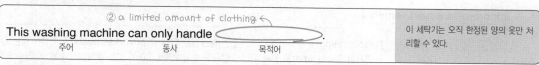

This washing machine can only handle ② a limited amount of clothing.
주어 / 동사 / 목적어

이 세탁기는 오직 한정된 양의 옷만 처리할 수 있다.

🦉 **핵심포인트 해설** 빈칸은 동사 handle의 목적어 자리입니다. 불가산 명사(clothing)는 앞에 부정관사 a/an을 붙이거나 복수형을 만드는 (e)s와 함께 쓰일 수 없으므로 clothing이 쓰인 ②, ④번이 정답 후보입니다. 수량 표현 a number of는 가산 복수 명사와 함께 쓰이므로 불가산 명사와 함께 쓰이는 수량 표현 amount of가 쓰인 ② a limited amount of clothing이 정답입니다.
어휘 washing machine 圀 세탁기 handle 통 처리하다, 다루다 clothing 圀 옷

06 상관 접속사로 연결된 주어와 동사의 수 일치

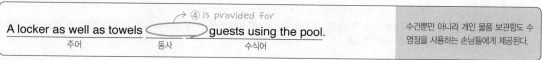

A locker as well as towels ④ is provided for guests using the pool.
주어 / 동사 / 수식어

수건뿐만 아니라 개인 물품 보관함도 수영장을 사용하는 손님들에게 제공된다.

🦉 **핵심포인트 해설** 빈칸은 문장의 동사 자리입니다. B as well as A(A뿐만 아니라 B도)로 연결된 주어(A locker as well as towels)는 B(A locker)에 동사를 수 일치시켜야 하는데, B 자리에 단수 명사 A locker가 쓰였으므로 단수 동사(provides, is)가 쓰인 ①, ④번이 정답 후보입니다. 동사 뒤에 목적어가 없고, 주어 A locker as well as towels와 동사가 '수건뿐만 아니라 보관함도 제공된다'라는 의미의 수동 관계이므로 수동태가 쓰인 ④ is provided for가 정답입니다.
어휘 locker 圀 개인 물품 보관함 provide 통 제공하다

07 비교급 표현의 올바른 형태

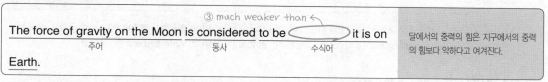

The force of gravity on the Moon is considered to be ③ much weaker than it is on
주어 / 동사 / 수식어
Earth.

달에서의 중력의 힘은 지구에서의 중력의 힘보다 약하다고 여겨진다.

🦉 **핵심포인트 해설** 빈칸은 be 동사(be)의 보어 자리입니다. 비교급 표현은 '형용사의 비교급 + than'의 형태가 되어야 하므로 비교급 weaker가 쓰인 ③, ④번이 정답 후보인데, 강조 부사 very는 비교급(weaker) 앞에 올 수 없으므로 비교급(weaker) 앞에서 비교급을 강조할 수 있는 표현 much가 쓰인 ③ much weaker than이 정답입니다.
어휘 gravity 圀 중력 consider 통 여기다, 생각하다 weak 圀 약한

08 동명사 관련 표현

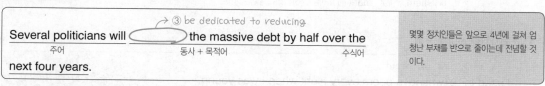

Several politicians will ③ be dedicated to reducing the massive debt by half over the
주어 / 동사 + 목적어 / 수식어
next four years.

몇몇 정치인들은 앞으로 4년에 걸쳐 엄청난 부채를 반으로 줄이는데 전념할 것이다.

🦉 **핵심포인트 해설** ③ 빈칸은 문장의 동사 자리입니다. 동명사 관련 표현 'be dedicated to'(~에 전념하다)에서 to는 전치사이므로 뒤에 명사 역할을 하는 동명사(reducing)가 온 ③ be dedicated to reducing이 정답입니다.
어휘 politician 圀 정치인 reduce 통 줄이다 massive 圀 엄청난 debt 圀 부채

해커스 공무원 영어 기초 영문법

09 관계대명사 that vs. 명사절 접속사 what

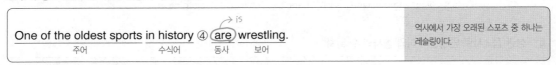

Effective communication of information is something ③ (what) is very
<u>주어</u>　　　　　　　　　　　　　　　　　<u>동사</u>　<u>목적어</u>　　　<u>수식어</u>

→ that

important in advertisements.

정보의 효과적인 전달은 광고에서 아주 중요한 것이다.

🦉 **핵심포인트 해설** ③ 앞에 나온 명사(something)를 수식하며 주어가 없는 불완전한 절(is ~ advertisements)을 이끄는 것은 관계대명사입니다. 따라서 명사절 접속사 what을 명사 뒤에서 명사를 수식하면서 주어가 없는 불완전한 절을 이끌 수 있는 주격 관계대명사 that으로 고쳐야 합니다.

어휘 **effective** 휑 효과적인 **communication** 몡 전달, 의사소통 **advertisement** 몡 광고

10 단수 수량 표현이 온 주어와 동사의 수 일치

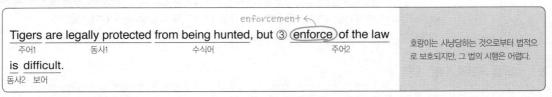

→ is

One of the oldest sports in history ④ (are) wrestling.
<u>주어</u>　　　　　　<u>수식어</u>　　　<u>동사</u>　<u>보어</u>

역사에서 가장 오래된 스포츠 중 하나는 레슬링이다.

🦉 **핵심포인트 해설** ④ 주어 자리에 단수 취급하는 수량 표현 'one of the + 복수 명사(oldest sports)'가 왔으므로 복수 동사 are를 단수 동사 is로 고쳐야 합니다.

어휘 **wrestling** 몡 레슬링

11 주어 자리에 올 수 있는 것

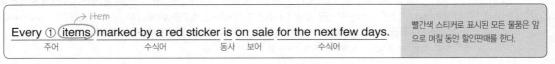

enforcement ←

Tigers are legally protected from being hunted, but ③ (enforce) of the law
<u>주어1</u>　　　<u>동사1</u>　　　　<u>수식어</u>　　　　　　　　　　<u>주어2</u>

is difficult.
<u>동사2</u>　<u>보어</u>

호랑이는 사냥당하는 것으로부터 법적으로 보호되지만, 그 법의 시행은 어렵다.

🦉 **핵심포인트 해설** ③ 주어 자리에는 명사 역할을 하는 것이 와야 하므로 동사 enforce를 명사 enforcement로 고쳐야 합니다.

어휘 **legally** 휜 법적으로 **protect** 통 보호하다 **enforce** 통 시행하다 **enforcement** 몡 시행, 집행

12 단수 명사와 함께 쓰이는 수량 표현

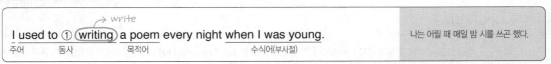

→ item

Every ① (items) marked by a red sticker is on sale for the next few days.
<u>주어</u>　　　　　　<u>수식어</u>　　　　　<u>동사</u>　<u>보어</u>　　　<u>수식어</u>

빨간색 스티커로 표시된 모든 물품은 앞으로 며칠 동안 할인판매를 한다.

🦉 **핵심포인트 해설** ① 수량 표현 형용사 every는 단수 명사와 함께 쓰이므로 복수 명사 items를 단수 명사 item으로 고쳐야 합니다.

어휘 **item** 몡 물품 **mark** 통 표시하다 **on sale** 할인 중인

13 조동사처럼 쓰이는 표현

→ write

I used to ① (writing) a poem every night when I was young.
<u>주어</u>　<u>동사</u>　　　<u>목적어</u>　　　　　　<u>수식어(부사절)</u>

나는 어릴 때 매일 밤 시를 쓰곤 했다.

🦉 **핵심포인트 해설** ① 조동사처럼 쓰이는 표현 used to(~하곤 했다) 다음에는 동사원형이 와야 하므로 동명사 writing을 동사원형 write로 고쳐야 합니다.

어휘 **poem** 몡 시

14 부정을 나타내는 부사가 강조된 도치 구문의 올바른 형태

> → was it mentioned

Never ① (it was mentioned) anywhere in the rental agreement
부사　　be 동사 + 가주어 + 동사　　　　　　　수식어

that keeping pets in the apartment is not permitted.
　　　　　　진주어

아파트에서 애완동물을 기르는 것이 허용되지 않는다는 것은 임대 계약서 어디에도 결코 언급되어 있지 않았다.

🦉**핵심포인트 해설** ① 부정을 나타내는 부사 Never(결코 ~ 않다)가 강조되어 문장의 맨 앞에 나오면 주어와 조동사가 도치되는데, 조동사가 없는 경우 be/have/do 동사가 도치되어 'be 동사(was) + 주어(it) + 동사(mentioned)'의 어순이 되어야 하므로 it was mentioned를 was it mentioned로 고쳐야 합니다.

어휘 mention 동 언급하다　rental agreement 명 임대 계약서　pet 명 애완동물　permit 동 허용하다

15 명사절 접속사 how의 쓰임

　　　　　　　　　　　　　　　　　　　what ←

We went to the new restaurant because we wanted to know ④ (how) the
주어　동사　　수식어　　　　　　　　수식어(부사절)

food was like.

🦉**핵심포인트 해설** ④ 의문사 how는 what ~ like로 바꾸어 쓸 수 있으므로 how 뒤에 전치사(like)로 끝나는 절이 오면 전치사가 두 번 중복된 틀린 문장이 됩니다. 따라서 how를 명사절 접속사 what으로 고쳐야 합니다.

어휘 restaurant 명 식당

우리는 음식이 어떤지 알고 싶어서 새로 생긴 음식점에 갔다.

16 부정형용사의 올바른 쓰임

　　　　　　　　　　　other students 또는 others ←

While some students benefit from extra study, ① (other) complain
수식어(부사절)　　　　　　　　　주어　　　동사

that too much homework causes stress.
목적어(명사절)

어떤 학생은 추가 학습에서 이익을 얻는 반면에, 다른 학생들은 너무 많은 숙제가 스트레스를 유발한다고 불평한다.

🦉**핵심포인트 해설** ① 부정형용사 other는 주어 자리에 올 수 없으므로 other를 주어 자리에 올 수 있는 명사 other students 또는 부정대명사 others로 고쳐야 합니다.

어휘 benefit from ~로부터 이익을 얻다　extra 형 추가의　complain 동 불평하다　cause 동 유발하다

17 부사절 접속사 vs. 부사

> → Although/Even though/Though

① (Nevertheless) identical twins have many differences, most people
수식어(부사절)　　　　　　　　　　주어

find it difficult to tell them apart.
동사 가목적어 목적격 보어　진목적어

일란성 쌍둥이들은 다른 점이 많음에도 불구하고, 대부분의 사람들은 그들을 구별하는 것이 어렵다고 생각한다.

🦉**핵심포인트 해설** ① 부사(Nevertheless)는 절(identical ~ differences)과 절(most people ~ apart)을 연결할 수 없으므로 부사 Nevertheless를 절과 절을 연결할 수 있는 양보를 나타내는 부사절 접속사 Although/Even though/Though(비록 ~ 하지만) 중 하나로 고쳐야 합니다.

어휘 identical twin 명 일란성 쌍둥이　tell apart 동 구별하다

18 현재 시제의 사용

① It was wise of her to make the reservation ahead of time.
　　가주어 동사 보어　　　　　　　　　　　진주어
② We caught a great abundance of fish.
　　주어　동사　　　　목적어
③ The city instituted a ban on drinking alcohol in public places.
　　주어　　동사　　　　목적어　　　　　　수식어

　　　　　　　→ need
④ Plants ⟨needed⟩ water as well as plenty of sunlight to grow.
　　주어　동사　　　　목적어　　　　　　수식어

① 그녀가 미리 예약을 한 것은 현명했다.
② 우리는 많은 물고기를 잡았다.
③ 그 시는 공공장소에서 술을 마시는 것을 금지하는 법을 도입했다.
④ 식물들은 자라기 위해서 충분한 햇빛 뿐 아니라 물도 필요하다.

 핵심포인트 해설 ④ '식물이 자라기 위해서 햇빛과 물이 필요하다'라는 일반적인 사실을 나타내고 있으므로 과거 시제 needed를 현재 시제 need로 고쳐야 합니다.

어휘 reservation 圏 예약　ahead of time 미리, 사전에　abundance of 많은, 풍부한　institute 동 (제도, 정책 등을) 도입하다

19 능동태와 수동태 구별

① Nutritionists suggest eating lots of fruits and vegetables every day.
　　주어　　　동사　　목적어　　　　　　　　　수식어

　　　　　→ are often canceled
② Flights ⟨often cancel⟩ when it snows hard in the winter.
　　주어　　동사　　　　　수식어(부사절)
③ Having little money, she couldn't afford a new computer.
　　수식어　　　　　주어　　동사　　목적어
④ Only at night do I turn off my phone.
　　부사구　do 동사 주어 동사　목적어

① 영양사들은 매일 과일과 채소를 많이 먹을 것을 제안한다.
② 겨울에 눈이 많이 오면 항공편이 종종 취소된다.
③ 돈이 거의 없었기 때문에, 그녀는 새 컴퓨터를 살 여유가 없었다.
④ 오직 밤에만 나는 전화기를 꺼둔다.

핵심포인트 해설 ② 동사(cancel) 뒤에 목적어가 없고, 주어 Flights와 동사가 '항공편이 취소되다'라는 의미의 수동 관계이므로 능동태 often cancel을 수동태 are often canceled로 고쳐야 합니다.

어휘 nutritionist 圏 영양사　suggest 동 제안하다　flight 圏 항공편　hard 부 많이, 심하게　turn off 끄다

20 동명사의 부정형의 올바른 형태

① Dolphins are able to learn many different commands.
　　주어　　동사　　　　　목적어

　　　　　　　→ not driving
② He prefers ⟨driving not⟩ during rush hour.
　　주어　동사　　목적어　　수식어
③ My mother insists my father try to stop smoking.
　　주어　　동사　　　목적어(명사절)
④ The sign on the front door indicates when the store closes.
　　　　주어　　　　　동사　　목적어(명사절)

① 돌고래는 많은 다른 명령들을 배울 수 있다.
② 그는 혼잡 시간대에 운전하지 않는 것을 선호한다.
③ 나의 어머니는 아버지가 담배를 끊으려고 노력해야 한다고 주장한다.
④ 현관문에 있는 표지판은 언제 그 가게가 문을 닫는지를 나타낸다.

핵심포인트 해설 ② 동명사의 부정형은 not을 동명사(driving) 앞에 붙여야 하므로 driving not을 not driving으로 고쳐야 합니다.

어휘 command 圏 명령　rush hour 圏 혼잡 시간대　insist 동 주장하다　sign 圏 표지판　indicate 동 나타내다

Final Test 4의 학습을 마친 여러분, 수고하셨습니다.
〈Final Test〉 09~20번의 심화 학습을 원하는 수험생들을 위해 **추가 오답 해설**을 제공합니다.

이용방법 해커스 공무원(gosi.Hackers.com)에서 추가 오답 해설(PDF) 다운받기